Mord-Westfalen

Wortkarg sei der Ostwestfale, mürrisch manchmal, aber im Grunde seines Herzens ein Guter. Heißt es. Bodenständig, trinkfest, eine ehrliche Haut. Zu Lug und Trug und Mord aus Leidenschaft nicht fähig. Falschheit und Boshaftigkeit sind ihm fremd. Kurz: ein Engel in menschlicher Gestalt. Wer's glaubt. Ein zerstückelter Gatte hier, kapitale Wirtschaftskriminalität dort – und das blutige Schwert des Cheruskers ... Nicht zu vergessen die mörderische Fantasie, die Autoren dieses schönen Landstrichs entfalten können und die dieser Landstrich bei manch anderen entfacht. Mord-Westfalen eben.

Raffinierte Storys mit bösen Pointen, klug, witzig, abgründig. Und typisch ostwestfälisch: So dunkel wie Schwarzbrot. So gut abgehangen wie Schinken. So scharf wie gut gebrannter Korn. Entdecken Sie die Provinz, wo sie am tiefsten ist. Am blutigsten. Einige ihrer schönsten heimtückischen Erfindungen stellt dieser feine Sammelband vor – die erste große Krimi-Anthologie aus Ostwestfalen-Lippe. Skrupellose Rentner in Herford, mysteriöse Schreie an den Externsteinen, nackte Gier in Harsewinkel, Auftragskiller in Paderborn ...

Mit dabei sind ausgezeichnete deutsche Krimiautoren wie Frank Goehre mit einer modernen Variante der „Judenbuche" oder Horst Bosetzky alias -ky, in den 70er Jahren Mitbegründer des „Neuen Deutschen Kriminalromans". Für Begeisterung unter echten Krimifans dürften eine neue Story von Willy Voss und eine Geschichte von Ulf Miehe aus dem Jahr 1968 sorgen. Und das Comeback von Hauptkommissar Paul Trimmel, einst in „Taxi nach Leipzig" der erste „Tatort"-Kommissar, geschrieben vom Altmeister Friedhelm Werremeier.

Entdecken Sie die dunkle Seite Ostwestfalen-Lippes.
Genießen Sie Mord-Westfalen!

Günther Butkus
(Hg.)

Mord-
Westfalen

Kriminelle Geschichten aus Ostwestfalen-Lippe

PENDRAGON

Unsere Bücher im Internet:
www.pendragon.de

Originalausgabe

4. Auflage 2008

Veröffentlicht im Pendragon Verlag
Günther Butkus, Bielefeld 2008

Umschlag: Michael Baltus, Uta Zeißler
Satz: Pendragon Verlag auf Macintosh
Lektorat: Kirsten Hellmich, Martine Legrand-Storck,
Theo Neteler, Jens Gottesleben
Gesetzt aus der Adobe Garamond
ISBN 978-3-86532-111-4
Druck: Aalexx Buchproduktion GmbH, Großburgwedel
Printed in Germany

Inhalt

Dietmar Bittrich

Liebende Kühe

Einen kleinen Fehler machte Gerda Töpperwien am Ende doch. Sie schrie nämlich nicht vor Entsetzen und rief nicht um Hilfe, sie schlug auch nicht die Hände vor das Gesicht, sondern sie stand da und sah zu. Sie hätte in ohnmächtigem Grauen die Finger in den Zaun krallen müssen – statt dessen legte sie gemütlich die Arme darauf, als wohne sie einem heiteren Schauspiel bei.

Den Spaziergängern, die vom gegenüberliegenden Waldrand die Szene mitansahen, schien es jedenfalls, als sei die Frau am Weidezaun weder bestürzt noch verstört, ja, noch nicht einmal erstaunt; sie wirkte gelassen, als billige sie, was sich da abspielte. Diese Beobachtung traf genau zu. Und es war ein Glück, dass Gerda Töpperwien am Ende nicht auch noch Beifall klatschte. Sonst hätte man ihr schwerlich geglaubt, was sie später beteuerte: dass der Schock sie gelähmt und stumm gemacht habe.

Und es war wohl noch mehr Glück, dass die Spaziergänger nicht miterlebten, wie die frischgebackene Witwe Töpperwien, bevor sie die Polizei anrief, zunächst auf einer Waldbank eine Flasche entkorkte und einen westfälischen Schlachtspruch ausbrachte: „Wenn die Sau am Haken hängt, wird erst mal einer eingeschenkt."

Als ich Gerda Töpperwien kennen lernte, war sie bereits seit zwölf Jahren Witwe. Sie war nun so alt wie ihr Mann bei seinem Tod gewesen war, nämlich sechsundfünfzig. Zusammen mit einem Jüngling, der ihr Sohn hätte sein können, leitete sie in der ostwestfälischen Provinz ein einfaches Landhotel mit Tüllgardinen und grünen Fensterläden. Ihre rosige Frische und ihre Fröhlichkeit waren einschüchternd; die Schallwellen ihrer Liebeskraft erschütterten bei Nacht die Balkendecken; als ich den Apotheker nach Ohrstöpseln fragte, wusste er meine Unterkunft.

Gewiss hätte ich mich von ihr nicht zu lokalen Sehenswürdigkeiten führen lassen – zumal sie auch auf dem Fahrrad von bedrohlicher Ausdauer war –, wenn sie nicht die Anzeichen eines fremden Todes mit sich getragen hätte. Sie zeigte mir einige unzugängliche Burgruinen, die aus grünen Teichen aufragten, dazu ein feuchtes Schloss voll gewirkter Wandbehänge, eingelegter Spieltische und einer trübsinnigen Porzellansammlung. Vom Rahmen eines gedrechselten Himmelbettes hing eine Quaste.

„So etwas hätte mein Mann gebraucht", seufzte Frau Töpperwien. „Dann hätte er sich morgens selber aus dem Bett ziehen können. Ist es nicht grässlich, dass Männer so früh zu Pflegefällen werden?"

Frau Töpperwien hat sich ihres Gemahls im wunderbaren Sommer 1997 entledigt. Aus dem munteren Kavalier der frühen Jahre war ein welker Stubenhocker geworden, dessen Leistungsfähigkeit erschreckend nachließ. Der zermürbende Regen Ostwestfalens hatte ihn vor der Zeit mit Rheuma verseucht und Gichtkörner in seine Gelenke gestreut. Für den Wirt einer kleinen Pension bewegte er sich am Ende zu langsam und begriff zu wenig.

„Heute ist allgemein bekannt, dass Männerhirne früher schrumpfen", erklärt Frau Töpperwien. „Ich habe damals nur gemerkt, dass er lasch und teilnahmslos wurde. Ich habe meine Kraft von jeher aus der Natur gezogen. Er hingegen war Stadtmensch und blieb es und sank immer tiefer in seinen Sessel. Ich konnte ihn kaum noch zu einem Spaziergang überreden." Als er sich schließlich doch einmal überreden ließ, wurde es ihm prompt zum Verhängnis.

Gerda Töpperwien ist auf dem Land aufgewachsen, und die sonderbare Hinrichtungsart, die sie wählte, ist eine Frucht ihrer Erziehung. Sie hat schon als kleines Mädchen Schafen die Ohren tätowiert und Hühner gerupft, ist mit Wellfleisch und Sülze gemästet worden, hat eigenhändig Borsten von überbrühter Schweinehaut geschabt, Blutsuppe umgerührt und Bratwurstteig in grün schillernde Därme gefüllt. Sie behauptet, das Schlachten mit Messer und Beil sei früher ein Fest gewesen im Gegensatz zur Hinrichtung mit dem Bolzenschussgerät heute.

„Doch in jedem Fall haben wir Landkinder ein anderes Verhältnis zum Tod. Wir haben früh gelernt, dass die Wesen, die wir lieben, irgendwann auf unserem Teller oder beim Abdecker landen."

Ihrem Mann hätte dergleichen Weisheit zu denken geben müssen. Doch obgleich er in seinem Pensionsprospekt die unverdorbene Natur pries, leistete sich Günther Töpperwien den Luxus, das Landleben als grobschlächtig zu verachten und Bauern für gefühlsarme Rüpel zu halten. Die Art seines Ablebens hat dafür zwar einen überzeugenden Beweis geliefert. Nur hat ihm dieser Beweis nichts mehr genutzt. Und etwas anderes fällt auf: Hätte Töpperwien sich ein wenig um die Kenntnis der Landwirtschaft bemüht, und wäre er nur bruchstückhaft mit den Gesetzen der Viehhaltung vertraut gewesen, der Tod hätte ihn gewiss nicht so früh und nicht auf diese Weise ereilt.

Am 30. August 1997 musste Gerda ihren Mann, wie an jedem 30. August aller Jahre vorher, über die Bedeutung des Datums aufklären. Es handelte sich um den Hochzeitstag. Sein schlechtes Gewissen nutzte sie sofort aus. „Dann unternimm wenigstens einen kurzen Spaziergang mit mir! Denn das eine wenigstens weiß ich", schwindelte sie, „du bist immer noch ein Kavalier."

So wanderten sie die geklinkerte Allee hinunter und bogen in einen von Pappeln gesäumten Sandweg ein. Günther Töpperwien ließ sich einlullen von seiner Frau, die ihm in einem langatmigen Redestrom Holunder- und Vogelbeerbüsche pries, Kleewiesen und Pusteblumen, Tonkuhlen und grützige Teiche.

„Vor dem Schlachten", hat sie mir später erläutert, „muss die Sau beruhigt werden."

Endlich gelangten sie an eine Koppel, auf der ganz offensichtlich eine Rinderherde mit dem Spiel der Liebe beschäftigt war.

„Lass uns ein wenig rasten!“, sprach die Frau.

Günther Töpperwien blieb nur ungern stehen. Es widerstrebte ihm, einem Bullen zuzusehen, der mit dampfendem Atem eine Kuh bestieg, und immerhin weitere zwölf Kühe standen an. Doch Gerda verzichtete auf ungehörige Anspielungen. Statt dessen zog sie das seidene Taschentuch mit den verschlungenen Monogrammen hervor, das sie seit der Hochzeit aufbewahrt hatte. Sie wischte ihre staubtrockenen Augen und sagte: „Ich liebe dich immer noch, Günther, wie am ersten Tag.“

Im selben Moment nutzte sie einen Windstoß, um das Taschentuch über das Gatter flattern zu lassen.

„Günther!“, rief sie mit begeistertem Schrecken. „Genau wie damals!“

Günther Töpperwien konnte sich an eine ähnliche Szene nicht erinnern.

„Holst du mir das Taschentuch? Wie damals?“

Auch eine solche Tat war in seinem Gedächtnis nicht gespeichert. Allerdings hatte er sich früher als Kavalier ausgezeichnet.

„Holst du es?“, wiederholte seine Frau. „Oh, wie romantisch!“

Töpperwien wollte nicht den Schwund seiner Erinnerungen bloßstellen. „Natürlich“, murmelte er und kletterte umständlich über das Gatter. Die Kühe unterbrachen ihre rastlose Tätigkeit und glotzten herüber. Töpperwien indes achtete lediglich darauf, beim Hinunterklettern nicht den Draht zu berühren, der durch gelbe Isolatoren am Holz entlang lief.

„Damals hast du mir noch ein Kleeblatt mitgebracht!“, rief Gerda, weil sie argwöhnte, ihr Mann könne zu rasch mit dem Tuch zurück sein.

Doch die Furcht war unbegründet. Liebende Kühe dulden keine Störung. Als ihr Mann sich gerade mühsam bückte, bebte der Boden. Die Herde stürmte heran. Er wollte sich eben aufrichten, da hatte ihn bereits die erste Kuh ins Gras gestoßen. Die zweite hob ihn mit den Hörnern an. Dann kam der Bulle.

„Für die Kühe muss es ein Fest gewesen sein“, wollte Gerda

mir einreden. Den Herdenbesitzer hat sie damals auf Schadensersatz verklagt, wegen unzureichender Sicherheitsvorkehrungen. Als sie ihn bei einem Gerichtstermin kennen lernte, einigten sich die beiden ohne Umschweife und in jeder Hinsicht. Wie mir schien, sind sie immer noch glücklich.

Marcus Winter

Der Garten des Todes

Er saß mürrisch am Steuer seines alten Ford und hatte in der viertel Stunde, die sie jetzt unterwegs waren, noch kein Wort gesagt. Gisela auf dem Beifahrersitz redete mal wieder nahezu ununterbrochen, seit sie ihr Häuschen in Gütersloh-Spexard verlassen hatten. Sie las voller Erwartung aus einem Prospekt vor und schwärmte von „dem größten Irrgarten in Kontinentaleuropa" und von „über viertausendfünfhundert Thuja-Heckenpflanzen auf fünzehntausend Quadratmetern".

„Ist das nicht toll, Werner? Endlich ein neues Ausflugsziel in unserer Region. Bad Salzuflen, da waren wir auch schon lange nicht mehr."

Werner Hemkenfeld brummte nur. Er hasste diese Sonntagsausflüge. Hatte sie schon immer gehasst.

„Wie lange brauchen wir denn noch?"

„Viertel Stunde, zwanzig Minuten", knurrte Werner, während sie auf der A 2 die Abfahrt Bielefeld passierten.

„Dann sind wir ja schon so um zwei da. Dann können wir gleich durch das Labyrinth wandern und anschließend irgendwo 'ne schöne Tasse Kaffee trinken."

„Mmmh". Werner Hemkenfeld schaute auf die Uhr im Armaturenbrett. Wichtig war nur, dass sie um siebzehn Uhr wieder zu Hause waren. Passend zum Anpfiff des Sonntagsspiels der Bundesliga im Sportkanal. Das war schließlich ihr Kompromiss gewesen, als Gisela vor ein paar Jahren damit angefangen hatte, wieder diese Ausflüge machen zu wollen. Sonntagsausflüge – das war doch ein Relikt aus vergangenen Zeiten. Gut, als die Kinder klein gewesen waren, da hatte das noch einigermaßen Sinn gemacht. Aber jetzt, wo sie lange aus dem Haus waren? Doch Gisela hatte so lange gedrängt, bis er schließlich nachgegeben hatte. Dafür hatte er diesen Pay-TV-Receiver für den Sportkanal gekriegt. Und die Zusage, dass man auf jeden

Fall deutlich vor fünf Uhr nachmittags von den Exkursionen zurück war. Immerhin.

Inzwischen waren sie praktisch überall gewesen, wo man bei solchen Touren eben hinfährt: zum Hermannsdenkmal, auf die Sparrenburg, zur Porta Westfalica, in den Tierpark Olderdissen, ins Freilichtmuseum nach Detmold, zu den Externsteinen …

Ganz schlimm hatte es ihn getroffen, dass die aktuelle Landesgartenschau nach Rietberg vergeben worden war. Vier Mal waren sie schon dort gewesen, und bis Oktober würde er sicher noch mal dort rumlatschen müssen. Und das mit seinem schlimmen Knie.

Werner Hemkenfeld beschleunigte schweigend den Ford, während Gisela schon wieder aus dem Prospekt zitierte.

„Da in der Mitte sieht man schon den hölzernen Aussichtsturm, von dem ich eben vorgelesen habe“, sagte Gisela vor dem Eingang zum Irrgarten. „Der kürzeste Weg, wenn man ihn denn findet, ist nur einhundertsechzig Meter lang. Der längste über zwei Kilometer.“

„Keine Sorge. Ich habe einen ausgezeichneten Orientierungssinn. Ich finde schon einen möglichst kurzen Weg.“ Er wischte sich den Schweiß von der Stirn. Die drückende Schwüle an diesem Augustnachmittag war schier unerträglich. „Das mache ich schon wegen dieser Hitze und aus Rücksicht auf mein Knie.“

„Hortus Vitalis“, sagte Gisela und steckte das Prospekt in ihre Handtasche. „Das heißt Garten des Lebens. Schöner Name.“

Auch das hatte sie schon im Auto gesagt. Werner zog es aber vor, es nicht zu kommentieren.

„Mmmh“, brummte er nur und betrat das grüne Labyrinth.

Eine halbe Stunde später war Werner Hemkenfeld völlig durchgeschwitzt. Seine Laune wurde von Minute zu Minute schlechter. Er war ärgerlich auf seine Frau, wegen dieser dämlichen Idee mit diesem kindischen Labyrinth. Und ärgerlich auf sich selbst, weil er überhaupt nicht mehr wusste, wo er war. Anfangs hatte er sich noch ganz gut zurechtgefunden, doch dann hatte er mehrmals an Abzweigungen gestanden, ohne eine Ahnung zu haben, ob er rechts oder links abbiegen sollte.

„Na, mein Dickerchen", sagte seine Frau jetzt auch noch, offenbar bestens gelaunt. „Wie war das noch mit *‚Ich habe einen ausgezeichneten Orientierungssinn'*? Ist wohl doch nicht so einfach, was?"

Wortlos ging er weiter. Sein rechtes Knie machte sich immer deutlicher bemerkbar. Konnte Gisela nicht einfach mal den Mund halten? Er wischte sich mit seinem Taschentuch den Schweiß von der Stirn. Wie konnte man so etwas unterhaltsam finden?

Nach einer weiteren halben Stunde blieb er schnaufend an einer Abzweigung stehen. Er war ratlos. War es hier vorhin nicht noch geradeaus gegangen? Da war er sich ziemlich sicher. Hier war doch eine echte Kreuzung gewesen, und jetzt ging es nur noch nach rechts und links. Aber diese dämlichen Thuja-Bäume sahen ja auch alle gleich aus.

Wenn das so weiterging, würde er mit Sicherheit noch die erste Halbzeit verpassen. Er spürte, wie ganz allmählich Wut in ihm aufstieg.

Er war sogar fast soweit, dass er andere Gartenbesucher nach dem Weg gefragt hätte. Aber es waren ganz offensichtlich kaum Personen im Labyrinth. Nur so ein Kerl mit Schnäuzer in einer hässlichen karierten Bermuda-Hose war ihnen schon dreimal begegnet. Der hatte sich bestimmt genau so verfranzt. Aber wer war denn auch ansonsten so dämlich, bei dieser tropischen Schwüle hier herumzulatschen?

„Konditionsprobleme?", fragte Gisela lächelnd. „Ich sage dir ja immer, Sport in der Glotze anschauen ist nicht wirklich Sport. Über mein Nordic Walking und Indoor-Spinning lästerst du immer, aber ein bisschen mehr Kondition täte dir auch ganz gut."

„Du weißt doch, mein Knie ..." Werner flüsterte nur. „Außerdem stimmt hier irgendwas nicht. Hier müsste es auch geradeaus gehen."

„Ach sooo, das Labyrinth ist schuld." Gisela grinste kopfschüttelnd. „Natürlich! Dass ich daran nicht gleich gedacht habe." Sie bog nach rechts ab.

Werner folgte ihr humpelnd.

Wäre er doch gleich draußen im *Café Seeterrassen* geblieben. Dann säße er da jetzt bei einem kühlen *Detmolder*, könnte sein schmerzendes Bein hochlegen und Gisela würde allein in den schier endlosen Gängen umherirren.

Er musste sich bemühen, sich seine Wut nicht anmerken zu lassen. Erst neulich hatte Gisela ihm wieder einen Vortrag gehalten, dass er unbedingt zu einem VHS-Kurs gehen solle. Autogenes Training. Er müsse lernen, sich zu entspannen, um seinen angeblichen Jähzorn in den Griff zu bekommen. So ein Quatsch!

Werner hatte ihre Katze dabei erwischt, wie sie gerade ihre Krallen an seinem neuen Ledersessel ausprobierte, und er hatte das Vieh mit einem kräftigen Tritt quer durchs Wohnzimmer befördert. Leider hatte er nicht bemerkt, dass Gisela gerade zuvor aus der Küche in den Raum gekommen war.

Was hatte das mit Jähzorn zu tun? Sollte er sich so was bieten lassen? Hätte er mit sanfter Stimme auf die Katze einreden sollen?

Gisela hatte anschließend fast eine Woche lang nicht mit ihm gesprochen. Aber zu so einem dämlichen Kurs würde er auf keinen Fall gehen. Er hatte sich erkundigt. Das hieße, sich auf so eine Iso-Matte zu legen und sich selbst Dinge einzureden wie *„Die Arme und Beine sind schwer."* oder *„Das Sonnengeflecht ist strömend warm."* So ein Schwachsinn.

Schließlich hatte Gisela auch so aufgehört zu schmollen und die Sache war vergessen.

Um Gisela zu besänftigen, hatte er recht schnell diesem neuerlichen Ausflug zugestimmt. Das schien geklappt zu haben, denn sie war offensichtlich gut gelaunt, obwohl sie nun schon eine kleine Ewigkeit durch die endlosen Gänge wanderten.

Wieder blieb er schwer atmend stehen. Hier war doch vorhin keine Kreuzung gewesen. Jetzt gingen hier aber Wege nicht nur nach rechts und links, sondern auch geradeaus. Hier stimmte doch was nicht. Er war doch nicht völlig verblödet. Er wickelte ein Nikotinkaugummi aus und steckte es sich in den Mund.

„Dass du mit dem Rauchen aufgehört hast, hat deine Kondition bisher auch noch nicht verbessert, mein Dickerchen." Gisela piekste ihn mit dem rechten Zeigefinger in seinen massigen Bauch. „Da hilf nur eins: trainieren, trainieren ..." Sie bog nach links ab und marschierte schwungvoll weiter.

Werner warf wütend das Dragee-Papier auf die Erde und folgte ihr schnaufend. Konnte die nicht mal einfach ihren Schnabel halten?

Nach einigen weiteren Abbiegungen in diesem Hecken-Dschungel standen sie schließlich in einer echten Sackgasse. Diese Schwüle war unerträglich und sein Knie schmerzte höllisch. Ihm war etwas schwindelig, er griff mit der Rechten nach Giselas Schulter, um sich festzuhalten.

„Ist das nicht eine wirklich tolle Anlage?" Sie strahlte noch immer. „So was in dieser Größe gibt es sonst nur in England. Da hast du dich wohl ein bisschen überschätzt." Wieder ahmte sie ihn mit tief verstellter Stimme nach: *„Ich habe einen ausgezeichneten Orientierungssinn."* Sie lachte.

Er legte auch die linke Hand auf ihre andere Schulter. Konnte die nicht einfach mal still sein? Seine Hände wanderten zu ihrem Hals. Warum redete die eigentlich dauernd ohne Pause? Ihm wurde schwarz vor Augen. Er drückte zu. Fest zu.

Gisela glitt zu Boden. Er folgte der Bewegung, beugte sich über sie und umklammerte noch immer ihren Hals. Erst röchelte sie noch schwach, dann wurde es still. Nach einiger Zeit öffnete er seine Augen und sah an ihren, dass sie tot war.

Er richtete sich auf. Sein Atem ging schwer, sein Puls raste. Panik befiel ihn.

Was hatte er getan?

Er musste hier sofort weg. Irgendwie. Raus hier, und zwar schnell.

Er humpelte los. Seine Gedanken rasten. Wo sollte er hin? Am besten zu den *Seeterrassen.* Dort würde er sich ein Bier bestellen und später behaupten, er sei wegen seines bandagierten Knies gar nicht mit im Labyrinth gewesen. Er habe dort im Biergarten auf seine Frau gewartet. Wer Gisela dort in dieser Sackgasse überfallen habe, wisse er auch nicht.

Er musste jetzt aber schnell den Ausgang finden. Er humpelte weiter, so schnell es das schmerzende Bein zuließ.

Hoffentlich begegneten ihm jetzt nicht noch andere Besucher des Parks, die ihn später wieder erkennen würden. Er musste nicht nur möglichst schnell, sondern auch unerkannt hier rauskommen. Zudem war wichtig, dass Gisela nicht so bald gefunden wurde, sonst wäre ohnehin alles vorbei.

An einer Abzweigung blieb er schließlich völlig entkräftet stehen. Er beugte sich schwer keuchend vor und stützte sich mit den Händen auf den Oberschenkeln ab.

Vor ihm auf der Erde lag das Papier seines Nikotinkaugummis. Ganz eindeutig. Er richtete sich auf. Hier zweigte der Weg ausschließlich nach rechts und links ab. Ebenso eindeutig. Und vorhin noch war hier ganz klar noch eine komplette Kreuzung gewesen. Wurde er jetzt völlig wahnsinnig?

In diesem Augeblick bewegte sich die Thuja-Hecke vor ihm. Mehrere ineinander gewachsene Bäume schwangen lautlos auf ihn zu, fast wie eine große grüne Tür.

Werner Hemkenfeld wich zurück.

Noch während er völlig entgeistert versuchte, die Konstruktion zu erkennen, die sich dahinter verbarg, kam ein Mann hinter der schwenkbaren Pflanzenwand hervorgesprungen. Der Kerl in der peinlichen Karo-Hose.

Er hatte ein Mikrophon in der Rechten und riss sich mit

links den Schnurrbart von der Oberlippe. Irgendwie kam ihm der Mensch jetzt bekannt vor. Werner taumelte vor Erschöpfung und Angst, er fürchtete, jeden Augenblick ohnmächtig zu werden.

„Hallo und guten Tag", rief der Mann und entblößte eine Doppelreihe strahlend weißer Zähne. „Wir wollen Sie endlich erlösen. Sie sind mit ihrer Begleiterin schon vier Mal an dieser Stelle vorbeigekommen. Jetzt wollen wir Sie nicht länger zum Narren halten mit unserer beweglichen Hecke. Herzlich willkommen in der ‚*Versteckten Kamera*', mein Herr."

Werner blickte an dem Mann vorbei ins Leere. Er war unfähig, zu denken, geschweige denn, zu sprechen.

„Schauen sie mal dort hin." Der Mann wies mit dem manikürten Zeigefinger auf eine bestimmte Stelle in der Hecke. „Da ist unsere Kamera versteckt. Bitte lächeln."

Werner Hemkenfeld lächelte nicht.

Horst Bosetzky

Im selben Boot

Bei der EUROMAG Berlin sei man stolz auf das ausgezeichnete Betriebsklima, erklärte Dr. Sucasse, der Vorsitzende des Vorstandes. Auch an diesem Donnerstagabend hatte er darauf bestanden, die Fortbildungsveranstaltung im Seminarhaus am Krossinsee selbst zu eröffnen.

„Unser Thema ist diesmal ein wenig exotisch, aber das ist auch gut so, zumal wir mit Herrn Prof. Dr. Manfred Matuschewski von der HÖV Berlin einen ausgewiesenen Experten gewonnen haben." Alle blickten auf ihr Programm und lasen: *Die Motivationskünste berühmter Fußballtrainer. Was Manager vom Fußball lernen können.* „Ich hoffe, meine sehr verehrten Damen und Herren, liebe Kolleginnen und Kollegen, dass wir in den kommenden zwei Tagen alle sehr viel lernen können und werden, um noch besser zu werden als wir schon sind." Der Beifall war anhaltend. Endlich einmal etwas anderes als das ewige Einerlei um Motivation, offene Kommunikation und aktive Mitwirkung.

„Die üblichen Programme können wir uns schenken", erklärte Dr. Sucasse anschließend dem angereisten Journalisten. „Denn bei uns haben alle längst verinnerlicht, dass wir im selben Boot sitzen."

Der Mann schmunzelte. „Ich komme ja aus der DDR, und da hieß es einmal: Von Lenin lernen, heißt siegen lernen. Jetzt heißt es: Vom Fußball lernen, heißt siegen lernen."

Nur Karin Karschau, von Hause aus Betriebswirtin, und Dr. Anja Drosselschlag, Einser-Juristin aus München, fanden die Idee mit dem Fußball nicht sonderlich berauschend. Aber wohl oder übel mussten sie zuhören und sich hinterher in den Arbeitsgruppen hoch interessiert und motiviert zeigen, um bei Dr. Sucasse einen guten Eindruck zu hinterlassen.

Karin Karschau meldete sich nach dem einleitenden Referat für die Arbeitsgruppe, in der über eine ganz spezielle Strategie nachgedacht werden sollte: *Das taoistische Wu-Wei als Erfolgsrezept im modernen Profifußball und seine Übertragbarkeit auf die EUROMAG.*

Martin Lichtentann, ausgewiesener Wirtschaftsingenieur, schloss sich ihr an, denn er wusste, dass Dr. Sucasse es schätzte, wenn zwei Konkurrenten um einen begehrten Posten schonend miteinander umgingen und jede Art von Kriegsgeschrei und Mobbing vermieden, denn interne Konflikte kosteten immer Kraft und bargen die Gefahr des Imageverlustes. Und wenn der Unterlegene gar die EUROMAG verließ, war das der Super-GAU für ihn, denn man verlor auch noch das viele Geld, das man in den Angestellten investiert hatte, und lief Gefahr, dass er Betriebsgeheimnisse nach außen trug und die Konkurrenten stärkte.

Martin Lichtentann und Karin Karschau hatten darüber gesprochen und verabredet, Dr. Sucasse gegenüber Harmonie an den Tag zu legen, ja, fast so weit zu gehen, wie ein Liebespaar zu wirken.

Ein Assistent von Prof. Matuschewski gab den Input: „Wu-Wei ist die Kraft des Nicht-Tuns, wie sie Laotse beschreibt: Der Lenkende bewirkt Selbstorganisation und sorgt dafür, dass andere das leisten, was sie ohne ihn nicht geleistet hätten, ist also Katalysator, Kultivierer und Coach – und nicht der klassische Chef, der durch Androhungen, Verbote und Strafandrohungen Führung ausübt." Man solle nun Vorschläge machen, über welche Aspekte nachzudenken sei.

Karin Karschau ergriff als Erste das Wort. „Mich interessieren da insbesondere die Techniken, mit denen ich als Couch erreichen kann, dass Unterlegene nicht damit anfangen, Amok zu laufen, sondern weiterhin ruhig im Boot sitzen bleiben, wenn sie in internen Positionskämpfen unterliegen."

Die Kolleginnen und Kollegen grinsten, wussten doch alle vom Duell zwischen ihr und Martin Lichtentann.

Der Assistent sah sich in der Runde um und fragte, ob sich jemand an die letzte Fußball-WM erinnern könne.

„Selbstverständlich!", rief Martin Lichtentann. „Wie Oliver Kahn ausgebootet worden ist und dann Jens Lehmann beim Elfmeterschießen gegen Argentinien alles Gute gewünscht hat."

Der Assistent nickte. „Richtig. Sich selbst zu überwinden, ist eine große Tat, und ein guter Vorgesetzter ist der, der dieses Verhalten aus seinen Leuten herauskitzeln kann."

„Unser Dr. Sucasse kann das wie kein Zweiter", sagte jemand aus der zweiten Reihe.

Dr. Anja Drosselschlag war in eine Arbeitsgruppe geraten, die von Prof. Matuschewski selbst geleitet wurde und in der es darum ging, die Dinge aus der Sicht des anderen zu sehen.

„Wer in diesen Zeiten siegen will, der muss erahnen, der muss antizipieren können, was der andere vorhat. Nehmen Sie als bestes Beispiel den Torwart beim Elfmeter. Wenn es bei Peter Handke im Titel seines Stückes heißt *Die Angst des Torwarts beim Elfmeter*, dann ist das ziemlicher Unsinn, denn in Wirklichkeit hat ein Torwart Angst vor Kullerbällen, die er durchlässt, und vor Bällen, die vom Pfosten abprallen, seinen Rücken treffen und von dort ins Tor gehen, weil er da als Depp dasteht, aber er hat keine Angst vor einem Elfmeter, denn dabei kann er nur gewinnen. Geht der Ball rein, ist er schuldlos, hält er ihn, ist er der Held. Aber er kann ihn nur halten, wenn er ahnt, wohin der Schütze zielt, wenn er also dessen Verhalten antizipiert."

Dr. Sucasse war auch nach Wernsdorf zum Krossinsee gekommen, um sich die beiden Kandidaten für den neu geschaffenen Posten des Direktionsassistenten bzw. der Direktionsassistentin noch einmal genauer anzusehen: Martin Lichtentann und Karin Karschau. Wenn es nach ihm gegangen wäre, hätte er die Dritte im Bund genommen, die Juristin Dr. Anja Drosselschlag, aber die hatte zugunsten ihrer Freundin Karin Karschau verzichtet. Das war einerseits sehr nobel und brachte ihr nach der Firmenethik viele Pluspunkte ein, ließ aber auch darauf schließen, dass es ihr an den entscheidenden Merkmalen einer Führungskraft fehlte: an Durchsetzungsvermögen und einem gewissen Willen zur Macht. Nun gut, wenn jemand in der Rolle des selbstlosen Engels aufgehen wollte, der immer nur für andere da war und ihretwillen auf die größten Belohnungen verzichtete, dann war das seine Sache. Wenn er sich die beiden verbliebenen Bewerber ansah, dann neigte er ganz eindeutig zu Karin Karschau. Zum einen war sie fachlich und von ihrem Auftreten her für sein Empfinden besser als Martin Lichtentann, und zum anderen hatte er lieber attraktive Frauen um sich. Nicht dass er sie bedrängte, aber schon ihr Anblick und die Kommunikation mit ihnen waren ein Aphrodisiakum für ihn. Und das brauchte er nach zwanzigjähriger Ehe ganz dringend. Er pendelte zwischen den einzelnen Arbeitsgruppen hin und her, um seine Schäfchen unter die Lupe zu nehmen.

Der Zufall wollte vieles an diesem Tag, so auch, dass Martin Lichtentann beim Abendessen neben Dr. Sucasse zu sitzen kam, und er setzte alles daran, auf den wichtigsten Mann der EUROMAG Eindruck zu machen. Dies mit einer gehörigen Portion Chuzpe, denn von Kindheit an hatte er gelernt, dass Frechheit siegt.

„Dass wir alle im selben Boot sitzen, wie Sie gesagt haben, das möchte ich ja gern mal fotografieren, Herr Dr. Sucasse, und darum schlage ich vor, dass der nächste Betriebsausflug nach Lippstadt geht und wir alle eine Kanutour auf der Lippe machen."

Dr. Sucasse zuckte zusammen, denn auch ihm war aufgefallen, dass sein Bild mit dem einen Boot, in dem sie alle saßen, nicht eben originell war, und er nahm die Worte des jungen Wirtschaftsingenieurs als versteckte Kritik, wusste aber auch, dass er gelassen bleiben und den Vorstoß loben musste.

„Sehr schön, Herr Lichtentann, aber wie passen denn fünfundsiebzig Menschen in ein Boot?"

Martin Lichtentann lachte. „Auf der ‚Titanic' waren doch über zweitausend Menschen drauf."

„Aber ist die denn auch auf der Lippe gefahren?", fragte Dr. Sucasse.

„Mieten wir eben ein Dutzend Kanus", entgegnete Martin Lichtentann.

„Gut, wenn *Sie* das alles organisieren." Dr. Sucasse gab sich alle Mühe, Martin Lichtentann nicht merken zu lassen, dass ihm dessen mitunter nassforsche Art wenig gefiel und ihm eben einen weiteren Minuspunkt eingebracht hatte.

Martin Lichtentann war mehr als deprimiert, als er am Sonnabend nach Hause in seine Singlewohnung kam, denn er hatte deutlich gespürt, dass seine Aktien bei Dr. Sucasse um ein Erhebliches gefallen waren und er gegen Karin Karschau keine Chance mehr hatte. Er fuhr in seine Lieblingsdisco, um von seinen düsteren Gedanken wieder loszukommen, und die Freundin, die ihn anschließend tröstete, gab ihm den guten Rat, doch den Betriebsausflug an die Lippe zu einem solchen Event werden zu lassen, dass sich das Blatt wieder wendete.

Doch Martin Lichtentann wusste, dass das verlorene Liebesmüh war. Er musste zu einer anderen Lösung kommen. Aber da gab es nur die eine, nämlich die, Karin Karschau zu eliminieren. Und bald hatte er die Idee zum perfekten Mord: er musste den Zehner-Canadier, in dem Karin Karschau und er sitzen würden, an einer Stromschnelle zum Kentern bringen und sie daran hindern, rechtzeitig wieder aufzutauchen. Alle würden es als schrecklichen Unfall ansehen, zumal wenn er es schaffte, auch noch halb zu ertrinken und erst im Kreiskrankenhaus wieder zu sich zu kommen.

Das Wie ließ ihn nicht mehr ruhig schlafen. Sollte er sich einen Stein in die Tasche stecken und den dann, wenn sie gekentert waren, wie einen Faustkeil gebrauchen? Sollte er ihren

Kopf packen und gegen den Bootskörper schlagen? Sollte er sie unter Wasser erwürgen? Sollte er den Stiel seines Paddels nehmen und ihr in den Rachen stoßen?

Bald sah er ein, dass es sinnlos war, die Sache vorher bis ins Detail zu planen, er musste auf seine Gabe vertrauen, im richtigen Augenblick das Richtige zu tun.

Der Plan war geboren, und er ging daran, den Betriebsausflug zu organisieren. Da er jahrelang die Schulferien bei seinen Großeltern in Lippstadt verbracht hatte, war alles schnell in trockenen Tüchern. Ende Mai, bevor alle in den Urlaub fuhren, machte man sich an einem Freitagmorgen in zwei Bussen auf nach Westfalen. Gegen Mittag war man an Ort und Stelle. Nach dem Essen durften sich alle ein Stündchen ausruhen, dann wurde zum Stadtrundgang gerufen. In Martin Lichtentanns Großvater hatten sie einen kompetenten Cicerone.

„Lippstadt rühmt sich, die wasserreichste Stadt Westfalens zu sein“, erklärte er den Berlinern. „Genauer gesagt: das Venedig Westfalens. Es ist 1185 von Graf Bernhard II. von Lippe als Planstadt gegründet worden. Die Genehmigung dazu kam von keinem Geringeren als unserem Barbarossa.“

„Und was ist mit Jürgen von der Lippe?“, fragte Anja Drosselschlag.

„Der heißt eigentlich Hans-Jürgen Dohrenkamp und stammt aus Bad Salzuflen, was aber gar nicht an der Lippe liegt, sondern am Zusammenfluss von Salze und Bega mit der Werre. Aber weiter im Text: Nach 1650, und das wird sie als Berliner ganz besonders interessieren, traten die Kurfürsten von Brandenburg als Samtlandesherrn in Lippstadt auf den Plan.“

„In Staub mit allen Feinden Brandenburgs!“, rief Martin Lichtentann. Das war von Kleist und passte immer.

„Unser Stadtwappen ist die Lipperose“, fuhr sein Großvater fort.

„Ich kenne nur Lieberose“, sagte Dr. Sucasse. „Das hat ein schönes Schloss und liegt in der Nähe von Beeskow im Oder-Spree-Seengebiet. Aber ich will Sie nicht weiter unterbrechen.“

„Gut … Wir haben jetzt knapp siebzigtausend Einwohner in Lippstadt, und politisch ist die CDU die weitaus stärkste Kraft. Berühmte Söhne und Töchter der Stadt sind unter vielen anderen der Theologe Martin Niemöller, der Fußballer Karl-Heinz Rummenigge und die Kanu-Weltmeisterin Ulrike Deppe, nicht zu vergessen aber unseren Barockbaumeister Nikolaus Wurmstich."

„Hoffentlich hat der nicht mit wurmstichigem Holz gebaut!", rief Dr. Sucasse. „Sonst würde ich von einem Stadtrundgang abraten."

„Keine Angst", entgegnete Martin Lichtentanns Großvater. „Wir können uns ruhig auf die Socken machen, insbesondere wenn diese aus Lippstadt stammen, denn wir beherbergen die ‚Feinstrumpfwerke Falke' in unseren Mauern. Stolz sind wir auch auf unser Stadttheater, auf unsere großen Kirchen, besonders aber auf eine Ruine, die Ruine der frühgotischen Stiftskirche St. Marien, auf unseren historischen Stadtkern mit einer Vielzahl von Fachwerk-Dielenhäusern, die vor allem in der Fleischhauer-, der Langen, der Markt-, der Post- und der Rathausstraße zu finden sind. Wer Aktuelles erfahren will, der kaufe sich unsere regionale Tageszeitung, das ist ‚Der Patriot'."

Am Ende ihrer Sightseeingtour gingen sie die Lange Straße hinunter und kamen zur Lippe.

„Die ist ja fast so breit wie der Mississippi!", rief ein Spaßvogel aus der Werbeabteilung.

„Nun riskier' mal keine dicke Lippe hier!"

„Die Lippe, von den Römern ‚lupia' genannt, entspringt im Gebiet von Bad Lippspringe am Fuße von Teutoburger Wald und Eggegebirge als Karstquelle. Bis sie bei Wesel in den Rhein mündet, sind es 255 km."

„Und die wollen wir morgen alle im Kanu zurücklegen?", fragte Karin Karschau.

Martin Lichtentann beruhigte sie. „Nein, wir bleiben hier im Umkreis von Lippstadt."

Am Sonnabendmorgen nach dem Frühstück hatten sie sich alle am Stadtpark Grüner Winkel versammelt, wo auf dem Gelände eines Wassersportvereins sieben Canadier bereitlagen, in denen je zehn Ausflügler Platz hatten.

„Es hat einiges logistisches Geschick gekostet, sie zusammenzubekommen", sagte Martin Lichtentann. „Und ich bitte um Verständnis dafür, dass ich nicht so viele Schwimmwesten auftreiben konnte. Wer einigermaßen schwimmen kann, der muss nicht unbedingt eine anlegen, denn die Lippe ist ein gemütliches Flüsschen und kein reißendes Wildwasser."

Dabei hoffte er, dass auch Karin Karschau auf eine Schwimmweste verzichten würde, wenn er es tat, und er sollte mit seiner Annahme Recht behalten. Was er verschwieg, war der Umstand, dass die Lippe manchmal eine beträchtliche Strömung haben konnte, insbesondere wenn sie Hochwasser führte, und dass schon etliche Menschen in ihr ertrunken waren, einmal fast vor seinen Augen ein englischer Soldat.

Dafür, dass Karin Karschau in sein Boot kam, musste er nicht extra Sorge tragen, das war selbstverständlich, weil Dr. Sucasse genau das von ihnen erwartete. Lachend gesellte er sich zu ihnen. „Ich sei, gewährt mir die Bitte, in eurem Bunde der Dritte." Auch Dr. Anja Drosselschlag kam in das erste Boot der EURO-MAG-Armada, die um 10 Uhr 35 in See stach. Alle schwangen mit vorbildlichem Elan die Stechpaddel.

Martin Lichtentann gab sich besonders fröhlich. „Lippstadt ist früher einmal ein Zentrum des Wildwassersports gewesen, heute leider nicht mehr. Die Lippe wurde in der Innenstadt an einem Wehr gestaut und bot so einen ordentlichen Schwall für die Deutschen Wildwasser-Meisterschaften. Ich durfte meinem Großvater öfter als Streckenposten assistieren und eine Kelle heben, wenn beim Vor- oder Rückwärtspaddeln eine Stange berührt wurde. Gewohnt haben wir damals im Dachgeschoss einer Fabrikantenvilla an der Esbecker Straße. Die stand vor den Gebäuden der HELLA-Werke. Da haben wir als Kinder immer ..." Den Rest des Satzes verschluckte er, damit später keiner auf den

Gedanken kam, er hätte schon immer Mörderisches im Sinn gehabt. Sie hatten mit Luftdruckpistolen geschossen, manchmal auch in Richtung des Bahnwärters.

Noch 500 Meter. Martin Lichtentann spornte seine Leute an, denn er wollte, wenn sie die Eisenbahnbrücke erreicht hatten, einen ausreichend großen Vorsprung vor den anderen Booten haben. Da es flussauf ging, war es eine ziemlich anstrengende Sache, aber Dr. Sucasse fand das Ganze herrlich.

Karin Karschau hatte voll verinnerlicht, was Prof. Matuschewski bei der letzten Fortbildung gepredigt hatte: „Wer in diesen Zeiten siegen will, der muss erahnen, der muss antizipieren können, was der andere vorhat." Und aus dem Verhalten von Martin Lichtentann glaubte sie schließen zu können, dass er in Lippstadt zur großen Attacke ansetzen wollte. Zu freundlich war er in den letzten Tagen gewesen, richtig scheißfreundlich, zu sehr hatte er sich für die Flussfahrt auf der Lippe engagiert. Alle meinten, er habe nur soviel Einsatz gezeigt, um damit bei Dr. Sucasse Eindruck zu schinden, aber sie hielt das für bloße Tarnung. Sein eigentliches Ziel war es, das Kanu zum Kentern zu bringen und dann in der allgemeinen Panik zu versuchen, sie zu ertränken. „Denkste!", hatte sie gemurmelt und war in eine Kampfschule gelaufen, um bestimmte Techniken einzustudieren. Nicht nur das, auch einen Tauchkurs hatte sie belegt. Dies alles nur im Eilverfahren, doch sie war sich sicher, dass es ausreichen würde, seinen Angriff zu parieren und den Spieß ganz einfach umzudrehen, das heißt, *ihn* zu eliminieren. Es würde nicht schwierig sein, das Ganze als Notwehr oder Unfall darzustellen.

Sie passierten die Eisenbahnbrücke, und Martin Lichtentann zögerte noch ein wenig, sich den Befehl „Jetzt!" zu geben. Die nächsten Sekunden entschieden über Sein oder Nichtsein. Was geschah, wenn er den Canadier zum Kentern brachte, ließ sich nicht im Entferntesten berechnen, das war reinste Chaostheorie.

Aber was blieb ihm anderes, als es zu wagen, denn tat er es nicht, hatte er im Spiel des Lebens kampflos die alles entscheidende Runde verloren.

Der Zufall kam ihm zur Hilfe, denn von Paderborn her trieb eine große Plastikpuppe den Fluss hinunter.

„Die muss ich haben!", schrie er und beugte sich dabei soweit über den Rand des Canadiers hinaus, dass sie kenterten.

Neben der Eisenbahnbrücke gab es einen Fußgängersteg, der die Verlängerung der Straße An der Rhedaer Bahn darstellte. Und auf diesem Steg stand an diesem Samstagmorgen der Rentner Ewald Waibel und beobachtete die sieben Canadier, wie sie die Lippe heraufkamen. Als das erste Boot unter der Brücke hindurch gefahren war, lief er auf die andere Seite, um es weiter zu verfolgen, denn es waren einige attraktive Frauen an Bord, an deren Bewegungen er große Freude hatte.

Zwei Minuten später sollte er aufschreien, sein Handy aus der Tasche reißen, 112 wählen und mit sich überschlagender Stimme schildern, was unten auf dem Fluß geschah.

„Da ist ein Kanu gekentert! Mit zehn Leuten drin! Ein paar von denen zieht es unter Wasser … Am Brückenpfeiler. Die meisten haben keine Schwimmweste an ... Sie werden durcheinander gewirbelt wie in einer Waschmaschine. Einige gehen unter. O Gott! Ein Mann blutet und wird vom Wasser mitgerissen! Schnell, kommen Sie!"

Dr. Anja Drosselschlag erwachte im Krankenhaus. Sie hing an mehreren Schläuchen und realisierte erst nach einiger Zeit, dass man sie offensichtlich auf eine Intensivstation gebracht hatte.

Der Oberarzt kam und fragte, ob sie sich an das erinnern könne, was geschehen sei.

„Nein, nur dass wir in einem Canadier sitzen, und dann kam eine Brücke ..."

Es wurde eine Psychologin an ihr Bett gerufen, die darauf

spezialisiert war, mit traumatisierten Patienten umzugehen. Behutsam kam sie auf das Unglück auf der Lippe zu sprechen.

„Sie haben mehreren Kollegen das Leben gerettet, sind aber dann mit dem Kopf gegen einen Brückenpfeiler geprallt und ... Ein Kollege in einem der nachfolgenden Kanus hat Sie zum Glück noch packen und ins Boot ziehen können."

Anja Drosselschlag schloss die Augen und atmete tief durch. „Und meine Freundin Karin, Karin Karschau ...?"

Die Psychologin blätterte in den Papieren, die man ihr mitgegeben hatte. „Vielleicht ist es zu früh, Frau Drosselschlag, Ihnen alles ..."

Anja Drosselschlag fuhr hoch. „Mein Gott, ist sie ...!?"

„Nein, aber ..." Die Psychologin zögerte, weil weitere Verwundungen zu befürchten waren, wenn sie die ganze Wahrheit vor Anja Drosselschlag ausbreitete. „Das ist eine sehr unschöne Sache, und die Polizei ist gerade dabei, die Zeugen zu vernehmen ..."

Nun spannen Sie mich nicht so lange auf die Folter!"

„Nun, gut ... Es hat im Wasser einen heftigen Zweikampf zwischen ihrer Freundin und einem Kollegen gegeben."

„Mit welchem Kollegen?", fragte Anja Drosselschlag.

„Mit einem ..." Die Psychologin sah in ihrer Liste nach. „Mit einem Martin Lichtentann."

„Klar", murmelte Anja Drosselschlag. „Das war zu erwarten gewesen."

„Es soll um eine Spitzenposition gehen", sagte die Psychologin. „Und offenbar sind sich beide an die Gurgel gegangen und jeder hat versucht, den anderen zu eliminieren. Von Mordversuchen ist die Rede und von Notwehr."

„Und was sagt Dr. Sucasse dazu?", fragte Anja Drosselschlag. Die Patientin schien schon stark genug zu sein, die Wahrheit zu verkraften, und so zögerte die Psychologin nur kurz mit einer Antwort. „Dr. Sucasse ...? Dr. Sucasse kann nichts mehr sagen ..."

„Wieso?", fragte Anja Drosselschlag. „Ist er gefeuert worden?"

„Nein, er ist ertrunken. Er muss bei dem ganzen Tohuwabohu, nachdem das Kanu gekentert war, ein Stechpaddel an den Kopf bekommen haben, genauer gesagt in den Mund, sagt die Polizei, und anschließend ertrunken sein."

Die EUROMAG Berlin sah sich nach dem Unglück auf der Lippe gezwungen, einige organisatorische Veränderungen vorzunehmen. Martin Lichtentann und Karin Karschau wurden, nachdem sie den Ruf der Firma so schwerwiegend geschädigt hatten, auf der Stelle entlassen. Die zu besetzende Stelle des Direktionsassistenten wurde auf Anweisung des neuen Chefs gestrichen, das heißt, der neuen Chefin – und das war Dr. Anja Drosselschlag. Man hatte sie zur Nachfolgerin Dr. Sucasses gemacht. Ihre Kompetenz in allen wichtigen Bereichen sei schon lange bekannt gewesen und ihr Verhalten in Lippstadt habe gezeigt, über welche außergewöhnlichen menschlichen Qualitäten sie verfüge.

Dass sie Dr. Sucasse das Ende ihres Paddels in den Mund gestoßen und ihn damit getötet hatte, sollte nie jemand herausfinden, und sie bekam auch keine roten Flecken im Gesicht, als sie bei der nächsten Fortbildungsveranstaltung im Seminarhaus am Krossinsee betonte, das wichtigste Kriterium beim Planen einer Karriere sei die Durchsetzungskraft. Sogar Prof. Matuschewski zitierte sie mehrmals: „Wer in diesen Zeiten siegen will, der muss erahnen, der muss antizipieren können, was der andere vorhat."

Monika Detering

Hollywood-Gruft

1

„Wann hat er das gesagt?" Charlotte Brockmüller, genannt Charly, verschnaufte, und ihr pfeifender Atem endete in einem Japsen. Dabei riss sie die babyblauen Augen auf. Das machte sie gern, weil sie fand, sie sähe so jünger aus.

Mit spitzen weißen Zähnen biss Hildegard Wenzel in einen Cox-Orange. „Gestern." Sie zog die linke Augenbraue hoch und setzte eine geheimnisvolle, beinahe entrückte Miene auf.

„Was hat er nun gesagt? Guck nicht, als wäre Herfords uralte Marienvision ausgerechnet dir auf ganz neue Weise erschienen ..." Charly Brockmüller hasste so ein Getue. Hildegard schaute in die Ferne.

„Ich verstehe." Charlys Doppelkinn bebte. „Er ist dir in deinen Altweiberträumen erschienen. Nur deshalb, meine Liebe, nur deshalb wird die Stadt gewiss keine ‚Kipfelkirche' zum ewigen Ruhm dieses Mannes und deiner Lüsternheit erbauen."

Jetzt wusste Hildegard, worüber ihre Mitbewohnerin tuschelte.

„Mach nicht die Diva. Erzähl. Meint Gerd etwa, wenn er wieder in der *Hollywood-Gruft* wohnt ..."

„... kann er die Sau rauslassen", ergänzte Hildegard und ließ endlich die Braue herabsinken.

„Hildegard!" Charly war allergisch gegen Kraftausdrücke. „Und? Wo steckt er nun?"

„Ach ... Der Kerl sieht so verdammt gut aus." Hildegard stand auf, legte eine Hand ins Kreuz und stöhnte leise. „Wir brauchen bequemere Stühle."

„Klar. Und dafür Geld." Charlys üppige Gestalt blieb dicht vor ihr stehen. „Will unser einziger Mann wieder bei uns wohnen, dann entstehen mehr Nebenkosten. Das weiß er ja wohl."

„Gerd sagte, er könne seinen Krimi nur in Herford zu Ende schreiben."
„Das verstehe ich jetzt aber nicht. Ich dachte, den hätte er auf Kreta …" Charlys Blick war kühl.

„Er will den neuen Krimi real erleben. Das sei authentischer. Und dann satte Kohle damit machen." Hildegard pfefferte den Apfelrest über den gepflegten Rasen und lachte schallend. „Ob er selbst meucheln möchte?" Bei der Frage tauchte Gerd Kipfels Gesicht vor ihr auf, gesund, listig und sonnengebräunt. Begeistert verstrubbelte sie ihr rotes kurzes Haar. Seit dem Telefongespräch dachte sie ständig an den Mann, der nach langem Kreta-Aufenthalt seine Wohnung in der *Hollywood-Gruft* wieder in Besitz nehmen wollte.

„Glaub dem Mann nicht alles. Es wird Zeit, dass er in seinem Alter endlich über genügend eigenes Geld verfügt." Charlys blond gefärbter Pagenkopf wehte im Wind. „Übrigens, die Tauben haben zugeschlagen. Komm mal mit."

Entschlossen marschierten die Frauen durch den parkähnlichen Garten. Sie blieben vor dem Jugendstilportal ihrer Altbauvilla, die ganz in der Nähe des MARTa Museums lag, stehen. Charly zeigte auf jenes Schild, das sie vor einigen Monaten angebracht hatten. Nur lasen sie statt Hollywood Gruft: *Hollywood ruft*. Grauer Taubenschiss verdeckte den Buchstaben ‚G' vollständig.

„Irre!" Hildegard grinste. „Kaum ist Gerd im Anflug, passiert was. Hollywood ruft! In unserer ehrwürdigen Augustastraße! Das bleibt, bis die Taubenkacke von selbst abfällt. Ich machs nicht weg."

Gerd Kipfel war ihr näher als die Mitbewohnerinnen, Charly und Annett. Zu allem entschlossen, drängte sie den Gedanken an Rechnungen weg, die in der Post gewesen waren, die sie unter Verschluss hielt, weil sie nur Aufregung verursachen würden, und das Geld dafür augenblicklich und längerfristig nicht vorhanden war.

Vor fünf Jahren hatten sie die Villa gekauft und umgebaut. Charly, 70 Jahre, ehemalige Studienrätin, ehemalige Gattin, vierfache Großmutter, die 58-jährige Schuhverkäuferin Hildegard Wenzel, die Motorrad fuhr und einen jugendlichen Liebhaber genoss, der kilometermäßig weit von ihr entfernt wohnte. Die zierliche Annett Dahl gehörte ebenso zur *Hollywood-Gruft* wie Gerd Kipfel, der Schriftsteller. Mit 72 war er der Älteste im Haus. Bei allen hatten sich Zuneigung sowie Abneigung gegeneinander kontinuierlich entwickelt. Nur wenn einer von ihnen krank war, vergaßen sie sorgsam gehegte Animositäten.

Sie hielt sich am Tisch fest, starrte entschlossen geradeaus, als würde so der Schmerz in ihrem Bauch verschwinden. Annett Dahl beugte sich vor, blinzelte und sah nur Kreise in den Farben des Spektrums. Sie schleppte sich zum nächsten Stuhl. Wie weit plötzlich ein Schritt sein konnte. Genervt blickte sie auf ihre rechte Hand. Dieses dumme Zittern! Selbst das Aufschnipsen der Blister mit dem blutdrucksenkenden Mittel und den Herztabletten war heute früh anstrengend gewesen. Sie hatte das sonderbare Gefühl, sich aufzulösen, und der Schmerz machte sie grauenvoll allein. In den letzten Nächten war sie durch eine beklemmende Unruhe immer wieder aus dem Schlaf hoch geschreckt.

Annett griff nach den Tabletten und erhöhte wieder einmal die Dosis. Hildegard hatte gesagt, ‚besser als zu wenig'. Schweiß perlte so vorsichtig auf der Stirn, als dürfe er nicht in das gekonnte Make-up fließen.

„Hildegard! Charlotte!" Ihr Ruf war leise und die anderen schienen weit entfernt. Um diese Uhrzeit waren die Hollywood-Gruftler bestimmt im Garten. Und Gerd, der wieder da war, sicher noch nicht aufgestanden. War es elf Uhr? Oder zwölf? Auf einmal musste sie an Ernst denken, sie fühlte sich ihm so nah wie lange nicht mehr. Er war seit sieben Jahren unter der Erde.

Sie döste. Eine neue Schmerzwelle entfernte Annett aus ihrem Körper. So kam es ihr vor. Das Licht verwandelte sich in ein bizarres Universum mit rasenden Bildern aus ihrem Leben. Ihr war, als müsse sie sterben, ahnte, ja, so könnte es sein.

Gerd Kipfel kämmte das graue, nackenlange Haar nach hinten, betrachtete sein braun gebranntes schmales Gesicht zufrieden. Frühjahr und Sommer auf Kreta. Auf Einladung des Verlegers. Das machte sich gut. Es ging niemanden etwas an, dass er in einer Schrebergartenhütte am Stadtrand von Herford an seinem neunten Roman geschrieben hatte. Die Bräune kam aus dem Sonnenstudio. *Erfolg muss man ausstrahlen!*

„Willst du mit uns essen?", rief Hildegard. Eine milchige Sonne verbreitete Melancholie. Kipfel schlenderte heran, guckte auf den Marmortisch, der in einer windgeschützten Ecke des Gartens stand. „Rucola, Käse, Pinienkerne? Aha. Was habt ihr noch?"

„Was hast du?"

„Brot und Butter."

„Sehr vielseitiges Angebot." Charly musterte ihn kritisch.

„Wo bleibt Annett?", fragte er. „Ich habe Hunger."

„Hab bei ihr geklingelt. Sie wird sicher gleich kommen …" Charly fiel ein saucetriefendes Blatt Rucola aus dem Mund.

„… wenn's Make-up gerichtet ist", ergänzte Hildegard spöttisch.

„Ich guck mal nach", sagte Charly.

2

„Mein Gott", murmelte Charly, und rannte, so schnell ihre arthritischen Füße mitmachten, aus der Wohnung. Zufrieden betrachtete Hildegard zusammen mit Kipfel den neuen Namen der Villa. Taubendreck verdeckte noch immer das ‚G'

Charly schrie aus dem Fenster: „Die Annett! Kommt schnell!" Ihr entsetztes Gesicht verhieß nichts Gutes.

Zartgelbe Rosen dufteten. Charly, Hildegard und Kipfel starrten auf Annett, die aus ihrem Sessel gerutscht war und mit dem Oberkörper auf der Sitzfläche hing. Nacheinander fühlten sie ihren Puls. Den am Hals, am Handgelenk und am Fuß. Schon hatten Annetts kupferfarbene Augen ihre lebenslange Sanftmut verloren.

„Herzmassage, Mund- zu Mund-Beatmung?"

„Mach du das", wies Hildegard Kipfel energisch an. „Ich war beim Erste-Hilfe-Kurs in der Türkei."

Seine mit großer Kraft ausgeübten Versuche entlockten Annett kein Lebenszeichen mehr.

„Woher kommen die Rosen?", fragte Charly leise. „Vorgestern standen hier keine. Besuch hat sie nicht gehabt."

„Von mir", murmelte Kipfel.

Interessant, dachte Hildegard und begann zu weinen. „Tot! Versteht ihr, sie ist tot!"

Nachdenklich schaute Kipfel auf Annett. Charly sagte: „*Hollywood-Gruft*! Was für ein Omen!" Hildegard griff zum Telefon. Mit sanfter, aber bestimmter Bewegung nahm ihr Kipfel den Hörer aus der Hand. „Später, meine Liebe, später."

Wie es in manchen Sternstunden geschieht: Jetzt schüttete Kipfels Gehirn interessante Ideen aus. Die beste davon teilte er sofort ‚seinen' Frauen mit. Danach rannte Charly auf Annetts Balkon und schluchzte laut. „Pietätlos! Darauf kommen nur Schreiberlinge!"

Skeptisch schaute Hildegard den Mann von der Seite an. *Meint der das wirklich?* Annett lag auf ihrem Perserteppich und wirkte durch die Wiederbelebungsmaßnahmen zerzaust. Charly kam zurück, bückte sich zu Annett, streichelte ihr die Wangen, richtete sich auf und sagte mit bemühter Entschlossenheit: „Ich mache mit. Aber nur, weil ..." Sie konnte neu aufsteigende Schluchzer nicht unterdrücken. Fragend sah Kipfel Hildegard an. Jetzt wirkte seine Bräune fahl.

„Ich auch", flüsterte sie mit brüchiger Stimme und wagte

nicht, einen von ihnen anzuschauen. Am wenigsten Annett.

„Ich hab noch den Rollstuhl", sagte Charly.

„Heb mal mit an!" Gerd und Hildegard hievten die Tote vorsichtig in das Gefährt. „Ihren Hut", befahl Kipfel. „Ich bin genau so traurig wie ihr, aber es tut Annett nicht mehr weh und damit hilft sie uns – sozusagen nach ihrer letzten Stunde. Seht es einfach so. Bitte!"

Hildegard kämmte Annett. „Das Make-up ist noch in Ordnung", flüsterte sie so leise, als wenn die Verstorbene sie hören könne.

„Hier!" Gerd stand vor einer aufgezogenen Schublade und holte ein Paar Sommerhandschuhe heraus.

„Hoffentlich kommt jetzt keiner!" Charly sah sich ängstlich um. Kipfel streifte Annett behutsam die Handschuhe über. „Nun den Hut und die Kaschmirdecke!"

„Richtig gut sieht sie aus!" Kipfel nickte zufrieden.

„Und wenn sie vornrüberkippt?"

„Augenblick." Charly rannte in ihre Wohnung und kam nach bangen Minuten wieder. Sie hielt ein Baby-Laufgeschirr ihres inzwischen 15-jährigen Enkels in den Händen.

„Das geht", entschied Hildegard. Sie verlängerten die Lederriemen mit einer Schnur, die sich in Annetts Schubladentiefen fand, banden sie fest und legten ihr die wunderbare rostrote Kaschmirdecke über, die sie von ihrer Schwiegertochter bekommen hatte.

Kipfel drehte den Rollstuhl hin und her. „Mehr Schnur", entschied er. „Um die Füße, nachher rutschen sie noch ab." Während dieser Aktion wisperte Charly, „nicht böse sein, bitte nicht, halt ein letztes Mal durch."

Hildegard kam mit Annetts Sonnenbrille und setzte sie ihr auf. Alle wussten, wo sich Papiere wie Brieftasche, Sparbücher und Scheckkarte befanden. Solche Dinge hatten sie einander anvertraut. *Falls einmal etwas passiert.*

Zu zweit trugen sie den Rollstuhl nach draußen. Unter: *Hollywood ruft* betrachteten sie liebevoll die gut behütete Annett.

Charly schob. Sie hatte etwas Mütterliches, wenn sie wollte. Kipfel hielt ihr die Tür zum Eingang der Sparkassenfiliale auf. Sie hatten diejenige ausgewählt, in die Annett seltener gegangen war.

„Ich warte draußen“, sagte Hildegard. „Wenn wir alle auflaufen, sieht's komisch aus.“

„Frau Dahl möchte die Renteneingänge der letzten beiden Monate abheben“, sagte Kipfel mit einem wohldosierten charmanten Lächeln zu der Angestellten und legte die EC Karte vor. Er wies nach hinten. „Sie braucht einen neuen Rollstuhl, dieser tut's nicht mehr richtig, deswegen muss Frau Brockmüller sie schieben. Na ja, ihr geht's auch nicht besonders.“

Freundlich bereitete die Sparkassenmitarbeiterin die Auszahlung vor und schob Gerd eine rosafarbene Quittung zu. „Die müsste Frau Dahl eben unterschreiben.“

Kipfel kaschierte seinen Schrecken mit plötzlichem Husten. Er nahm das Papier und ging zu Charly. Die stellte sich vor den Rollstuhl. Niemand beobachtete in dem Nachmittagsgeschäftsverkehr, wie er sich abmühte, der Toten die Hand bei der Unterschrift zu führen. Ein äußerst krakeliges *Dahl* bekamen sie aber hin.

1.800, 2.000, 2.100, irgendwann endete die Aufzählung bei 6.000, während Gerd der Schweiß in den Nacken lief. Er schaffte es, sich zu bedanken, rief zum Rollstuhl, „brauchst du sonst noch etwas Annett?“, wandte sich zu der Mitarbeiterin und verbeugte sich angemessen.

„Jetzt die Sparbücher. Wir müssen uns beeilen, irgendwie sieht Annett nicht mehr so gut aus.“

„Hast du die Kennwörter?“, fragte Charly atemlos.

„Eins ist ohne. Das nehmen wir zuerst. Wo ist Hildegard?“

Sie sahen sich um, aber die Freundin war nirgends zu sehen.

„Egal“, entschied Kipfel, „wir müssen weiter.“

Hoffentlich hält sie durch. Ständig musste Charly der Toten die Sonnenbrille zurechtrücken. „Ich halte das nicht mehr lange aus!“ Sie gingen über den Wilhelmsplatz, eilten im Laufschritt die Schillerstraße entlang, bogen in den Schulwall und hielten endlich vor dem Sparkassengebäude ‚Auf der Freiheit‘. Den Straßennamen fand Kipfel trotz der angespannten Situation bedeutsam und grinste verstohlen. „An die Wertpapiere gehen wir aber nicht, die sind für ihren Sohn, das würde auffallen“, sagte er.

„Der Sohn muss angerufen werden, erwiderte Charly streng. „Wir sagen, wir hätten seine Mutter“ – sie schaute zur Uhr – „um 15 Uhr in ihrer Wohnung gefunden. Los!“

„Guten Tag, meine liebe Frau Dahl!“ Mit ausgestreckter Hand näherte sich dem Rollstuhl ein Sparkassenmitarbeiter. Auf seinem Anzugrevers stand: ‚Friedhelm Maise‘.

„Sie schläft, unsere Freundin ist heute besonders müde. Wir sollen für sie von diesem Sparbuch 4.500 Euro abheben. Für die Zähne. Immer sind's die Zähne bei ihr.“ Charly bemühte sich, diesen Herrn Maise gelassen anzublicken. Kipfel betrachtete eine Werbung für neue Wertanlagen. Charly stand vor dem Kundentresen, während Herr Maise virtuos Zahlen eintippte. Danach beschäftigte er sich länger als notwendig, eigentlich ziemlich lange mit dem Sparbuch. Als er endlich das Geld übergab, sah er Charly genau an. *Prüfend,* befand sie und trotzte seinem Blick mit lange gelebter Studienrätinstrenge. „In diesem Fall dürfen Sie die Empfangsquittung unterschreiben, Frau ... ?“

„Brockmüller.“

„Haben Sie zufällig Ihren Personalausweis dabei?“

Sie hatte.

„Ach, dann gehören Sie zu denen, die mit Frau Dahl diese Hausgemeinschaft pflegen. Schön, wenn man einander hilft. Hoffentlich geht es mir auch einmal so.“ Mit einem freundlichen Nicken entließ er Charly und winkte in Richtung des Rollstuhls. „Wiedersehen, Frau Dahl, und gute Besserung!"

„Sie fällt zusammen." Annett sah seltsam schief auf. Der Mund stand offen. „Wir müssen ihn hochbinden, Gerd."

„Aber doch nicht hier!"

Sie zogen ihr die Decke bis zur Nase, versuchten, so schnell wie es ging, wieder zur *Hollywood Gruft* zu kommen.

Dort wartete Hildegard ungehalten. „Los", sagte sie, „ganz schnell in ihre Wohnung. Die Schwiegertochter war hier, ist aber wieder weggefahren. Mich hat sie nicht gesehen."

Kipfel und Hildegard befreiten Annett vom Laufgurt, vom Seil, hoben sie aus dem Rollstuhl und legten sie auf den Teppich, zogen ihr die Handschuhe aus, nahmen Hut und Sonnenbrille ab. Mit gefalteten Händen bildeten sie einen Halbkreis, gedachten und dankten der Verstorbenen.

„Jetzt schnell die Papiere wieder an den richtigen Ort legen", sagte Kipfel, „und den Rollstuhl wegbringen. Ich rufe den Sohn an, nein, besser wäre, wenn Charly …"

Als Hildegard Charlys käsiges Gesicht sah, entschloss sie sich. „Ich mach das. Geht in den Garten, kocht Kaffee, benehmt euch wie immer."

Sie rief den Sohn an und blickte dabei aus dem Fenster, betrachtete nachdenklich den Turm der umgebauten Petrikirche.

Die drei warteten. „Annetts Sohn müsste bald kommen." Hildegard zupfte nervös an ihren Haaren. Ein Streifenwagen fuhr vor. „Ist was passiert?", fragte Kipfel, während zwei Polizisten ausstiegen. Als dritter kam Herr Maise. Er kroch rückwärts aus dem Wagen. Als sie den Banker sah, verschüttete Hildegard heißen Kaffee auf ihrer hellen Hose. Kipfel sagte beiläufig, „komme gleich wieder", und verschwand durch das Gartentor. Charly setzte ihr Lehrerinnengesicht auf. Ohne sich erst vorzustellen, eilte ein Polizist Kipfel hinterher und erreichte ihn noch am Wilhelmsplatz. Währenddessen sagte der andere, ein Hauptkommissar Schroeter, so hatte er sich vorgestellt, „wir müssen mit Ihnen reden. Sie sind …", wandte er sich zu Hildegard, nahm ihre Personalien auf, ebenso die von Charly und Kipfel, der mit dem Kollegen wieder zurück war. „Soso, Schriftsteller, Kriminalromane, ist ja interessant. Der Herr von der Sparkasse hat etwas Wichtiges mitzuteilen. Bleiben Sie bitte alle sitzen."

Als Herr Maise sich ausgiebig räusperte, jeden Gruftler prüfend anschaute, endlich sagte, „ich möchte Ihnen aus dem Brief, den Frau Dahl vor einigen Monaten bei uns hinterlegte, vorlesen", die Polizisten dazu nachdrücklich nickten, nickten Hildegard und Charly aus Verlegenheit mit. Kipfel schaute gekränkt in die Tannenspitzen.

Der Banker begann erneut. „…, Sollten meine langjährigen Mitbewohner aus der *Hollywood Gruft*: Hildegard Wenzel, Charlotte Brockmüller und Gerd Kipfel ohne ausdrückliche schriftliche und persönliche Ermächtigung Geld von meinen Konten abheben, rufen Sie sofort die Polizei. Dann ist der Moment gekommen, in dem ich krank, bewegungsunfähig oder schlichtweg tot bin und meine lieben Freunde ihr Leben auf diese Weise versüßen möchten …"

Nach einer langen, schwer auszuhaltenden Pause ergänzte Herr Maise noch: „Hören Sie bitte auch Frau Dahls allerletzten Satz: „Ich habe gewusst, dass ihr scharf auf mein Geld seid. Allerdings glaubte ich immer, ihr würdet es klüger anfangen …"

Erwin Grosche

Der Auftragskiller

„Ist das Boris Lolinski?", fragte Doktor Hollmann.
„Natürlich ist das Lolinski", sagte Rosenstetter. „Ich erkenne ihn, selbst wenn er jetzt sein Haar kurz trägt."

„Ich habe ihm gesagt, dass er noch ein halbes Jahr zu leben hätte", sagte Doktor Hollmann.

Rosenstetter lachte kurz auf. Er schaute noch immer auf das Foto mit dem Mann, der einen schwarzen Lederanzug trug und von einem Motorrad stieg. Er hatte gerade den Helm vom Kopf gesetzt, als er fotografiert wurde. Er schaute schüchtern in die Kamera und lächelte, als wäre er bei etwas ertappt worden.

„Er hatte früher eine Brille auf", sagte Rosenstetter. „Entweder sieht er jetzt besser oder er trägt Kontaktlinsen."

Doktor Hollmann nickte zaghaft, schaute auf den Tisch und überlegte von seinem Kaffee zu trinken, ließ es aber. Er nahm die Tasse zwischen seine Hände und atmete tief ein.

„Schön hier", sagte er.

Rosenstetter schaute sich um. Sie saßen im Café Röhren, dem ältesten Café in Paderborn. Im Hintergrund plätscherte ein kleiner Springbrunnen, daneben saß eine Schaufensterpuppe vor einem Klavier und trug einen Smoking mit einem Zylinder, der viel zu klein war für ihren großen Schaufensterpuppenkopf. Komisch, dachte Rosenstetter, man sagt „die Schaufensterpuppe", auch wenn sie für Männermode gemacht wurde. Sie waren die einzigen Gäste, die in dem hinteren Raum saßen. Die meisten Gäste saßen draußen unter den riesigen Sonnenschirmen und schauten auf die Dielenpader herab. Zwei Enten standen vor dem gegenüberliegenden Pornoshop und kamen nicht herein. Es war der Samstag vor dem Pfingstfest, die Sonne schien und viele Männer trugen Blumensträuße in den Händen, um für den Muttertag gerüstet zu sein.

„Ich war noch nie hier", sagte Doktor Hollmann. „Ich dachte immer, das wäre ein Omacafé."

Rosenstetter lachte und schob das Foto über den Tisch.

„Na ja", sagte er. „So jung sind wir auch nicht mehr."

Sie schauten sich an. Sie kannten sich seit der Schulzeit und waren vom ersten Augenblick an Freunde gewesen. Sie hatten in der Schule nebeneinander gesessen und saßen auch jetzt an diesem Tisch im Café Röhren nebeneinander. Hollmann saß rechts, Rosenstetter links, wie damals in der Schule. Hollmann trug schon als Kind hinter dem linken Ohr eine Hörhilfe, trotzdem hörte er auf dem linken Ohr nicht so gut wie auf dem rechten, deswegen saß er immer links neben Rosenstetter. Sie waren Schüler auf dem Gymnasium Theodorianum gewesen, wo Hollmann sein Abitur gemacht hatte, und Rosenstetter es immerhin bis zum Einjährigen schaffte. Rosenstetter hatte dann eine Ausbildung als Landschaftsgärtner begonnen, sich aber nach einer Erbschaft steinreich zur Ruhe gesetzt. Sie hatten auch noch Kontakt gehabt, als Hollmann sich in Kiel in eine Arztpraxis einkaufte, um, weitab vom Elternhaus, sein eigenes Leben ausprobieren zu können. Hollmann würde sich sein Leben lang daran erinnern, wie Rosenstetter ihn in Kiel gerettet hatte, als er, Hollmann, vor Liebeskummer nicht mehr ein noch aus wusste. Rosenstetter war in der Nacht von Paderborn nach Kiel gefahren und hatte ihn, Hollmann, getröstet bis zum Morgengrauen. Nun hatten beide graue Haare, Doktor Hollmann trug einen Schnäuzer und hatte sich als Arzt in der Bischofsstadt niedergelassen. Als sein Vater starb, hatte er dessen Praxis an der Giersmauer übernommen und wohnte nun mit seiner Frau Gerlinde, einer Kielerin, darüber. Er hatte keine Kinder, war aber der Patenonkel von Rosenstetters Tochter Irene geworden, die er von Herzen liebte. Er schaute auf seinen Freund, der in seinem hellen Anzug immer noch gut aussah, auch wenn er dick geworden war und sich nicht herausputzte wie jemand, der viel Geld hatte. Rosenstetter hatte sich vor zwei Jahren im Riemekeviertel ein Haus gekauft, als wollte er zur Ruhe kommen und wissen, wohin er gehörte. So schienen die Freunde ihren endgültigen Platz in der Welt gefunden zu haben.

„Du meinst, Lolinski ist unser Mann?“, fragte Rosenstetter.

Doktor Hollmann kniff die Augen zusammen, die Sonne blendete ihn durch den Schlitz der nicht ganz zugezogenen Vorhänge.

„Er wird deine Frau umbringen“, sagte er. „ Er kennt sich sogar mit Waffen aus.“

Rosenstetter horchte auf.

„Er kennt sich mit Waffen aus?“, fragte er.

Die Bedienung kam an ihren Tisch und fragte, ob sie zufrieden wären. Die beiden Männer nickten und Rosenstetter fragte nach der Rechnung.

„Er ist Fahnenträger der Heidekompanie“, sagte Doktor Hollmann. „Ein begeisterter Schütze, der gleich nach der Hiobsbotschaft klagte, dann würde er ja das Paderborner Schützenfest nicht mehr miterleben.“

Rosenstetter verdrehte die Augen.

„Wenn er keine anderen Sorgen hat“, sagte er. „Weiß er, dass ich mich mit ihm treffen will?“

Doktor Hollmann schaute sich um. Der zu kleine Zylinder auf dem Kopf der Schaufensterpuppe machte ihn nervös. Er konnte es nicht haben, wenn etwas aussah, als würde es gleich herunterfallen. Aber dann doch nicht herunterfiel. Manchen Dingen sollte man einen Schubs geben dürfen, dachte er.

„Bist du verrückt“, flüsterte er. „Ich habe Lolinski schon für dich belogen, den Rest musst du selbst machen.“

Rosenstetter rieb sich die Augen. Die Bedienung kam an ihren Tisch. Rosenstetter bezahlte. Sie gingen nach draußen. Rosenstetter schloss die Augen. Die Sonne strahlte ihn an, als würde er eine Bühne betreten. Am Tisch neben der Tür sagte jemand: „Wir brauchen mal ein Päuschen“ und spielte damit auf die Zeitungsschlagzeile an, dass Bürgermeister Paus sich entschlossen hatte, erneut für das Bürgermeisteramt in Paderborn zu kandidieren. Rosenstetter schmunzelte. Er fühlte sich befreit. Wie lange hatte es gedauert, um Lolinski so in die Enge zu treiben? Er erinnerte sich noch daran, wie er seinen Freund überredet hatte, die Sauna im Arosa-Hotel zu besuchen. Hier hatte er Lolinski entdeckt, der gern mit Blick auf die Stadt schwitzte. Lolinski war der erste Patient, der von einem Arzt ausgesucht wurde. Er hatte fast drei Jahre warten müssen, bis er seinen idealen Auftragskiller gefunden hatte. Er hatte einen Mann gesucht, der nichts mehr zu verlieren hat und vor lauter Geldsorgen nicht mehr ein und noch aus wusste. Lolinski. Nun war er am Ziel. Nun würde ein Mensch sterben und für sein Unrecht bezahlen. Das war kein Mord, das war Fügung.

Boris Lolinski lag auf seinem Bett. Er hatte es selbst gebaut. Er hatte es so gestrichen, dass man gleich sah, dass er Paderborner war. Das Bett leuchtete rot und das Oberbett war mit einer Bettwäsche im Paderborner Gelb bezogen. Er trug eine Schützenuniform und trank sein fünftes Bier. Was hatte ihm dieser Hollmann gesagt? Boris, zieh dich warm an, in einem halben Jahr bist du tot. Nun hatte er sich warm angezogen und der Schweiß klebte ihm unter der Nase. Er kam sich dreckig vor und wie ausgestopft. Er wusste nicht, was er machen sollte. Er fühlte sich nicht krank, nur ausgelaugt und betrogen. Er wusste noch, wie er zum ersten Mal diesen Arzt in der Sauna getroffen hatte. Sie waren ins Gespräch gekommen, weil Paderborn bei Nacht so unfassbar schön ist. Sie hatten beide aus dem Fenster des Hotels gesehen und den bunt angestrahlten Domturm betrachtet.

„Boris“, rief seine Mutter. „Kannst du die Musik leiser machen?“

Er stand langsam auf und stellte die Musik aus. Er war betrunken und fluchte über den langen Weg bis zur Musikanlage. Die Batterien seiner Fernbedienung waren leer und so musste er aufstehen, um den Off-Knopf zu drücken. Er stöhnte. Alles in seinem Leben war mühselig geworden. Seufzend stand er vor dem Poster von Schützenoberst Ernst Müller. Er hatte es genau über der Musikanlage aufgehängt. Es war mit „Für Boris, Dein Schützenoberst“ signiert. Das Bild war aus der Zeit, als Müller noch dick war, als ein ostwestfälischer Gaul noch zeigen konnte, was in ihm steckte. Es war die Zeit, als Ernst Müller noch gut zu sehen war, selbst wenn er vom Erzbischof und dem Schützenkönig umringt war.

„Du wüsstest, was ich machen soll“, flüsterte er. „Du würdest dich auf dein Pferd schwingen und alles umreiten, was sich dir in den Weg stellt.“

Lolinski stolperte, obwohl kein Hindernis im Weg stand, über das man stolpern konnte. Er fiel hin und riss dabei die Schützenfahne der Heidekompanie herunter.

„Scheiße“, murmelte Lolinski. „Scheiße, scheiße, und nochmals scheiße.“

Er war am Ende. Er bewohnte wieder sein altes Höllenzimmer, welches er schon als Kind gehasst hatte. Er schaute auf die Treppe, die zu einer Eisentür führte. Diese Treppe musste man hinaufkommen, um am Leben der anderen teilhaben zu können. Lolinski machte sich nichts vor. In seinem Zustand würde er es heute noch nicht einmal zu seiner Toilette schaffen, die unter der Treppe sein so genanntes Badezimmer andeutete. Er hatte sich dort eine Dusche eingebaut, unter der er aber nur kurz duschen konnte, weil sich dann das heiße Wasser sofort in kaltes verwandelte. Lolinski vermutete, dass seine Mutter immer genau seine Duschzeit abpasste, um dann mit dem Spülen zu beginnen. Er wäre sofort in ein anderes Loch gezogen, wenn er nicht blank wie eine Kirchenmaus gewesen wäre. Lolinski hatte sich noch vor einem halben Jahr ein Motorrad gekauft, zu dem ihm sein Saunakollege, Doktor Hollmann, geraten hatte. „Man gönnt sich ja sonst nichts, Boris“, hatte der zu ihm gesagt, und nun konnte er die Raten bei der Bank nicht mehr bezahlen und seine Mutter nervte ihn damit, dass er sich nicht an den Wohnkosten beteiligen würde und überhaupt nur rumhing und sich nicht nützlich machte. Boris weinte. Ihm liefen die Tränen die Wangen herunter. Ich werde heute auf das Dach der Uni gehen und mich in den Tod stürzen, dachte er, als sein Telefon klingelte. Er griff auf den niedrigen Tisch und fand das Telefon in der Nussschale, in der noch immer Nüsse vom Weihnachtsfest lagen.

„Ja", sagte er.

„Bin ich verbunden mit Boris Lilonski?", fragte eine Stimme.

Boris schluckte. Er musste sich konzentrieren.

„Ich heiße nicht Lilonski, sondern Lolinski", sagte Boris und war sich selbst nicht ganz sicher, ob er seinen Namen richtig ausgesprochen hatte.

„Legen Sie nicht auf", sagte die Stimme, „wenn Sie auflegen, verpassen Sie die Chance Ihres Lebens."

Boris lachte.

„Wie meinen Sie das?", fragte er. „Kann es sein, dass ich einen Rundflug über Paderborn gewonnen habe?"

Die Stimme am anderen Ende der Leitung sagte nichts.

„Hallo?", sagte Boris, „sind Sie noch dran?"

„Schreien Sie nicht so", sagte die Stimme. „Ich möchte Sie treffen. Ich habe Ihnen ein Angebot zu machen."

Boris schaute auf das Poster mit dem Schützenoberst Müller, dessen selbstbewusster Blick ihm in diesem Augenblick auch nicht raten wollte, was er tun sollte.

„Was wollen Sie?", fragte Boris.

„Ich sagte es doch bereits", sagte die Stimme. „Ich möchte Sie treffen."

„Und wenn ich nicht kommen will?", sagte Boris.

„Ich weiß nicht, ob Sie sich erlauben können, diese Einladung auszuschlagen", sagte die Stimme. „Es stirbt sich doch leichter mit einem Haufen Geld im Rücken."

Boris schaute auf. Er kroch auf sein Sofa zu und zog sich hoch. Mit einem Wisch fegte er die ausgelesenen Wochenspiegel vom Sofa und setzte sich auf die Lehne.

„Wann soll ich kommen?", fragte Boris.

„Kommen Sie morgen früh um 10.00 Uhr zum Dreihasenfenster", sagte die Stimme. „Ich hoffe, Sie werden pünktlich sein."

„Und woran erkenne ich Sie?", wollte Boris fragen, aber er kam nur bis zum Anfang des Satzes, weil die Verbindung unterbrochen war. Boris schaute auf das Müllerposter.

„Du wüsstest, was zu tun wäre, was?", flüsterte Boris. Er rülpste und salutierte. „Ich werde versuchen, mich den Idealen der Deutschen Schützenbruderschaft würdig zu erweisen."

Plötzlich war ihm übel. Er stöhnte auf und ließ sich auf das Sofa fallen. Hier blieb er liegen und bewegte sich nicht. Vielleicht hatte er Glück und alle hielten ihn für tot.

Rosenstetter stand in der Tür des Badezimmers und schaute seine Frau an. Sie lag in der Badewanne und hatte gerade den Kopf unter Wasser, um sich das Shampoo aus dem Haar zu waschen. Als sie wieder aus dem Wasser auftauchte und ihn erblickte, erschrak sie nicht. Sie nahm ihr langes Haar in die Hand und wrang es aus.

„Ist Irene schon zu Hause?", fragte sie.

„Ja, Liebes", sagte Rosenstetter. „Sie ist auf ihrem Zimmer und hört Musik."

Sie schloss die Augen und lauschte. Man hörte Musik, die aus einem der Zimmer im zweiten Stock kam.

„Ich habe Irene gar nicht heimkommen hören", sagte sie. Sie stand in der Badewanne auf und ließ sich von ihm ein Handtuch bringen.

„Du lagst in der Wanne, Liebes", sagte er. „Wir wollten dich nicht stören."

Er trocknete sie ab, draußen fuhr ein Zug vorbei und sein Schatten berührte kurz das Haus. Rosenstetter ging in sein Zimmer, hörte, wie seine Frau ihr Haar föhnte. Er setzte sich an seinen Schreibtisch und sah vor sich auf ein eingerahmtes Bild. Sie standen auf der höchsten Aussichtsplattform auf den Externsteinen. Seine Frau, Irene und er. Die beiden Frauen lachten über ihn, weil er Höhenangst hatte und sich nicht traute, in die Tiefe zu sehen. Wie glücklich sie gewesen waren. Rosenstetter überlegte kurz, wer das Foto von ihnen geknipst hatte, aber er wusste es nicht mehr. Er lauschte und hörte seine Frau immer noch ihr Haar föhnen. Er ging zur Tür und schloss ab, da er nicht gestört werden wollte. Dann öffnete er eine Tür seines Schreibtisches und zog das oberste Fach heraus. Vor ihm lag eine Walther P99. Er nahm sie aus der Schublade und hielt sie mit gestrecktem Arm von sich. Diese Pistole wird bald töten, dachte er. Er legte den Kopf nach hinten und atmete tief ein und aus. Ich darf nicht vergessen, Irenes Musik auszumachen, dachte er.

Boris Lolinski hatte schlecht geschlafen. Der Kopf tat ihm weh und er kniff die Augen zusammen. Er hatte einen üblen Geschmack auf der Zunge und bekam den Mund kaum auf. Seine Mutter stand am Fenster und riss die Vorhänge auf. Boris stöhnte und hatte Angst vor den ersten Sätzen des Tages.

„Auch schon wach?", kreischte sie. „Es wird Zeit, dass du dir wieder Arbeit suchst."

Er hatte als Kaufhausdetektiv im Kaufhaus Klingenthal gearbeitet. Das große Modegeschäft in der Hauptgeschäftsstraße war vier Jahre sein Arbeitsplatz gewesen. Er hatte die Unterwäscheabteilung für Frauen betreut und wurde dort erst entlassen, als er eine Frau, die er beim Diebstahl eines BHs erwischt hatte, mit unsittlichen Angeboten belästigt hatte. So ein Quatsch, dachte er, er hatte ihr nur die Möglichkeit gegeben, sich einen Haufen Ärger zu ersparen.

„Liegt seiner armen Mutter auf der Tasche", schnauzte seine Mutter herum. „Dein Vater tat gut daran, früh einen Abgang zu machen."

Boris ging zu seinem Waschbecken und hielt den Kopf unter den Wasserstrahl.

„Halt die Schnauze, Mutter", sagte er. „Ich kann dein Gequake nicht mehr hören."

Die alte Frau riss die Augen auf und spuckte vor ihm aus.

„Und Blumen zum Muttertag habe ich auch keine bekommen“, murmelte sie und huschte die Kellertreppe hoch.

Boris konnte gerade noch rufen: „Muttertag ist eine Erfindung der Nazis, du Hexe“, als seine Mutter die schwere Eisentür hinter sich zufallen ließ. Boris schaute auf seinen Tisch. Seine Mutter hatte ihm wenigstens eine Kanne mit Kaffee gemacht. Er trank den heißen Kaffee und ging anschließend zur Treppe, um aus einer Kiste eine Flasche Mineralwasser zu holen. Er knackte den Drehverschluss auf und trank die Flasche in einem Zug leer. Danach ging er zur Dusche und zog sich aus. Er hatte auf dem Sofa in seiner Schützenuniform geschlafen. Er stellte sich unter das heiße Wasser und schrie, als es plötzlich wieder kalt wurde. In seinem Kopf kehrte Leben zurück. Und Wut. Er erinnerte sich an den Anruf. Er hatte heute ein Treffen. Ein Mann wollte sich mit ihm vor dem Dreihasenfenster treffen. Mein Gott, dachte er, bei dem Dreihasenfenster war er zum letzten Mal als Kind gewesen. Er schaute auf die Uhr. Es war 9.00 Uhr. Seine Mutter musste ihn um 8.00 in der Nacht geweckt haben. Es wurde Zeit, dass er aus diesem Loch herauskam. Boris kleidete sich an. Er stand mitten im Raum und streckte sich. Noch war er da, noch lebte er. Im Hintergrund hing das Poster von seinem Schützenoberst. Er schüttelte den Kopf und dachte daran, dass er bald tot sein würde. Er dachte daran, dass sich dann die Schützen ohne ihn treffen müssten. Es wäre das erste Schützenfest, das er verpassen würde, seitdem er Fahnenträger der Heidekompanie war. Er stellte sich vor, dass Schützenoberst Müller auf seinem Pferd saß und einen Blick auf seine Schützen warf. Er stellte sich vor, dass er plötzlich den Aufmarsch stoppen ließ und laut rufen würde: „Verdammt nochmal, wo ist Boris Lolinski von der Heidekompanie?“ Und irgendjemand, wahrscheinlich der dicke Lehmann mit seiner Quakestimme, würde rufen: „Herr Oberst, Schütze Lolinski ist tot, aber er lässt Sie grüßen.“ Boris lachte auf. Er durfte jetzt nicht durchdrehen. Der Mann am Telefon sprach von viel Geld. Er war gespannt, was er dafür tun musste.

Er hatte nichts mehr zu verlieren. Er würde alles tun. Boris schaute auf die Uhr. Er musste sich beeilen, sonst fing das Glück an, ohne ihn zu strahlen.

Rosenstetter stand vor dem Dreihasenfenster. Er hatte es schon als Kind erstaunt betrachtet und auch jetzt ließ seine Faszination nicht nach. Da hatten drei Hasen nur drei Ohren und trotzdem hatte jeder zwei, wenn man den Standpunkt wechselte. Die Hasen waren im Fensterkreis so angeordnet, dass ihre drei Köpfe fast ein Dreieck bildeten, von dem die drei Ohren spitz abstanden.

Es war heiß, aber der Innenhof des Domes bot auch genug Schatten, um zu verweilen. Ob er mich wohl erkennen wird, dachte Rosenstetter. Wenn schon, sie waren sich nur einmal im Dunkeln begegnet, als er Irene von einem Schulball des Michaelsklosters abgeholt hatte. Lolinski hatte ihm nur die Hand gegeben und ansonsten ausschließlich Augen für Irene gehabt. Wer achtet schon auf alte Männer in der Nacht? Rosenstetter schaute auf die Uhr. Von Pünktlichkeit hatte Lolinski wohl noch nie etwas gehört, dachte er. Er würde ihm noch fünf Minuten geben, dann musste er seinen Plan fallen lassen. Das darf nicht sein, dachte er. Ich habe zu lange auf diesen Augenblick gewartet.

Er stand in der Ecke, wo die Überreste einer Bombe lagen, die im zweiten Weltkrieg auf die Stadt abgeworfen worden war. Er starrte den verrosteten Mantel an, als Lolinski den Innenhof betrat. Lolinski konnte Rosenstetter nicht sehen, da dieser hinter der Eingangstür verschwunden war. Lolinski hielt sich den Bauch, als hätte er Bauchschmerzen. Er trug ein T-Shirt, auf dem „Ich bin Arzt, lassen Sie mich durch" zu lesen war. Lolinski schaute sich um, sofort entdeckte er das Dreihasenfenster und ging darauf zu. Erst als er sich umdrehte, sah er Rosenstetter, der ihm zuwinkte. Sie gingen aufeinander zu. Lolinski stellte sich unsicher vor den selbstbewussten Rosenstetter. Die beiden Männer schauten sich an. Rosenstetter merkte, wie Lolinski vor Nervosität zitterte. Gut so.

„Sie sind Lolinski, oder?“, fragte Rosenstetter und hielt ihm seine Hand entgegen. Lolinski überlegte, ob er Rosenstetter begrüßen sollte, aber gab ihm schließlich die Hand. Er kniff die Augen zusammen und stellte sich in den Schatten, wo die Sonne ihn nicht blenden konnte.

„Hier bin ich“, sagte er. „Was wollen Sie von mir?“

Lolinski schaute Rosenstetter ins Gesicht, ließ jedoch die Tür zum Innenhof nicht aus den Augen. Er war auf dem Sprung, als würde er eine Falle vermuten.

„Sie sind zu spät gekommen“, sagte Rosenstetter. Er zündete sich eine Zigarette an, und warf das ausgepustete Streichholz in den Kies. Lolinski blickte sich um. Er wusste immer noch nicht, was er von diesem Treffen halten sollte. Er beschloss, schnell zur Sache zu kommen.

„Wen kümmert das?“, sagte Lolinski. „Sie haben Glück, dass ich überhaupt hier bin.“

Rosenstetter kicherte.

„Wer hier Glück hat“, sagte er, „wird sich noch herausstellen.“

„Kennen wir uns?“, fragte Lolinski. „Wer sind Sie?“

„Das geht Sie nichts an“, sagte Rosenstetter. „Ich weiß, wer Sie sind, das reicht.“

„Dann wissen Sie auch, wie knapp meine Zeit ist“, sagte Lolinski. „Wenn ich nicht in einer Stunde zu Hause bin, ruft meine Mutter die Polizei an.“

Rosenstetter lachte. Lolinski bluffte, das war deutlich zu merken und Lolinski wusste, dass es deutlich zu merken war.

„Wollen Sie ein Vermögen verdienen?“, fragte Rosenstetter.

„Was ist für Sie ein Vermögen?“, fragte Lolinski.

„Würden sie 20.000 Euro als Vermögen bezeichnen?“, fragte Rosenstetter.

Lolinski atmete tief ein und aus. 20.000 Euro waren ein Vermögen, dafür konnte man zweimal hintereinander Schützenkönig werden. Er könnte dazu noch Schützenoberst Müller ein neues Pferd kaufen. Lolinski schwitzte. Er ging zum

Pfauenbrunnen, der direkt vor dem Dreihasenfenster stand. Er nahm den Wasserstrahl mit beiden Händen auf und rieb sich damit das Gesicht ab. Eine Touristengruppe kam in den Innenhof und suchte lauthals das Dreiohrendenkmal. Es waren nur Männer in dunklen Anzügen, die viel zu warm für das Wetter angezogen waren. Als sie das Kirchenfenster endlich gefunden hatten, stand Lolinski mitten unter ihnen. Er ging wieder zu Rosenstetter. Sie schauten den Touristen zu, die die Köpfe hin und her bewegten, um dem Geheimnis der drei Hasen auf die Spur zu kommen.

„Nichts ist, wie es scheint", sagte Rosenstetter, „alles ist eine Frage der Perspektive."

Die beiden setzten sich auf die Bank. Die Touristengruppe war stiller geworden. Sie liefen nun zwischen den Gräbern herum und starrten auf die Inschriften.

„Und was muss ich dafür tun?", fragte Lolinski. „Womit kann ich mir die 20.000 Eier verdienen?"

Er wunderte sich. Er hatte noch niemals „Eier" zu Geld gesagt, aber in diesem Augenblick schien ihm dies der richtige Ausdruck dafür zu sein. Rosenstetter zog noch einmal an seiner Zigarette und ließ sie dann in den Kies fallen. Sie qualmte noch und Rosenstetter machte keine Anstalten, sie auszutreten.

„Was muss ich dafür tun?", fragte Lolinski nochmals und schob Rosenstetters Zigarette zwischen die Steine.

„Es ist ganz einfach", sagte Rosenstetter. „Erschießen Sie meine Frau."

Lolinski zuckte mit den Augen. Er war nicht überrascht, sondern nur erleichtert, dass dies endlich ausgesprochen war. Die ganze Situation erinnerte ihn an einen Kriminalroman, in dem er die Rolle des Bösen spielte. Er schrie auch nicht auf, weil ihn genau in diesem Augenblick der Leiter der Touristengruppe ansprach und in gebrochenem Deutsch bat, „von ihnen allen" ein Foto vor dem Dreihasenfenster „bitte" zu schießen. Lolinski nahm die kleine Kamera des Mannes in die Hand und machte ein Foto von der schon aufgestellten Reisegruppe. Er achtete darauf, die Kamera so tief zu halten, dass später von keinem der Männer ein Kopf zu sehen sein würde. Manchmal muss man fies sein, dachte er. Die Touristen bedankten sich überschwänglich und verließen lachend den glühenden Innenhof. Sie waren wieder allein. Lolinski lief zu Rosenstetter und zischte: „Sind Sie noch normal? Erschießen Sie doch selbst Ihre Frau!"

Lolinski ging auf und ab. Die Sonne war gerade hinter einer dunklen Wolke verschwunden und Schatten legte sich wie ein Filter auf die Stadt. Er ging wieder auf Rosenstetter zu, der von der Bank aufgestanden war.

„Sie sind nicht verrückt, oder?", flüsterte Lolinski. „Sie machen doch keine Späße mit mir?"

Rosenstetter genoss den Augenblick. Lolinski wusste längst, dass er keine Späße machte. Nun musste er ihm nur noch den letzten Stoß versetzen.

„Sehe ich so aus, als ob ich mit einem Todkranken scherzen würde?", sagte er. „Für 20.000 Euro brauchen Sie nicht meinen Rasen zu mähen, es reicht, wenn Sie meine Frau erschießen."

Lolinski schluckte. Er musste sich erst klar machen, dass er der „Todkranke" war, von dem geredet wurde. So hatte ihn noch niemand genannt. Selbst das Gespräch mit dem Arzt war noch so sachlich gewesen, als würde jemand anders sterben, aber nicht er. Es traf ihn wie einen Faustschlag. Der Mann im weißen Leinenanzug schien alles über ihn zu wissen. Er hatte nicht mehr lange zu leben, er musste sich nun entscheiden, wie er seine letzten Tage verbringen wollte. Er rieb sich seine Hände. Er schwitzte und wusste nicht, was er tun sollte. Er musste nun etwas sagen. Er stellte sich dicht vor Rosenstetter und zog nervös seine Nase hoch.

„Angenommen, ich würde auf Ihren wahnsinnigen Vorschlag eingehen", zischte er. „Angenommen, wirklich nur angenommen, wie würde das alles vor sich gehen?"

Rosenstetter klappte seine Aktentasche auf. Er griff hinein und holte die Walther P99 so heraus, dass Lolinski sie sehen konnte.

„Oh“, sagte Lolinski, „eine Walther.“

Rosenstetter hielt Lolinski die Waffe entgegen.

„James Bond hat eine Walther P99“, sagte Lolinski.

Rosenstetter nickte.

„Nehmen Sie sie ruhig in die Hand“, sagte er.

Lolinski nickte. Er schaute sich um. Rosenstetter drückte ihm die Waffe in die Hand. Lolinski starrte darauf wie auf eine Wunde. Das auffälligste Merkmal der Waffe war das Fehlen eines Hahns, die P99 besaß stattdessen einen innenliegenden Schlagbolzen, dessen Zustand an einem kleinen Stift erkennbar war, der mittels eines Knopfes entspannt werden konnte.

„Es kann auch ein Schalldämpfer montiert werden“, sagte Rosenstetter, „der aber die Schussgenauigkeit beeinträchtigen kann.“

Lolinski schluckte.

„Ich weiß“, sagte er. „Ich bin Schütze. Ich kenne eine P99.“

Er hob die Waffe hoch und hielt sie Rosenstetter entgegen. „Die Waffe ist sofort schussbereit“, sagte er. „Eine manuelle Sicherung ist nicht vorhanden.“

Rosenstetter blinzelte. Er griff in die Tasche und holte die Patronen heraus.

„Die brauchen Sie noch“, sagte Rosenstetter, „dann könnten Sie schon loslegen.“

„Warum soll ich Ihre Frau töten?“, fragte Lolinski.

Rosenstetter schaute sich um. Ein Priester betrat kurz den Innenhof, ging dann aber wieder. Rosenstetter nahm die Waffe an sich und steckte sie wieder in seine Aktentasche.

„Je weniger Sie wissen, umso besser“, sagte er. „Kommen Sie morgen in die Otto-Wels-Straße 103. Meine Frau wird allein sein. Es ist Mittwoch. Unsere Haushälterin ist dann auf dem Markt, um Einkäufe zu machen. Wir lassen immer die Terrassentür auf. Sie können sie aufschieben, wenn sie nicht sogar aufsteht. Meine Frau wird wahrscheinlich im Wohnzimmer sitzen und fernsehen.“

Lolinski wunderte sich, wie schnell das alles ging. Es war so, als hätte er schon „ja“ gesagt und würde bald zum Mörder werden.

„Wo liegt denn die Otto-Wels-Straße?“, fragte er.

„Kennen Sie den Westfriedhof?“, sagte Rosenstetter.

Lolinski nickte. Natürlich kannte er den Westfriedhof. Er war dort in den blauen Containern der Hauptschule Schüler gewesen. Das alles war sehr lange her. Damals hatte er noch gedacht, dass er eine Chance hätte. Er wollte doch nur wie alle Menschen glücklich werden, aber anscheinend hatte ihn das Schicksal für andere Aufgaben ausgesucht. Nun stand er hier und erfuhr von seiner Bestimmung? Er wusste nicht, was er glauben sollte. War er ein Mörder? War er ein Mann, der nur noch ein halbes Jahr zu leben hatte? War der Mann vor ihm ein Mensch, der seine Frau erschießen lassen wollte? Er blickte auf das Dreihasenfenster. Es hatte Recht. Alles war nur eine Frage der Perspektive, dann passte alles zusammen und jeder Mörder hatte zwei Ohren. Er stellte sich vor, was sein Schützenoberst Müller machen würde. Er würde sich auf sein Pferd schwingen und der Gefahr entgegenreiten. Er wollte nicht sterben, dachte er plötzlich. Er hoffte immer noch auf einen Ausweg. Vielleicht sollte er das Angebot des Mannes annehmen und dessen Frau erschießen. Was sollte er sich darüber kluge Gedanken machen? Wer kümmerte sich um ihn? Er würde bald sterben und musste Leben nachholen. Er musste soviel Leben nachholen, dass er genug davon hatte. Er wollte dem Tod begegnen, dann wüsste er, wie nah es sich in dessen Nachbarschaft lebt.

„30.000 Euro“, hörte er sich plötzlich sagen.

„Bitte?“, fragte Rosenstetter.

„Geben Sie mir die Patronen“, sagte Lolinski. „Für 30.000 Euro bin ich Ihr Mann.“

Rosenstetter stutzte, nicht weil Lolinski sein Angebot erhöht hatte, sondern weil alles so einfach gewesen war. Er klappte seine Aktentasche auf und drückte dem jungen Mann die Patronen in die Hand.

„Lassen Sie sie nicht leiden", sagte er. „Meine Frau ist sehr empfindlich."

„Was ist mit dem Geld?", fragte er.

Rosenstetter holte einen Briefumschlag aus der Tasche.

„Das sind 10.000 Euro", sagte er. „Den Rest finden Sie morgen früh in der Wohnung vor."

„Kann ich Ihnen trauen?", fragte Lolinski.

„Wenn Sie mir nicht trauen können", sagte Rosenstetter, „wem dann?"

Lolinski nickte. Er kniff die Augen zusammen und schaute wieder ins Licht, als wollte er ganz sicher gehen, dass er nicht träumte.

Der ganze Tisch stand voller Bierflaschen und kleinen Korngläsern. Im Hintergrund spielten sie deutsche Schlager, die Lolinski kraftlos mitmurmelte. Er saß am Schützenstammtisch im „Deutschen Haus" und paffte an seiner vierten Zigarette. Er lachte. Nun hatte er in seinen letzten Tagen noch das Rauchen angefangen. Es war nicht so, dass ihm das Spaß machte, aber er wollte alles mitnehmen, was das Leben zu bieten hatte. Er pustete die Asche von seiner Schützenuniform und wischte nochmals mit einer Handbewegung nach. Der dicke Lehmann war auf Toilette. Er wunderte sich, wie lange der dort brauchte. Er saß alleine mit Carsten Fieber am Tisch und langweilte sich. Sein Schützenbruder saß ihm gegenüber und erzählte wieder einmal von seinem letzten Mallorca-Urlaub, den er so volltrunken durchlebt hatte, dass er sich nur noch an die Farbe der Eimer erinnern konnte, aus denen er den Alkohol in sich hineingeschüttet hatte. Er erzählte gerade, dass er vielleicht was mit einer Tusse gehabt hatte, er sich dessen aber nicht mehr ganz sicher war, weil alle so besoffen gewesen waren. „Irrer Urlaub", sagte Lolinski. Er gähnte und nickte der Bedienung zu, die ihnen gerade wieder drei Bier und drei Korn gebracht hatte.

„Von wem kommt das denn?", fragte Lolinski.

Die Frau zeigte auf einen Mann, der im vorderen Bereich des Deutschen Hauses an der Theke lehnte. Lolinski kniff die Augen zusammen. Er konnte im düsteren Licht der Kneipe kaum etwas erkennen. Dann riss er die Augen auf und schluckte. An der Theke stand Müller, sein Schützenoberst und prostete ihm zu. Lolinski hob das Kornglas, nickte seinem Schützenoberst zu und trank. „Danke, Oberst", rief Lolinski. Erst jetzt bemerkte Carsten Fieber die neuen Getränke. Er schaute zum Tresen und erstarrte: „Mensch, Scheiße", sagte er. „Das ist doch Müller."

Müller nickte den beiden Männern wieder zu und lachte. Er trug einen schwarzen Anzug, als käme er gerade von einem offiziellen Empfang. An seiner Seite stand ein großer schlanker Mann, der von weitem aussah wie ein Shampoo-Model. Er hatte langes blondes Haar und trug einen Schützenanzug mit viel zu kurzen Hosen. Die Mütze hatte er falsch herum aufgesetzt, als wollte er zeigen, wie lässig er war. Er wirkte wie verkleidet und unterschied sich damit von den echten Schützen, die eine Schützenuniform wie eine zweite Haut tragen konnten.

„Wer ist denn dieser Riese neben dem Müllerarsch?", fragte der dicke Lehmann, der gerade von der Toilette wiedergekommen war und noch immer versuchte, den Reißverschluss seiner Hose zuzubekommen.

„Lass unseren Schützenoberst in Ruhe", sagte Lolinski. „Der Mann neben ihm ist Heinzmann. Er hat eine Firma für Softwareentwicklungen oder solchen Scheiß aufgemacht. Er ist nicht von hier und sucht Anschluss."

„Den hat er anscheinend gefunden", sagte Carsten Fieber und salutierte. „Ein Schütze ist die Sau aber nicht."

Lolinski zog seine Nase hoch und trank von einem Bier. Er schaute seine Schützenbrüder an und schloss die Augen. Lolinski fühlte sich allein. Er hatte sich früher immer so wohl im Kreise seiner Familie, den Schützen, gefühlt. Nun zählte das alles nicht mehr. Er hatte niemandem erzählt, dass er nur noch ein halbes Jahr zu leben hatte. Lolinski überlegte, ob er den dicken Lehmann fragen sollte, ob dieser dann für ihn die Schützenfahne tragen würde? Andererseits konnte der dicke Lehmann kaum sich tragen und ließ sich bei größeren Aufmärschen immer auf den Boden fallen, damit die anderen ihn tragen mussten. Er durfte auf Schützenfotos sowieso nicht in der ersten Reihe stehen, da sich „Lehmanns Dicksein nicht gut fürs Image machen würde“, wie Carsten Fieber einen oberen Schützentyp zitierte. Lolinski stand plötzlich auf und wankte zum Tresen. Sollten andere seine Nachfolge regeln. Er brauchte Trost. Schützenoberst Müller flüsterte gerade seinem Begleiter etwas ins Ohr und der lachte darüber so laut, dass Lolinski zweimal „Entschuldigung“ sagen musste, bis sich Müller endlich zu ihm drehte.

„Schütze Lolinski bittet um eine Unterredung“, stammelte Lolinski, als wäre er beim Militär.

Müller schaute entschuldigend den blonden Mann an seiner Seite an, der seufzend aufstand und sich zur Toilette bewegte.

„Wunderbarer Mann“, murmelte Müller. „Vielleicht wird er unser nächster Schützenkönig.“

Er schlug Lolinski auf die Schulter und drückte ihn an sich.

„Was kann ich für dich tun, Lolanski?“, sagte Müller.

„Lolinski“, sagte Lolinski, „ich heiße Lolinski.“

„Egal“, sagte Müller. Er blickte in den hinteren Raum und sah dem Computermann hinterher, der sich noch immer auf die Toilette zubewegte.

„Ich bin im Begriff, eine Dummheit zu machen“, sagte Lolinski. „Ich brauche den Rat eines erfahrenen Menschen.“

Müller streichelte Lolinski über die Haare, dann nahm er sein Glas Wein in die Hand und trank es mit einem Schluck aus.

„Lisbeth“, rief er der Bedienung zu, „einen neuen Wein für den Knüller, ich meine natürlich Müller.“

Lisbeth lachte gezwungen und bückte sich zu dem Kühlschrank, in dem der Wein gelagert war. Müller schaute ihr dabei mit anzüglichem Grinsen zu.

„Was kann ich für dich tun, Lolanski?“, sagte er abwesend.

„Lolinski“, sagte Lolinski. „Ich heiße Lolinski. Ich muss etwas wissen. Ich habe einen Auftrag bekommen und kann viel Geld verdienen. Die Sache ist nur, dass das Ganze nicht so koscher ist.“

Müller trank von seinem Wein. Er murrte dabei vor Glück.

„Einen guten Wein stehen zu lassen ist ein Verbrechen“, stöhnte er. „Ansonsten ist Unrecht oft eine Frage der Auslegung.“

Lolinski griff in die Tasche seiner Schützenuniform und schob die Walther so heraus, dass Müller sie sehen konnte, dann schob er sie wieder zurück. Müller pfiff vor Überraschung.

„Was war denn das?“, fragte er erschrocken.

„Das war eine Walther“, lallte Lolinski.

„Das sehe ich auch“, sagte Müller. „Ich meine, was hast du damit vor?“

„Das weiß ich ja nicht, Herr Oberst“, sagte Lolinski. „Ich weiß überhaupt nichts mehr, deswegen brauche ich ja Ihren Rat.“

„Der Besitz einer Waffe gibt einem Schützen Halt“, sagte Müller. „Ich trage auch immer eine Pistole mit mir rum, aber wichtig ist, dass wir damit umgehen können.“

Müller schaute sich um. Er räusperte sich. Er streckte Lisbeth seinen Zeigefinger entgegen, um noch einen Wein zu bestellen.

„Hör zu“, flüsterte er. „Würde, Weitherzigkeit, Wahrhaftigkeit, Eifer und Güte. Das sind die Dinge, die wirklich zählen im Leben. Zeigt man Würde, so wird man nicht missachtet. Mit Weitherzigkeit gewinnst du die Menge. Durch Wahrhaftigkeit vertrauen einem die Menschen. Durch Eifer hast du Erfolg. Mit Gütigkeit ist man fähig, die Menschen zu verwenden.“

Lolinski ließ seine Augen flattern. Er erinnerte sich, dass Müller diese Worte auch beim letzten Schützenfrühstück benutzt hatte. Er wusste noch immer nicht, was Müller damit meinte, aber er nickte entschlossen den Kopf hin und her, als wäre er aufgezogen.

„So sagt es Konfuzius", erzählte Müller gerade weiter, „aber auch unser Dreihasenfenster lässt uns erahnen, was wichtig ist. Such dir deinen Ausschnitt und schon bist du vollkommen."

Müller zog Lolinski an beiden Ohren und lachte. Der blonde Computerfritze kam von der Toilette zurück und rieb sich seine Hände an seiner Hose ab, als wäre auf der Toilette der Papierspender leer.

„Ich werde nun noch unseren neuen Schützen bearbeiten", flüsterte Müller Lolinski zu, „wenn der nicht unseren Vogel abschießt, dann will ich nicht Knüller, eh, Müller heißen."

Lolinski salutierte und drehte sich auf dem Absatz um. Er hatte genug gehört. Jeder suchte immer nur jemanden, der ihm die heißen Kartoffeln aus dem Feuer holte. Er griff in die Innentasche und schaute sich das Foto seines Opfers an. Es lächelte ihm zu.

Rosenstetter ging in das Zimmer seiner Tochter. Er hatte vergessen, dort die Musik anzumachen. Jeden Morgen ging er in Irenes Zimmer und machte dort die Anlage an. Es lief dort immer die gleiche Musik, sodass er sie manchmal nicht mehr wahrnahm. Er schaute auf die Uhr. Er hatte noch Zeit. Lolinski würde erst in einer Stunde erscheinen. Heute war der Tag, für den er seit zwei Jahren gebetet hatte. Heute war der Tag der Rache. Er ging in sein Arbeitszimmer und stellte den Monitor an. Er hatte im Wohnzimmer eine Kamera installiert, um dort alles im Überblick zu haben. Es war beruhigend zu wissen, was seine Frau tat, ohne ständig bei ihr sein zu müssen. Gerade setzte sie sich auf die Couch und starrte auf den Bildschirm des Fernsehers. Sie legte die Fernbedienung auf den Tisch und rückte die Tischdecke zurecht. Auf dem Bildschirm lief ein Video, auf dem er zu sehen war, und Irene. Er brachte gerade seiner Tochter das Fahrradfahren bei. Verena, seine Frau, hatte es gefilmt und man hörte sie manchmal im Off

„Sei vorsichtig“ und „Gut machst du das“ sagen. Er lief neben Irene her, die wackelnd auf dem Fahrrad den Weg herunterrollte. Sie fuhren im Haxtergrund einen Berg herunter und er wusste noch, wie hoch ihnen der Berg vorgekommen war. Er hatte an dem Tag zum ersten Mal die Stützräder abgeschraubt und er hatte Irene so lange fest gehalten, bis sie alleine auf dem Fahrrad fahren konnte. Sie war so stolz gewesen. Sie hatten nachher bei Herrn Weyher drei Portionen Bratkartoffeln gegessen und waren so glücklich, dass er jetzt noch die Wärme spürte. Er schaute auf die Uhr. Er war nervös. Hoffentlich würde Lolinski kommen. Hoffentlich ging alles gut über die Bühne. Es würde das schaurigste Theaterstück der Welt werden. Er würde wieder gut schlafen können, hoffte er. Er konnte schon seit zwei Jahren nicht mehr gut schlafen. Wird Zeit, dass ich mal auf andere Gedanken komme. Er stand am Fenster und hatte den Garten im Blick. Lolinski musste über diesen Weg kommen. Die Terrassentür war auf. Er war zweimal unten gewesen, um das zu überprüfen. Plötzlich hörte er im Nachbarhaus einen Hund bellen. Die verdammte Töle wird ihn noch vertreiben, dachte er. Er stellte sich hinter den Vorhang, damit er von der Straße aus nicht gesehen werden konnte. Er hoffte, dass Lolinski nicht wieder dieses „Ich bin Arzt, lassen Sie mich durch“-T-Shirt tragen würde. Er schaute neben dem Vorhang auf den Rasen. Es war soweit. Sein Herz stockte. Lolinski war gekommen und schlich an der Hecke vorbei zur Terrasse. Er trug eine Schützenuniform und schwitzte. Sein Gesicht war gerötet und glühte in der Sonne. Er trug die Walther in der Hand, als wäre es ihm egal, ob er damit gesehen würde oder nicht. Lolinski stand schwer atmend auf der Terrasse. Von dort konnte er schon ins Wohnzimmer sehen. Rosenstetter musste sich beeilen. Er hastete die Treppe herunter.

„Hartmut, was ist denn los?“, fragte seine Frau. Sie musste seine Aufregung gespürt haben. Er bemühte sich, ruhig zu sprechen.

„Es ist nichts, Liebes. Ich habe nur ein Geräusch gehört.“

Er schaute sie an. Sie wirkte auf ihn so hilflos, so zerbrechlich. Bald würde auch ihr Schmerz einen neuen Sinn bekommen. Früher waren sie immer am Samstag auf den Markt gegangen. Hatten nachher im Domcafé ein Stück Kuchen gegessen. Früher war schon lange her. Er schluckte, als er daran dachte. Er ging zu der Vitrine mit den Reitpokalen. Irene war in vielen Reitturnieren an den Start gegangen. Sie hatte oft einen Pokal gewonnen. Er nahm den Pokal, der mit dem Dreihasenmotiv geschmückt war. So sollte alles enden. Er öffnete die Tür zum Wohnzimmer und stellte sich dahinter. Der Pokal ruhte in seinen Armen wie ein Baby. „Für Irene Rosenstetter" stand auf dem Pokal. Im Fernsehen lief noch immer ihr Video. Er hörte, wie Irene vor Erschöpfung weinte und trotzdem nochmal auf dem Kinderfahrrad fahren wollte. Rosenstetter lächelte bitter. Er wusste noch, wie er sie damals auf die Schulter genommen hatte, um mit ihr zum Auto zu reiten. Plötzlich sah er Lolinski neben der Terrassentür. Rosenstetter hob den Pokal und verfolgte jeden Schritt von ihm.

Lolinski schaute mehrmals in das Wohnzimmer und wunderte sich, dass die Frau dort so ungeschützt saß und ihn nicht erblicken wollte. Er holte das Foto aus seiner Tasche. Das war sie. Das war die Frau, die er töten sollte. Lolinski dachte an das Geld. Er versuchte sich nicht vorzustellen, was gleich passieren würde. Er dachte an die kurze Zeit, die ihm noch zum Leben blieb und er dachte an Schützenoberst Müller, der sicherlich auf seinem Pferd über die Terrasse geritten wäre. Er wollte auch ein Held sein. Er hatte Angst, dass er nach dem Schritt nicht mehr zurück konnte in seinen alltäglichen Rhythmus. Aber wer erwartete ihn dort schon? Er schaute zur Couch, wo die Frau fast unbeweglich saß. Sie schaute starr auf den Fernseher und schien die Welt zu meiden. Er schob die Terrassentür auf, die sich fast geräuschlos öffnen ließ. Er blickte auf den Fernseher und schaute auf das lachende Kind. Das Lachen kam ihm bekannt vor. Aber kam einem nicht jedes Kinderlachen bekannt vor, weil es einen an das eigene erinnerte, als man noch eins war mit der Unschuld der Welt. Er hob die Walther. Er wusste, eine manuelle Sicherung, wie sie bei den meisten Selbstladepistolen üblich ist, ist nicht vorhanden, sondern die Waffe war im geladenen Zustand sofort schussbereit. Alles würde schnell vorübergehen und wenn ihn keiner dabei sah, dann war es doch fast nicht passiert, oder? Er drückte sich an der Wand entlang, bis er den Rücken der Frau sehen konnte. Sie hatte sich bisher nicht bewegt. Irgendetwas stimmte nicht mit ihr, als er ein Aufstöhnen hörte. Er blickte sich um. Er erkannte sofort den Mann, der ihm den Umschlag mit 10.000 Euro gegeben hatte. Er erkannte seinen Auftraggeber, der nun schreiend mit einem riesigen silbernen Pokal auf ihn zustürmte. Hatte er etwas falsch verstanden? Was war hier los? Er wusste nicht, was er machen sollte. Er ließ die Walther fallen und duckte sich auf den Boden. Bevor er noch die Hände über den Kopf halten konnte, spürte er schon einen dumpfen Schlag. Er spürte, wie etwas zerbrach und ihm Blut in die Augen lief. Er sackte auf den Boden und tastete mit seinen Händen nach der Kopfwunde. Er wollte sagen, was ist los, bekam aber die Worte nicht über die Zunge.

„Erkennst du mich?", fragte der Mann. Er schwenkte den Pokal hin und her, als wäre seine Arbeit noch nicht getan. Er wollte nicken, konnte aber nur die Augen schließen. „Sagt dir der Name Irene Rosenstetter etwas?", fragte der Mann weiter. Er überlegte. Irene Rosenstetter. Irene? Natürlich kannte er Irene. Er war doch mal mit Irene zusammen gewesen. Das muss zwei oder drei Jahre her gewesen sein. Er wusste noch, dass sie ihn so geliebt hatte, weil er so anders war, als alle anderen Jungs, die sie sonst kannte. Er konnte seinen Kopf nicht mehr heben, er lag in einer Blutlache. Der Mann sprach weiter: „Erinnerst du dich, du Schwein? Du hast unser aller Leben zerstört." Was hatte er getan? Hatte er richtig gehört? „Nachdem du Irene verlassen hast …" Der Mann sprach weiter: „Nachdem du Irene verlassen hast, du hast ihr einfach eine SMS geschickt, das muss man sich mal vorstellen, du hast noch nicht einmal den Schneid gehabt, ihr das persönlich zu sagen. Auf jeden Fall war mein Kind dann so verzweifelt, dass sie sich das Leben genommen hat. Verstehst du? Du hast sie umgebracht. Du hast unser aller Leben zerstört. Wir leben nicht mehr. Der Schmerz hat meiner Frau den Verstand geraubt und mich, mich hat nur die Rache am Leben gehalten. Ich wusste, ich musste dir nur einen fetten Köder vor's Gesicht halten, dann würde die Falle zuschnappen. Ich habe meine arme Frau nur ins Spiel gebracht, weil sie es selbst so gewollt hätte. "

Der Mann hob wieder den schweren Silberpokal.

„Übrigens könntest du hundert Jahre alt werden", sagte er grinsend. „Doktor Hollmann war so lieb, mir einen Wunsch zu erfüllen."

Lolinski nickte oder glaubte, er würde nicken. Er dachte plötzlich, dass er sich auch nie todkrank gefühlt hatte und war froh, wie verlässlich doch seine Gefühle waren. Er lachte. Er hatte begriffen, dass er nun sterben würde, aber es war das Ende eines Weges, der schon viel früher begonnen hatte. Er hatte dies nur nicht bemerkt. Er dachte an den dicken Lehmann und dass er nun die Schützenfahne der Heidekompanie tragen würde. Er dachte daran, wie der dicke Lehmann damit stolpern würde und alle ihn vermissen würden, dann traf ihn ein dumpfer Schlag und alles war aus.

Rosenstetter stand über dem toten Lolinski. Gleich würde er die Polizei anrufen. Er hatte alles genau geplant. Er hatte einen Mörder auf frischer Tat ertappt. Alle würden ihm glauben. Er musste sich jetzt nur noch beruhigen. Er ließ den Pokal fallen. Der Deckel hoppelte laut über den Parkettboden. Seine Frau drehte sich um.

„Was ist los?", fragte sie. Sie blickte auf den toten Mann und schien nicht zu begreifen, was sie dort sah.

„Ist Irene zu Hause?", fragte sie. „Ich höre ihre Musik."

Er versuchte zu lächeln.

„Es ist alles in Ordnung, Liebes", sagte er. „Irene ist zu Hause."

Er lief nach oben in Irenes Zimmer und stellte die Musik lauter. Auf dem Weg zurück ins Wohnzimmer rief er die Polizei an. Er ging zu seiner Frau, setzte sich neben ihr aufs Sofa und ergriff ihre Hand. „Alles wird nun gut“, sagte er. „Alles wird nun gut.“

Renate Niemann

Aufwind

Der Himmel war von einem so strahlenden Lichtblau, dass es in den Augen schmerzte. Weit unten wand sich der glitzernde Fluss, eine träge, silbrige Schlange, die ihren Weg durch die grünlichen Erhebungen suchte und jenseits des großen Tores in der Ebene verschwand, auf einen undeutlichen Horizont zueilend, der im leichten Dunst konturlos blieb.

Nie hätte er sich träumen lassen, dass dieses Gefühl tatsächlich existierte. Wie eine riesige Welle schwappte es über ihm zusammen und ließ ihn erschauern. Das war die Freiheit, die *wirkliche* Freiheit. Die Unendlichkeit machte ihm keine Angst mehr. Nichts war mehr wichtig, nur dieser Moment, die völlige Loslösung von allen Banalitäten seines mittelmäßigen Lebens. Es gab nur noch dieses reine Nichts, das die ganze Welt in seine Arme schloss.

„Es reicht mir, ein für alle Mal! Diesmal mache ich Ernst. Ich lasse mich scheiden!“ Die Stimme war so schrill, dass sie den grellrot geschminkten Mund beinahe zerriss.

„Ich werde mich nicht wieder einlullen lassen. Jetzt werde ich Nägel mit Köpfen machen, das schwöre ich bei allem, was mir heilig ist!“

Es gab nicht allzu viele Dinge, die Pia heilig waren. Ihre Freundin wusste das und blieb ruhig, fast gleichmütig. Sie hielt das Telefon in einigem Abstand vom Ohr, um nicht taub zu werden. Sie war Pias Ausbrüche gewöhnt. Sie hatten sich gehäuft in den letzten Jahren.

„Beruhige dich doch. Mach das Fenster auf und atme erst mal richtig durch. Du weißt, das hilft immer. Oder ein Spaziergang. Das Wetter ist so schön. Die frische Luft wird dir gut tun …“

„Ich scheiße auf die frische Luft! Diesmal ist es wirklich

ernst. Ich werde ihn verlassen, und zwar ohne weitere Vorwarnung!"

Die Freundin seufzte leise. „Auch das höre ich nicht zum ersten Mal. Und bis jetzt habt ihr euch noch immer wieder zusammengerauft. Denke noch einmal darüber nach. Schlafe eine Nacht darüber, und morgen sieht die Welt schon wieder anders aus …"

„Deine Plattitüden kannst du dir sparen", giftete der feuerrote Mund. „Ich dachte, du wärst meine Freundin, aber du bist es nicht! Ich verstehe nicht, warum du immer für IHN Partei ergreifst. Für diese Null! Für diesen Versager, an den ich mein Leben verschwende!"

„Du weißt, dass das nicht stimmt", verteidigte sich die Freundin. „Ich versuche nur, neutral zu bleiben. Schließlich bin ich mit euch beiden befreundet."

„Mit mir aber doch wohl ein bisschen mehr! Du enttäuschst mich wirklich. Ich weiß gar nicht, warum ich dich angerufen habe!"

Die Freundin schwieg. Wenn Pia sich in eine ihrer Szenen steigerte, war sie unerträglich. Dann schlug sie um sich, ohne Rücksicht auf Verluste. Sie verstand es, auch die Sanftmütigsten auf die Palme zu bringen. Als Kind hatte sie manchmal geschrien, bis sie heiser wurde, und ihre entnervte Mutter und ihre Freundinnen alles taten, nur um wieder Ruhe zu haben. Eine hysterische Prinzessin. Das war Pia. Das war sie immer gewesen. Und meistens hatte sie ihren Kopf durchgesetzt. Bei ihren Eltern, ihren Freundinnen und später bei ihren Partnern.

Der Aufwind ließ ihn immer noch höher steigen. In seiner sanften Welle ging es dem Himmel entgegen. Ein Stück Kindheit steckte in den leuchtenden Flügeln, die ihm gewachsen waren. Ein schwarzroter Schmetterling inmitten des leuchtenden Blaus. Er lachte aus vollem Halse. So lachte er nie, wenn er sich am Boden befand. Die Erkenntnis seiner eigenen Mittelmäßigkeit hatte den Glauben in ihm wachsen lassen, dass er im Grunde gar nicht das Recht habe, so laut zu Lachen.

Er flog eine lang gezogene Acht nach der anderen. Das ganze Leben war nur noch eine unendliche Abfolge von Achten. Am Jakobsberg hing noch ein leichter Dunst in der Luft, der vom Flussbett ausging. Es war ein sonniger Morgen. Der Wittekindsberg gegenüber wirkte klarer, dunkler. Der alte Kaiser Wilhelm grüßte von seinem Denkmal her, die Hand erhoben, als wolle er winken. Das war ein guter Freund. Sie sahen sich häufig in der letzten Zeit. Er kannte ihn seit seinen Kindertagen. Zuerst war er auf den Schultern seines Vaters dorthin zur Audienz geritten. Später auf den Schulwandertagen. Immer ging es zum Kaiser, der nicht alterte, der nicht verging, und der sich die ganze Welt den Buckel runterrutschen ließ.

„Pia? Bist du noch da?", fragte die Freundin. Wenn Pia verstummte, war das potentiell ein Grund zur Sorge, nachdem sie vor sieben Jahren versucht hatte, sich nach einem Familienstreit das Leben zu nehmen. Zumindest hatte sie so getan, wobei die Ritzer an ihren Handgelenken, ehrlich gesagt und bei genauer Betrachtung, ein bisschen zu flach gewesen waren, um als ernsthafter Versuch zu gelten. Damals hatte sie mit ihrem Vater gestritten. Wochenlang. Er wollte ihr den Mann ausreden, den sie sich in den Kopf gesetzt hatte, und die Sache war eskaliert: Mit tropfenden Handgelenken war Pia aus dem Bad gekommen, war auf dem weißen Marmorboden in der Halle ihres Elternhauses in die Knie gegangen, und hatte ihrer Mutter beinahe einen Herzinfarkt und ihrem Vater lebenslange Schuldgefühle verursacht. Seitdem fassten alle sie mit Samthandschuhen an.

Natürlich hatte Pia den Mann geheiratet. Und jetzt schimpfte sie über eben jenen Mann, als habe er ein Schwerverbrechen begangen.

„Pia, so sag doch was! Bist du in Ordnung?"

„Ja, schon gut", murmelte der rote Mund. Offenbar hatte sie

sich ein bisschen beruhigt. Vielleicht war ihr auch nur aufgegangen, dass sie ihre Luft besser für die Auseinandersetzung mit ihrem Mann aufsparen sollte, die am Abend anstand.

Das kostenlose Probetraining, irgendwann im letzten März. Es war reiner Zufall gewesen, dass er sich zu diesem Zeitpunkt auf dem Berg befand. Vorangegangen war ein zermürbender Streit mit seiner Frau. Er war in den Wagen gestiegen und einfach losgefahren. Das kam öfter vor. Manchmal fuhr er dann hinauf zur Wittekindsburg, um den Drachenfliegern zuzusehen, etwas abseits stehend, mit einem wehmütigen Gefühl im Magen. Früher hatte er sich gerne auf die Terrasse des Restaurants gesetzt und einen Kaffee getrunken. In den letzten Jahren mied er das Café, und auf den Berg kam er nur noch, wenn er wusste, dass Pia nicht dort sein würde. Meist setzte er sich dann auf ein Mäuerchen in der Nähe der Abflugrampe und schaute einfach nur.

Da es an jenem Tag der kühlen Witterung wegen an Interessenten mangelte, und da er in der Nähe war, hatte man ihn eingeladen, an dem Training teilzunehmen. Beinahe widerstrebend hatte er sich darauf eingelassen. So viele Jahre hatte er davon geträumt, dass der Gedanke, den Traum in die Realität umzusetzen, ihm völlig absurd erschien. Im ersten Moment hatte er sogar den Kopf geschüttelt. Dann erhob er sich. Etwas Flugtheorie und ein paar Trockenübungen. Das hatte gereicht, um der unsichtbaren Mauer, gegen die er seit Jahren anlief, einen Riss zu verpassen und seinem Leben einen Drall zu geben, der ihn in ein Gelände jenseits der eingetretenen Pfade führte. Er fühlte ehrliche Dankbarkeit, und später war er dazu übergegangen, diesen Zufall als eine Art Schachzug des Schicksals zu interpretieren.

Das Piepen des Varios meldete ihm 0,7 m/s. Ganz langsam hatte der Drachen zu sinken begonnen. Aber der Morgen war zu schön, um schon aufzuhören. Er verließ die ewige Acht und hoffte auf eine Thermik.

„Was ist es denn diesmal?“, fragte die Freundin, denn sie war eine gute Freundin. „Betrügt er dich? Hat er eine andere?“

„Dann wäre er schon tot!“, fauchte Pia. „Sollte ich jemals so etwas herauskriegen, würde ich nicht lange fackeln, sondern ihm ohne weitere Worte die Eier abschneiden!“

„Schon gut, es war ja nur eine Frage. Was also ist passiert?“

„Er hat mich angelogen!“

„Tatsächlich?“ Die Freundin schwieg erneut. Es stimmte schon, dass sie für Hans gelegentlich Mitleid empfand. Wahrscheinlich waren kleine Notlügen die Rettungsseile, an denen er sich durch den Dornen gespickten Alltag hangelte.

„Was Schlimmes? Oder doch nur eine Kleinigkeit?“

„Kleinigkeit!“, schnaubte Pia. „In einer Ehe sind Lügen keine Kleinigkeiten! Er ist an unserem Konto gewesen und hat Geld abgehoben. Ohne mir etwas zu sagen! Von unserem gemeinsamen Konto!“

„Und um was für eine Summe geht es? Eine Million?“, fragte die Freundin mit einem Anflug von Sarkasmus.

Da Hans ein vorsichtiger Mensch war, und zwar nicht nur aus dem Grunde, weil er mit Pia verheiratet war, handelte es sich wahrscheinlich um eine Minimalsumme. Große Reichtümer pflegten sich auf dem Konto der beiden ohnehin nicht zu befinden. Hans war Bauzeichner in einem städtischen Büro, Pia arbeitete als Bedienung im Restaurant der Wittekindsburg. Über mehrere Jahre hatte sie ernsthaft damit gerechnet, dass sich eines Tages ein Millionär dorthin verirren und sich in sie verlieben würde. Stattdessen war sie dort Hans begegnet. Bei schönem Wetter saß er auf der Terrasse und trank Kaffee, zwei- bis dreimal die Woche. Alleine. Irgendwann war er ihr aufgefallen, vielleicht, weil er mehr den Drachenfliegern als den Kellnerinnen hinterherschaute. Er sah gut aus, und sie setzte sich ihn in den Kopf. Nach einem halben Jahr hatten sie geheiratet.

Seitdem ärgerte sich Pia vor allem über sich selbst, einer kurzen Verliebtheit wegen, welche die Flausen in ihrem Kopf zum Wirbeln brachte, all ihre schönen Zukunftspläne begraben und sich für den Rest der Ewigkeit auf ein mittelmäßiges Leben in einer mittelmäßigen Kleinstadt an der Seite eines mittelmäßigen Mannes eingelassen zu haben. Hans war ein netter Mensch, aber nicht mehr, keine Ambitionen, und sie verfluchte sich selbst, dass sie nicht auf ihren Vater gehört hatte, der sie hinreichend gut kannte und ihr diese Dummheit hatte ausreden wollen. Schon vor ihrem ersten Hochzeitstag war die Verliebtheit einer galligen Ernüchterung gewichen, und Pias hysterische Anfälle waren in einen unschönen Kreislauf eingetreten, der sich im Laufe der Jahre immer schneller drehte.

Er dachte an Pia. Pia war das Kreuz, das er trug. Sie war der Klotz am Bein, der seine Schwerkraft verdoppelte. Nicht einmal diesen Moment zwischen Himmel und Erde konnte er genießen, ohne dass Pia sich in seinen Gedanken breit machte und die bunten Farben seiner Phantasien mit schwermütigem Grau übertünchte. Ihre destruktive Energie war bemerkenswert, selbst wenn sie gar nicht anwesend war. Ihre ewigen Szenen machten ihn mürbe, nagten an seinem Selbstbewusstsein. Manchmal war er schon damit zufrieden, einfach still in seinem Büro zu sitzen und sich klein zu machen. Konvention, Bequemlichkeit und Selbstverneinung hatten ihn frühzeitig mumifiziert, und mit Mitte dreißig fühlte er sich manchmal verbrauchter als andere Menschen mit sechzig.

Fliegen! Pia hatte sich ausgeschüttet vor Lachen, als er es vor Jahren einmal erwähnte. Ausgerechnet er wollte fliegen! Da lachten ja die Hühner! Ausgerechnet er, der ewig Unsportliche, das Weichei, der Pantoffelheld, der resignierter durchs Leben schlurfte als sein eigener Großvater! Am Ende hatte er in ihr Lachen mit eingestimmt, den Tränen nahe, kopfschüttelnd über die vermessene Fehleinschätzung seiner selbst.

„Eine Million! Willst du mich veralbern? Wenn Hans in der Lage wäre, eine Million zu verdienen, würde ich mich weniger aufregen!“

„Dann sage mir doch einfach, um wie viel es geht!“

„Um das ganze Geld, das wir für den Karibikurlaub zurückgelegt hatten! Alles weg! Restlos! Ohne mir ein Wort zu sagen!"

„Und was hat er mit dem Geld gemacht?" Die Stimme am anderen Telefon klang erstaunt. Der solide Hans leistete sich sonst keine Eskapaden.

„Das ist das Unglaublichste von allem: Er hat sich so ein Scheißding gekauft. So einen Drachen!"

„Einen Drachen?"

„So ein Ding eben! Zum Drachenfliegen!"

„Hans? Bist du sicher? Ich kann es kaum glauben!"

„Ja, stell dir das vor! Ich habe die Überweisung beim Durchsehen der Kontoauszüge entdeckt. Ausgerechnet er kauft sich so ein Ding! Etwas, das nur für IHN ist. Ich glaube nicht einmal, dass er ein einziges Mal wirklich damit fliegen wird. Soviel Schneid bringt er doch gar nicht auf! Er weiß doch genau, dass ich ihm dahinter komme, wenn er auf den Berg geht und Stunden nimmt. Ich bin doch fast jeden Tag da oben! Und ausgerechnet für so einen Mist verschwendet er unser ganzes Geld, und ich muss auf die Karibik verzichten!"

„Geht es denn nicht eine Nummer kleiner, Pia? Muss es denn unbedingt die Karibik sein?"

„Ja, es muss die Karibik sein! Das ganze Jahr habe ich mich darauf gefreut. Jeden Cent von meinem Trinkgeld habe ich aufs Konto gelegt. Jeden beschissenen Cent!"

„Die Sache ist ja nun nicht mehr zu ändern. Natürlich war das nicht sehr nett von Hans. Aber sei doch ein bisschen diplomatisch! Dann fahrt ihr dieses Jahr eben an die Ostsee, und er schuldet dir einen Gefallen."

„Er schuldet mir viel mehr als nur einen Gefallen! Sieben lange Jahre schuldet er mir! Sieben Jahre, in denen er es zu nichts gebracht hat. Sieben Jahre, in denen ich weiter kellnern gehe, um mir wenigstens ab und zu mal was Schickes kaufen zu können. Sieben beschissene Jahre, in denen wir noch immer in der gleichen, öden Hütte leben wie zur Hochzeit. Sieben Jahre, in denen wir uns nicht einmal ein Kind leisten konnten!"

Vielleicht war das der Punkt, über den sie am wenigsten hinwegkam. Sie war von der Vorstellung besessen, erst dann ein Kind haben zu können, wenn Hans Karriere gemacht hatte, wenn ein größeres Haus, ein größerer Wagen und ein fertig eingerichtetes Kinderzimmer bereit standen, und sie sich ihre schicken Kleinigkeiten auch ohne eigenen Job erlauben konnte. Ihre Welt war goldgetüncht und glänzend. Für das Nichtperfekte war kein Platz darin.

„Immer seine Trägheit! Ich ertrage sie nicht mehr! Seine totale Unfähigkeit, sich zu präsentieren. Seine Ideenlosigkeit und die Neigung, einfach dort zu bleiben, wo der Zufall ihn hat fallen lassen. Und nun kauft er sich so ein Scheißding! Ich habe endgültig die Nase voll. Ich lasse mich scheiden. Morgen gehe ich zum Anwalt. Daran gibt es nichts mehr zu rütteln. Und ich werde dafür sorgen, dass er zahlt. Ich habe ihm meine besten Jahre nicht umsonst geopfert! Bluten soll er, bis ihm die Augen übergehen!"

„Pia …" Die Stimme der Freundin verklang mit einem Stoßseufzer. Die Worte waren ihr längst ausgegangen. Und die Lust auch.

Der Drachen beschrieb eine Kurve, und er konnte in Richtung ihres Reihenhäuschens schauen, das da irgendwo ganz klein in der Ferne lang, und für das sie sich auf lange Zeit verschuldet hatten. Er seufzte. Im Grunde hatten sie beide nie zueinander gepasst. Aber die Gewöhnung war ein starkes Gift, das ihn, wäre nicht das Fliegen dazwischen gekommen, noch lange hätte weiterlaufen lassen wie einen batteriebetriebenen Affen.

Pias Träume waren käuflich. Sie war völlig besessen von dem bunten Tand, mit dem sie ihre mittelmäßige, kleine Welt schmücken musste. Ihr Verlangen nach der Karibik war ein Syndrom. Ein größeres Haus wollte sie, ein neues Auto. Gartenpartys, auf denen sie im kleinen Schwarzen glänzte, elegant ein Proseccoglas zwischen den roten Krallen balancierend. Auf ihre Weise war sie ein Kind geblieben. Sie musste immer zeigen, was sie hatte, damit niemand sah, wie klein und simpel sie unter der Fassade eigentlich war.

„Bluten soll er, solange er lebt!“, bekräftigte Pia erneut. „Ich bin nun mal kein weichgespültes Schmusekätzchen!“

„Nein, das bist du wahrlich nicht.“ Endlich klang die Freundin genervt.

„Er kannte mich schließlich, als er mich heiratete. Angeblich gefiel ihm ja gerade das an mir. Ich werde mich doch nicht selbst einer Gehirnwäsche unterziehen, nur um ihn in Wohlbehagen zu baden!“

„Er hat schließlich keinen Mord begangen, Pia! Er hat dich nicht betrogen oder eure Zukunft verspielt. Man muss einem Mann auch seine kleinen Träume lassen, wenn man ihn liebt ...“

„Hört, hört, da spricht die Spezialistin! Das musst du mir gerade sagen. DU hast ja schließlich keinen Mann!“

Das Gift spritzte zielsicher durchs Telefon, verletzend auch auf die Entfernung. Die Freundin am anderen Ende zuckte zusammen.

„Ach, Pia …“, sagte sie mit unsichtbarem Kopfschütteln. „Warum kannst du nicht ein bisschen versöhnlicher sein? Ich fürchte, dass du dich bei alledem selbst am unglücklichsten machst …“

Aber Pia hatte aufgelegt.

Letztlich war es seine eigene Schuld. Er musste ja die Prinzessin nehmen! Er musste sich ja unbedingt mit einem aufgeplusterten Kolibri schmücken, statt sich mit einem netten, kleinen Spätzchen zu bescheiden. Das hatte er sich selber eingebrockt, verblendet von der Vorstellung, ein galanter Draufgänger zu sein. Die Mädchen hatten ihm nie viel Beachtung geschenkt, bis die Prinzessin von Porta Westfalica sich in einer Laune zu ihm herabneigte und ihm ihre Gunst gewährte. Natürlich musste er sie heiraten, allein schon, um aller Welt zu zeigen, was für ein Held er war. Die Freunde klopften ihm auf die Schulter. Die schöne Pia! Dass sie manchmal etwas schwierig war, war den Preis wohl wert …

Sie stand am Fenster des Wohnzimmers und blickte hinaus. Auch von hier aus sah man den glitzernden Lauf der Weser, die zwischen den beiden bläulichen Bergen verschwand. Als kleines Mädchen hatte sie davon geträumt, jenseits der Berge ein besseres Leben zu finden. Ein Leben, in dem sie den ganzen Tag Eiscreme essen und auf einer Schaukel sitzen würde. Ein Leben, in dem es an Mitteln zur Erfüllung kindischer Wünsche nicht fehlte.

Ihre Augen waren traurig. Die kindischsten Träume waren es, die ihr am meisten ans Herz gewachsen waren. Die Zigarette in ihrer Hand bebte leicht. Sie hatte es nie geschafft, das Rauchen aufzugeben, mit dem sie bereits vor ihrem fünfzehnten Geburtstag begonnen hatte. Im Magen fühlte sie einen Stein, oder besser, eine Leere, die so schwer war, dass sie sich wie ein Stein anfühlte. Ihr ganzes Leben war ein Reinfall. Sie hatte nicht gelernt, ernsthaft an sich selbst zu arbeiten, und ihre Frustrationsgrenze war gering. In manchen Augenblicken war sie durchaus zur Selbsterkenntnis fähig, nur hatte sie nie die Nerven, wirklich etwas zu ändern.

Das Fliegen hatte alles umgekrempelt. Glück, die leere Floskel, füllte sich auf einmal mit Leben. Sie füllte sich mit blauem Himmel und mit kleinen Silberwölkchen am Horizont, und mit diesem unbegreiflichen Hochgefühl, den Boden unter den Füßen zu verlieren. Nun hatte er etwas, das er nicht wieder aufgeben würde.

Nach dem Probetraining hatte er begonnen, regulären Unterricht zu nehmen. Zuerst mit einem Leihdrachen. An den Tagen, an denen Pia frei hatte. Oder vormittags, denn sie arbeitete meist an den Nachmittagen. Ihr Arbeitsplan war mit Nadeln an die Pinwand geheftet. Sie hatte nichts gemerkt. Sie glaubte an Überstunden, wenn er verschwand. Einmal wären sie sich beinahe begegnet. Sie war zwei Stunden früher als geplant auf den Berg gekommen, weil eine ihre Kolleginnen ausfiel. Zum Glück hatte er seinen Wagen etwas abseits geparkt, und er hatte einen Moment abgewartet, in dem sie in der Küche verschwunden war, um mit gesenktem Kopf die Bildfläche zu verlassen.

Ihr Entschluss stand fest. Sie würde Hans verlassen, bevor er sie verließ. Sie musste es tun. Schon seit einiger Zeit hatte sie das Gefühl, dass er nach einem Absprung suchte. Er war nicht so trantütig, wie er immer tat. Vielleicht hatte er alles längst geplant. Dieser Drachen war mehr als nur ein Symbol. Er wollte etwas Neues beginnen. Er hatte schon in aller Heimlichkeit begonnen, sie zu verlassen. Doch sie würde ihm zuvorkommen. Zumindest ihr Gesicht musste sie wahren. SIE würde die Scheidung einreichen. Dann könnte sie wenigstens sagen, dass sie ihn zum Teufel gejagt hätte. Nichts wäre schlimmer, als verlassen zu werden. Ihre Freundinnen würden heimlich feixen, und ihr Vater würde die Arme öffnen mit einer Milde, die noch schwerer zu ertragen war: *Ich habe es doch gleich gewusst, Kind …*

Vor ein paar Wochen hatte er an einem abgelegenen Weg hinter Lerbeck eine Garage gemietet, um den Drachen, den er gekauft hatte, unterzubringen. Er konnte ihn ja schlecht mit nach Hause nehmen. Pia wusste auch nicht, dass er sich kurz nach ihrer Beinahe-Begegnung einen Zweitwagen zugelegt hatte, eine alte Karre, die den nächsten TÜV nicht überleben würde, aber über einen Dachgepäckträger verfügte. Wenn er mit dem Drachen losfuhr, stellte er seinen Erstwagen solange in die Garage. Dies alles war unbedingt notwendig. Pia würde verrückt werden, sobald sie wusste, dass es etwas gab, das ihn glücklich machte. Sie würde nichts unversucht lassen, es ihm wegzunehmen. Sie würde es zerstören um des Zerstörens Willen. Sie konnte gar nicht anders.

In ihrem Mund war ein bitterer Geschmack. Sie drückte die Zigarette aus. Es war ein Freitag, und die Sonne schien. Dann war immer die Hölle los. Zu allem Überfluss litt ihre Kollegin Klara angeblich an einem Anfall von Sommergrippe und hatte um Vertretung gebeten. Diese blöde Kuh machte es sich leicht! Schickte einfach eine SMS! Wahrscheinlich war sie gar nicht krank, sondern machte sich einen vergnüglichen Tag mit ihrem Freund. Ausgerechnet an einem Freitag! Ab Mittag würde das Lokal voll sein. Busse voller Ausflügler, die bedient werden wollten, und zwar mit Freundlichkeit und einem netten Lächeln. Das alles kotzte sie an! Am liebsten hätte sie sich auch krankgemeldet. Doch in dieser Hinsicht war sie pflichtbewusst. Sie musste sich beeilen, Stühle rücken, Tische decken, die Kaffeemaschinen vorwärmen. Die nächste Kollegin würde erst eine Stunde später erscheinen, wenn die Busse eintrafen.

Im Schlafzimmer warf sie Rock und Bluse von sich und schlüpfte in ihr schwarzes Kleid, das sie zum Kellnern trug, und in die schwarzen Schuhe mit den flachen Absätzen. Die weißen Schürzen und Häubchen stellte der Arbeitgeber, damit sie alle gleich aussahen. Sie wurden mit den Tischdecken zusammen gewaschen und lagen jeden Tag frisch gestärkt und gebügelt in der Wäschekammer bereit.

Sie griff nach ihrer Handtasche und nach der Zigarettenpackung, die beinahe leer war. Wieder kam ihr die Unsumme in den Sinn, die der Drachen gekostet hatte, während sie das Kleingeld für die Zigaretten zusammenkratzen musste. Kalte Wut überkam sie. Sie stieß sich den Ellenbogen an der Schranktür und schrie gereizt auf. Tränen schossen ihr in die Augen. Das Leben war ein Haufen Mist! Sie biss die Zähne zusammen und hastete los. Sie war ohnehin schon spät dran. Sie musste rennen, wenn sie bis zum Eintreffen der ersten Gäste fertig werden wollte. Mit einem wütenden Knall schlug sie die Haustür hinter sich zu.

Die Thermik trug ihn immer höher. Es ging längst nicht mehr darum, in Anstand auseinander zu gehen. Der Anstand war schon vor Jahren auf der Strecke geblieben, und ein Patt war ausgeschlossen. Damit würde Pia sich nie zufrieden geben. Der Zwang zum Siegen war eine der pathologischen Strukturen, die sich wie giftige Nerven durch ihr Wesen zogen. Sie musste Schläge und Tritte verteilen, Gift und Galle spucken. Sie konnte gar nicht anders, wenn sie nicht an sich selbst ersticken wollte. Sie würde ihn niemals gehen lassen. Nicht ohne ihn vorher zerstört zu haben. Es ging nur noch darum, wer von ihnen beiden überlebte. Man musste nicht mit ihr verheiratet sein, um das zu wissen.

Ihr Magen rebellierte. Das passierte immer, wenn sie sich zu sehr aufregte. Dann kippte ihre Grundnervosität in physische Symptome um und verursachte ihr Magenschmerzen, meist verbunden mit Übelkeit. Heute war so ein Tag. Sie hätte heulen können!

Genervt knöpfte sie ihre weiße Schürze zu und wischte sich über die Augen, ganz vorsichtig, um die Katastrophe in Grenzen zu halten. Die Vorstellung optischer Derangiertheit war für sie stets einer der triftigsten Gründe, sich zusammenzureißen. Gleich ging der Betrieb los, und es machte sich nicht gut, wenn die Bedienung heulte oder aussah wie eine Jammergestalt mit schwarz verwischten Schminkespuren. Es reichte, wenn sie ihrem Mann am Abend die Augen auskratzte.

Sie lief los, um auf der weitläufigen Terrasse die Tische und Stühle auf ihre Positionen zu rücken. Der wunderbare Fernblick interessierte sie schon seit Jahren nicht mehr. In den Händen trug sie einen Stapel weißer Tischdecken, die sie auf dem ersten Tisch ablegte. Dann eilte sie zurück und holte ein Tablett mit Aschenbechern, Getränkekarten und kleinen Blumenvasen. Es war warm, und sie fühlte, dass ihr der Schweiß zu rinnen begann, noch ehe die Hälfte der Tische eingedeckt war. Der Himmel war gnadenlos blau. Was für ein beschissener Tag! Würde der Bus doch gegen einen Baum fahren, dann hätte sie Ruhe!

Beim letzten Tisch blieb sie stehen und setzte zittrig das Tablett ab. Wenn sie gestresst war, begann sie immer zu zittern. Sie hasste das, aber sie konnte es einfach nicht kontrollieren. Irgendeine Haarnadel piekte sie, und sie riss sich das Häubchen vom Kopf und warf es auf die Erde. Es war sowieso schon alles egal! Sie wühlte die Zigarettenpackung aus ihrer Schürzentasche und ging mit leicht gestelzten Schritten über die betonierte Terrasse in Richtung der Rampe für die Drachenflieger, die noch völlig verwaist dalag. Nervös stieg sie die kurze Schräge hinauf und blieb auf der Plattform stehen.

Er war schon sehr lange in der Luft. Aber die Thermik war gut und es kostete kaum Kraft, ein weiteres Mal hoch zu steigen und die Burg zu überfliegen. Er war der einzige Flieger an diesem Vormittag. Die meisten kamen erst später, wenn sie Feierabend hatten. Auch im Café war noch kein Betrieb. Eine einzelne Person bewegte sich über die Terrasse in Richtung der Abflugrampe. Eine Kellnerin im schwarzen Kleid. Die weiße Schürze leuchtete.

Er schaute genauer hin, während er die Burg langsam umkreiste. Es war Pia! Kein Zweifel, es konnte nur Pia sein. Ihre roten Haare waren ein Unikat. Was machte sie hier? Ihre Schicht begann erst um zwei Uhr. Irgendetwas in ihrem Dienstplan musste sich geändert haben. Sie überquerte die Terrasse und ging gerade auf die Rampe zu. Auf der Plattform blieb sie stehen. Wahrscheinlich um eine zu rauchen. Sie rauchte immer. Sie konnte ihre Hände nicht still halten, wenn sie keine Zigarette in Fingern hielt.

Er umkreiste die Burg ein weiteres Mal. Sein Verstand tickte wie ein Uhrwerk. Es gab nichts zu überlegen. Alles stimmte. Die Situation war perfekt, einmalig. Die hysterische Pia und ihre Neigung zu Überreaktionen. Dieser Hang zur Theatralik, ihre selbstzerstörerischen Ausraster. Die dünnen Narben an ihren Handgelenken. Es war abzusehen, dass sie eines Tages durchdrehen würde, dass sie die Kontrolle verlieren würde. Es würde wie ein Unfall aussehen. Oder wie ein selbstgewählter Schlusspunkt, eine letzte melodramatische Geste … Ohne weiter nachzudenken drehte er ab und setzte zum Gleitflug an.

Sie rauchte hektisch. Die Höhe verursachte ihr Unbehagen. Sie mochte keine Abgründe. Dennoch trat sie einen Schritt näher an den Rand der kleinen Plattform und blickte auf die schräge Abflugrampe, die nach wenigen Schritten im Nichts endete. Das war doch ein Hobby für Bescheuerte! Vielleicht würde Hans es tatsächlich ausprobieren, und es würde ihm gefallen. Vielleicht hatte er es längst getan. Vielleicht war sie blind gewesen. Die vielen Überstunden in der letzten Zeit. Das hätte sie misstrauisch machen sollen …

Wieder war sie versucht, loszuschreien. Und für diesen Scheiß gab er ihr Geld aus! Für diesen Scheiß würde er sie verlassen! Der Rauch stieg ihr in die Augen, und nun ließ sie die Tränen rinnen, die schwarze Schlieren über ihre Wangen zogen. Sie warf die Kippe weg und verschränkte trotzig die Arme.

Unter sich sah er den Schatten des Drachens über das Grün der Bäume gleiten. Kontrolliert sank er weiter ab. Der achteckige Kiosk mit dem spitzen Dach, die grauen Steine der Terrasse, dann ein paar Meter Wiese. Auf der Rampe die Frau mit der weißen Kellnerschürze, die mit verschränkten Armen in die Ferne starrte. Schnell segelte er heran, wie eine Gewitterwolke, die sich auftürmt, wenn man einen Moment nicht hinschaut. Ein kräftiger Stoß würde genügen. Dann würde er sie hinter sich lassen für alle Zeit, wie ein Exkrement, das er fallen ließ.

„Leb wohl, Pia“, murmelte er, während er sich im Trapez vorbeugte und die Arme ausstreckte.

Vielleicht fühlte sie die Gefahr instinktiv, vielleicht ließ ein sachter Luftzug sie frösteln. Unvermittelt hob sie den Kopf und schaute in den Himmel. Zu spät. Das ganze Firmament hatte sich verdunkelt. Ein rotschwarzes Ungeheuer glitt lautlos über sie, ein geflügelter Dämon, riesengroß, bedrohlich, und mittendrin das Gesicht ihres Mannes, der sich in ein bizarres Flügelwesen verwandelt hatte, das mit ausgestreckten Armen auf sie zukam. Ihr blutroter Mund öffnete sich zu einem entsetzten Schrei, der lautlos blieb. Es war zu spät. Ein Schlag vor den Brustkorb, hart wie der Zusammenprall mit einem fahrenden Wagen. Irgendetwas knackte, die Luft blieb ihr weg, eine Hand in ihren Haaren, kein Boden unter den Füßen, das Gefühl zu fallen, und der Himmel wurde schwarz …

Er drückte das Trapez nach vorne und gewann rasch ein paar Meter Höhe. Am Hang herrschte immer noch Aufwind. Die silberne Schlange im Tal war ganz golden geworden. Der Kaiser winkte ihm noch einmal nach, aber er schaute nicht zurück. Irgendwo zwischen den Feldern würde er landen. Der Mais stand hoch. Es würde kein Problem sein, den zusammengefalteten Drachen in ein Feld zu ziehen und später, wenn es dunkel war, mit seinem Wagen abzuholen. Die alte Karre auf dem Berg stand gut dort, etwas abseits, wie immer. Sie würde niemandem auffallen. Es reichte, wenn er sie in ein paar Tagen holte.

Der Himmel hatte seine Farbe geändert. Die Sonne näherte sich dem Horizont und zog blutrote Schlieren in das transparente Blau des Äthers.

Friedhelm Werremeier

Späte Rache

Er streichelte ihren Arm, sah dem Arzt hilflos zu, wollte immer nur weinen und brachte es einfach nicht über sich.

Gaby war von dem Projektil, das zunächst Trimmels Stirn gestreift hatte, in die linke Schläfe getroffen worden; der mit Schussverletzungen vertraute Notarzt vermutete einen Steckschuss und unter anderem deshalb ein relativ kleines Kaliber, befürchtete jedoch, dass trotzdem zu viel Hirn zerstört worden war, um der Verletzten noch eine halbwegs reelle Chance einzuräumen. Sie starb bereits, als der Arzt das Auto unterwegs anhalten ließ, um mit den Sanitätern mitten auf der stark befahrenen Landstraße zu versuchen, sie zu beatmen.

Trimmel, der anscheinend eine Gehirnerschütterung erlitten hatte, kippte wieder zur Seite und wurde endgültig erst wieder in der Notaufnahme des Lippekreis-Krankenhauses wach. Er blieb so benommen, dass man ihm sowohl den grausamen persönlichen Verlust, den der Tod Gabys für ihn bedeutete, als auch das brutale Ende Klaus Janns erst Tage später mitteilte: der Ex-Polizist hatte sich nach der Abfahrt der Ambulanzen mit seiner Pistole in die Grünanlagen geschlichen, war aber von dem Verbrecher erschossen worden, bevor er den Mann, der zurückgekommen war und sich vom Erfolg seiner Tat überzeugen wollte, seinerseits entdeckte.

Warum hatte er die Rache nicht dem Herrn überlassen? jammerte Janns fromme Freundin, als sie Trimmel heimlich besuchte und ihn damit zusätzlich belastete. Warum hatte Klaus gegen die Vorschrift seine Dienstwaffe unterschlagen und in seine Schublade getan, als er wegen eines Bandscheibenleidens den Dienst quittiert hatte? Man sollte den Staat verklagen: weil kein Hahn danach krähte und niemand was dagegen unternahm, dass solche Unsitten angeblich an der Tagesordnung waren!

Professor Dr. med. Bert Grau hatte sich des Falles persönlich angenommen. Der Ärztliche Direktor des Krankenhauses kümmerte sich um die Versicherungsfragen hinsichtlich der Veränderung der Situation, und er hatte nach relativ kurzer Zeit einen überraschend positiven Eindruck: er sei überzeugt, erklärte er beim Konsilium, dass der Gott sei Dank anonym gebliebene Patient Trimmel das Schlimmste hinter sich habe und man sich deswegen auch keine großen akuten, will meinen suizidalen Sorgen mehr machen müsse. Insofern, entschied er, sei jetzt auch einer polizeilichen Vernehmung zuzustimmen.

Der Kriminaloberrat mit der Stirnglatze gab Trimmel stumm die Hand. Er kam aus Bielefeld, von wo aus man eine Mordkommission nach Bad Salzuflen entsandt hatte; man werde den Fall Tag und Nacht nicht aus den Augen lassen, sagte der Kollege, der Holger Müller hieß und von Trimmel wegen eines ihm bekannten Hamburger Rechtsmediziners, Müller-Hübscher, automatisch als *Müller zwo* katalogisiert wurde.

Auf Befragen sagte Trimmel, ihm sei vor dem Schuss nichts aufgefallen. Und er glaube grundsätzlich, seine Lebensgefährtin sei ein Zufallsopfer.

„Die Waffe gibt uns zu denken ...“, sagte Müller zwo.

„Ein Gewehr, wahrscheinlich?“

„Ja, ein schon älteres. Sechs fünf siebenundfünfzig, ’ne österreichische Mannlicher vermutlich, einer von diesen alten Präzisionsstutzen ...“

Trimmel blieb das Herz stehen. „Sagen Sie mal, ich müsste vielleicht doch mal was überlegen. Wenn ich Sie in ’ner guten Stunde anrufe?“

„Klar“, sagte der Bielefelder verständnisvoll, „ich geb’ Ihnen meine Handynummer ...“

Der Kollege hatte Trimmel ahnungslos, aber überdeutlich eines Besseren belehrt: dass Gaby ganz und gar nicht an einem mörderischen Irrtum gestorben war! Und Trimmel ahnte ja auch spontan noch mehr, viel mehr sogar, und am besten wäre es gewesen, alles Müller zwo zu sagen und nur still zu trauern. Aber er war erregter denn je und fest überzeugt, die inzwischen bestimmt obduzierte und wieder zugenähte Gaby würde ihn nicht etwa an sein Versprechen erinnern, sein Mordgeschäft drastisch zurückzufahren, sondern vielmehr an seine *Pflicht!*

Es dauerte nur fünfzehn Minuten, bis sich bei Müller das Handy meldete. „Wenn ich keinen Unsinn mache, kann ich dann nicht mal mitspielen?"

Der Oberrat war skeptisch. „Sie können tun, was Sie wollen, aber ..."

„... ich spuck' Ihnen *echt* nicht in die Suppe!"

„Nee, aber wo soll's denn hingehen?"

„In den Kurgarten!", sagte Trimmel. „Und irgendwann muss ich auch meine Frau beerdigen!"

„Und das hilft Ihnen?"

„Vor allem Ihnen, hoffe ich!", sagte Trimmel. Er beendete das Gespräch, zog seine mittlerweile gereinigten Klamotten an und huschte aus dem Zimmer; buchstäblich, er huschte. Mit dem vor dem Haus stehenden Taxi fuhr er dicht an den Tatort, und die Erkenntnis, die er dort mit einer an so vielen Mordschauplätzen erworbenen teilnahmslosen Sachlichkeit gewann, vertrieb seine letzten Zweifel.

Beim Chefarzt bestand Trimmel darauf, selbst die Formalitäten der Überführung seiner toten Gefährtin nach Hamburg zu erledigen. Immerhin war Bolz persönlich dabei, als zwei Tage später ein dunkler Kombi mit einer aufgemalten Stechpalme, gefolgt von Trimmel im überladenen silbernen KA, Salzuflen verließ.

Seltsam krause Gedanken des alten Ex-Polizisten auf der Fahrt nach Norden im Schlepptau der toten Gefährtin. Vor dem Maschener Kreuz, in Garlstorf, blinkte Trimmel den Leichenwagen wie verabredet an, verließ die Autobahn und nahm sich ein Zimmer in einem ruhigen Gasthof. Hier entschied er, Gabys Sarg doch nicht noch einmal öffnen zu lassen, und genau an dieser Stelle sackte er weg und schlief durch wie ein Stein.

Morgens hatte er den Mut, der ihm bislang gefehlt hatte, und stand bald darauf in seiner leeren Wohnung in Hamm. Er musste sich zusammenreißen, fasste aber nicht eine Flasche an und unternahm diverse Aktivitäten. So traf er letzte Verabredungen mit dem Bestatter, führte einige vertrauliche Gespräche und traf sich in einer Gastwirtschaft am Poelchaukamp mit einem alten Kumpel namens Heinz Grabe, einem pensionierten Oberamtsrat der großen Hamburger Justizvollzugsanstalt Fuhlsbüttel.

Das Leben ging weiter. Immer noch mit einem Pflaster auf der Stirn nahm Paul Theodor Trimmel drei Tage später an Gabriele Montags wenig christlicher Beisetzung auf dem Hauptfriedhof Ohlsdorf teil, wo ähnlich viele Hamburger beerdigt sind, wie in der Stadt leben; außer ihm selbst bestand die Trauergemeinde am Anfang tatsächlich nur aus den Bestattern, die naturgemäß nicht ahnten, dass er jetzt und hier Gabys Stimme hörte: *dass wir wenigstens noch ein paar Tage glücklich waren!*

Nichts dergleichen.

Rot, deine Farbe. Ein Findling im Rot von Ayers Rock würde an Gabys Kopfende liegen, beschloss Trimmel; er würde notfalls die ganze Lüneburger Heide nach ihm absuchen. Abgehetzt kam, als beinahe alles vorbei war, die Malerin Anita Berg zum Friedhof, Gabys engste Freundin. Sie fuhr Trimmel später zum Hauptbahnhof und gab ihm das Din-A-4-Kuvert, dessen Inhalt sie ihm versprochen hatte.

Die Türen des ICE schlossen sich automatisch. Trimmel riss den Umschlag auf, bevor er saß. Die auf 18-mal-24 abgezogene fotografierte Zeichnung eines Mannes. Kurzes, dunkles Haar, starkes Kinn, eine markante Nase. Trimmel kannte ihn in natura.

In Bielefeld begleitete er am frühen Nachmittag darauf am Ende einer Schlange Klaus Jann zur letzten und ewigen Ruhe.

Im selben dunklen Anzug wie bei Gaby und aus voller Brust sang er mit Janns Gästen und Kollegen die Hymne *Mach' dich auf die lange Reise in ein Land, das ich dir weise*, das sich der große Klaus angeblich für den Fall der Fälle gewünscht haben sollte. Ein seltsames *Bye-bye* insofern, als es die Okkupation Palästinas durch Abraham beschrieb, mit der Christen, Moslems und Juden heute noch ihre mörderischen Probleme haben. Später traf er auf der örtlichen Polizeistation den Oberrat Müller zwo, der den Fall noch am selben Tag abschließen konnte.

Gabriele Montag, Gaby, sei mit an Sicherheit grenzender Wahrscheinlichkeit von jemandem getötet worden, der in Hamburg in den Siebzigern wegen Mordes lebenslänglich bekommen hatte, sagte Trimmel. Er hätte zuerst kurz in Celle gesessen, sei am Ende jedoch aus *Santa Fu*, eben der JVA Fuhlsbüttel, vorzeitig entlassen worden.

Müller zwo sperrte Mund und Nase auf. „Wie haben Sie das denn so schnell rausgekriegt?"

„Mit Kopfrechnen!", sagte Trimmel. „Ich hatte in der Sache ermittelt; der Mensch kam zwar aus Lüneburg, bloß, passiert war's bei uns: er hatte bei 'nem Geldraub in einer Bank erst unter die Decke und dann einem Boten unter die Schädeldecke geschossen!"

„Mit 'ner Mannlicher?"

„Nee, mit 'ner Uzi, aber im Moment ist das nicht mal das Entscheidende ..."

„Sondern?", fragte der Kollege.

„Nun ja, gerade, wenn ich mir im Kurpark die Situation um den Tatort vergegenwärtige ... Also, die Sache ist die, dass Frau Montag bei der alten Ballerei Augenzeugin gewesen war und wir den Kerl damals ohne sie nie erwischt oder irrtümlich seinen eineiigen Zwillingsbruder gefangen hätten. Mit ihrer Hilfe war jedenfalls von einer Malerin dieses Bild gezeichnet worden ..."

Er gab Müller zwo Anitas Umschlag vom Hamburger Hauptbahnhof. Den Mann mit dem starken Kinn.

Müller zwo wirkte überfordert.

„Die Dame machte öfter Porträts für uns, und das hier hat sie jetzt für mich ausgegraben!"

„Aber da muss es doch auch richtige Fotos geben?"

„Sicher. Aber Zeichnungen sind oft *noch* besser!"

„Also, ich ... Wie heißt denn der Mann?"

„Rammthor!", sagte Trimmel. „Zweimal Martha, Tobias, Heinz ... Richard Rammthor! Und nun kommt's: er war immer 'n kontaktfreudiger Typ, und im Knast in Fuhlsbüttel hatte er ein besonderes Vertrauensverhältnis zu einem Fürsorger. Dem hatte er quasi alles angekündigt!"

Der Bielefelder starrte ihn an.

„Man kann es sich nicht vorstellen!", fuhr Trimmel fort. „Andauernd hat Rammthor diesem Arsch erzählt, für dieses ... dieses Kripoliebchen hätt's eines Tages noch ein böses Nachspiel, dass sie ihn verpfiffen hat, tagtäglich, und dieser Sozialverbrecher sagt, er hat das jahrelang nicht für bare Münze genommen!"

„Wahnsinn! Und mit diesem Sozialverbre... mit dem Fürsorger haben Sie jetzt gesprochen?"

Diesmal nickte Trimmel nur. „Durch Vermittlung eines alten Kumpels, dessen Tochter er geheiratet hatte ..."

„Aber der muss doch suspendiert werden! Bevor ein Lebenslanger rauskommt, muss *jeder* seinen Senf dazu tun! Da kann einer nicht einfach mauern!"

„Hat er aber. Trotzdem hab' ich versprochen, die Klappe zu halten; er will von sich aus kündigen!"

„Aber wenn Rammthor Sperenzien macht?"

„Dann säh's anders aus. Bloß, muss denn unbedingt noch 'ne Familie hops gehen? Zwei, mit dem Schwiegervater?"

Die weitere Beweisführung gegen Richard Rammthor war ein abgerundetes Meisterstück. Eingefallen war Trimmel der Name in dem Moment, in dem Müller zwo gesagt hatte, die Tatwaffe Gaby sei eine Mannlicher gewesen; einen solchen Stutzen nämlich hatten seine Leute damals zusammen mit der MP auch bereits bei Rammthors Festnahme nach dem Geldraub beschlagnahmt. Der in Österreich aufgewachsene und bis dahin in Lüneburg wohnhafte Gewaltverbrecher hatte die Immer-noch-Präzisionswaffe von einem Großonkel bekommen, der bei dem Hersteller Direktor gewesen war, und der jetzt so reuevolle Fürsorger hatte ihm, Trimmel, nicht nur die Geschichte jener Dauermorddrohungen erzählt, sondern auch die Zusammenhänge: ehe der Groß- und Patenonkel gestorben war, hatte er seinem heiß geliebten Richard kurz vor der Knastentlassung noch einen Stutzen geschenkt, was von *Andenken* gefaselt und sie dem Zwillingsbruder anvertraut.

Müller zwo war immer noch skeptisch. „Sie sagten, Richard sei schon länger draußen?"

Trimmel nickte.

„Und warum hat er's nicht früher versucht?"

„*Die* Geschichte kann man nicht *erfinden*!", sagte Trimmel. „Richard hatte während seiner Haft eine Frau kennen gelernt, eine von diesen Verrückten, die dauernd an Mörder schreiben und sie später oft heiraten ..."

„Gab's in Detmold auch mal", nickte Müller, „ist sogar gut gegangen ..."

„In dem Fall nicht. Rammthor hatte seiner Frau vorgelogen, er hätte aus Gutmütigkeit bei 'nem Bankraub mal draußen Schmiere gestanden, aber als innen einer von den Geldleuten zu Tode gekommen wär' ..."

„... hätten *alle* lebenslänglich kassiert?"

„Genau!", sagte Trimmel. „Und sie hat's ihm geglaubt, bis er sich mal verquatscht und sie dann bohrte, bis er wenigstens ihr 'n Geständnis abgelegt hat!"

„Und danach hat sie sich aufgehängt?"

„Vergiftet. Und er hat Rache geschworen. Und wenn Sie immer noch an Räuberpistolen glauben ..."

„... Nicht mehr! Es ist zu pervers!"

„Es ist sogar noch perverser!", sagte Trimmel. „Erstens, er war nach dem Selbstmord seiner Frau zu seinem Bruder und seinem neuen Mannlicherfetisch gezogen ..."

Eine Anschrift mit einer Leitzahl Sieben und Vier.

„… zweitens hat sich nach unserer Abreise jemand, auf den Richards Beschreibung zutrifft, in meinem Wohnhaus erkundigt, dass wir in Salzuflen sind!"

Es war wirklich wasserdicht, nicht nur nach Trimmels Ansicht. Noch am selben Abend fuhr Trimmel wieder zurück nach Hamburg, wälzte vergebens den Gedanken, umzuziehen, und musste dann nicht mehr lange warten: Müller zwo überbrachte ihm telefonisch die Botschaft, die sich mit der gebührenden Einschränkung froh nennen ließ.

„Wir haben Richard Rammthor tatsächlich bei seinem Bruder Wolfgang ermittelt. Er und die Zeichnung: Wahnsinn, wie praxisbezogen die Kunst sein kann!"

„Na, Gott sei Dank! Hat er gestanden?"

„Sofort! Wie einer, der seine Pflicht getan hat!"

„Hat er doch auch, aus seiner Sicht. Kann ihm doch egal sein, ob er lebendig eingemauert wird!"

„Also, ihr Hamburger seid 'n komisches Volk!", sagte der Oberrat. „Wenn ihr einen kontaminiert … Der Mann darf doch nie mehr 'ne Wurst am Stand essen!"

„Das verkraftet er noch am ehesten", sagte Trimmel, „Gammelfleich verbraten sie im Knast schon länger nicht mehr!"

Sandra Lüpkes

Irgendwo in Immenhausen

So ein Gefühl kann man nicht beschreiben. Das versteht sowieso keiner. Es ist ein Unterschied, ob man Leder anfasst oder Kunststoff.

Das Knistern des Pergamentpapiers zwischen dem rauen Tonkarton machte Friedrich glücklich. Eigentlich hatte er heute einen ganzen Stapel Fotoalben kaufen wollen, doch als er den braunen Einband sah, im klassischen Querformat, mit geradem Buchrücken und Einlegebändern, da hatte er nicht widerstehen können und die zehn Euro dafür ausgegeben. Er hätte für das gleiche Geld sicher drei andere Exemplare bekommen.

„Du bist nicht ganz echt!", sagte Roland, der heute als erster in der Unterkunft angekommen war und die Pritsche am geöffneten Fenster ergattert hatte. Bei der Sommerhitze war dort wirklich der beste Platz. Zum Glück schliefen die meisten bei dem Wetter sowieso draußen. Nur die, bei denen die Knochen eine Nacht auf Karton und Asphalt nicht mehr verziehen, kamen zur Schlafstätte.

Roland hatte seine Sozialhilfe heute für Schokolade, billigen Korn und eine Schachtel Marlboro Menthol ausgegeben. Wahrscheinlich machten ihn diese Dinge zufrieden.

Friedrich kümmerte sich nicht darum, was die anderen hatten und taten.

Im Gegenzug schüttelten sie jedoch die Köpfe, wenn er sich etwas gegönnt hatte. „Was willst du mit dem Scheiß?" „Fremde Fotoalben vom Flohmarkt. Rausgeschmissene Kohle." „Du kennst doch keine Sau auf den Bildern. Keine Sau!"

Friedrich wandte sich ab, soweit es in einem Schlafraum für dreißig Obdachlose möglich war. Es war jedes Mal wie ein Tauchgang, wenn er die ersten Seiten aufschlug. Dann war er woanders.

Wenn er jemals die Möglichkeit gehabt hätte, richtig lesen

und schreiben zu lernen, dann wäre er vielleicht ein Bücherwurm geworden. Ein Gelehrter, ein Schriftsteller oder Literaturpapst. Die Sehnsucht nach fremden Geschichten, die Seite für Seite vertrauter wurden, hatte ihn vor Jahren in einem Fotoalbum blättern lassen, welches er auf dem Sperrmüll gefunden hatte. Eine hübsche Frau in Schwesterntracht, ein Urlaubsfoto am Strand, das Hochzeitsbild, dann scheinbar kurz nacheinander drei Kinder, vergilbte Partyschnappschüsse. Das war eine Geschichte. Die gleichmäßige Schrift unter den Bildern hatte er sich von einem Kumpel vorlesen lassen, doch durch die Namen und Kommentare war der Zauber der Fotografien verflogen.

Friedrich hatte sich neue Geschichten besorgt. Auf den Bielefelder Flohmärkten gab es immer wieder Trödelhändler, die alte Fotoalben anboten. Leider waren die Dinger schwer und hatten ein unpraktisches Format. Für einen Nichtsesshaften jedenfalls. Er beschäftigte sich mit einem Buch mehrere Wochen, dann brachte er es zum Flohmarkt zurück. Ein Händler auf dem Klosterplatz war immer besonders freundlich zu ihm. Legte er etwas Geld dazu, durfte er sich ein neues Album aussuchen. Dieses hier war prächtig. Das weiße Zwischenpapier hatte eine spinnennetzartige Maserung. Es roch nach feuchtem Dachboden. Da hatte es wahrscheinlich die letzten Jahre gelegen. Ganz vorn auf der ersten Seite klebte ein Foto von einem Fachwerkhaus. Ein Junge in kurzen Hosen und weißem Hemd stand neben einem Steinbrunnen, im Hintergrund pflückte ein Mann mit karierter Kappe auf einer Leiter Äpfel vom Baum. Schwarzweiß. Friedrich schätzte die Aufnahme auf Ende der vierziger. Nachkriegsidylle. Bewaldete Hügel als Kulisse. Er musste damals im selben Alter gewesen sein wie dieser Junge. Also knapp sechs. Nur hatte er damals bei der Pflegefamilie in Detmold gewohnt, mit drei weiteren Kriegswaisen. Niemand hatte Fotos von ihm gemacht, als er sechs gewesen war.

Auf der nächsten Seite hielt der Junge ein Baby im Arm, eine angestrengte Frau umfasste beide Kinder mit ihren dünnen Armen und lächelte. Es war die Mutter. Es gab einige Fotos von ihr. In der Küche hielt sie mit Topflappenhandschuhen einen Marmorkuchen. Sie fuhr mit dem Jungen Langlaufski. Der Vater drückte ihr einen Kuss ins Gesicht.

Das kleine Baby wurde größer. Es war ein Mädchen mit dunklen Locken, so hübsch, dass Friedrich sich von diesem Bild nicht lösen mochte. Die Kleine fuhr Fahrrad, ein paar Bauarbeiter standen am Wegrand, stützten sich auf ihre Schaufeln und schauten dem Kind hinterher. Im Hintergrund wurde eine lange Mauer gebaut. Sie warf ihren Schatten auf den Park, in dem der kleine Junge im Kommunionsanzug stand. Das Mädchen aß Eis und verschmierte sich den Mund.

Friedrich gefiel die Geschichte. Es war schon spät, als er mit dem Betrachten aufhörte, die meisten Männer schliefen schon, bis auf die drei, die immer Skat kloppten. Er hatte ihr Gebrüll und Geschnauze gar nicht mitbekommen. Wenn er einmal in eine Geschichte vertieft war, war er woanders. Er stellte die Taschenlampe aus und drehte sich mit dem Gesicht zur Wand. Friedrich fand es sonderbar, dass Fotoalben wie diese auf Flohmärkten landeten. Es waren so wertvolle Erinnerungen darin, warum waren sie für die Menschen bedeutungslos geworden?

Er konnte nicht schlafen. Es war zu heiß. Und Roland schnarchte.

Das Haus und die Apfelbäume, der Vater und die Mutter, der Sohn und die Tochter, der Kuchen, das Fahrrad, das Eis. Er kramte das Buch und die Taschenlampe wieder hervor.

„Hör mit dem Scheiß-Geraschel auf, Friedrich“, murmelte Robert am Fenster.

„Nur noch zwei Seiten.“

„Idiot!“

Nur noch zwei Seiten weiterblättern. Nur noch einmal einen Blick auf das hübsche Mädchen werfen. Es musste auch von ihr ein Kommunionsbildchen geben. Die dunklen Locken auf einem weißen Kleid. Er blätterte.

Die Welt wurde anders. Die Mauer im Tal war riesig geworden. Das Mädchen war verschwunden. Es gab Fotos vom Vater, der einen schweren Schubkarren voller Steine schob und unter seiner karierten Kappe schwitzte. Der Junge posierte im Messdienergewand vor einer weiß getünchten Kirche. Die Mutter saß auf einem Gartenstuhl und hatte die Hände in den Schoß gelegt. Hinter ihr ein anderes, ein neues Haus, hell verputzt. Nicht so schön wie das Fachwerk. Auch kein Bild mehr vom Vater. Niemand lachte. Ab der Hälfte war das Fotoalbum leer. Friedrich blätterte weiter. Keine Bilder mehr, obwohl die Geschichte doch noch nicht zu Ende erzählt war.

„Zwei Seiten hast du gesagt, Friedrich!“

„Es ist so spannend!“

Nicht nur Roland lachte darüber. Aus mehreren Betten hörte er verächtliches Schnauben. Er klappte das Album zu. Nun war es still. Die Skatrunde schlief auf dem Tisch. Roland meckerte nicht mehr.

Nur Friedrich blieb wach.

„Das könnte bei mir zu Hause sein“, sagte Roland. Sie saßen auf einer Bank in der Bahnhofstraße und aßen belegte Brötchen vom diakonischen Werk. Es war erst halb zehn und schon so heiß, dass sie sich vorgenommen hatten, bis abends dort sitzen zu bleiben, falls niemand auf die Idee kam, sie zu verscheuchen. Friedrich hatte Roland das Album gezeigt. Nur die ersten Seiten.

„Bei dir zu Hause?“

„Ja, ich kenne das da!“ Er zeigte mit seinem krummen Finger auf das Bild, auf dem Mutter und Sohn Langlaufski fuhren. Im Hintergrund war auf einem Berg ein eckiges Gerüst zu sehen. „Da bin ich als kleine Rotznase drauf rumgeklettert, bis mein Vater mir den Allerwertesten verdroschen hat. Das ist der Küppelturm.“

„Küppelturm?“

„Ja, in Freienohl im Sauerland. Da komme ich her.“

Friedrich deutete auf das Foto, auf dem man die gewaltige

Mauer hinter dem Jungen im Kommunionsanzug erkennen konnte. „Dann musst du ja auch wissen, was das hier ist."

„Das ist ein Staudamm." Roland zerrte an der Salami. Er war ein paar Jahre jünger als Friedrich, doch er hatte bereits keine Zähne mehr im Mund. Lag vielleicht an der Schokolade, die er immer kaufte. Die Brötchen musste er zwischen den Kiefern zermalmen. Er spülte mit Bier nach. „Wahrscheinlich der Hennestaudamm. Den haben sie damals gebaut. Wegen Wasserversorgung und Badespaß und so."

Ein kleines Mädchen kam auf sie zu und warf zwanzig Cent in den Plastikbecher vor ihren Füßen.

„Danke, meine Hübsche", sagte Roland und verteilte aufgeweichte Krümel um sich herum.

„Weißt du, ich kann mir nicht erklären, was mit der Familie passiert ist. Erst alles eitel Sonnenschein", Friedrich überflog mit der Hand die ersten Fotografien, dann blätterte er um. „…, und dann alles anders!"

„Die haben in Immenhausen gewohnt, möchte ich wetten."

„Immenhausen?"

„Gibt's nicht mehr. Ist jetzt überflutet. So ein Badesee ist da jetzt. Die sind damals alle zwangsweise umgezogen." Sein Bier war leer, er zerdrückte die Dose und warf sie in den Abfalleimer. „Gesagt haben sie natürlich, dass die sich mit dem Sauerländer Stauwerkverein geeinigt hätten. Aber sag mal echt: Glaubst du das? Die lassen dein Haus, deinen Garten, dein ein und alles absaufen, und du hältst die Klappe?"

„Ich kann mir das nicht vorstellen, aber ich habe ja kein Haus."

Roland ließ die Stirn herunterfallen wie eine Jalousie. Er hatte viel Haut im Gesicht, weil er früher mal dicker gewesen war. Sonst wusste Friedrich nichts über seinen Kumpel. Obwohl sie schon seit Ewigkeiten gemeinsam durchs Jahr strichen. Aber über die Vergangenheit sprach man in ihren Kreisen grundsätzlich nicht.

„Ich hab schon wieder Durst. Seit drei Wochen nur diese

Scheiß-Sonne. Ich halt das hier in diesem bekloppten Bielefeld nicht mehr aus."

Friedrich stand auf. „Ich gehe jetzt dahin."

„Wohin?"

„Ins Sauerland, wo du herkommst. Da ist ein See, hast du gesagt. Badespaß und so. Da kann ich den ganzen Tag im Wasser hocken. Mir ist es hier zu staubig!" Demonstrativ klopfte Friedrich sich das Hemd ab, so als hätte er selbst viele Jahre auf einem Dachboden gelegen, nicht nur das Album. Welches der eigentliche Grund für seine Reiselust war. Aber sollte er Roland das erklären? Dass er sich auf die Suche machen wollte nach einer Geschichte, die schon ein halbes Jahrhundert zurücklag? Eine Geschichte, die nur aus verblassten Fotografien bestand, auf denen Menschen zu sehen waren, die zum größten Teil nicht mehr lebten. Oder die mit der Vergangenheit nichts mehr zu tun haben wollten.

„Dann komme ich eben mit!", sagte Roland.

Die Sauerländer hatten scheinbar nicht oft mit Leuten ihres Kalibers zu tun. Am Badestrand des Stausees rückte man zur Seite und guckte schief. Es waren Sommerferien. Viel Platz war nicht am Hennesee.

Obwohl das Ufer wesentlich breiter als gewöhnlich war. Die Dauerhitze des Sommers hatte den Wasserstand des Sees um fünfzehn Meter gesenkt.

Friedrich hatte Roland überreden können, kein Dosenbier zu trinken, solange sie hier am sandigen Ufer zwischen den Kindern saßen. „Die Idioten dahinten haben in der letzten Stunde mehr Bier getrunken als ich in einer Woche", maulte Roland und zeigte auf eine Truppe Männer, die Würstchen auf einem Einweggrill brieten und zu Schlagermusik grölten.

„Das muss das Paradies sein hier, mit Würstchen und Bier und keiner guckt blöd!", meinte Roland.

„Hey, du Penner, passt dir was nicht?", rief ihnen einer mit kurzen Haaren und Sonnenbrand zu. Er hatte sich eine Trainingsjacke über den roten Oberkörper gelegt. „Sportclub Alt-Immenhausen“ stand im Halbbogen auf dem Rücken. Und ein Werbelogo: *Sauerländer Stauwerkverein – Wir können Ihnen das Wasser reichen.*

Friedrich erhob sich und ging in Richtung Bratwurst.

„Bist du bescheuert? Leg dich nicht mit denen an!“, zischte Roland ihm hinterher.

Der Kiessand war heiß. Friedrich besaß keine Badelatschen, für ihn gab es nur Wanderstiefel oder gar nichts an den Füßen. Er versuchte, nur kurz mit den nackten Sohlen aufzukommen.

„Tanzt du nach unserer Musik, alter Penner?“, fragte wieder der Typ. „Oder willst du mich mit deinem alten Lederbuch da verhauen?“ Nun drehten sich auch die anderen um. Viele konnten nicht mehr ganz geradeaus schauen. Friedrich wusste, dass solche Typen in diesem Zustand für ihn und seinesgleichen gefährlich werden konnten.

„Können Sie mir behilflich sein?“, fragte er und schlug das Album auf. „Haben Sie eine Ahnung, wo diese Aufnahmen hier gemacht worden sind?“

„Lass den Scheiß“, rief Roland von weiter hinten.

„Bin ich Fremdenführer, oder was?“, sagte der Sonnenbrand.

„Das ist meine Familie“, log Friedrich.

„Bei uns werden keine Asozialen geboren!“

„Hier, das bin ich.“ Friedrich drückte seinen Zeigefinger auf den kleinen Jungen am Brunnen vor dem Fachwerkhaus. Tatsächlich legte der junge Kerl den Kopf schräg und schaute sich die Fotografie an.

„Kannst du mir sagen, wo das ist?“

Er bekam eine brave Antwort: „Das alte Immenhausen, würde ich sagen. Ist alles weg.“

Friedrich blätterte weiter, bis er das Bild fand, auf dem die Frau vor dem neuen Siedlungshaus sitzt. „Und das?“

„Könnte Meschede sein. Keine Ahnung. Die Siedlungen sahen damals alle gleich aus. Sind teilweise schon wieder abgerissen. Da will keiner drin wohnen.“

„Sie sind auch aus Immenhausen?"

„Ich?" Der Kerl schaute an seiner Trainingsjacke herunter. „Ach so, Sportclub Alt-Immenhausen, steht da ja. Aber das ist irgend so eine Traditionskiste, dass unser Verein so heißt. Eigentlich gibt es kein Immenhausen mehr. Da stehen nur ein paar Höfe am Hang, mehr nicht."

„Alles klar?" rief Roland von hinten. Er klang besorgt.

„Kennen Sie diese Frau?"

„Vielleicht sehe ich aus, als wäre ich hundert Jahre alt, aber dann liegt das am Bier und meinem Scheiß-Sonnenbrand. Die Alte da ist doch sicher schon lange tot!"

Roland blätterte zurück und zeigte das Kommunionsbild. „Und dieses Mädchen da? Meine … meine Schwester?"

Zugegeben, das Mädchen war schwer zu erkennen, die Bilder waren damals ohnehin sehr klein und das Eis verschmierte Gesicht befand sich eher im Hintergrund. Er schlug noch eine Seite zurück und tippte auf das Foto mit dem Fahrrad.

„Sie müsste jetzt fast fünfzig sein", sagte er sicherheitshalber dazu. Der Sportkamerad schien nicht der Intelligenteste zu sein. Er hielt ihm das Album direkt vors Gesicht.

„Du Arschloch willst mich verschaukeln, oder was?", sagte der Kerl und stieß mit dem Unterarm gegen das Album, sodass es Friedrich aus der Hand und auf den Boden fiel. „Die ist heute nicht fünfzig Jahre. Das ist die Annemarie. Die ist gar nichts."

Roland stand mit einem Mal hinter Friedrich. „Hau endlich ab hier!"

„Wie, die ist gar nichts?", fragte Friedrich trotzdem.

„Die Annemarie ist nicht mehr da. Genau wie dein Immenhausen hier."

Roland zog an seinem Arm. Erst da fiel Friedrich auf, dass sich die ganze Sportmannschaft inzwischen in Position gebracht hatte und schlecht gelaunt in seine Richtung blickte. Er griff sich das Buch.

„Steht doch unter dem Bild, du Idiot. *Unsere liebe Annemarie, das letzte Foto.* Wenn du wirklich der Typ daneben wärst, dann müsstest du eigentlich wissen, was passiert ist. Also hau ab. Ich hab dir schon gesagt, dass Immenhausen mit Leuten wie dir nichts zu tun hat."

Roland hatte sicherheitshalber schon den ganzen Kram zusammengepackt. „Lass uns verschwinden!", flüsterte er. Friedrich folgte ihm bis zu den Büschen am Rande des Badeufers.

„Hast du das gewusst? Das mit der Annemarie und dem letzten Foto? Du kannst doch lesen."

Roland öffnete sich ein Bier. „Kann ich!"

„Und warum hast du nichts gesagt?"

„Weil du dann nicht hierhin gefahren wärst. So blöd bin ich nicht, Kollege. Du willst hier den Detektiv spielen, und ich wollte mal wieder ins Sauerland. Hätte ich dir erzählt, dass die liebe Annemarie ..." Er unterbrach seine Rede mit einem kräftigen Schluck und wischte sich den Mund an seinem nackten Oberarm ab. „Die Annemarie ist schon lange tot. Na und? Was soll's? Wir sind hier, die Sonne scheint, das Wasser ist nicht zu warm und nicht zu kalt. Schmeiß das Buch in den Mülleimer und lass es dir endlich einmal gut gehen."

Friedrich lehnte das angebotene Bier mit einem Kopfschütteln ab. Er war ein anderer Typ als Roland. Je länger sie gemeinsam durch das Leben zogen, desto mehr fiel es ins Gewicht. „Wo sind die denn damals beerdigt worden? Den Friedhof haben sie doch nicht auch absaufen lassen, oder?"

„Soweit ich weiß, sind die alle schon damals in Meschede unter die Erde gekommen."

„Also ..."

„Nee, Friedrich, ich latsch jetzt nicht bei dreißig Grad im Schatten über den Friedhof und begucke Grabsteine, nee, mein Freund!"

„Ich kann doch nicht lesen."

Friedrich kaufte für seinen Kumpel eine Tafel Alpenmilchschokolade am Kiosk.

Sie zogen los.

Eine kleine Kapelle am Friedhofsrand. Viele hundert Kreuze aus Holz und Stein. Neunzehn Annemaries. Die meisten starben mit über siebzig. Eine kurz nach der Geburt. Eine mit zweiundzwanzig, ihr Grab war noch nicht eingeebnet. Keine tote Annemarie passte zu der Geschichte im braunen Lederbuch.

„Was macht ihr hier? Verschwindet, ihr Landstreicher!“ Ein Mann schwenkte einen Spaten in ihre Richtung. Roland machte sich gleich auf den Weg zum Friedhofstor. Friedrich blieb stehen. Er hatte schon lange keine Angst mehr vor irgendjemandem. Schon gar nicht vor Männern, die laut schrien, sich wild gebärdeten und dabei tiefrot anliefen. Die waren meistens harmlos.

„Ich suche eine Annemarie!“

„Hier ist ein Friedhof und kein Obdachlosenasyl!“ Der Kerl schien der Friedhofswärter zu sein. Er trug blaue Arbeitskleidung und schob eine Karre mit Erde, als er auf Friedrich zukam. „Mach dich vom Acker, Alter!“

„Sind hier die Leute aus Immenhausen beerdigt?“

„Ja. Aber jetzt ab Marsch. Ich habe euch beide die ganze Zeit im Visier gehabt. Glaub mal nicht, dass ich so Alkoholiker wie euch hier die Gräber zertreten lasse. Glaub mal nicht!“

„In den fünfziger Jahren ist eine Annemarie gestorben. Sie muss ungefähr fünf oder sechs Jahre alt gewesen sein. Wissen Sie etwas davon?“

Der Friedhofswärter musste etwa in seinem Alter sein, auch wenn Friedrich fand, dass der Kerl gegenüber sich im Vergleich nicht so gut gehalten hatte. Er war eindeutig zu fett. „Du fragst nach Annemarie Nossek!“

„Kann sein …“

Friedrich wusste, wenn er nur selbst gelassen blieb und in ganz normalen Sätzen mit den Leuten sprach, dann hörten sie früher oder später auf, ihn anzuschreien. Irgendwann sprachen sie dann ganz normal mit ihm. Wie mit einem Menschen. Der Friedhofswärter war nicht mehr ganz so rot im Gesicht.

„Da kannst du hier lange suchen. Die ist nicht hier. Die haben sie doch damals nie gefunden.“

„Die Annemarie Nossek?"

„Das war noch vor der Flutung der neuen Hennetalsperre. Da war ich zehn oder so. Die ist verschwunden. Man glaubt, dass einer von den Bauarbeitern sie …, aber man hat das Kind nie gefunden." Er setzte sich auf den Rand der Schubkarre und nahm seine flache Mütze vom Kopf. Sein Scheitel war sehr breit und glänzte vom Schweiß. „Die war hübsch. Das weiß ich noch. In der *Mescheder Zeitung* war ein Foto von ihr. Dunkle Locken. Meine Eltern haben bei der Suche geholfen. Alle haben bei der Suche geholfen. Viele Tage lang. Und die Eltern haben immer weiter gehofft. Aber dann ist ja alles weggekommen. Dann hat ja das Wasser alles bedeckt." Er zog sich eine Zigarette aus der Brusttasche seiner Arbeitsjacke und bot Friedrich ebenfalls eine an. „Warum sucht so einer wie du nach der Annemarie Nossek?"

Friedrich rauchte nur selten. Trotzdem nahm er die Zigarette dankend an. Er ahnte, wie viel Überwindung es den Friedhofswärter kosten musste, mit einem wie ihm die Raucherpause zu verbringen. Es musste das Thema sein, weswegen der Fremde sitzen blieb. Friedrich überlegte, ob er das Album zeigen sollte. Doch er entschied sich für eine kleine Lüge, die er nicht großartig erklären und rechtfertigen musste. „Ich habe damals in der Nachbarschaft gewohnt. Wir haben dann Immenhausen verlassen, als die Umsiedlung stattfand. Ich wusste nicht, wie die Geschichte damals ausgegangen ist, und neulich habe ich mal wieder daran gedacht und mir vorgenommen, mal vor Ort nachzufragen."

„Aha", machte der Friedhofswärter und schaute Friedrich von der Seite an. „Und wo wohnste jetzt?"

„Nirgendwo. Kann man doch sehen, oder?"

„Bist also ein Penner?"

„Ja." Er ließ sich Feuer geben. „Was ist mit der Familie passiert? Mit dem Bruder? Wie hieß er noch gleich?"

„Peter."

Beinahe hätte Friedrich „genau" gesagt, doch dann verschluckte er das Wort. Schließlich hätte es auch eine Falle sein können, ein Test. Vielleicht hieß der Junge ganz anders und dann hätte er sich und seine kleine Lüge verraten. „Kann sein, ich weiß es nicht mehr so genau. Ich war selbst noch ein kleiner Junge."

Der Friedhofswärter nickte. „Der Peter war ein frommer Junge. Messdiener in St. Walburga. Soweit ich weiß, ist er Priester geworden und nach Brasilien gegangen. Warum hätte er bleiben sollen? Von seiner Familie war niemand mehr da."

Friedrich sagte lieber nichts.

„Die Mutter ist in den Sechzigern gestorben. Wenn du mich fragst: Ich wäre an ihrer Stelle auch lieber gestorben."

Friedrich gab mit einem Brummen den kleinen Schubs, den der Friedhofswärter anscheinend zum Weiterreden brauchte.

„Der alte Nossek hat erst einen Mordsradau gemacht wegen der Flutung seines Grundstückes. Das konnte auch jeder verstehen. Weil mit dem steigenden Wasserpegel die Hoffnungen sanken, dass sie die Annemarie irgendwann einmal finden würden. Schließlich waren sich alle sicher, die Kleine liegt irgendwo in Immenhausen. Der Nossek hat sich mit Händen und Füßen gegen die Umsiedlung gewehrt."

„Und dann?"

„Dann hat er vom Stauwerkverein eine fette Abfindung eingesackt und ist mit dem Geld über die Sauerländer Berge verschwunden."

„Ohne Frau und Sohn?"

„Du sagst es."

Friedrich schluckte. Der Mann am Apfelbaum. Der Mann mit der karierten Kappe, der das Gesicht seiner Frau geküsst hat. Der hagere, fleißige Mann in Schwarzweiß sollte ein solcher Verräter sein? „Wer hat denn die Sache damals erzählt?"

„Ach Mann, du stellst Fragen. Ich war doch zu der Zeit echt noch ein kleiner Krümel. Man hat sich das damals eben so erzählt: Der Nossek ist mit der Kohle auf und davon und hat seine Alte in ihrem Kummer um Haus und Tochter bettelarm zurückgelassen. Haben die alle erzählt."

„Die alle …" wiederholte Friedrich.

„Ja, genau, die alle. Spar dir bloß die Kommentare. Damals ging alles drunter und drüber. Das musst du doch noch wissen, wenn du damals hier gewohnt hast. Die Bagger und Lastwagen, die Abrissarbeiten an der alten Staumauer und die Errichtung der neuen. Überall dröhnte und donnerte es von den Bauarbeiten. Und dann mussten noch drei Dörfer komplett evakuiert werden. Da war Chaos. Zum Glück zeigte der Sauerländer Stauwerkverein eine feste Hand bei der Sache. Und nun haben wir einen prächtigen Badesee. Und auch bei lang anhaltender Trockenheit, so wie jetzt gerade, brauchen wir mit dem Trinkwasser nicht zu sparen. Mal ganz ehrlich: Heute sind alle froh, dass der Stauwerkverein damals so rigoros durchgegriffen hat. Meschede hat dadurch nur gewonnen." Der Friedhofswärter nahm Friedrich den Zigarettenstummel ab und rührte die beiden Kippen in die trockene Erde seiner Schubkarrenladung. „Was für eine Hitze", stöhnte er. Dann stand er auf. „Aber nun mach dich dünne, okay? Ich gehe bald in Rente und da will ich es mir nicht vorher noch mit irgendwem verscherzen, weil ich mit Typen wie dir auf dem Friedhof gesehen werde."

„Danke!", sagte Friedrich und schlurfte in Richtung Kapelle, wo er Roland ungeduldig im Schatten sitzen sah.

„Hau ab!", sagte der Friedhofswärter freundlich.

Bei ihrem Gang am See entlang hatten Roland und Friedrich etliche unterspülte Fundamente und alte Treppenstufen gesehen, die wahrscheinlich seit einem halben Jahrhundert nicht mehr freigelegt worden waren. „Sind wir auf dem Mars gelandet?", hatte Roland gefragt, weil der Boden an einigen Stellen rostrot war und schwarze Baumwurzeln von weitem aussahen wie außerirdische Wesen mit dürren Armen.

Roland kratzte mit seiner Sandale über die staubige Ecke des Betonblocks. Er hatte allem Anschein nach keine Lust mehr auf Sauerland, auf Meschede und Immenhausen. Und vor allem keine Lust auf Suchaktionen an ausgetrockneten Seeufern. „Meinst du, hier sind wir richtig?", fragte Friedrich.

„Kann sein, kann auch nicht sein“, sagte er nun schon zum x-ten Mal. „Woher soll ich das wissen?“

Friedrich rückte ihn ein wenig weiter nach rechts. „Du hast doch hier gelebt. Kannst du dich an nichts erinnern? Weißt du nicht mehr, wo Immenhausen lag?“

„Hier sieht jetzt alles ganz anders aus. Kann sein, dass es hier war, kann aber auch nicht sein.“ Er machte Anstalten, sich auf das alte Fundament zu setzen.

„Bleib doch mal stehen!“, forderte Friedrich. Er trat einige Schritte zurück und hielt das Fotoalbum in Augenhöhe, sodass sich in seinem Blick das Schwarzweißbild über die Ansicht von Roland schob. Er kniff abwechselnd das linke und rechte Auge zu. Die Bewaldung war anders, es war kein Haus mehr zu sehen, es gab keine Apfelbäume. Doch die Linien der Hügel im Hintergrund, sogar der Verlauf des Hangs, an dem sie standen, glichen einander. „Hier muss es gewesen sein!“, sagte er schließlich und ließ das Album sinken.

„Na endlich!“, murrte Roland, obwohl er nicht viel zu tun gehabt hatte, sondern nur ein paar Mal als Größenvergleich in Position gehen musste. Friedrich ging auf seinen Kumpel zu, er wollte ihm dankend auf die Schulter klopfen, doch der Klang seiner Schritte ließ ihn auf halbem Weg stehen bleiben. Er trat barfuss in steinigen Staub. Auf den ersten Blick unterschied sich diese Stelle nicht von der restlichen Einöde ringsherum. Doch wenn er aufstampfte, klang es unter ihm hohl. Er nahm das Foto wieder hervor, schätzte die Entfernungen ab, schaute sich um. Ihn schauderte. Es war, als wäre er nun mit einem Mal inmitten seiner Geschichte gelandet. Als würde er sie nun weitererzählen. Er stand auf dem Brunnen. Das musste es sein. Die Steinumrandung, an die der fremde Junge sich für die Fotografie gelehnt hatte, gab es nicht mehr. Das Brunnenloch jedoch mussten sie damals, vor fünfzig Jahren, nicht zugeschüttet, sondern lediglich mit einer Platte abgedeckt haben. Und dort stand Friedrich nun.

Er kniete sich hin und schob mit den Händen den Steinsand zur Seite.

„Hast du Gold gefunden?“, scherzte Roland.

Friedrich antwortete nicht. Unter seinen Fingern tauchte eine graue Holzfläche auf. Er schwitzte. Die Abdeckung hatte den Durchmesser eines Autoreifens. Mit dem Taschenmesser konnte man unter den Rand gelangen und die Platte anheben. Ganz langsam, damit die Klinge nicht brach.

„Was machst du da?“, fragte Roland und kam nun doch angeschlurft.

Friedrich klemmte sich die Finger, als er die Kuppen in den schmalen Spalt schob. Trotzdem hob er weiter den Deckel an. Er war zu angespannt, um Roland um Hilfe zu bitten, doch irgendwann schien sein Kumpel verstanden zu haben und fasste mit an. Erst halbherzig, dann mit der Kraft der wachsenden Neugierde.

Rostige Nägel bogen sich aus dem Holz und brachen. Die trockenen Bretter splitterten. Dann schauten die beiden Männer in ein Loch.

„Das stinkt“, bemerkte Roland, und Friedrich rechnete damit, dass er sich einmal mehr aus dem Staub machte, weil es unangenehm wurde. Doch sein Freund blieb sitzen und starrte, genau wie er, angestrengt in die dunkle Öffnung. Das Grundwasser konnte man noch schwach in wenigen Metern Tiefe erkennen. Friedrich kramte seine Taschenlampe hervor, die er sonst nur zum nächtlichen Albumgucken anknipste. Der Lichtschein zeigte eine rissige Brunnenmauer, zeigte Ablagerungen, die an weiche Algen erinnerten. Und sie zeigten zweifelsohne die milchig-grauen Knochen eines Skeletts.

Sofort drehte Friedrich das Licht ab. Ein warmer Schrecken bedrängte ihn, drückte ihn ein, er konnte ein paar Augenblicke weder atmen noch sonst etwas. Roland riss ihm die Taschenlampe aus der Hand und strahlte erneut in das Innere des Brunnens. Ein menschliches Gerippe, daran gab es keinen Zweifel.

„Aber die haben doch damals sicher auch hier im Brunnen nach dem Mädchen gesucht“, überlegte Roland. „Warum haben sie die nicht gefunden?“

„Weil das da unten kein Mädchen ist", sagte Friedrich und wünschte sich einen Schluck Wasser, weil sein Hals und sein Mund so trocken waren wie der Staub, in den er sich hatte sacken lassen. „Das war ein ausgewachsener Mann."

Roland schob sich weiter in die Öffnung. „Das hast du erkannt? Dass es ein Erwachsener ist und kein kleines Mädchen?"

Ja, das hatte Friedrich erkannt. Aber er fühlte sich zu schwach, um zu erklären, dass er die moderige Kappe auf dem blanken Schädel kannte. Man konnte noch schwach ein kariertes Muster unter dem grünen Bewuchs erkennen. Der schreckliche Gestank wies darauf hin, dass dieses Brunnenloch bis vor wenigen Augenblicken kaum Sauerstoff bekommen hatte, die Leiche musste dort fast wie in einem Einwegglas konserviert gewesen sein.

„Was weißt du über diesen Sauerländer Stauwerkverein?", fragte Friedrich.

„Lass uns wieder nach Bielefeld abhauen", sagte Roland und ließ den Brunnendeckel wieder auf die Öffnung fallen, fast hätte Friedrich seinen nackten Fuß darunter gehabt. „Das ist ein halbes Jahrhundert her. Und wir beide sind nicht die richtigen Typen, die in eine solche Sache verwickelt werden sollten."

„Die wussten, dass Nossek wegen seiner vermissten Tochter die Stauung des Hennesees verhindern würde, deswegen haben sie ihn umgebracht."

„So sieht es wohl aus, Kumpel. Es wird Zeit für uns …"

„Die haben ihn tatsächlich aus dem Weg geräumt und seiner Witwe erzählt, er habe sich mit der Abfindung aus dem Staub gemacht."

„Wir sollten uns da nicht reinhängen …"

„Und die Frau ist vor Kummer eingegangen, der Sohn nach Brasilien ausgewandert …"

„Der Stauwerkverein hat verdammt viel Macht gehabt. Da kann sogar ich mich noch dran erinnern, obwohl ich damals ein kleiner Pimpf war. Es ging ums Trinkwasser. Damals nach dem Krieg wussten die Menschen, was Durst bedeutet."

Roland und Friedrich setzten sich auf das Fundament und blickten über den See. Ausnahmsweise trank Friedrich ein Dosenbier. „Und vielleicht haben sie noch immer so viel Macht. Manche Dinge ändern sich nie. Und du hast mit Gott und der Welt über diese Familiensache geplaudert. Hast alte Geschichten aufgewärmt. Wenn ich nur an diesen Hitzkopf mit der Trainingsjacke denke. Oder an den Stier auf dem Friedhof. Würde mich nicht wundern, wenn die uns hier in Immenhausen bereits auf dem Kicker haben. Sauerländer können ziemlich sauer werden. Wir sollten wirklich ..." Er nahm einen Schluck und wechselte das Thema. „Ab morgen soll es regnen", sagte Roland. „Stand in der Bildzeitung. Ab morgen Sintflut."

„Dann ist hier alles wieder verschwunden."

„So ist es. Und wir sollten dann ebenfalls verschwunden sein." Roland legte sich zurück und schloss die Augen, als wollte er ein Nickerchen in der Sonne machen. „Kumpel, überleg doch mal: Was willst du tun? Den Sauerländer Stauwerkverein als kriminelles Unternehmen entlarven? Wobei die Verantwortlichen von damals sowieso schon längst in der Hölle schmoren. Selbst wenn du den Sohn in Brasilien aufstöberst, was ziemlich unwahrscheinlich ist, insbesondere wenn man wie du weder lesen noch schreiben kann, aber selbst wenn du diesen Priester finden und ihn über seine Familiengeschichte aufklären solltest, tust du niemandem einen Gefallen. Das Album lag nicht umsonst auf einem Flohmarkt herum. Damit wollte keiner mehr etwas zu tun haben. Also sollten wir es auch dabei belassen. Glaub mir, das ist bei Büchern nicht anders: Nicht jede Geschichte hat ein gutes Ende."

Während Roland sprach, bewegte er sich kaum, lag nur in der tief stehenden Sonne und redete. Friedrich betrachtete seinen Freund. Wahrscheinlich hatte er Recht. Dann würden sie morgen eben wieder nach Hause fahren. Wenn es regnete, schlief man sowieso besser im Asyl und nicht unter freiem Himmel. Er legte sich neben Roland auf den sandigen Beton.

Die Sonne verschwand langsam hinter den dunkelgrünen Hügeln und es wurde angenehm kühl. Der Sand auf dem Fundament machte das Liegen bequem. Der Tag war Friedrich in die Knochen gegangen, er war todmüde. Roland schnarchte bereits neben ihm. Friedrich nahm noch einmal die Taschenlampe zur Hand. Die Batterien waren fast leer, und er betrachtete die Fotos bei flackerndem Licht. Der Junge am Brunnen. Das Mädchen auf dem Rad. Der Vater mit der Schubkarre. Die Mutter mit den Händen im Schoß. Als der Schein endgültig erlosch, klappte er das Album zu und legte es sich als Kissen unter den Kopf.

Die Männer in den Trainingsjacken kamen lautlos. Zeitgleich legten sie den Landstreichern die Metallschlingen um den Hals. Die letzten Häuser von Immenhausen lagen fünfzig Meter weiter oben am Hang, dort hörte niemand das Röcheln der beiden. Jeweils zwei Männer schleppten einen Körper zum Loch. Das braune Album warfen sie hinterher. Der Brunnen war bis oben voll, sie mussten den Deckel auf die Öffnung drücken und festnageln, damit er sich nicht abheben würde, sobald das Wasser wieder stieg.

Morgen sollte es regnen. Ab morgen Sintflut in Immenhausen. Dann wäre alles hier wieder verschwunden.

Heinrich-Stefan Noelke

Sünne Peider oder Ein tiefes Schweigen

Als die Kellnerin fragte, was er trinken möchte, zog Thomas unschlüssig die Schultern hoch, denn er wollte hier nur sitzen. Sie lächelte und nickte. An manchen Tagen war er mundfaul und froh über jedes Wort, das er nicht sprechen musste. Er half sich dann mit Gesten, Blicken und Gebrumme, und er kam erstaunlich weit damit, wirklich.

Sie entschied sich für einen Espresso und lächelte erneut, als sie ihn brachte. Ein warmes Lächeln, das ihr sehr verputztes Gesicht zum Leben erweckte.

Thomas hatte sich gleich an den ersten Tisch gesetzt und betrachtete jetzt die funkelnden Lichter des Jahrmarktes durch die Scheibe der Eisdiele. Nur noch wenige Menschen kamen in dicken Mänteln vorbei und zeigten Interesse für die Verkaufsstände. Bald war es Zeit, dass die Karussells schlossen, damit auch die Kneipen ihren Umsatz machten. Schon als kleiner Junge hatte Thomas hier gesessen und dem Treiben zugesehen, abgesetzt von wechselnden Kindermädchen, die manchmal im Wohnwagen eines Fahrgeschäftes verschwanden, der Freirunden wegen.

Thomas war hier auf die Welt gekommen: in Versmold am Rande des Teutoburger Waldes. Jedes Jahr Ende Februar wird in der Stadt die Jahrmarktsaison für die ganze Region eröffnet und die Eisdiele schließt sich an. „Sünne Peider" heißt der Markt, „Sankt Peter".

Die Kellnerin blickte erneut fragend zu Thomas und der schaute unentschlossen zurück. Sie nickte resolut und brachte freundlich einen weiteren Espresso. Auf dem Flachdach gegenüber tauchten ein paar betrunkene Halbwüchsige auf. Ihr Atem dampfte in der eiskalten Luft. Sie begannen, die Leute auf der Straße anzupöbeln und Flaschen hinunterzuwerfen, die auf dem Asphalt zerschellten wie reife Birnen.

„Wenn ihr nicht sofort da runterkommt, ihr Arschlöcher, dann gibt es bei uns Hausverbot, und zwar für lange! Ich kenne euch!“ Die Kellnerin stand im Eingang und – eben noch bissig wie eine Schlange, lachte sie sofort wieder. Die Jugendlichen trollten sich. „Die verletzen sich am Ende selbst, betrunken wie sie sind“, sagte die Kellnerin zu Thomas.

Mühsam verzog auch er seinen Mund. Er glaubte sich kaum zwanzig Jahre älter als sie. Ihr Parfum hing in der Luft, es war zu süß. Alle seine Sinne waren hellwach, aber er bekam den Mund nicht auf und schämte sich dafür.

„Mach Platz, Alter!“ Die Jugendlichen waren vom Dach gestiegen und setzten sich feixend neben ihn. In solchen Momenten spürt man ein Ziehen an den Genitalien, das nur langsam nachlässt. Thomas stand auf und zahlte. Einer der Halbwüchsigen spuckte an ihm vorbei durch die Tür hindurch bis auf die Terrasse. Thomas hatte dessen Bild am Morgen in der Zeitung gesehen. Er trug eine hellgelbe Pudelmütze, dafür kannte man ihn. Der Junge und seine Freunde hatten sich den Tag zuvor mit anderen zu einer Prügelei auf dem Jahrmarkt getroffen.

„Ich heiße Barbara“, rief ihm die Kellnerin nach.

Draußen durchdrang ein Gestank nach Zuckerwatte die kalte Luft. An seinem üblichen Platz gegenüber der Sparkasse stand das Riesenrad. Es bot einen Blick über die Dächer der Stadt, mehr nicht. Mit dem bisschen Licht wirkte es inmitten des umgebenden Blendwerks wie ein schwarzes Loch. Die Musik lieh es sich von den umstehenden Karussells.

Andreas saß müde in seinem Glashaus hinter der Kasse und machte die Abrechnung. Er war der Sohn eines Arztes in der Stadt und in jungen Jahren der Liebe wegen bei den Ausstellern geblieben. Thomas besuchte ihn täglich, wenn Jahrmarkt im Ort war. Sein Freund lebte in dieser Welt aus Alkohol, Vergnügen und keifendem Wettbewerb. Vor Jahren schon hatte er das Riesenrad gekauft.

Andreas lächelte ihm zu, als Thomas die Stufen zu der kleinen Plattform erklomm, auf der sonst die Fahrgäste warteten. Thomas setzte sich auf das Geländer. Aus der Dunkelheit heraus schaute er sich die Lichter an. Das Lied, das nebenan gespielt wurde, kannte er, aber der Titel fiel ihm nicht ein.

Vielleicht würde es morgen schneien. Es sah ganz danach aus. Sein Blick blieb dort hängen, wo sich sein Bauch unter dem Mantel gegen den Gürtel presste.

„Hi!“ Andreas brachte ihm eine Flasche Bier und setzte sich neben ihn. „Kommt keiner mehr. Hast du von der Schlägerei gelesen? Die haben wir schnell verjagt, was? Hat richtig blutige Köpfe gegeben.“ Schweigend tranken sie.

„Warst du dabei?“

Andreas antwortete nicht.

„Wie hältst du das nur aus, das Leben?“, sagte Thomas.

„Ich brauche nichts auszuhalten. Das lebt sich ganz von alleine.“

„Manchmal habe ich Angst. Ich will mich ja wehren, aber dann wird alles schlimmer.“

„Du musst zuschlagen. Manchmal ist zuschlagen das Beste.“

„Ich kann nicht zuschlagen“, sagte Thomas.

Andreas nahm schlürfend einen Schluck. „Das geht auch“, sagte er. „Dann musst du es aushalten.“

Sie tranken das Bier zu Ende. Thomas schaute zu, wie Andreas die Lichter löschte, und sie verabschiedeten sich bis zum nächsten Jahr. In der Nacht noch würden die meisten Karussells abgebaut werden, damit man die Straßen säubern konnte.

Wieder im Licht stand Thomas vor einem Tapeziertisch, über den hinweg eine Frau mittleren Alters Töpferwaren verkauft hatte, die sie jetzt zusammenpackte. Ihr Atem kam in Wolken und die Mütze über dem üppigen Haar hatte Ohrenklappen. Um besser arbeiten zu können, trug sie Handschuhe, die die Finger frei ließen. Viele der Krüge, Schalen und Figuren standen auf dem Boden und der mutmaßliche Ehemann der Frau ging, schnaubend und mühsam seine schweren Stiefel von den Gefäßen fernhaltend, zwischen ihnen hindurch. Er erblickte

Thomas und hielt einen Moment inne, um dann im Dunkeln zu verschwinden.

„Helfen Sie mir!“

Thomas sah sich um und kam widerstrebend näher. Man meinte ihn.

„Helfen Sie mir! Er wird gleich zurückkommen und ich habe Angst, dass er in seiner Wut unsere Ware zertritt.“

Stumm nahm Thomas einige der Schalen und reichte sie der Frau, die sie sofort einpackte. Langsam verschwand das meiste in Kartons. Die Frau arbeitete zügig und konzentriert. Sie schien entschlossen, die Atempause zu nutzen, während Thomas ihr kaum schnell genug die Ware reichen konnte.

Zu viel stand noch unverpackt, als der Ehemann zurückkam. Thomas richtete sich auf und stand mehr zufällig zwischen ihm und seiner Frau. Er hatte begriffen, dass sie weniger Angst vor dem Mann hatte als um ihre Ware. Weniger offensichtlich war, wie der Ehemann auf fremde Männer reagieren würde, die seine Frau beschützten.

Sie hatte ihren Mann ebenfalls bemerkt. Einen Moment lang schien die Stille die Jahrmarktsmusik verscheuchen zu können.

„Lass die Ware in Ruhe!“

Der Mann war kaum größer als Thomas, aber jünger. Die schulterlangen blonden Haare und die Bartstoppeln gaben ihm das Aussehen eines gealterten Hippies, und die Lammfellweste passte dazu. Der Mann stand ganz dicht vor Thomas, der nicht umhin konnte, den säuerlichen Geruch nach Schweiß einzuatmen.

„Lass den Mann in Ruhe!“

Der Ehemann wartete, schaute ihm ruhig in die Augen und rührte sich nicht. Auf Thomas’ Gesicht machte sich der friedliche Ausdruck breit, den man bei Leuten findet, die die Gewalt über ihren Schließmuskel zu bewahren suchen. Jeder unglückliche Windstoß, so schien es, konnte den Mann dazu veranlassen, sich auf ihn zu stürzen.

Bis die Frau sich still entfernte. Da war es plötzlich, als ob der Mann lächelte. Das Gesicht vor Thomas' Nase nahm den gebührenden Abstand ein und entspannte sich.

„Sie ist weg!", sagte der Mann. „Lauf zu! Ich räum das hier auf." Er gab Thomas einen Schlag auf die Schulter, drückte seine Hand und führte ihn vorsichtig durch die Gefäße.

Kopfschüttelnd, die Hände tief in den Manteltaschen und den Kragen hochgestellt, wollte Thomas nach Hause stapfen. Es war spät genug. Er schwieg immer noch, aber jetzt schien es passend und nicht mehr fremd, eine annehmbare Geisteshaltung. Im Rinnstein fand er einen Schraubenzieher, den jemand verloren hatte, und steckte ihn in seine Manteltasche, damit sich niemand daran verletzen konnte.

Aushalten, hatte Andreas gesagt.

Drei von den Jugendlichen, die er in der Eisdiele getroffen hatte, kamen ihm entgegen. Einer spuckte Thomas ins Gesicht, ein anderer rempelte ihn hart mit der Schulter an.

Thomas blieb einen Moment stehen, sah sich um, rieb sich den Arm und wischte sich die Spucke weg. Die Jugendlichen sahen ihn böse an, machten aber keine Anstalten, ihn anzugreifen. Sie waren zufrieden mit sich. Thomas erkannte den Jungen aus der Zeitung, den mit der gelben Mütze.

Da ging er einfach weiter, als wolle er sich in seinen Gedanken nicht stören lassen. Die Kellnerin kam ihm in den Sinn. Kurz entschlossen änderte er seine Pläne und ging zurück zur Eisdiele, um sie mit neuem Mut anzusprechen.

Sie hatte den Boden gefegt und war fertig zum Gehen.

„Soll ich dich nach Hause bringen? Es ist kalt und die Kerle von vorhin laufen in der Stadt herum."

„Sollen musst du nicht", sagte sie fröhlich, „aber dürfen darfst du." Sie zog einen warmen Mantel an und hakte sich bei ihm unter. „Warum sprichst du nicht?"

„Ich spreche doch."

„Ja, aber nur so zugeklebt. Man versteht dich kaum."

„Wenn ich rede, dann verstehen die Leute mich noch weniger", sagte Thomas.

Sie lachte und rief: „Ach was! Komm, ich wohne am Stadtrand. Fast im Bruch." Das ist ein Naturschutzgebiet, um das heftig gestritten wird, weil es die Stadt nach Südosten hin isoliert. Vögel wohnen dort.

Leute kamen die Straße hinuntergerannt. Wieder die Jugendlichen, Kinder noch, verfolgt von ein paar Erwachsenen, die nicht schnell genug waren. Aus der anderen Richtung zerschnitt ein Martinshorn die Nacht, grelles Blaulicht zerrte dunkle Ecken für Sekunden in den Bereich der unabsichtlichen Wahrnehmung. Ein Rettungswagen fuhr vorbei, dann die Polizei, Sekunden nur, nachdem sie alarmiert worden waren. Man hatte sich gut vorbereitet. Was soll man auch sonst tun?

„Das Riesenrad!", rief Barbara. „Dem Andreas ist etwas passiert!"

Sie kannte Andreas. Sicher aß er ab und zu ein Eis bei ihr.

„Er hat sich gestern in die Prügelei eingemischt."

Sie zwängten sich durch die Leute, die vor dem Riesenrad standen. Der warme Geruch des menschlichen Lebens mischte sich mit der kalten Luft. Von unten zog es ihnen feucht die Beine hoch.

„Ein Messerstich", hörte Thomas rufen. Er sah nichts. „Man hat ihn mit dem Messer erstochen."

„Aber nein", rief jemand anderes. „Er lebt noch. Sonst würde man ihn nicht in den Krankenwagen laden."

Dann sah er ihn. Andreas war auf eine Trage geschnallt. Ein Sanitäter hielt die Infusionsflasche am langen Arm in die Luft. Sehr professionell das alles. Blaulichter schnitten die Szene wieder und wieder aus der Dunkelheit heraus. Die Frau von der Lokalpresse war zur Stelle und machte ihre Bilder. Auch sie hatte bereit gestanden. Ihr Foto würde am nächsten Morgen die ganze Veranstaltung überschatten, das war ihr Beruf. Auch Passanten hatten die Handys gezückt, obwohl es kaum genug Licht gab.

Andreas schlug kurz die Augen auf, als man ihn an Thomas vorbeitrug, und griff nach dessen Hand.

„Es ist überall das Gleiche“, sagte er.

„Aber warum?“, fragte Thomas.

„Das wissen wir nicht“, sagte einer der Sanitäter. Andreas nickte zustimmend.

All das soll man aushalten. Thomas drängte Barbara aus dem Licht heraus. Er wollte nicht zu den Gaffern gehören.

„Das waren die Jungs“, sagte Barbara.

Thomas nickte. Kinder, die nicht wissen, was sie tun.

Der Stand mit den Töpferwaren lag nur ein paar Meter weiter. Die Frau saß auf dem kalten Boden neben ihrem Mann. Die Mütze mit den Ohrenklappen hatte sie abgesetzt, die Haare waren nun ganz wirr. Dem Mann hatte man den Kopf verbunden. Eine klaffende Wunde, die Lammfellweste war blutverschmiert. All die schönen Gefäße waren zerschlagen. Ein Baseballschläger aus fein gemasertem Holz lag zwischen den Scherben. Auch in den Kartons hatten sie so gewütet, dass größtmöglicher Schaden angerichtet worden war.

„Der Andreas“, sagte die Frau, als sie Thomas erblickte, „der hat uns helfen wollen.“

Thomas bückte sich, um ein paar Scherben aufzuheben, aber die Frau scheuchte ihn unwirsch weiter. Eine Bewegung ihrer Hand schickte ihn fort.

„Komm!“ Barbara zog ihn mit sich.

Die Straßen, durch die sie jetzt gingen, waren leer bis auf einige Schausteller, die ihre Stände zusammenpackten. Die Stadt lebt von den vielen Wurstfabriken, die hier zu Hause sind. Im Zentrum findet sich ein hübscher Brunnen, der ein paar Schweine zeigt und einen Fleischer mit seinen Würsten. Dort lungerten noch ein paar Betrunkene herum. Thomas reichte ihr seine Hand und Barbara nahm an. Die Fenster in allen Häusern waren schwarz, als ob sie sich abwendeten. Nirgendwo ein Licht. Die Schritte hallten von den Häusern wider. Die beiden folgten der Berliner Straße stadtauswärts und kamen so bis an den Friedhof.

„Hier lang“, sagte Barbara. „Hier müssen wir durch, sonst

ist es ein riesiger Umweg." Sie folgten einem asphaltierten Weg, der sich durch die Gärten und an der Friedhofshecke vorbeiwand. Über ihnen spannte sich ein weiter Himmel voll heller Sterne. Die Luft schien hier kälter zu werden, ob aus den dunklen Gräbern oder vom platten Land her, das dahinter lag, ließ sich nicht sagen. Thomas griff ihre Hand ein wenig fester und Barbara lächelte ihn an.

„Mit mir haben die Kerle auch noch eine Rechnung offen", sagte sie, „aber keine Angst, ich habe Pfefferspray dabei. Das ist legal, keine verbotene Substanz."

Am Ende des Weges, dort, wo sie fast das Licht erreichten, stand jemand und wartete.

„Da sind sie", sagte Barbara. „Sie wissen jetzt wohl, welchen Weg ich nehme. Moment ..." Sie suchte in der Handtasche nach dem Pfefferspray, während der Schatten ihr den Gefallen tat, zu warten. „Hier ist es!"

Vor dem Licht am Ende des Weges fanden sich jetzt weitere Schatten zusammen und hinter den beiden konnte man Schritte hören. Die Hecken rechts und links waren zu hoch und auch jetzt im kahlen Winter zu dicht gewachsen, um sie zu überwinden.

„Kann es sein", sagte Barbara, „dass die hier wohnen?"

Thomas sprach weiter kein Wort. Das flaue Gefühl in seinem Gedärm wich einer dumpfen Wut, die ihm viel besser gefiel. Sie hat schwarze Segel, die man setzen und in den Wind zerren kann. Das waren doch Kinder, die dort warteten, Halbwüchsige, keine Männer!

„Ihr Arschlöcher!", begann Barbara unflätig wie schon früher am Abend. „Für euch gibt es nie wieder ein Eis in der Stadt!" Sie ging direkt auf die Gestalten zu, ihrem Pfefferspray nach, Thomas folgte ihr.

Das Gas schien in der kalten Luft zu gefrieren und bewirkte nichts als ein amüsiertes Gemurmel unter den Lumpen. Es bildete sich eine kleine Pfefferwolke, weit genug von ihnen entfernt, die sofort zu Boden sank und sich auflöste, bevor sie

Schaden anrichten konnte. Der Kreis um Barbara und Thomas schloss sich, der Junge mit der gelben Pudelmütze trat hervor. Er trug einen Baseballschläger, holte kurz aus und rammte ihn Barbara in den Bauch, sodass sie zusammenklappte wie eine Marionette und stumm zu Boden fiel. Der Junge spuckte auf sie, als sie am Boden lag, das schien ihm besonderen Spaß zu machen.

Die Lumpen ließen jetzt ab. Sie zogen sich höhnisch lachend zurück. Thomas sah sich unschlüssig um. Es war niemand zu sehen, der ihm helfen würde.

Schließlich setzte er den Jungen nach. Ein paar Schritte nur, und er fasste dem Anführer an die Schulter.

Der Junge drehte sich um: „Was willst du?“ Er schien überrascht.

Da zog Thomas den Schraubenzieher aus seiner Tasche und rammte dem Jungen das Metall bis zum Heft in den Hals. Die anderen Gestalten wichen zurück, als ihr Anführer zu Boden sank, und verschwanden im Dunkel. Der Junge griff sich an den Hals, röchelte und blieb dann spastisch zuckend liegen. Thomas spuckte auf ihn, wie er es gelernt hatte, und kümmerte sich um Barbara.

Minuten später nur wimmelte es von Rettungskräften und Polizei. Man versorgte erst den Jungen, dann die verletzte Frau. Nach und nach kehrten immer mehr der Jungs in das grelle Licht zurück, das den Weg jetzt erhellte. Sie weinten meist und waren außer sich. Das hätten sie nicht gewollt.

Thomas wurde verhaftet und erkennungsdienstlich behandelt. Zwei oder drei der Halbwüchsigen besaßen keinen deutschen Pass, deshalb spekulierten die Zeitungen am nächsten Morgen über fremdenfeindliche Motive auf der einen oder anderen Seite. Kann ja sein.

Thomas schwieg jetzt wieder. Er schwieg auch, als man ihn ins Gefängnis warf. Er schwieg für sehr lange Zeit.

Nina George

Sommersonnenwende

Es war Freitag der 13. Juni, kurz vor Sonnenaufgang, als der Schrei das erste Mal die Stille durchschnitt. Er dauerte neun Sekunden, im Umkreis von einem Kilometer erinnerte sich jeder, der ihn hörte, dass er eines Tages würde sterben müssen.

Die Fremde, die auf dem Rücken des dreizehnzackigen Drachens stand, die die einen Externsteine nannten und andere Osning, hielt sich am Altarstein auf dem Turmfelsen fest. Ihr war, als ob der Schrei sie in die Tiefe ziehen wollte. Mit einem schweren Arm aus kaltem Sand. Der Wind rief ihren Namen: Dii-aa-naa. Sie umschlang ihren Körper mit beiden Händen, um nicht zu springen und am Fuß des achtunddreißig Meter hohen Felsdrachens zerschmettert zu werden.

Der Vagabund, der sich am Hintereingang des Ausfluglokals *Felsenwirt* neben die Mülltonnen gerollt hatte, und der sein Herz so sehr spürte, als wollte es seine Brust aufreißen, Flügel bekommen und davonfliegen.

Die Frau, die sich auf dem Rücksitz eines teuren Geländewagens unter dem Mann hervorwand, der sich im Schatten der fliehenden Nacht in sie gedrückt hatte. Sie betrogen einander, sie sprachen von Liebe und meinten Lust, sie betrogen jene, von denen sie gebraucht wurden, und die Frau hieß Hedi und wollte nicht sterben.

Der Mann in ihr konnte, als der Schrei begann, seine Augen nicht schließen. Er musste mit ansehen, wie Hedis Blick heimatlos wurde, und wie sie verschwand, in Tunneln und Gängen jenseits ihrer Seele, er fickte eine Hülle, und als er kam, da fiel er ins Nichts, und das Nichts war tiefer als der Schrei.

Der Jäger, der das hungrig verkrallte Paar im Wagen durch das Nachtglas seines Fernrohres beobachtet hatte, wurde für den Augenblick des Schreis das Wild, das er in all den Jahren getötet hatte. Er war das geflossene Blut und der panikgleiche

Instinkt, er war gefangen, und er bereute. Er wollte niemals wieder im Leben einem Menschen die Hand geben, seine Hand, die Zeugin seines Tötens.

Dann war der Schrei vorbei, er war mit einem dunklen, tiefen Röcheln zu Ende gegangen.

Der Zeitungsjunge, der von seinem Fahrrad gefallen war, sammelte die Papierpakete des *Stadt-Anzeigers* und der *Lippischen Landes-Zeitung* ein. Als er im taufeuchten Gras neben der Zufahrt zum *Felsenwirt* gelegen hatte und der Schrei durch ihn hindurch wusch wie Säure, war ihm das Leben so stumpfsinnig erschienen, so geschlossen realistisch. Ein ganzes Leben in einer engen dunklen Einzimmerwohnung an einem Sonntagabend, mit einer Familie, die einander zu egal ist, um sich zu misstrauen.

Er war achtzehn, er hieß Andre, und er hatte unendliche Furcht, dass sein Leben genauso verlaufen würde, wenn er nicht aufpasste. Er würde in Fetzen gerissen werden, von Kühlschränken, die nach ihm schnappten, von Fernsehern, die sein Gehirn herauslutschten, von Autos, die ihn irgendwohin fuhren, wo er nicht sein wollte.

Und die Nutte, müde von der Nachtschicht, die ihren Campingwagen mit dem diskreten Rotlicht am Rande des Externstein-Parkplatzes an der B1 geparkt hatte, schaute in ihr halb abgeschminktes Gesicht. Für neun Sekunden hatte sie die Knochen unter der Haut erblicken können. Jetzt sah sie zwei Hälften einer aufgeschnittenen Pflaume, links rott, rechts bis zur kosmetischen Jugend gespannt. Sie nannte sich Maria, und sie trug ein schweres Metall-Kreuz um den Hals, das klopfte den Freiern gegen die Hoden, wenn Maria sie blies.

Sie verbarrikadierte die Tür, durch die sie die angenehme Kühle des beginnenden Morgens eingelassen hatte; das Beste vom Tag.

Dann schloss Maria die Tür wieder auf. Wenn dort draußen jemand starb, dann würde sie ihn nicht allein lassen. Maria rannte dem Echo des Schreis nach, sie trug nur pinkfarbene

Unterwäsche unter ihrem roten billigen Satinmantel, der Lack auf den Fußnägeln blätterte ab.

Das Atmen des Teutoburger Waldes setzte wieder ein.

Diana auf dem Turmfelsen atmete ruhiger. Sie hatte sich hinein in die Felskammer versteckt, in ihre hohle Hand geatmet, hatte sich unter dem in Stein gehauenen Gesicht in der Westwand zusammengekrümmt, und ihr war, als ob dessen blinde Augen ihr folgten.

Der Schrei. Er hatte sich angehört, als ob ein Mann auf bestialische Weise getötet wurde. Körper zu Fleisch. Gefressen. Gleich kämen die Fresser, um Diana zu holen. Sie würde springen müssen, um ihnen zu entgehen. Diana zog ihr Mobiltelefon hervor.

Kein Empfang.

Sie fing an zu schwitzen. Unter den Brüsten, im Kreuz, sogar ihre Füße wurden nass. Sie stand auf, trat wieder zum Altar.

Ihr fielen all diese geflüsterten Legenden ein. Von satanischen Ritualen angeblicher Wolfsmenschen im Schutz der Steine, blutige Erde. Von Treffen der Braunen, ihren Initiationsriten, im Fackelschein, ihren übergroßen Schatten an den Felswänden. Selbstmörder, die sich herabstürzten. Und da war immer noch der Mord an einer britischen Schülerin vor 35 Jahren, es gab ein Geständnis einer wirren Frau aus Lage, es gab nur keine Leiche.

„Widergänger", dachte Diana.

Sie löste die Schutzkappen des kleinen Fernglases. Die schwarzen Deckelchen rutschten ihr aus den nassen Fingern. Dianas Brust schmerzte, „psychotisches Asthma" hatte ihr Kinderarzt in Ubbedissen damals gesagt. Ihr Atem pfiff.

Aus dem Wald trat eine Gestalt hervor; sie trug ein Gewehr, Diana duckte sich und beobachtete den Mann durch das Sonnenloch.

Ein Jäger. Er hatte Angst. Er hielt seine Hände fest. Das Fernglas zitterte, wie seine Unterlippe. Diana teilte seine Angst.

Sie hatte Zahnfleischbluten bekommen, während des Schreis, der aus dem Nichts gekommen war, aus der Erde, aus einer der Grotten am Fuße der Steine, aus dem Wasser, aus dem Wind, aus dem Steinsarkophag des Arkosolium-Grabes in Felsen I, der genau Platz ließ für einen toten Menschen.

Auf dem Weg von der Speisewirtschaft erblickte Diana eine hastende, hagere Gestalt. Lange, wirre Haare, ein bodenlanger Mantel, ein Pappkoffer. Ein Vagabund. Diana sah auch das Paar vom Parkplatz kommen; der Mann blieb stehen, die Frau ignorierte ihn, sie knöpfte ihre pfirsichfarbene Bluse zu. Er ging zurück, wenig später hörte Diana das satte Klappen einer teuren Autotür. Aber der Wagen fuhr nicht weg.

Diana ließ das Fernglas sinken.

Menschen. Das da waren echte Menschen.

Niemand mit Maske. Spitzhaube. Oder Hakenkreuz.

Sie erhob sich und ging über die gebogene Brücke, um von diesen Steinen herunter zu kommen; sie kamen ihr vor wie ein Gefängnis.

Sie wollte niemals mehr im Leben so allein sein wie in diesen neun Sekunden. An diesem leeren, tauben Ort.

War hier etwas? Diana hatte das ETWAS gespürt, als sie all die Megalithen und Steinkreise in der Bretagne, in Stonehenge, in Afrika, auf Malta, Dänemark und in Ägypten, gesehen und berührt hatte. Alte Kräfte, tückische, wachsame. Steine, Erde und Bäume, die miteinander verwachsen waren, älter als Menschen, amoralischer als sie.

Aber der Ort hier war leer gewesen. Taub und leer, was immer hier an den Externsteinen gewesen sein mochte, es war fort, es hatte sich verbraucht, zu viele hatten sich daran bedient. Kraftort? Marketing.

Jetzt war etwas anderes da. Etwas Neues. Etwas Böses.

Minuten später standen sie sich gegenüber, dort, wo die Germanen einst Thing am Fuße des Osnings gehalten haben sollten.

Der Jäger. Hedi. Diana. Der Vagabund.

Waldgeruch.

Das Neue lauerte.

Maria kam laufend näher, und der Kreis öffnete sich für die Hure.

Niemand sprach, bis auch Andre da war, er stellte sich zwischen Maria und Hedi, und sie griffen beide nach den Händen des Jungen, die schwarz waren von nasser Druckerschwärze. Der Vagabund hielt Marias andere Hand, und er hörte auf zu zittern.

Diana griff nach der Hand des Jägers. Er zog sie zurück. Diana sah in seine Augen, Schaufenstern zu einer inneren Hölle, ein Paria.

Sie nahm seine Finger mit Gewalt. Er ließ es zu.

Doch erst als der Mann aus dem Auto näher kam, sich zwischen Diana und Hedi stellte, schloss sich der Kreis, und sie waren zu siebt.

Das Gefühl, belauert zu werden, ließ abrupt nach.

„Ich habe sie angerufen", sagte der Mann mit dem Wagen, und alle wussten, wen. Die Polizei. Die wusste, was zu tun ist. Nicht wahr?

Nicht wahr, dachte Diana. Nicht bei so ETWAS.

Es war hier, es war unter den Steinen geboren worden, in diesen neun Sekunden.

„Und wo sollen wir suchen?", fragte Hedi, und alle sahen Diana an, als ob nur die Astronomin darauf antworten könnte. Diana sah Maria an, die Frau mit den zwei Gesichtshälften. Die nickte.

„In jeder Himmelsrichtung", antwortete sie, und der Kreis löste sich. Die Hure und der Junge. Der Jäger und Hedi die Betrügerin. Der Vagabund und der Mann aus dem teuren Auto. Jede Richtung.

Nur Diana ging allein, sie suchte an den drei mit Eisengittern verschlossenen Grotten nach einem rollenden Kopf. Sie suchte am Ufer des Sees unter der Einsiedlerzelle nach einem zerfetzten Leib, der unter die Wasseroberfläche und den gefluteten Eingang, dem „Teufels Ascheloch“, gesunken war; sie wanderte den Pfad entlang, auf dem einst die schmale Bahn gefahren war, erwartete eine träge, blutige Hand zu finden; doch: Nichts.

Nichts fand Diana, nicht mal das, was sie vor dem Schrei gesucht hatte. Weswegen sie die ganze Welt bereist hatte.

Den Beweis, dass es vor dem Christentum und vor den Germanen eine Religion gegeben hatte; die nicht den Mann, nicht die Rasse im Mittelpunkt ihrer Aufmerksamkeit hatte. Sondern die Frau. Jede Frau.

Und dass es die Frauen waren, die ein Nachrichtensystem erfanden, aus Feuer, Rauch und weit sichtbaren Signalen.

Auf der ganzen Welt gab es diese in Stein gehauenen Hinweise, in den Steinreihen der Bretagne in Carnac, in Unterwasserfelsformationen vor Japan, in Australien, auf Malta, in Ägypten, Dänemark waren von Menschenhand geformte Menhire gefunden worden, die alle in der selben Zeit vor zwölftausend Jahren von einem sehr klugen, reisenden Volk in Besitz genommen worden waren.

Auch an den Externsteinen waren die Spuren des Weiblichen; am Grottenfelsen, wo ein fünfhundert Jahre altes Relief der Kreuzabnahme in den Stein gehauen war; darunter befand sich ein verwittertes, älteres Bild im Osning-Sandstein, und war da nicht eine Frau der Mittelpunkt der Huldigung? Und wer sagte, dass die sogenannte Petrusfigur an der Pforte der Kuppelgrotte nicht einst eine weibliche Wächterin war, in ein bodenlanges Gewand gehüllt, die Torhüterin zum Mutterschoß der Erde?

Was sollten also die Germanen hier gewollt haben, wie es Himmler, Hitler und die anderen so gern gesehen hätten, als Achspunkt ihrer Rassenideologie vom reinen Volk? Nur weil auf dem Turmfelsen der Steine *Veleda* die Seherin, die im ersten Jahrhundert aus den Sternen las, als germanische Prophetin benutzt, verfolgt und getötet wurde? Weil hier Frauen ausgebildet wurden, die Sterne und die Zukunft zu deuten? Und weil es hieß, der Teufel hätte diese Steine hingeworfen?

„Na, und?“, dachte Diana, während sie der Quelle des Schreis nachging. „Alte Zeit. Tote Zeit. Veleda die Putzgöttin.“

Die Externsteine waren eine Nachrichtenstation gewesen, davon war Diana überzeugt. Nicht mehr. Kein Kult, kein Tralala. Sämtliche Fenster, angeblichen Sonnenlöcher und Grottenpforten besaßen direkte Sichtlinien zu anderen Warten. Die sogenannten Taufbecken waren nichts weiter als Feuerstellen, um sich kilometerweit zu verständigen, nach Schwalenberg, Pyrmont, Schaumberg, Brake. Und das Loch auf dem unzugänglichen Felsen vier war ein Schacht zum Ascheloch. Nichts weiter als eine Entsorgungsschleuse der Leuchtfeuer-Glut, und nicht die Wurzel des Irminsul-Baumes, wie es Verblendete gern wüssten.

Doch das kam Diana jetzt so banal vor, wie eine Vergangenheit, die sie in dem Augenblick hinter sich gelassen hatte, als der Schrei begonnen hatte, ein Hiiiiieh, das sich herabstürzte wie eine Lawine und alles an Frieden verschlang in seinem Epizentrum, sich wandelte in ein „uuuuu“, und letztlich starb wie ein Soldat im Großen Krieg.

Er hatte alles gelöscht. Wie eine Delete-Taste.

Lösche Diana. Lösche Liebe. Lösche Licht. Insert: Tod.

Was sollte es schon, zu beweisen, dass die Neolithen dem weiblichen Prinzip gehuldigt hatten, die Erde als Ort der Göttin ansahen, die Ozeane als Übergangsort von Leben und Tod, und den Himmel als Spiegel der Erde. Diese Welt war Komasaufen, Rassismus und simulierte Leben im Internet, und Vati bekam das größte Stück Fleisch.

Sie wollte weg von diesem Platz und diesen Fremden, die nur ein Schrei zusammengeführt hatte.

Diana lief einen großen Bogen durch den Wald und Knickenhagen, bis sie an ihrem Auto angelangt war.

Niemals wieder würde sie zurückkehren zu den Externsteinen, schwor sie sich. Sie würde in ihr Büro in Oerlinghausen gehen, sie würde alle Papiere anzünden und ihr Konto auflösen, und danach tun, was sie immer wollte: So weit fahren, bis sie ihren Platz auf der Welt gefunden hatte, der zu ihr gehörte. Nur vorher aussteigen, um zu pinkeln und etwas zu essen zu kaufen, was sie beim Fahren verschlingen konnte, und das so lange, bis sie einen Tisch und einen Stuhl gefunden hatte, an dem sie für immer sitzen wollte.

Der Schrei hatte einen alten Traum in Diana geweckt.

Polizeiwagen kamen ihr entgegen.

Der Mann mit dem teuren Jeep hatte sie gerufen. Der Alptraum aller Seitenspringer war eingetreten: Er war zur falschen Zeit am falschen Ort, und das nicht allein.

Er wollte dennoch einmal im Leben das Richtige tun. Er wollte seiner Frau noch heute sagen, dass er sie betrog, und dass er sie nicht mehr liebte. Es hatte aufgehört, schon lange. Sie sollte ihn hassen, sonst wäre sie für immer Gefangene ihrer Hoffnung.

Der Ehebrecher fühlte sich leer. Das war das Nichts, in das er gefallen war. Er wollte nicht mehr an diesen Platz zurück, wo es begonnen hatte.

Die Sonne ging über den Kuppen des Leistruper Waldes auf, und ihr erster Strahl fiel weit am Loch des Felsenaltars des Turmfelsens vorbei, der sich wie ein Zahnstumpf dem Himmel entgegenreckte. Am 21. Juni, so hofften die Anbeter der Sonne, würde das erste Licht durch den Felskreis fallen, und der längste Tag seinen Anfang nehmen. Dass dieser Sonneneinfall bisher noch nie geschah, sondern munter am Loch vorbei schnitt, wertete man eilfertig als ebenso naturgöttliches Zeichen der allgemeinen Erdachsenkippung.

Noch acht Tage bis zur Sommersonnenwende.

Die Polizei hatte nichts gefunden, sie hatte das Gelände abgesperrt, Schulklassen abgewiesen, Wandergruppen, Radfahrer, und eine Wicca-Schamanin, die den Boden für das Sonnenwendefest hatte weihen wollen. Den Boden, diese nette breite Wiese, die Herr Himmler hatte roden lassen, für Aufmärsche, für Hass-Predigten von der steinernen Kanzel herab am zweiten Felsen.

Die Polizeigewalt fand: Nichts. Ein Schrei, tja, nun.

Und deswegen der Aufwand, in der Hitze, in der grellen Sonne.

Der *Felsenwirt* machte gutes Geschäft.

Der Vagabund war bis zum Nachmittag in Richtung Paderborn gelaufen. Weg von den Bullen, weg von diesem Laut, den Steinen, den anderen. Sie alle waren voreinander fortgelaufen am 13. Juni.

Aber dann war er umgekehrt. Vielleicht als Erster. Er hatte bei Maria geklopft, die an diesem Tag alle Freier abgewiesen hatte; und sie hatte dem Vagabund das Haar geschnitten, und er hatte auf seinem Pappkoffer Klaviertasten gemalt. Mit Bleistift, die Weißen nur mit einem Rahmen, die Schwarzen hatte er mit einem Augenbrauenstift geschwärzt. Dann hatte der Vagabund der Hure die Tonleiter erklärt, und Maria hatte gelacht vor Glück. Sie hielten sich an den Händen, als sie einschliefen.

Beide wachten sie weit vor Sonnenaufgang auf. Der 14. Juni. Noch sieben Tage bis zur Sommersonnenwende.

Die Paganen würden kommen, die Alt- und Neohippies, die Feuerspucker, die Poi-Tänzer, die an langen Seilen und Ketten Lichtkreise um sich herum wirbeln. Die New- und Old-Ager, die Druiden und Drummer, die echten und die falschen Hexen, die Gothics, Raver, Biker, Goafans, Schamanen, die Rucksacktouristen, und die als Wikinger, Elben, Indianer und Menschen verkleideten Exzentriker.

Die Luft würde brennen, von tausend Feuern und Fackeln. Sie würde vibrieren, vom Rhythmus der Trommeln, Djemben und Didgeridoos. Sie würde riechen, nach Gras, Rauch, Bratwurst und Marihuana. Sie würde leuchten und zwischen unzähligen Zeltdächern schweben, Konföderierte würden mit Gießkannen Schwelbrände löschen, und in Horn-Bad Meinberg würden die Alten den Jungen sagen, dass es früher so was nicht gegeben hätte.

Happenings. Dreitausend Leute, einfach so, ohne dass jemand sagte: Kommt! Sie kamen einfach so und tanzten und schrien sich den Schmerz heraus. Sie glaubten an Erdkraft oder Odin und Wotan, an Sonnengötter oder Engel, an Veleda, an Jesus oder Pontius Pilatus' Reue, an Geld, an Liebe, die Sterne. Die Jungs mit Bürstenscheitel und Springerstiefeln würden sich mit Punks und Antifas kloppen; wenn sich hier etwas befand, dann die Schnittachse der Ideologien.

Und manche würden am Osning der *Irminsul* gedenken, denn im *fanum*, dem heiligsten Bezirk des germanischen Götterhaines, soll sie gestanden haben. Irminsul galt als Symbol der großen Weltesche, des Lebensbaumes der alten Völker. Deswegen kamen all jene, die Sinn- und Unsinnsucher, um in der Mitte der Dinge etwas zu finden, wo bei ihnen ein Loch war. Irgendeinen Glauben braucht der Mensch, hier teilten sich Neoheiden und Neofaschisten versehentlich denselben.

„Denen ein paar Steine genügten, um eine germanische Weltherrschaft zu wittern, und den Irminsul in ihre Scheiß-*Artgemeinschaft*-Emblemchen sticken", spuckte Diana aus. „Oder vielleicht kommen die Nazi-Sekten, um zu trinken, zu kotzen, in die Büsche zu pinkeln und Dosen in den See zu werfen", zischte sie. „Hier bin ich Gott, hier darf ich's sein."

Sie würgte das Lenkrad, ihr Atem rasselte, Diana zischte, grellrote Wut. Sie wusste, dass es sein musste, doch zurückzukehren an die Externsteine. Sie nahm sich das übler als das meiste im Leben.

Sie war doch schon auf dem Weg gewesen, zu ihrem Platz auf der Welt, und dann war sie doch von der B1 hierher abgebogen.

B1. Ehemalige Reichsstraße. „So deutsch wie hier ist kein anderer Wald", keuchte Diana, und sie ärgerte sich jetzt schon über all jene, die an die Pflege ihrer Psyche und das Auftanken mit irgendeiner Ur-Energie dachten, wenn sie im Lotussitz auf den

Felsen mit den verborgenen Stahlträgern sitzen würden. Und vergaßen, wer diesen Ort sonst noch für sich beanspruchte.

Wie Diana es hasste, wenn Orte funktionalisiert wurden, für Religion, für Anti-Religion, oder nur um irgendeine treuherzige Yogagruppe für teuer Geld durch den Wald zu scheuchen, damit sie im Schatten der Felsen ommend Chakrenarbeit leisten konnten.

Aber das Lauern würde nicht aufhören, nur weil sie selbst bis ans Ende der Welt fuhr. Sie konnte nicht wegfahren, es war, als hätte jemand eine gigantische Pausentaste gedrückt.

Kurz vor Sonnenaufgang am 14. Juni standen alle sieben wieder am selben Platz vor den Externsteinen. Diana fand, heute sahen die Köpfe der Felsen wie Gesichter aus, die ihnen zuriefen.

In der Nacht waren wieder welche hier gewesen. Tote Feuerstellen, niedergedrücktes Gras in Quadratform. Vielleicht Bewusstseinsguerillas. Ufo-Seher. Neos auf der Suche nach sechsfingrigen Göttern.

Der Mann mit dem teuren Wagen hatte Hedi abgeholt. Sie hatte auf ihn gewartet, sie war nicht überrascht.

Der Jäger war durch den Wald gekommen. Derselbe Weg.

Andre hatte das Fahrrad geschoben.

Als der Schrei kam, zuckten die Sieben zusammen und ihre Hände verkrampften sich noch fester ineinander.

Und wieder kam er von überall; aus der Erde, aus den Grotten, vom Turmfelsen, aus dem Wasser, aus dem Wald.

Die Lawinen, das „Iiiihiih“, das Todesröcheln, „uuuu“, die Kälte, die der Schrei vor sich her trieb, der Wald, der daraufhin schwieg.

Und wieder war es da, das Wissen um den Tod, und die Sekunden, die bis zu ihm herabgezählt wurden.

Der Jäger dachte an seine Frau, und wie viel sie schon von ihm besaß, und er fragte sich, was noch von ihm übrig war.

Hedi dachte an ihre Tante Margret, die sie tot gefunden hatte, an einem Abschleppseil selbst erhängt.

Der Mann mit dem teuren Auto dachte an die Ratte, die er als Kind in der Wiege seiner Schwester gefunden hatte; die Ratte hatte Junge geworfen und ihn währenddessen versucht zu beißen.

Der Vagabund dachte an den Bauern, den er nicht davon abgehalten hatte, in das Moor der Senne zu gehen, so weit, bis er nicht mehr zurückkehrte. Maria dachte an die Männer, die weinten in ihrem Bus, auch früher, als sie noch in Dreischlingen kurz hinter Bielefeld stand, und sie dachte an ihr halb totes Gesicht.

Der Junge dachte, dass Sterben das Leben war, und Diana dachte an ihren Stuhl und an ihren Tisch, die irgendwo auf sie warteten.

Und an die Papiere, die sie als Letztes ins Feuer geworfen hatte, in ihrem Büro, und an die Koffer, die in dem feuchtkalten Haus in Gräfinghagen standen. Die gepackten Koffer. Zwei. „Ich bin adoptiert, ich habe studiert, ich habe meine Pflegefamilie nie wieder gesehen, ich weiß nicht, wo ich hin soll, und ich habe keine Antwort auf den Schrei", fünf Sätze für ein ganzes Leben.

„Vielleicht hören nur wir ihn", sagte Andre; seine Aknenarben juckten.

„Vielleicht ist dein Hirn im Arsch", sagte der Jäger.

„Nicht fluchen!", mahnte Maria.

„Und vielleicht hat der Junge Recht", sagte Diana, die danach wieder allein ging, nachdem sich der Kreis gelöst hatte; vielleicht hörten nur wir sieben den Schrei, weil er in uns ist, in uns allen.

Wieder fanden sie nichts.

Die Polizei wenig später auch nicht.

Ungehalten war die Staatsgewalt. Sieben Spinner vor der Sonnenwende, wenn es hier zugehen würde wie bei einer Freiluftorgie von etwas sehr bewusstseinserweiterten Esoterikern; ein

Streuner, ein Jäger, eine Prostituierte, eine Astronomin, die in ihrem Büro ein Feuer entzündet hatte, ein Junge, ein Mann in einem teuren Auto, und seine Geliebte.

Nein, ein drittes Mal würden die Rechtshüter nicht kommen, wegen eines Schreis ohne Leiche, Schreien war nicht verboten.

Die Sieben mussten sich nicht verabreden, um am Morgen des 15. Juni erneut kurz vor Sonnenaufgang an den Externsteinen zu stehen.

Sie würden später, einzeln befragt, was sie an den Stunden zwischen den Schreien eigentlich gemacht hätten, unabhängig voneinander als Antwort geben: „Ich weiß es nicht."

Andre wusste nicht mehr, dass er gelacht hatte auf einer Beerdigung; „unanständig", hatten die Leute gesagt, und seine Freunde vergaßen, dass sie ihn kannten. Der Mann mit dem Wagen wusste nicht, dass er Bäume gepflanzt hatte, und alle vor der Garage. Maria und der Vagabund wussten nicht, dass sie sich nur losließen, wenn einer von beiden sich die Nase putzte. Hedi nicht, dass sie zur Polizei gegangen war, um Anzeige zu erstatten, auf Raub ihrer Kindheit und ihres Herzens im späteren Alter.

Diana saß im Wagen und aß zweimal am Tag, sie wartete darauf, loszufahren, oder auf die Stunde vor Sonnenaufgang. Der Jäger zählte sich auf, welche Zeit er totgeschlagen hatte, mit welchen Filmen, welchen Gedanken, welcher Flucht, er war ein Tagmörder, einer von vielen in Ostwestfalen-Lippe und der ganzen Welt, Zeittotschläger.

Sie warteten darauf, sich an den Händen zu fassen und sich darauf gefasst zu machen, dass der Schrei wiederkam.

Der Schrei war so laut und so dicht, so unglaublich nah, und doch ...

„Ein altes Wort", sagte der Vagabund. „Vielleicht ein druidisches. Hi-Mu. Si-Tu. Min-Sul. Hört sich so an. Immer gleich. Wie gestern. Und vorgestern." Sein Herz wollte immer noch auf und davon, aber nicht mehr weit; es wollte zu einem kleinen

Campingwagen fliegen. Maria dachte, wie es wäre, auf einem wirklichen Klavier zu spielen.

„Vielleicht ein beschissener Zug. Oder ein Scheißvogel“, sagte der Jäger. Der Jäger lutschte jede Nacht an seinen Fingern, um zu überprüfen, ob sie nicht doch nach Tierblut schmeckten.

„Vielleicht ein Streich?“, wisperte Hedi, und sie sah den Mann mit dem teuren Wagen nicht an. Er liebte sie nicht, und Hedi ihn auch nicht.

Hedi schlief immer weniger. Sie betrachtete ihren Mann im Schlaf, und sie stellte sich vor, ihn umzubringen. Hedi wollte frei sein. Sie wollte atmen. Sie liebte ihn so, und die Liebe war das Gefängnis.

Diana dachte an das eine Papier, an die Asche, und dass das Feuer die Buchstaben nicht aus ihrem Gehirn hatte löschen können.

„Es wird nicht aufhören“, sagte sie.

Sie trafen sich auch am nächsten Morgen, am 16. Juni.

Am 17., am 18., und am 19. auch.

Sieben Tage lang war der Schrei wieder und wieder ertönt. Und einer der Polizisten hatte es seinem Schwager erzählt, der seiner Geliebten, und die ihrer Kosmetikerin; und dann verlor sich die Spur, und Morgen für Morgen waren es mehr Menschen geworden, die sich vor Sonnenaufgang einfanden, und sie hörten den Schrei, und sie wussten, dass sie sterben würden.

Und sie erinnerten sich an ihre alten Träume.

Die Sieben standen abseits, sie kannten das, den Laut, die Kälte, das Grausen, der Schmerz in der Stille, das Sehnen, den Willen zum Aufbruch und Ausbruch aus allem.

Als der 20. Juni, der Freitag vor der Mittsommernacht, mit trüben, regenschweren Wolken am Himmel anbrach, hatten sich dreihundertdreiundvierzig Menschen an den Externsteinen versammelt. Einige legten sich abwechselnd in das Arkosolium-Grab, um Luft- und Steingeister zu spüren, verfielen in Starre oder Zuckungen, mussten von anderen wieder herausgehoben werden. Andere kletterten auf die versteckten Nebenfelsen und hielten ihre Hände gen Osten.

Die Springerstiefel waren da. Die in orangefarbenen Gewändern. Die Beseelten. Schwarz gekleidete, blass Geschminkte. Männer und Frauen mit grünem oder rotem Irokesenschnitt. Lichtsinger. Rentner. Nachtwandernde Realschüler. „Man muss doch zu seinen Wurzeln“, sagte die eine, ruhig, sie kam aus Detmold, so als ob sie zu Hause nur auf Mauern sah, wenn sie aus dem Fenster schaute.

Manche erschraken, als sie den Schrei dann kurz vor dem Aufgang der Sonne hörten, sie begannen zu weinen; andere hielten still und wurden blass, wieder andere legten sich flach auf den Boden und fraßen Gras.

Kein Wort war zu hören, alle schienen sie nach innen zu lauschen, was der Schrei in ihnen fragte, beantwortete. Von was er die schützenden Decken und Eispanzer der Verdrängung herunterriss. Nur das Knistern von raschelnder Kleidung, und die ersten Regentropfen auf den Blättern.

Die Sieben standen abseits.

„Wieso wir?“, fragte Andre.

„Scheiß-Zufall“, sagte der Jäger. „Zur erleuchteten Elite gehör ich jedenfalls nich.“

Diana hatte die Augen geschlossen. Das Lauern, das Etwas war greifbarer geworden, wie Gelatine, es presste die Luft zusammen.

Die ersten Esoteriker hatten begonnen, Mantras zu zitieren und sich auf ihren Weg um die Steine herum zu machen, hin und her, hin und her. Die Regenfeuchte rieb am Gemüt. Zwei Männer im Lodenmantel und runenhaftem Sonnenradzeichen auf den Armaufnähern begannen, den Platz zu vermessen. Tarot-Kartenleger beugten sich zusammen mit Hexen und Neodruiden über einen Wendelkreis aus Kieseln.

„Scheiß Eso-Scheiß“, sagte der Jäger, er lutschte an seinem Finger.

Es würden noch mehr werden. Einige wussten von dem Schrei, sie wollten ihn hören, sie fanden es aufregend, spannend.

Andere fuhren wie immer hierher, seit Jahren, zum Externfest, das am 20. Juni begann und bei der Mitternachtswende auf den 21. seinen ersten ekstatischen Höhepunkt finden würde. Tausende würden im Morgengrauen den Sonnenaufgang feiern. Feuer, Frauen, Bier, und den Countdown bis zum Sonnenaufgang auf ihren Quarzuhren mitzählen.

Der Schrei würde sie überrollen.

Der Jäger hatte das Zelt gebracht und gemeinsam mit Paul, wie der Mann mit dem teuren Wagen hieß, und Andre aufgebaut. Sie hatten sich ganz am Rande von Himmlers Wiese zurückgezogen, und sahen auf die Menge an Menschen, die sich zu beiden Seiten der schroff aufbäumenden Osningfelsen seit Einbruch der Dunkelheit in Trance tanzten. Zweitausendfünfhundert, schätzte Diana, Feuer, Schwaden, Musik, Lachen, Schreien, Rufe, bunte kleine Zelte, Jongleure.

Die Sanitäter in den drei Rotkreuz-Wagen schauten müde zu.

Hunde liefen in kleinen Rudeln, Fledermäuse und Glühwürmchen umwaberten Farne und Grillplätze. Kinder lachten. Ein Dudelsack dröhnte. Die Polizisten teilten sich den Dienst, die erste Schicht bis um halb eins, der Parkplatz war seit halb acht gesperrt.

Immer wieder beobachteten die Sieben einzelne Paare, die sich aus den Lichtkreisen entfernten, um nackt im Wiembeckesee zu baden, oder sich nur schwach vom Schatten geschützt auf dem Boden zu lieben.

Die meisten sahen sich dabei nicht an, stellte Maria die Hure fest.

Und gefährlich war es auch. Es gab keine Toiletten. Nirgends.

Liederfetzen waberten durch die rauchneblige Nacht, „shanti“, „Sieg“, „Kameraden“, „zu dir“, „Stolz“ und „Preiset den Herren“.

Die Trommeln übertönten sie, die Flöten, die Rufe.

„Aquarius meets Arier“, sagte der Mann mit dem Auto.

„Es sind immer die Menschen“, sagte Hedi. „Nie die Orte. Und jeder sagt dann: Ach, mein Kind doch nicht, mein Kind ist gut.“

„Wieso kannst du mitten in der Nacht solche Vorträge halten?“

„Tue ich immer. Da hört mich nur keiner“, sagte Hedi.

Die Sieben schliefen abwechselnd. Die, die wach waren, erzählten einander ihr Leben. Ihre alten Träume.

Um Mitternacht explodierten japanische Feuerballons und Feuerwerke auf dem Turmfelsen. Die Felskapelle hatte man für das Externfest geschlossen. Paranoiker witterten darin Absicht. Die Stunde vor dem Sonnenaufgang kam langsamer als sonst.

Die Sieben standen im Kreis und hielten sich bei den Händen.

Kurz bevor die Nacht wich, sagte Diana: „Die Kammer!“ riss sich aus dem Kreis los und hastete über den Zeltplatz, an den schwelenden Feuern, den klammen Decken, den neonfarbenen Zelten vorbei, stieg über Schlafende, und über den Weg zu den Steinen, zu den verschlossenen Kammern des Grottensystems.

Die verbleibenden Sechs folgten der Astronomin.

Noch während Diana lief, begann der Schrei.

Dieser grausame, tiefe Schrei.

Diana sah in erschrockene Gesichter, und ihr war es, als ob der Schrei umso lauter wurde, je mehr Menschen da waren, und je näher sie dem zweiten Eingang der Hauptgrotte kam.

Es waren die Buchstaben der Papiere, die Diana verbrannt hatte, die in ihr tanzten wie die Poi-Tänzer der vergangenen Nacht.

Die Kammer. Die verschlossene Hauptgrotte.

Sie hatte auf einem der verbrannten Papiere etwas gelesen; von einer Gruppe, der Diana als Wissenschaftlerin misstraute, Efodon, die sich vollmundig als „Europäische Gesellschaft für frühgeschichtliche Technologie und Randgebiete der Wissenschaft" bezeichnete, und die sich der Erklärung ungelöster Rätsel der Menschheit widmete.

Diana jagte.

Die sonst verschlossene zweite Tür zur Hauptgrotte stand offen.

Diana stieß das Eisengitter zur Seite, der Schrei wurde lauter, gleich würde sie sein Auge erreicht haben, sie stemmte sich gegen ihn, gegen die Todesangst, und ihr Atem schien sie von innen zu sprengen, und ...

Da war er.

Der Mann, der schrie.

Er hatte sich an die Felswand gelehnt, rechts von der Tür, seine Hände zu Rufmuscheln geformt, er schrie in den Stein hinein.

In den Verstärker an der rechten Wand des zweiten Zugangs zur Hauptkammer. Wenn man dort in die Steinmulde hineinsprach, dann ertönte die Stimme laut durch alle Grotten und Schächte, hinaus auf die Felsen.

Das war es, was Diana bei *Efodon* gelesen und für Schwachsinn abgetan hatte; ein Audio-Mikrofon in Stein, Tausende von Jahren vor Erfindung des Basswoofers, ein Steinzeit-Megaphon.

Der Mann wandte sich um.

„Liebst du?", fragte er.

Liebst du?

Das war es gewesen. Der Schrei. Das Hiiiiieh, das sich herabstürzte wie eine Lawine, sich wandelte in ein „uuuuu", und letztlich starb wie ein Soldat im Großen Krieg. Liebst du. Liiiieeeeeeebbbssstttduuuu?

Liebst Du?

„Nein“, antwortete Diana.

Nein. Ich liebe nicht. Nicht mal mich.

Der Mann zog ein Messer. Diana wich nicht zurück.

Bevor er die Klinge in ihr Herz treiben konnte, schloss sich der Kreis der Sieben um ihn, und hielt ihn zurück, überwältigte ihn, sie waren in kalter Raserei.

Als die Frühschicht der Polizei aus Detmold den 59-jährigen Lehrer vernahm, gab er zu, vor 35 Jahren die 14-jährige britische Austauschschülerin Victoria bei einem satanischen Ritual auf dem flachen Stein über dem Exter-Sargstein getötet zu haben, weil sie ihn nicht liebte. Ihre Leiche hatte er gegessen, die Knochen verbrannt und die rauhe Asche auf den Externsteinen verstreut. So gehörte Victoria für immer ihm. Er teilte sie nur mit den Steinen.

Seine letzte Frage, „Liebst du?“, hatte Victoria mit Nein beantwortet.

Diana fuhr noch vor Sonnenuntergang los, nach Süden.

Ob sie ihren Platz gefunden hat, der zu ihr gehört, vermochte niemand mit Sicherheit zu sagen.

Hellmuth Opitz

Frau in rotem Sessel

Fast hätte Habich die Hofeinfahrt übersehen, die sich plötzlich zwischen zwei massiven Eichen auftat. Aber sein Sprinter nahm ihm das unvermittelte Bremsmanöver nicht übel, mit einem leichten Ruckeln quittierte er das holprige Pflaster der Zufahrt. Ein paar Eicheln kollerten auf das Wagendach, als Habich langsam auf das Fachwerkgemäuer des Hofes zusteuerte. Die Gebäude lagen geschützt an einem kleinen Waldstück, das bis zur birkengesäumten Steinhäger Straße reichte, von der er eben abgebogen war. Die Straße schlängelte sich zwischen Werther und Harsewinkel dahin, zwei Kleinstädte mitten in der ostwestfälischen Hefe. Für Habich war es kein weiter Weg gewesen, gerade mal etwas über zwanzig Kilometer von Bielefeld aus. Bei näherem Hinsehen erwies sich der Hof als bessere Bauernkate. Klassische Nebenerwerbslandwirtschaft, nicht überlebensfähig und daher vor langer Zeit aufgegeben. Diese Vermutung bestätigte ein baufälliger Schuppen, der sich links an das Hauptgebäude schmiegte, und in dem ein paar alte Futtererntemaschinen vor sich hin dösten. Sechzehn Jahre nach ihrem Mann war Bäuerin Holste gestorben, ihr Sohn löste jetzt den Haushalt auf und dafür war Habich der richtige Mann.

Er parkte den Sprinter vor dem Schuppen. Als er die Tür öffnete, schlug ihm drückende Luft entgegen. Die letzte Woche war einfach zu warm gewesen für Anfang Oktober, leuchtend blaue Tage, über zwanzig Grad. Heute war es eher diesig, der Himmel bleich, als sei ihm schlecht geworden, weil er in den letzten Tagen zu viel von der Zuckerwatte der Cirruswolken genascht hatte. Habich schloss die Tür, und während er zum Heck des Wagens ging, fuhr er mit dem Finger über die Flanken seines Sprinters, auf denen die Klebefolie mit dem neuen Werbeaufdruck prangte. Prominent in der Mitte stand der Name HABICH, direkt daneben die Silhouette des Raubvogels, dessen Name fast identisch mit seinem war. Darunter steckten vier Begriffe das Feld seiner Kompetenzen ab: *Haushaltsauflösungen – Entrümpelungen – Umzüge – An- und Verkauf.* Das mit dem Habicht war seine Idee gewesen und nicht ohne Stolz musterte er seinen Wagen mit dem neuen Design. Olsen, sein Freund und manchmal auch Helfer, hatte letzten Freitag in der Kneipe noch gelästert, mit dem Habicht sähe sein Sprinter aus „wie irgend so ein Security-Unternehmen – ‚Argus' oder so". Außerdem sei er, Habich, ja wohl eher ein Aasgeier als so ein eleganter Raubvogel wie der Habicht, der seine Beute – Fasane oder Tauben – sogar im Flug schlagen konnte. Er hatte sich entschlossen, aus diesem Geröll scherzhafter Schmähungen den Diamanten eines versteckten Kompliments zu schürfen, nämlich dass er ein scharfes Auge für Kostbarkeiten besaß, verbunden mit dem untrüglichen Gespür für Orte, an denen es Lohnendes zu holen gab. Für die meisten Menschen waren Haushaltsauflösungen etwas Trauriges, der triste Beweis, wie schnell sich ein gelebtes Leben materiell verflüchtigen konnte. Habich hingegen witterte angesichts von Gegenständen, die ihren Besitzer verloren hatten, eine Fülle von Chancen, er fühlte sich wie ein Connaisseur der Hinterlassenschaften, der sich stets mit beherztem Griff die Filetstücke sicherte. Zwei Mal schon hatte er dabei wirkliche Entdeckungen gemacht. In Gadderbaum war er in der Wohnung eines verstorbenen Diakons auf eine Original-Radierung von Barlach gestoßen. Der Diakon stammte aus Güstrow und die Radierung war anscheinend ein persönliches Geschenk des Künstlers gewesen. Die Erben hatten keine Ahnung gehabt, welcher Schatz da zwischen Blättern und Briefen schlummerte. Für 12.000 Euro hatte er das unscheinbare Werk verkaufen können. Ein anderes Mal hatte er in der Hinterlassenschaft einer Kinderbuchsammlerin fünf gut erhaltene Orbis-Pictus-Ausgaben aus den Jahren 1894-1898 entdeckt. Die Staatsbibliothek Berlin hatte ihm ein hübsches Sümmchen dafür gezahlt. Möbel, Bücher und Kunst, das waren die Gebiete, auf denen Habich sich bestens auskannte.

Beim Anblick dieses heruntergekommenen Hofes war er allerdings eher skeptisch, heute einen großartigen Fund zu machen. Im angrenzenden Garten rostete ein Fußballtor zwischen Obstbäumen, eine Palette lehnte am Zaun, auf einer anderen lag ein Stapel bemooster Backsteine. Direkt davor zwei alte Traktorreifen, aus deren Mitte Brennnesseln wucherten. Weiter hinten stand ein etwa sechzehnjähriger schlaksiger Junge mit rotblondem, trotzigen Haarschopf. Er warf verdorrte Äste auf ein munter flackerndes mittelgroßes Laubfeuer und schaute misstrauisch herüber, als bekomme er sonst nur selten Menschen zu Gesicht. Habich fand es etwas leichtsinnig, ein so ansehnliches Feuer wie dieses der Obhut eines pubertierenden Landeis zu überlassen. Noch ehe er die Haustür erreicht hatte, wurde sie von innen geöffnet. Ein großer Mann in Jeans und kariertem Hemd trat heraus. Er mochte um die 50 Jahre alt sein. Etwas Schweres, Grobknochiges lag in seiner Gestik und stand im Gegensatz zu seinen vollen, zurückgekämmten Haaren und dem jungenhaften Gesicht mit der rosigen Farbe. Für solche Menschen war einst das schöne deutsche Wort „vierschrötig“ erfunden worden, dachte Habich. Der Mann begrüßte ihn: „Wilfried Holste. Wir haben miteinander gesprochen.“

„Ja“, erwiderte Habich, „schönen Dank noch einmal für den Anruf. Wie sind Sie eigentlich auf mich gekommen?“

„Empfehlung eines Schützenkameraden aus Harsewinkel.“

Flüsterpropaganda ging doch manchmal die seltsamsten Wege.

„Haben Sie gut hergefunden?“

„Mit dem Navi kein Problem.“

Habich ärgerte sich über sich selbst. Navi. Albern, dieses dämliche Kosewort für eine satellitengestützte Orientierungshilfe. Holste zeigte keinerlei Irritation.

„Dann mal rein in die gute Stube.“

Die gute Stube entpuppte sich als erstaunlich große Diele, die mit Möbeln und Haushaltsgegenständen voll gestellt war. Zwei struppig aussehende Männer schleppten gerade noch eine

Kommode herbei. „Das sind Pjotr und Mateusz“, sagte Holste, „die helfen Ihnen nachher beim Beladen.“ Der Schmalere von beiden trug eine Baseballmütze und grüßte durch ein Nicken, der Größere schenkte ihm keine Beachtung. Er hatte seinen beachtlichen Bauch in eine blaue Handwerker-Latzhose gezwängt und seine Unterarme bestachen durch laienhaft ausgeführte Tätowierungen.

Ächzend setzten sie die Kommode ab. Habich fand, es war an der Zeit, kurz noch einmal die Konditionen abzustecken: „Also, Herr Holste, wie abgemacht: Ich suche mir hier ein paar schöne Stücke aus, sofern ich fündig werde. Sie machen mir einen fairen Preis, ich zahle gleich in bar. Und den ganzen Rest holen meine Mitarbeiter und ich dann übermorgen ab.“ Geschickt hatte er einfließen lassen, dass er Bargeld dabei hatte. Holste nickte und an seinen sich plötzlich verengenden Augen merkte Habich, dass die Botschaft angekommen war.

Ein flüchtiger Blick genügte ihm, um festzustellen, dass es einige lohnenswerte Stücke in der Hinterlassenschaft von Bäuerin Holste gab. Am auffälligsten war ein Jugendstil-Kleiderschrank mit Intarsien. Eine Sammlerin, die er kannte, würde entzückt sein. Da waren locker 1.800 Euro drin. Auch die Kommode, die das osteuropäische Fachpersonal eben hereingetragen hatte, war nicht zu verachten. Kirschholz, wenn man dem ersten Blick trauen konnte. Neben dem Kleiderschrank fiel ihm noch ein großes Sideboard auf, das ursprünglich mal ein Schrank-Aufsatz gewesen sein mochte, aber auch ebenerdig als Geschirrvitrine einen noblen Eindruck machte. Englische Herkunft, schätzte Habich. Die Bücher waren schnell durchgesehen: Pearl S. Buck, Peter Bamm, Hans Carossa, das übliche Buchclub-Portfolio der fünfziger Jahre. Hinzu kamen noch ein paar Bände mit Krimis: Henry Slesar, Celia Fremlin, Roald Dahl; die Bäuerin schien im Alter einen Hang zu kleinen fiesen Geschichten entwickelt zu haben. Aber in dieser schmalbrüstigen Bibliothek fand Habich nichts von Wert: Keine alte Familienbibel und auch nicht die Hitler-Schwarte „Mein Kampf“, die sich oft bei Haushaltsauflösungen in versteckten Winkeln fand und die er bei manchen Antiquariaten für mehr als 100 Euro losschlagen konnte, vor allem frühe Auflagen. Etwa zehn Minuten später hatte er „die Dinge gescannt", wie er es Freunden gegenüber oft ausdrückte. Hinzu kamen ein reich verzierter Spiegel, ebenfalls Jugendstil, eine wuchtige Bauerntruhe und ein sehr schöner alter Küchenschrank mit integrierter Kaffeemühle und Porzellanschubfächern für Zucker, Salz und Mehl; „ein Stück von der Leipziger Messe 1935", wie Holste wichtigtuerisch anmerkte. Habich kannte solche Einwürfe zur Genüge. Sie dienten dazu, den Preis hochzutreiben. „Ich wäre dann so weit, Herr Holste", Habich straffte die Schultern, „jetzt mal unter uns Pastorentöchtern: Was würden diese sechs Stücke denn kosten?" Holste sprang auf den leutseligen Ton nicht an, er neigte etwas den Kopf und sah lauernd herüber: „Nennen Sie mir einen Preis und ich sage dann, ob es passt." Habich musste unmerklich seufzen. Wie sehr diese Rituale ermüdeten. Kaum wurde über den Preis geredet, legten auch noch die größten Idioten einen Hauch Bauernschläue auf wie ein Make up. Aber unter der hauchdünnen Firnis des harten Verhandlers schimmerte zumeist die blanke Ahnungslosigkeit durch. „Na gut", er unterdrückte die aufkommende Ungeduld, „für die sechs Stücke würde ich ihnen ein Superangebot von zusammen zwoacht machen, dazu den Restplunder, den wir – ich betone das gern noch mal – selbst abholen, dafür gebe ich Ihnen noch mal 500, macht zusammen dreidrei, na geben wir noch hundert drauf, also 3.400 Euro für alles." Es herrschte einen Moment lang Stille. Holste ließ das Angebot an sich abtropfen, schaute ruhig hoch und sagte dann: „Das sehe ich noch nicht so." Habich fühlte Wut in sich hochsteigen und sein nächster Satz kam hitziger heraus, als er beabsichtigt hatte: „Hören Sie, ich kann auch alles hier lassen. Ich garantiere Ihnen: Sie werden keinen Profi finden, der Ihnen mehr bietet. Und dann müssen Sie eine private Haushaltsauflösung machen, die Türken und Po..." Habichs Blick fiel gerade noch rechtzeitig auf Pjotr und Mateusz, die Zigarette rauchend an der Tür standen „… Russen akzeptieren keine Preise über zwanzig Euro, das kann ich Ihnen versprechen.“ Sein mühsam zurückgehaltener Zorn schien Eindruck auf Holste zu machen. „Ich denke mal, wir können uns einigen. Sagen wir 4.000 für alles?“ Habich ließ ihn noch einen Moment zappeln: „3.500 und die Sache ist geritzt.“ „3.600?“ „Gut, weil Sie's sind.“ Habich gab sich missmutig wie jemand, der schmerzhaft an seine äußerste Grenze getrieben worden war. Im Inneren rechnete er schon weiter. Ein paar Dinge noch etwas aufarbeiten und er würde mühelos das Doppelte dafür kriegen. Holstes klobiges Handy klingelte, ein altes Siemens-Modell. Während er für einen Moment um die Ecke verschwand, gingen auch die beiden Polen nach draußen, wahrscheinlich, um noch eine zu rauchen. Habich ließ seine Blicke noch etwas schweifen. Der Jugendstil-Kleiderschrank war ein wirklich schönes Stück. Intarsien, die ein Traubenmuster variierten. Die zwei kleinen Kratzer an der rechten Seite ließen sich problemlos aufarbeiten. Seine Blicke wanderten weiter zum Sideboard und blieben mit einem Mal an zwei Bildern in verschnörkelten Rahmen hängen, die ihm vorher nicht aufgefallen waren, weil sie mit der Vorderseite am Sideboard lehnten. Auf der Rückseite des vorderen Bildes stand das Signet PAB 1937 und die mit dickem Bleistift geschriebenen Worte „Herbstwald bei Coswig“. Habich bemerkte ein leichtes Kribbeln im Nacken: Er kippte das Bild nach hinten. Ein Ölgemälde. Es zeigte ein Paar beim Spaziergang. Leuchtend rote und gelbe Farbtöne bestimmten das Motiv, nur am Himmel schienen dunkle Wolken aufzuziehen. Das Kribbeln im Nacken verstärkte sich. Kein Zweifel, die Motivwahl, der pastöse Farbauftrag, all das passte. Rechts unten wieder das klassische Signet PAB. Peter August Böckstiegel. Keine 20 Kilometer von hier in Arrode bei Werther geboren. Vor fast 120 Jahren. Der Maler, der nach Dresden ging und Kunst studierte, der mit expressiver Kraft und Ursprünglichkeit malte, vor allem Motive des Landlebens und der Natur. Konnte das ein Originalgemälde von

Böckstiegel sein? Es war ungefähr ein Meter mal einszwanzig groß, der Titel „Herbstwald bei Coswig" bezeichnete eine bestimmte Landschaft. Auch das konnte passen. Böckstiegel verbrachte die Sommermonate immer in seiner ostwestfälischen Heimat, den Herbst und Winter aber in Dresden. Und Coswig liegt bei Dresden. Dieses Bild tauchte garantiert in keinem Werkverzeichnis auf. Habich kannte das Werk Böckstiegels gut. Sein Freund Jörg Olsen war Mitglied im Peter-August-Böckstiegel-Freundeskreis und sie hatten sich oft über die Renaissance unterhalten, die Böckstiegel in den letzten fünfzehn Jahren erlebte. Vor zwei Jahren erst war eine Ausstellung in der Bielefelder Kunsthalle ein Riesenerfolg gewesen. Und nun stand er hier in einer Bauernkate und hielt ein bislang unbekanntes Werk dieses Malers in Händen. Es war eine kleine Sensation. Aber was heißt klein? Einen guten Quadratmeter groß. Besonders faszinierte ihn die Jahreszahl 1937. Sie bezeichnete nicht nur das vermutliche Jahr der Entstehung, sondern auch das Jahr, in dem die Nazis ihre Ausstellung „Entartete Kunst" inszenierten. Auch wenn Böckstiegel kein Malverbot hatte, wurde er in Dresden, und nicht nur dort, künstlerisch angefeindet. Über 90 seiner Werke hatten die Nazis aus den Museen Deutschlands entfernt. Bisher war man davon ausgegangen, dass die erschwerten Arbeitsbedingungen bei Böckstiegel eine künstlerische Krise ausgelöst hatten. Seine Blumenstilleben und die Radierungen aus jener Zeit waren seltsam statisch und leblos. Und ausgerechnet aus jenen Jahren jetzt dieses Bild mit seiner Farbkraft und Lebendigkeit! Habich fühlte wieder dieses Kribbeln, aber diesmal auch in den Fingern. „Als wenn mir schwindelig wäre", dachte er. Das zweite Bild war noch ein wenig größer. Auf der Rückseite wieder das markante Signet PAB, diesmal mit der Jahreszahl 1938. Darunter der Titel: „Frau in rotem Sessel". Habich kippte auch dieses Bild nach vorn. Er merkte, wie ihm Schweiß auf die Stirn trat. Dieses Bild war atemberaubend. In einem schlichten Raum, womöglich einem Atelier, stand ein roter Sessel, darin saß eine blonde Frau, die den Betrachter stolz, ja geradezu herausfordernd anschaute. Die obersten Knöpfe ihrer hellen Bluse waren geöffnet, ein Dreieck gebräunter Haut schimmerte hervor. Obwohl kein Akt, strahlte das Bild eine Sinnlichkeit aus, die mit Böckstiegels bäuerlicher Deftigkeit der zwanziger Jahre nicht zu vergleichen war. Die Frau war souverän, großstädtisch, ja beinahe mondän. Völlig ungewöhnlich, dass Böckstiegel so eine Frau als Modell genommen hatte. Aber es war eindeutig sein Malstil, das pastöse Rot des Sessels, die üppige Farbigkeit des Blumenstraußes, der in einer Vase auf der Kommode stand. Und dennoch: Ein absolut singuläres Werk im Schaffen Böckstiegels. Es würde Furore machen in der Kunstwelt. Er, Habich, würde Furore machen. Gehörten diese beiden Gemälde etwa zu den zahlreichen Werken, die nach der Zerstörung von Böckstiegels Atelier in der großen Dresdner Bombennacht 1945 als für immer verloren galten? Was waren diese Bilder wohl wert? Habich konnte jetzt nicht an Zahlen denken, er hatte die offenen Münder im Böckstiegel-Freundeskreis vor Augen. Die Rezeptionsgeschichte Böckstiegels musste jetzt wohl umgeschrieben werden. Sachte strich er mit den Fingerkuppen über das Gemälde, das dick aufgetragene Karminrot des Sessels.

„Noch was gefunden?", sprach Holste ihn breit grinsend an. Er hatte ihn in den letzten paar Sekunden unbemerkt beobachtet. Jetzt bloß keinen Fehler machen, dachte Habich. Fieberhaft überlegte er: Sollte er auf sein Angebot noch etwas draufsatteln? Oder hatte er die Chuzpe, die Bilder in der Restmasse zu lassen, um sie übermorgen abzuholen? Nein, das Risiko war ihm zu hoch. Nachher überkam Holste noch eine sentimentale Anwandlung und er nahm die Bilder aus dem Ramsch heraus. „Was soll denn diese Bauernmalerei hier kosten?", fragte Habich betont teilnahmslos und hätte sich im selben Moment auf die Zunge beißen können. Dämlich, die Aufmerksamkeit gleich auf die Bilder zu lenken! „Was heißt hier Bauernmalerei?", erwiderte Holste sichtlich eingeschnappt, „die Bilder hat meine Mutter auf der Flucht aus Dresden mitgenommen. Und das unter größten Mühen. Sie haben ihr anscheinend was bedeutet, obwohl ich nicht ganz nachvollziehen kann, was." „Das sind platte Bauernschinken, mehr nicht", unterbrach ihn Habich ruppiger als er wollte, „schauen Sie sich mal die grobe Linienführung und die draufgespachtelte Farbe an." „Und trotzdem haben die Bilder das Signet von einem Maler, es müssen ja wohl irgendwelche Originale sein", beharrte Holste und wieder verengten sich seine Augen: „Wenn es für Sie Bauernmalerei ist, warum wollen Sie die Bilder dann haben?" Für Habich stand es jetzt fest: Der Mann hatte keine Ahnung, was er da besaß. Er neigte sich scheinbar vertraulich herüber: „Ehrlich gesagt, Herr Holste, mir geht es nicht um diese naiven Bilder. Die Rahmen interessieren mich mehr. Gutes Holz, filigrane Ornamente, ich schätze, zwanziger Jahre. Ich biete Ihnen 300 dafür." „600", konterte Holste. Dummheit und Unverschämtheit gingen mal wieder Hand in Hand. „400 sind mein letztes Gebot." Aber Holste hörte die fehlende Entschlossenheit genau heraus: „Einigen wir uns auf 500?" Er streckte die Hand aus. Habich schlug ein: „Abgemacht, weil Sie es sind. Dann bekommen Sie jetzt insgesamt 4.100 Euro von mir. Unterschreiben Sie mir eine Quittung?" Er holte das Bündel Bargeld aus der Jackentasche. Das verfehlte seine Wirkung nie. Holste starrte auf das Geld, aber besann sich dann. Seine Laune stieg schlagartig: „Na dann nehmen'se den ganzen Schamott mal mit. Pjotr! Mateusz! Anpacken!!" Die Polen erschienen und machten sich an die Arbeit. Währenddessen schrieb Habich die Quittung aus. Als Holste den Erhalt quittierte und das Bündel Geldscheine nachgezählt hatte, nickte er Habich augenzwinkernd zu: „Jetzt, wo wir klar sind, kann ich es ja sagen: Ich hatte mit einem Tausender weniger gerechnet. Aber gut verhandelt – gutes Geld." Er setzte wieder seine bauernschlaue Miene auf. Wenn Du wüsstest, dachte Habich. Während sie aus der Tür traten, plauderten sie noch ein wenig über geschicktes Verhandeln auf dem Lande, wobei Habich nicht mit Komplimenten sparte. Pjotr und Mateusz hatten das Sideboard im Sprinter verstaut und gingen wieder ins Haus. Holste fing gerade mit dem ungewöhnlich warmen Oktober an, als sie wieder herauskamen. Jeder trug einen Rahmen. Doch diese Rahmen – Habich schoss das Blut zu Herzen – waren leer. Noch während er das dachte, sagte, ja, brüllte er es fast heraus. „Die Rahmen sind leer!" Holste schaute ihn erstaunt an: „Ihnen kam es doch auf die Rahmen an. Sie wollten die Bilder gar nicht haben. Bauernschinken, haben Sie gesagt und ehrlich: Ich finde, Sie haben Recht." Habich wurden die Knie weich: „Und wo sind die Bilder jetzt?" Diese herausgeschrieene Frage hatten auch die Polen verstanden. Der dicke Pjotr wies mit dem Daumen über seine Schulter nach hinten. Zum Garten. Und Habichs Blick folgte ihm. An den Traktorreifen vorbei. Den Obstbäumen. Hin zu dem schlaksigen Jungen, der ein paar Schritte vor dem hochlodernden Feuer zurückwich. Sein Blick war wie eine Kamera, die sich in rasendem Zoom auf das mürrische Gesicht des Jungen fokussierte, seinen trotzigen Stumpfsinn, der jetzt durch einen Anflug von Grinsen aufgehellt wurde. Und für einen Moment schien es Habich, als loderten die Flammen in einem besonders pastösen Rot.

Willi Voss

Der unschuldige Mörder

Gestern Abend tauchte Reutemann wieder auf. Ihm gehört die Apotheke, dieses nach wie vor umstrittene Ärgernis aus Chrom und Glas, das der Gemeinde nicht nur den Blick auf die Weser genommen, sondern auch zum Gespött bis weit nach Minden hinein gemacht hat. Die Ratsvorgabe, Neubauten seien schon aus ästhetischen Gründen der dörflichen Struktur anzupassen, war auf sein Drängen gar nicht erst diskutiert worden. Selbst die von der Kanzel ausgesprochene Sorge des Pfarrers, der frostige Neubau könne die kleine Gemeinde an der Porta Westfalica in Befürworter und Gegner spalten, hatte den beleibten Investor nicht umstimmen können.

„Mein Medical-Center", hatte er im Gemeindeblatt verkünden lassen, „wird wie ein starker Magnet jene Käuferschichten in die Gemeinde ziehen, die es bisher vorgezogen haben, ihr Geld den Leuten in Vlotho und Minden in den Rachen zu werfen." Reutemann setzte seinen Albtraum durch. Battlinger, der Futterhändler aus Rinteln, baute bald darauf seinen Supermarkt. Und beide behielten Recht. Dem Pfarrer war der Wind aus den Segeln genommen. Von wegen Verpflichtung und Tradition und so fort, von wegen Zerstörung des gewachsenen Erscheinungsbildes der Gemeinde: Reutemann und Battlinger setzten obendrein die Umwandlung des Kirchenvorplatzes zu gebührenpflichtigen Parkplätzen durch. Wo vorher Kastanien Schatten spendeten, kotzten bald immer mehr heizölbetankte Diesel ihren Ruß gegen die Fassaden der Fachwerkbauten. Der Pfarrer verließ daraufhin die Kirche durch den Sakristeiausgang und über den Friedhof. Seine ansonsten doch recht standhafte Befürworter-Gemeinde schrumpfte laut Reutemann auf einen Rest „verhornter Gestriger" zusammen.

Mich engagierte Reutemann als Apothekenhelferin. Willig reichte ich Pillen und Hustensäfte über den Glastresen, war dankbar, den vergleichbar mageren Lohn nach Hause tragen zu dürfen und ertrug auch die tätschelnden Wurstfinger meines unverheirateten Chefs, dessen Leibesfülle während jener Zeit in geradezu dramatischer Weise zunahm. Ich vermute, proportional zu seinem Gewinn. Und zu seinen Ansprüchen.

Er kaufte sich einen sündhaft teuren italienischen Sportwagen, der im Dorf, das neuerdings als „Einkaufsparadies der Region" angepriesen wurde, riesiges Aufsehen erregte und – imponierte. Auch mir. Oft genug blickte ich träumend auf die Karosse, die mir als Inbegriff des Erfolgs erschien. Und nicht nur mir. So manche Frau, da bin ich sicher, minimierte angesichts der technischen Attraktion ihre Träume vom strahlenden Prinzen.

Die Männer im Dorf, auch die jungen, hatten ja alle Stallgeruch an sich, so sehr sie sich auch bemühten, ihn mit Spray und Lotion zu verdrängen. Dumme Löffel einer Welt, die versunken war, seitdem Reutemann dem Dorf seinen Stempel aufdrückte. Weltmann gegen Ackermann. Reutemann war halt eine Persönlichkeit, die nicht nur wegen der vielen Kilos beeindruckte.

Ich muss gestehen, dass es auch mir bald nicht mehr reichte, in billigen Fähnchen mit stieren Dorftrotteln über die Tanzfläche der Schänke zu hoppeln, die sich während der Wochenenden zu einer Disco namens „Stardust" mutierte. Ich war es leid, mich in stillen Ecken fragen zu lassen, ob ich denn ein Gummi dabei hätte oder ob er „laufen lassen" könne.

Reutemann war feinerer Art.

Selbstverständlich blieb ihm die Liste meiner Abenteuer nicht verborgen, er wusste von den Nächten mit Kallmeyer und Dobbertin, Wächter und Grinzig, von meinem Nachgeben, wenn mein Körper Erlösung forderte. Er aber ließ sich Zeit. Bis zu jenem Tag, als er im Ruhezimmer hinter dem Medikamentenraum die entscheidende Unterredung mit Battlinger über den Aufbau einer Drogeriekette führte.

Sie wurden sich einig, in Vlotho den ersten Versuch zu wagen. Ein Zentrum zu eröffnen, in dem Lebensmittel und Kosmetika, Lockenwickler und Heilsäfte angeboten werden sollten. Den schriftlich formulierten Vertrag besiegelten sie mit einer Flasche „vom Feinsten".

Das war am 22. Dezember.

Reutemann kam in den Verkaufsraum. Er stellte sich neben die Kasse, beobachtete, wie ich die tablettensüchtige Terese Hundhammer verabschiedete, wies mich auf den Ladenschluss hin und bat mich nach dem Abschließen in sein Büro. Dort ließ er sich ächzend auf das breite Cordsofa fallen, entnahm dem englischen Vitrinenschrank am Kopfende des kleinen Raumes eine Flasche Champagner und zwei Kelche. Er stellte sie auf den Tisch, deutete neben sich und bat mich, Platz zu nehmen. Schweigend schenkte er ein, hob sein Glas und prostete mir zu. Lächelnd musterte er mich aus nassen, grauvioletten Augen, atmete tief durch und sagte freundlich: „Du bist nun beinahe zwei Jahre in meinem Geschäft, Luise. Ich muss es einfach mal sagen, ja, dass ich mehr als zufrieden mit deiner Leistung bin. Es ist Zeit, dir zu sagen, dass ich mit dir große Pläne habe."

Es war feierlich wie in einer Kirche. Er legte den rechten Arm auf die Lehne, ohne mich jedoch zu berühren. Ich sah ihn fragend an, wartete auf die Erklärung und spürte mein klopfendes Herz.

„Ich bin mit Battlinger einig geworden", sagte er dröhnend. „Wir werden zunächst einen Markt eröffnen, später folgen weitere. Dazu benötigen wir zuverlässiges und" – er zwinkerte mir zu – „auch hübsches Personal. Ich bin bereit, dir die Stelle einer Marktleiterin anzubieten. Wenn du nichts dagegen hast, selbstverständlich. In Vlotho. Ich besitze dort ein Lokal, dessen Umbau bereits im Gange ist. Und im ersten Geschoss befindet sich eine wunderschöne Wohnung."

„Etwa für mich?"

„Für uns, Luise!"

Der Champagnerkelch in meiner Hand zitterte. Um meine Überraschung zu verbergen, führte ich ihn an die Lippen, trank und verschluckte mich. Reutemanns Rechte berührte meine Schultern.

„Ein Mädchen wie du hat vermutlich idealisierte Vorstellungen von ihrem zukünftigen Partner, die sich mit meinem recht traurigen Erscheinungsbild kaum decken dürften. Aber was sind Ideale? Was bleibt von ihnen? Schönheit, Luise, ist ein Artikel, der eine nur vorübergehende Bindungskraft hat. Verstehe mich richtig. Nüchtern, meine ich."

„Ja", sagte ich, wahrhaftig nüchtern wie selten. Und wohl auch berechnend, denn ich versuchte abzuschätzen, welche Überwindung es mich kosten würde, Reutemann neben und in mir zu dulden.

„Ich könnte nun die große Liebe beschwören", sagte er nach einer kurzen Pause. „Es wäre auch nicht gelogen, aber ... ich halte es da mit unseren Ahnen, die sehr genau wussten, dass sich dieses Gefühl nach einer gewissen Zeit des Zusammenseins von selbst einstellt. Du solltest wissen, Luise, dass ich nicht nur menschlich, sondern auch materiell sehr großzügig sein kann. Aber das nur nebenbei gesagt."

Er belauerte mich aus halb geschlossenen Augen, versuchte abzuschätzen, was in mir vorging. Es war nicht viel. Ich wog Vorteile und Nachteile ab. Auf der einen Seite Küche, Kirche und Kinder mit all dem schäbigen alt machenden Drum und Dran. Auf der anderen Seite sanfte Abscheu dem Übergewicht eines Mannes gegenüber, der aber wenigstens Lebensart und die dazu nötigen Mittel besaß ...

„Hängt das eine vom anderen ab?", fragte ich leise.

Reutemann nickte.

„Ich bekäme die Stellung in dem neuen Markt also nur dann, wenn ich ..."

„Nicht nur das", fiel er mir ins Wort. „Ich müsste mich auch nach einer anderen Person für das hiesige Geschäft umschauen. Aber nicht, wie du glauben könntest, weil ich dich erpressen will, Luise. Nein, nein! Was ich will, ist, das eine mit dem anderen verbinden. Und warum auch nicht?"

Spätestens nach dieser Eröffnung erwartete ich seine erste Handgreiflichkeit. Aber ich täuschte mich. Er schenkte Champagner nach, zündete sich eine Zigarette an und überließ es mir, die Lücke unseres Gespräches zu füllen.

„Ja, warum nicht?", fragte ich zurück. „Die einfachen Dinge sind häufig die besten."

Er lächelte. „Ein gescheites Mädchen bist du. Ich habe es gewusst." Blitzschnell befeuchtete er sich die sinnlichen Lippen, wischte mit dem linken Handrücken nach und beugte sich vor, so dass ich seinen Rauch- und Champagneratem riechen konnte. Zärtlich berührte er meine Schulter. „Wirklich gescheit", fügte er hinzu. „Ich glaube, du wirst es zusammen mit mir noch sehr weit bringen."

Er küsste mich mit der Behutsamkeit eines Mannes, der eine Zurückweisung nicht ausschließt. Erst als er spürte, dass ich keinen Widerstand leistete, ließ er seine heißen Hunde los. Er riss mich an sich, bedeckte mein Gesicht, meine Schultern, die Schenkel mit feuchten Küssen, zerrte mir den weißen Kittel vom Körper und warf mich rücklings auf die Couch.

Er war wie von Sinnen, in aufreizender Weise gewalttätig und – in höchster Eile. Er zerrte mir Bluse und Rock herunter, als wollte er um keinen Preis die günstige Gelegenheit verpassen, oder, als fürchtete er, sie zu verpassen, wenn er die günstige Gelegenheit nicht sofort ergriff. Als er sein Gesicht in meine Scham vergrub, entzog ich mich ihm. Ich erhob mich. „Bitte nicht hier", sagte ich.

Ich wandte ihm meinen Rücken zu. Was ich wollte, war, ihn noch mehr zu reizen, ihn vollkommen um den Verstand zu bringen. Wer sich rar macht, dachte ich, erhöht seinen Wert.

Er stöhnte.

Die Champagnerflasche fiel um, verströmte ihren kostbaren Inhalt auf den Tisch. Reutemann rührte sich nicht. Ich rettete einen kleinen Rest des Getränkes, füllte mein Glas und sagte kühl: „Jeder im Dorf weiß, dass ich um diese Zeit den Laden verlasse. Die Leute machen sich falsche Gedanken, wenn ich heute hier bleibe."

Er versuchte mit beiden Händen, die Schwellung in seiner

Hose zu verbergen. Den Kopf gesenkt, so dass ich die kahle Stelle am hinteren Schädel sehen konnte, sagte er: „Das kannst du mir nicht antun, Luise. Du musst mir helfen. Und wenn du nur bleibst, bis ich es mir selbst gemacht habe."

Er war also bereit, sich zu entwürdigen, dachte ich. Dabei tauchte die Frage auf, ob ich oder lediglich sein im Augenblick ungestillter sexueller Drang ihn dazu veranlasste.

„Bitte!", sagte er drängend.

Er stand auf, kam auf mich zu, entledigte sich auf dem Weg zu mir der Jacke und der Schuhe, umfasste mich und presste sein Gesicht an meine Brust. Er war kleiner als ich, fiel mir zum ersten Mal auf.

„Ich bin keine Frau für zwei Minuten", wehrte ich ihn ab.

„Du bist die Frau meines Lebens. Ich habe dich eingestellt, weil ich dich schon immer haben wollte, Luise!"

„Und das soll wahr sein?"

„Ja und ja, die reine Wahrheit, Luise! Dass du das niemals gespürt hast ..." Seine Hände vergruben sich in mein Hinterteil.

„Ich habe dich auch immer gemocht", log ich. „Aber gerade deshalb möchte ich nicht, dass du einen falschen Eindruck bekommst."

„Was redest du denn da für einen Unsinn!"

Er hob mich hoch. Er schleppte mich in Richtung Sofa, ließ mich darauf hinabgleiten, schaffte es, ohne mich loszulassen seine Hose abzustreifen. Er quetschte sich zwischen meine Beine und stöhnte immer wieder: „Du machst mich verrückt, Luise."

Er mich auch, muss ich gestehen. Mit seiner ungeheuren Kraft.

*

Gestern Abend tauchte Reutemann wieder auf. Ich bin sicher, er hat unten am Fluss im „Weserblick" abgewartet, bis die Dunkelheit anbrach, ehe er es wagte, zu mir zu kommen. Der beste Beweis dafür ist die Tatsache, dass er den Weg über die abgeernteten Felder nahm, sich mit seinem Ferrari sozusagen heimlich in die Gemeinde schlich, die Luxuskarosse hinter der Friedhofshecke parkte und sich im Schlagschatten der Häuser weiter vorwagte, um schließlich Battlinger und dann mich aufzusuchen. Einesteils der Geschäfte, andererseits der Liebe wegen, wie er behauptete.

Natürlich war das eine Lüge.

Er kam, weil ich ihn dazu gezwungen habe. Aber auch mit dem Gedanken im Hinterkopf, sich mal schnell ein bisschen Entspannung zu verschaffen. Bei einer Frau, die ihm vertraut war, von der er wusste, dass sie seine Absonderlichkeiten respektierte. Und von der er hoffte, dass ihr Verstand zu nüchtern und kurz sei, um Vergangenem lange nachzuweinen.

Insofern traf seine Vermutung zu.

Ich traute nicht mehr, ich hasste. Mich, die Welt, ihn, jeden Laut, jeden Gegenstand, die Schreckensträume, die mich jede Nacht aus dem Schlaf rissen, die Erinnerung.

Er brachte Blumen mit.

Rosen, glaube ich, die in Zellophan eingewickelt und mit einem Etikett versehen waren, das zeigte, dass er sie im teuersten Laden Mindens hatte besorgen lassen. Er trug einen grauen Naturseidenanzug, englische Schuhe und zum Gucci-Hemd eine Venice de Carnival-Krawatte. Wie immer weinrot mit bräunlichen Querstreifen. Den Cashmere-Mantel hielt er in der linken Armbeuge. Er entblößte lächelnd Jackettkronen, verströmte den Duft von Braggi-Aftershave und wartete darauf, dass ich die Tür hinter ihm schloss.

„Die Geschäfte, Liebes“, gurrte er unaufrichtig. „Du glaubst gar nicht, wie wenig Zeit mir zur Verfügung steht.“

„Die Zeiten ändern sich halt“, sagte ich freundlich. „Was kann man dagegen schon machen?“

„Darf ich mich setzen?“

Ich nahm ihm Mantel und Rosen ab, suchte eine Vase, ließ Wasser hineinlaufen und stellte sie hinein. Ich ließ sie in der Küche auf der Anrichte stehen.

„Wein?“, fragte ich sanft.

„Ich zöge einen Kaffee vor. Die Arbeit, verstehst du. Man kommt kaum noch zu Atem. Wie geht es dir?“

„Gut“, sagte ich. „Den Umständen entsprechend.“

„Blendend siehst du aus, Luise. Wirklich blendend.“

Ich bereitete ihm den Kaffee. Ich beobachtete ihn von der Durchreiche der Küche aus. Er lehnte im Sessel, hielt die Beine weit von sich gestreckt, die Augen wie üblich halb geschlossen. Die schneeweißen Wimpern bildeten einen scharfen Kontrast zu den grau-violetten Augen, die kalt wie eine Schlange waren. Er hielt die Hände über der Hose, strich über den Stoff, unter dem sich sicherlich schon wieder sein Fleisch regte. Hin und wieder las er die Uhrzeit ab. Ein Zeichen dafür, dass er den Besuch bei mir als Zwischenstation betrachtete und schnell wieder verschwinden wollte – wenn er sein Ziel erreicht hatte.

Das Wasser gurgelte im Filtereinsatz der Kaffeemaschine. Reutemann zündete sich einen Zigarillo an, ein teures Kraut, das er direkt vom Importeur aus der Schweiz bezog. Der Duft des würzigen Rauches wehte zu mir in die Küche, hielt keinen Vergleich mit jenem der billigen Zigaretten aus, die er damals vor Eröffnung des Supermarktes in der Kreisstadt in Massen konsumierte.

Reutemann war noch feiner geworden.

Nach außen.

In seiner Seele aber wehte frostige Luft. Sein Gehirn, scheint mir, war durchzogen von Drähten, Dioden und Schaltungen, die einmal eingeschleuste Programme konsequent ablaufen lassen. Er hatte kein Herz. Er war eine Maschine. Lediglich seine Triebe hatte er noch nicht unter Kontrolle gebracht.

Aber meine.

Bewusst, kalt berechnend, das Ziel vor Augen, mich abhängig und hörig zu machen, mich als Person zu zerstören, zu verwandeln in eine Charakter- und seelenlose Apparatur, die darauf gedrillt ist, sich seiner Herrschaft total zu unterwerfen. Denn das war er im Kern seines Wesens: Ein gnadenloser Sumpf, der nichts, das je in seinen Bereich gedrungen war, wieder freizugeben gedachte.

Ich brachte ihm den Kaffee. Ich war freundlich wie auch nach jener ersten intimen Begegnung im Besprechungszimmer seiner Apotheke, schenkte ihm ein, verrührte Sahne und Zucker und hatte doch so etwas wie einen rasend abgespielten Film vor Augen, einen Streifen, der ihn und mich als Darsteller in einem – vielleicht – gar nicht mal so anormalen Stück zeigte.

Immer wieder wiederholte sich jene Anfangsszene, als Reutemann mit bis zu den Knien gerutschter Hose über mir lag und in tierhafter Brünstigkeit auf und nieder glitt, den Kopf an meine linke Schulter stützte und meinen Hintern im Takt der sich steigernden Lust knetete. Er nahm keine Rücksicht darauf, dass er mir, die noch nicht feucht war, Schmerzen bereitete, er hatte nur ein Ziel vor Augen: So schnell wie möglich zum Erguss zu kommen, sich zu befreien von der ungeheuren Anspannung, die seinen Körper beherrschte. Wimmernd und zuckend entlud er sich schließlich, schmatzte, sah mich an und murmelte, es sei sehr schön gewesen, ob ich denn „etwas von ihm gehabt" hätte. Ich sagte ja, ja, sagte, überzeugt, das Ende des traurigen Füllungsaktes erlebt zu haben, es sei sehr schön gewesen, erwartete sein Sich-Abheben, war überrascht und erschreckt zugleich, als der starke Druck seines Gewichtes nachließ und sein harter Stachel in schnellem Rhythmus weiterzuckte. Es dauerte eine gewisse Zeit, bis ich begriff, dass der erste Orgasmus ihn keinesfalls erschöpft hatte, dass er zu den seltenen Mannexemplaren gehörte, die ohne sichtbaren Aufenthalt weitermachen konnten.

Ein Schauer durchlief mich. Ich spürte jähe Erregung, einen Taumel, der mich zwang, ihm entgegenzukommen, meine Beine um ihn zu schließen und ihm zu gehören. Ich hatte vorher eine Reihe von Männern gehabt. Starke, weniger starke, Erfahrene und Raffinierte, Reutemann war alles zusammen. Ein Unterleibsgenie mit der Kraft einer reibungslos funktionierenden Maschine.

Als ich die Apotheke weit nach Mitternacht verließ, ging ich auf schwachen Beinen. Meine Knie drohten zu knicken. Meine Mutter erschrak, als ich nach Hause kam. Besorgt kam sie mir entgegen, fragte, was mit mir geschehen, ob ich krank sei. Nein, nicht krank, glücklich sei ich, glücklich und erschöpft.

„Ja", sagte ich. „Krank bin ich, fühle mich elend und schlecht, ausgemergelt", sagte, „es wird wohl diese Grippe sein, die im Augenblick überall grassiert."

„Du siehst furchtbar aus", sagte sie, „wie der Tod mit den schwarzen Schatten unter den Augen."

Ich wankte nach oben, schloss die Zimmertür hinter mir ab und warf mich angekleidet aufs Bett. Ich war bis zum Grund meiner Seele erschöpft, mein Unterleib brannte wie Feuer. Und doch: Ich war sicher, etwas Einmaliges erlebt zu haben. Die absolute sexuelle Befriedigung. Ich weinte und lachte. Reutemann, der Unscheinbare, dieses fette Watscheltier, war wie ein wütender Orkan gewesen, eine Lawine der Lust, ein Mann, wie ich keinen vor ihm kennen gelernt hatte.

Welch ein Mann!

Welch ein Tier!

Welch eine Maschine!

Aber er hielt Wort. Er gab mir die Stelle in dem neuen Markt der Kreisstadt, machte mich zur Leiterin des Geschäftes, überließ mir zwei Zimmer seiner großen, luxuriös ausgestatteten Wohnung. Er war aufmerksam, zuvorkommend, brachte mir fast jeden Tag kleine Geschenke und – sich. Um Punkt einundzwanzig Uhr erschien er täglich in der Wohnung, entledigte sich seiner Straßenkleider, machte sich im Bad frisch, kam zu Tisch, aß und trank und fragte nach den Tagesumsätzen. Ich nannte sie ihm, servierte Wein, den besonders starken Kaffee, den er süß und milchig liebte, erwartete seine unbeholfenen Liebkosungen und sah ihn schließlich mit der Tageszeitung im Schlafzimmer verschwinden. Den Hinweis für mich, unter die Dusche zu gehen und dann zu ihm zu kommen.

Ich legte mich neben ihn. Er küsste meinen Leib, erregte sich, bis er nicht mehr an sich halten konnte. Während der ersten Wochen kam er über mich, bis seine Lust erschöpft war. Nach einigen Wochen hatte ich Lust, mich vor ihn hinzuknien, so dass er von hinten in mich eindringen konnte. Eines jedoch änderte sich bis zu jenem bewussten Tag, der die Katastrophe bringen sollte, nie:

Um Punkt Mitternacht erhob er sich, ging ins Bad, duschte, kleidete sich an und verschwand wortlos aus der Wohnung.

Sicherlich ein seltsames Verhalten, dem ich jedoch zunächst keine Bedeutung beimaß. Ich dachte gar nicht nach, war sicher, dass zumindest keine andere Frau oder Frauen dahinter stecken konnten. Immerhin gab ich ihm mehr als genug, litt für seine Lust und Triebhaftigkeit und spürte Tag für Tag, dass auch er sich erschöpfte. Meine Fantasie reichte nicht aus, mir das vorzustellen, was allgemein fremdgehen genannt wird. Ich war mir seiner mehr als sicher. Zu Eifersucht, glaubte ich, gab es keinen Anlass.

Er liebte mich. Und ich liebte ihn. Im wahrsten Sinne mit jeder Faser meines Körpers. Seine ungeheure Stärke hatte mich ihm hörig gemacht. Es mag sein, dass auch er mir hörig war. Dass er mich brauchte wie Luft zum Atmen. Dass sein Verhalten nach der Feststellung meiner Schwangerschaft in dieser Abhängigkeit ihre Erklärung findet.

Es war am Tag des ersten Schnees, als Dr. Brambauer mir das Ergebnis der Untersuchung mitteilte.

„Sie sind guter Hoffnung", sagte er recht geschraubt. „Im dritten Monat. Das erklärt Ihre Unpässlichkeiten, die im Übrigen ganz normal sind. Ich habe Ihnen ein Rezept ausgestellt. Stärkungsmittel. Was Sie benötigen, ist Ruhe. Sie sollten einen ausgiebigen Urlaub machen."

Reutemann hob nur kurz die Augenbrauen, als ich ihm die Neuigkeit eröffnete. Danach nahm er wie gewohnt die Tageszeitung mit ins Schlafzimmer, wartete, bis ich geduscht hatte und liebte mich mit einer Gier, die mich fragen ließ, ob er meine Worte überhaupt verstanden hatte. Kurz vor Mitternacht wiederholte ich die Neuigkeit.

„Ich bin schwanger", sagte ich. „Ich bekomme ein Kind, Reutemann."

„Nein", sagte er knapp.

„Doch, Dr. Brambauer hat es mir gesagt. Es gibt keinen Zweifel."

Reutemann erhob sich, faltete die Zeitung, schüttelte den Kopf.

„Dass du schwanger bist, mag keinem Zweifel unterliegen", sagte er kalt. „Aber austragen wirst du den Balg nicht."

„Was soll das bedeuten?"

Er las die Uhrzeit ab. Er wurde nervös. Der Wortwechsel mit mir drohte seinen geheiligten Zeitplan durcheinander zu bringen. Unwillig fauchte er: „Das heißt, du wirst es dir wegmachen lassen. Das Geld gebe ich dir."

Seine Worte waren wie eisiger Wind. Sie trafen mich wie ein Knüppelschlag. Der Gedanke, diese Frucht, die da in mir reifte, zu beseitigen, ließ mich frösteln.

„Nein!", sagte ich. „Dazu gebe ich mich nicht her. Ich will das Kind, wenn es schon einmal da ist, auch haben, es erziehen, ihm Mutter sein."

„Du wirst es wegmachen, Luise!"

Wegmachen!

Er ließ die Zeitung auf den Teppich fallen, drehte sich um, tauchte im Bad unter, machte sich frisch und verschwand wie gewohnt ohne ein weiteres Wort. Ich lag erschöpft und betroffen im breiten Ehebett, verstand seine heftige Abwehr dem Leben gegenüber nicht, das *er* gezeugt hatte. In jener Nacht bildete ich mir ein, es sei lediglich der Schock des Unerwarteten gewesen, der ihn veranlasste, so brüsk zu reagieren. Einen Tag später wusste ich, dass er es ernst meinte.

Er gab mir die Adresse eines Arztes, einen Scheck und sagte: „Du bist für die Zeit des Eingriffes vom Geschäft beurlaubt."

„Ich will aber nicht", sagte ich, entschlossen, mich erfolgreich zur Wehr zu setzten. „Warum auch? Was spricht gegen die Geburt des Kindes?"

„Unsere Freiheit", sagte er. „Ich dulde niemanden zwischen uns. Keinen anderen Mann, auch kein schreiendes Kind. Du gehörst mir, und so wird es bleiben. Bedauerlich genug, dass dieser dumme Unfall uns tagelang trennt."

Zum ersten Mal erkannte ich ihn als nur seinen Trieben verhaftete Maschine. Zum ersten Mal ahnte ich, dass Reutemann seelenlos war. Und dass er es ernst meinte. Er sah mich lange an, sagte dann, als ginge es um die Preisauszeichnung eines Artikels: „Ich weise dich darauf hin, dass du deine Stellung und mich verlierst, solltest du dich meinem Willen widersetzen wollen. Und mehr: Du wirst in der Gegend keine Anstellung mehr finden."

Er ließ mich alleine. Später, in der Nacht, telefonierte er mit mir. Er wiederholte seine Worte, gab mir einen Vorgeschmack dessen, was auf mich zukommen würde, wenn ich mich weigerte, seinem Befehl zu folgen.

„Ich dulde niemanden neben dir", wiederholte er. „Es wäre unerträglich für mich, dich teilen zu müssen. Unerträglicher jedenfalls, als dich ganz zu verlieren. Entscheide dich also, jetzt in dieser Minute."

Er ließ mir keine Zeit zum Nachdenken, er wollte die Antwort. Ich flehte, beschwor ihn, bettelte. Er gab nicht nach. Es war ein Abgrund, der sich vor mir auftat. Die Aussicht, ihn zu verlieren, machte mich rasend. Mehr, als das Kind abzutreiben. Ich willigte ein. Ich versprach ihm, schon am nächsten Morgen abzufahren, um den von ihm arrangierten Termin in der Klinik wahrzunehmen.

Es war eine mehr als schreckliche Erfahrung, von einem fremden Willen beherrscht zu sein, nicht die Kraft zu haben, sich gegen ihn aufzulehnen, etwas zu tun, was man aus tiefster Seele verabscheut. Aber ich gehorchte. Ich fuhr nach Hamburg, in diese kleine Klinik in Sankt Georg, wurde untersucht und schließlich Zeuge des Mordes an meinem Kind. Es war ein schmerzfreier Eingriff, der nur Minuten wehrte. Und doch, das Gefühl, einer Doppelhinrichtung beizuwohnen, hat sich bis heute nicht verflüchtigt. Es hat sich verfestigt. Getötet wurde nicht nur der Fötus. Auch ich starb, wenn zutrifft, dass auch die Seele sterblich ist. Sie wurde mir in jenem nüchtern vorgenommenen Akt von geschickten Medizinerhänden zusammen mit meinem Kind genommen. Was blieb, war der taube Körper, waren die bitteren Selbstvorwürfe, der Hass dem Mann gegenüber, der seine Herrschaft missbrauchte.

Reutemann.

Ich kehrte in *seine* Wohnung zurück. Er kam um Punkt neun, ging ins Bad, nahm das servierte Abendbrot zu sich, unterließ es diesmal, mich wegen der Tagesumsätze zu befragen, nahm schließlich seine Zeitung und verschwand damit im Schlafzimmer. Das Zeichen für mich, mich zu duschen und ihm zu folgen. Ich gehorchte zwanghaft, ging zu ihm, war ihm zu Willen, spürte ihn, das Rasen meines Körpers, die Wildheit seiner Triebe, genoss ihn aber nicht. Es war ein anderer Körper, der sich ihm hingab.

Der einer seelenlosen Frau.

Reutemann hatte sich nicht verändert, gab auch nicht zu erkennen, ob das Geschehene ihn belastete, funktionierte wie eine Uhr: Er verließ die Wohnung um Mitternacht, ohne dass ich ahnte, wo er den Rest der Zeit verbrachte, ob er eine zweite Wohnung besaß und alleine in ihr lebte.

Aber zum ersten Mal während unserer Beziehung stellte ich Fragen, suchte ich nach Erklärungen seines sonderbaren Lebens, nach Antworten, ohne sie zunächst zu finden. War er gebunden? Hatte er mir nur vorgegaukelt, alleinstehend zu sein? War ich von ihm getäuscht worden? Lebte er in einer nach außen glücklichen Ehe? War sein tägliches, nur stundenweises Kommen nicht ein Beweis dafür, dass er ein Doppelleben führte?

Wer war er überhaupt?

Der Gedanke, diesen Mann, dem ich mit Haut und Haaren verhaftet war, zu ergründen, ihn zu erkennen, fraß sich mit scharfen Zähnen in das durchlöcherte Gehäuse meiner vernichteten Seele.

War er etwa nicht aus dem Nichts aufgetaucht? Wer im Dorf hatte je vor der Übernahme der Apotheke von Reutemann gehört, ihn gesehen, wusste, aus welchen Gründen er das Geschäft geerbt hatte? Wo hatte er vor seinem Erscheinen gelebt? Und noch wichtiger, was hatte den in aller Stille verstorbenen Vorbesitzer der Pillendreherei veranlasst, sein Testament zugunsten dieses Fremden aufzustellen?

Ich brauchte Wochen, um die Wissenslücke zu füllen. Wochen der heimlichen Nachfragerei, der Suche nach Hinweisen und Bestätigungen. Ich erfuhr, dass Reutemann der illegitime Sohn des Verstorbenen war, offenbar Frucht eines einmaligen Ausrutschers des alten Korenn mit einer Frau, die er auf einem Schützenfest kennen gelernt hatte. Einer Frau, die über ein Konto der Volksbank Monat für Monat, Jahr für Jahr mit beträchtlichen Summen bedient worden war. Gelder, die Korenn pünktlich wie ein Uhrwerk an jedem 25. jeden Monats bar eingezahlt hatte und die regelmäßig am 29. abgehoben worden waren. Nirgendwo aber ein Hinweis auf Reutemann. Selbst solche auf seine Erziehung, seine Schulbildung, sein Werden waren nicht herauszufinden. Aber ein Frauenname, der mir vom Angestellten der kleinen Bankfiliale zugeflüstert wurde, tauchte auf: Areta Kemm.

War sie die Mutter?

Dr. van Welden, der Testamentsvollstrecker, war sehr zurückhaltend, als ich ihn fragte. Er schien mir und noch mehr meinen Motiven zu misstrauen. Dennoch konnte ich ihn bewegen, mir die Abschrift der letzten Verfügung des Erblassers zu zeigen. Es handelte sich um einen nichts sagenden Text, halt eine Verfügung, die bestimmte, dass Reutemann die Apotheke erbte.

„Warum?“, fragte ich, begierig, das Geheimnis zu lüften.

Dr. van Welden blickte mich hinter scharf geschliffenen Brillengläsern an. Er verschränkte die von Altersflecken übersäten Hände, fixierte mich aus rauchgrauen Augen.

„Sie sind in der Firma Reutemann beschäftigt, nicht wahr?“

„Ich leite einen seiner Märkte. Den hier in der Stadt“, sagte ich wahrheitsgemäß.

„Und Sie leben mit ihm zusammen?“

„Nein“, sagte ich. „Ich benutze seine Wohnung. Dafür benutzt er mich. Für drei Stunden täglich. Er kommt um einundzwanzig Uhr, geht um Mitternacht. Das seit Jahren, stur wie ein Roboter. Bis heute weiß ich noch nicht mal, wo ich ihn anrufen könnte, wenn ich ihn einmal brauchte.“

„Ist es das, was Sie in Erfahrung bringen wollen?“

„Auch das.“

„Ob er Sie betrügt?“

„Das ist eine Nebensache“, behauptete ich. „Es geht um andere Dinge.“

„Um welche?“ Der alte Jurist schien mehr zu wissen, als er zuzugeben bereit war. Er war plötzlich brennend an meiner Antwort interessiert. „Was hat er Ihnen angetan?“, setzte er drängend hinzu.

„Er hat mich gezwungen, mein Kind zu töten. Damit hat er auch mich umgebracht“, stieß ich hervor.

Dr. van Welden nickte. Ich konnte nicht länger an mich halten. Mit Tränen in den Augen beichtete ich ihm jede Einzelheit meiner Beziehung zu Reutemann. Ich ließ auch die intimen Details nicht aus, weil ich zum ersten Mal die Erfahrung machte, dass ausgesprochene Leiden erleichterten.

„Er hat mich zu seinem willenlosen Werkzeug gemacht, zu einem Ableger seiner selbst, zu einer Maschine. Ich bin nicht mehr ich selbst, bin ein Ding, ein ...“

Van Welden erhob sich. Er ging mit auf dem Rücken verschränkten Händen im Raum auf und ab, blieb schließlich vor einem schweren Stahlschrank stehen, öffnete ihn und zog ein Kuvert heraus. Er öffnete es, zog aus dem Wust der darin enthaltenen Blätter einen vergilbten, scheinbar oftmals gelesenen Zeitungsausschnitt heraus und schob ihn mir zu.

Ich sah das grob gerasterte Bild einer südländisch aussehenden Frau, die vor dem Kaiser Wilhelm Denkmal lustlos posierte. Ein ernstes, düsteres Gesicht, in dem der lachende Mund einen seltsamen Kontrast bildete. Das Haar glatt, am Hinterkopf zu einem Knoten gewunden. Die Hände wie zum Gebet vor der Brust gefaltet.

„Sina Kemm", sagte van Welden.

„Reutemanns Mutter?"

„Die Schwester derselben."

Ich las die Kopfzeile: „Vermisste Schaustellerin tot aus der Weser geborgen."

Aus dem Artikel selbst ging lediglich hervor, dass Sina Kemm aus ungeklärten Gründen am Sonntagabend, einem Dezembertag des Jahres 1954, verschwunden war, ohne dass eine Vermisstenanzeige aufgegeben worden war. Die Polizei habe an der Leiche Spuren von Gewalteinwirkung festgestellt. Nicht ausgeschlossen sei, dass die junge Frau Opfer eines Sexualdeliktes geworden sei.

„Was bedeutet das? Warum zeigen Sie mir diesen Ausschnitt, Doktor?"

„Sina Kemm ist vergewaltigt worden, stellte die Kriminalpolizei fest. Man vermutete, sie sei von mehreren Männern missbraucht worden, einer ganzen Horde. Die Untersuchung ergab, dass sie über Stunden hinweg fürchterlichste Qualen durchzustehen hatte."

„Was hat das mit Reutemann zu tun?"

„Das Opfer war die Schwester seiner Mutter."

„Ja und?"

Dr. van Welden ließ sich in den Ledersessel hinter seinem Schreibtisch fallen. Er schob das Kuvert, in dem sich der Zeitungsausschnitt befunden hatte, nervös hin und her, machte den

Eindruck eines Mannes, der das Bedürfnis hatte, sich auszusprechen, zögerte, zündete sich eine Zigarre an und sagte schließlich seufzend: „Reutemann wurde im Februar 1955 geboren, nicht wahr?"

„Ja."

„Mit anderen Worten, er muss etwa in Mai des Vorjahres gezeugt worden sein?"

„Wenn es sich nicht um eine Früh- oder Spätgeburt handelte."

Van Welden schüttelte den weißhaarigen Kopf.

„Er kam normal zur Welt, hässlich und von dunkler Haut, die sich im Laufe der Zeit aufhellte. Ein Kind von nahezu dreitausend Gramm. Was ich sagen will, ist, dass Sina Kemm, das Opfer, im Mai 1954 zu Tode kam."

„Zum gleichen Zeitpunkt, als Reutemann gezeugt wurde."

„Zum gleichen Zeitpunkt, als Korenn, der Apotheker, ihn mit Areta Kemm gezeugt hat", bestätigte van Welden mit flüsternder Stimme. „Zu einem Zeitpunkt, als mir ein Freund, der noch heute Gynäkologe ist, berichtete, dass er Areta Kemm untersucht und deren Schwangerschaft festgestellt habe. Aber nicht nur das. Er sprach die Vermutung aus, auch sie sei vergewaltigt worden. Es gäbe eindeutige Spuren, Verletzungen der Scheide. Er sprach sie darauf an, aber die Kemm schwor, es sei nicht der Fall gewesen. Mein Freund glaubte ihr nicht. Er sagte ihr auf den Kopf zu, auch sie sei Opfer jener Männergruppe gewesen, die ihre Schwester im wahrsten Sinne zu Tode missbraucht hätten. Areta Kemm verhöhnte ihn, schrie, es gäbe wider alle Erwartung halt doch Männer, die mehr als die Karnickel könnten. Ihr Glück sei es, einen solchen zu haben."

„Der alte Korenn?"

Dr. van Welden sog an seiner Zigarre. Schweigend betrachtete er seine Hände, ohne mir eine Antwort zu geben. Ich versuchte mich an den alten, verstorbenen Apotheker zu erinnern. Es war nicht leicht. Ich hatte ihn nur hin und wieder gesehen, meinte aber, dass er untersetzt und dunkelhaarig gewesen war.

Eine gewisse Ähnlichkeit zu Reutemann schloss ich nicht aus. Auch er hatte ein rundes, von dunklen Bartschatten bedecktes Gesicht gehabt, diese grau-violetten Augen, war, wenn ich mich nicht täusche, zurückhaltend-freundlich gewesen. Ein Mann, den ich immer nur in seinem Geschäft und in einem weißen Kittel gesehen hatte. Ein ewiger Junggeselle. In meiner Familie war nach seinem Tod von ihm gesprochen worden. Dass er es mit Frauen nicht hätte, wohl Männer vorzöge, wenn er nicht gar sexuell ausgetrocknet wäre. Eine Art Neutrum ohne fleischliche Gelüste, obwohl von den Frauen im Dorf und der näheren Umgebung wegen seines Besitzes umworben.

„Der alte Korenn?“, fragte ich noch einmal.

„Reutemann ist der lebende Beweis dafür, dass Korenn ein Verhältnis mit Areta Kemm hatte“, sagte der Notar. „Es gibt nicht die Spur eines Zweifels, dass der Alte der leibliche Vater ist.“

„Eine sonderbare Geschichte“, sagte ich und ahnte gleichzeitig die bittere Wahrheit.

„Finden Sie? Das, obwohl Sie selbst die Erfahrung gemacht haben, wie – sagen wir – leistungsfähig Reutemann in sexuellen Dingen ist?“

„Ein Tier“, brach es aus mir heraus.

„Ein Besessener möglicherweise. Das maskuline Gegenstück einer Nymphomanin, ein Satyr, dessen Dasein das Sexuelle bestimmt. Vielleicht ein Kranker, wenn man normale Maßstäbe anlegt. Eine Möglichkeit immerhin ...“

Ich presste die Hände vor das Gesicht und stöhnte gequält auf.

„Sie meinen also, der alte Kemm sei genau so triebhaft wie Reutemann gewesen?“

„Ja, das glaube ich. Und ich glaube auch, dass Reutemann, der eigentlich Kemm-Reutemann heißen müsste, nicht nur das materielle Erbe Korenns angetreten hat, sondern auch das leibliche. Der Alte lebt in diesem Mann fort, er wütet in ihm, ist dessen satanischer Antrieb. Ihr Schicksal beweist es. Ich an Ihrer Stelle wäre auf der Hut.“

Mir klangen die Worte des Juristen wie eine düstere Prophezeiung. Die Angst, die seit der von Reutemann erzwungenen Abtreibung unterschwellig in mir bebte, verstärkte sich, nahm panikartigen Charakter an. Das Bild der toten, aus dem Stadtgraben gezogenen Sina Kemm wollte mir nicht mehr aus dem Kopf, schwamm als Drohung vor meinen Augen, zeigte, je länger ich es betrachtete, immer deutlicher meine Züge. Ich wusste plötzlich, dass Reutemann seinen Höchstgenuss erst dann finden würde, wenn er mich mit seinem unersättlichen Trieb umgebracht hätte, nachdem er mein Kind bereits getötet hatte.

„Warum haben Sie der Polizei keine Mitteilung über Ihren Verdacht gemacht?“, fragte ich mit zitternder Stimme. „Sie sind doch davon überzeugt, dass der alte Korenn Sina Klemm ermordet hat.“

Er hob die Brauen.

„Ermordet?“

Er schüttelte den Kopf.

„Nicht ermordet. Die Anzeichen sprechen dafür, dass sie letztendlich ... nun ja, dass Korenn sie zu Tode geliebt hat.“

„Dann müsste er ein Verhältnis mit beiden Schwestern gehabt haben!“

„Was, außer moralischen Vorstellungen, spricht dagegen? Potent genug scheint er gewesen zu sein. Was fehlte, war die Bereitschaft der Schwestern. Wollen Sie die ausschließen?“ Er lachte auf. „Wollen Sie eine weitere Beziehung bei Reutemann ausschließen? Sie selbst sagten, Sie wüssten nichts von ihm, von seinem Leben, seinen Ansprüchen und den Dingen, die er treibt, wenn er Sie um Mitternacht verlässt. Haben Sie sich je gefragt, ob er andere Frauen besucht?“

Die Worte trafen mich wie Schläge. Ja, es trifft zu, ich hasste Reutemann, aber die Vorstellung, er könnte es auch mit anderen Frauen treiben, brachte mein träge gewordenes Blut in Wallung. Ich war ihm hörig, abhängig von seiner Kraft, seiner vernichtenden Erschöpfungstechnik. Ich wollte und konnte nicht dulden, dass er mich, sein gedemütigtes Opfer, obendrein noch betrog. Ich war sicher, fähig zu sein, ihn zu töten, wenn ich ihn im Bett einer anderen Frau anträfe.

„Areta Kemm alleine könnte Antwort geben", sagte van Welden. „Vielleicht ist sie sogar bereit dazu, wenn Sie es geschickt anfangen."

„Sie lebt also noch?"

Van Welden nickte.

„Ganz in der Nähe", sagte er. „Unter der Veste, diesem kleinen Fachwerkhaus neben der Bäckerei."

Reutemann kam, Reutemann ging. Er schien von meinen heimlichen Nachforschungen nichts zu ahnen. Nur in seinen Bettpraktiken wurde er noch heftiger. Die düstere Prophezeiung van Weldens, auch in ihm stecke der Wille und das Ziel, seine Partnerin letztendlich in den Erschöpfungstod zu treiben, schien sich zu bestätigen. Ich litt unter Schmerzen, hatte das Gefühl, nicht mehr richtig aufwachen zu können. Mein Körper schien dem Ende nahe zu sein. Immer klarer wurde mir, dass ich mich von Reutemann befreien musste.

Areta Kemm ließ mich ein. Sie musterte mich aus trüben Augen. Ich hatte das Gefühl, dass sie mich kannte. Sie bat mich in die unordentliche Stube, in der es nach Kamillentee und Katzenkot roch. An den Wänden Bilder ihrer Jahrmarktstage, nachgedunkelte Möbel, deren Wert ich nicht abschätzen konnte. Ihr Haar war grau geworden, die Haut ihres Gesichtes zerfaltet wie brüchig gewordenes Leder.

„Ich bin die Frau Ihres Sohnes", sagte ich geradeheraus. „Ich finde es an der Zeit, dass auch Sie mich kennen lernen. Ich hoffe, Sie nicht zu belästigen."

„Das Scheusal", sagte sie. „Undank der Welt, ein Teufel."

„Warum sagen Sie das?"

Sie lachte meckernd.

„Was hieltest du von einem Sohn, der seine Mutter vergisst,

der ihr zustehendes Geld sperrt und alles tut, um sie vergessen zu machen? Ist er ein Sohn oder ist er ein Teufel?"

„Von welchem Geld sprechen Sie?"

„Korenns – das Legat, das mir bis zu meinem Tode zusteht. Sie wissen davon nichts? Dass er der Sohn Korenns ist?"

„Doch, ich weiß es. Ich weiß auch von den Summen, die Sie über die Volksbank erhalten haben. Ich bedaure, dass Sie nicht mehr darüber verfügen können."

„Dieser Satan", sagte sie.

Ich wusste nicht, ob sie den verstorbenen Apotheker oder ihren Sohn meinte.

„Er vergisst, dass ich ihn aufgezogen habe. Ich und das Geld Korenns, dass ich mich für ihn abgerackert habe! Damit er eine gute Schule besucht und es zu was im Leben bringt. Aber was hat er gemacht, der Satan? Er hat mir alles genommen!"

„Korenn war da anders, nicht wahr?"

Sie musterte mich, nickte und schwieg.

„Warum haben Sie ihn eigentlich nicht geheiratet?"

Sie legte die Fingerspitzen zusammen. Ihre welken Lippen zuckten.

„Hättest du einen Mann geheiratet, der keiner ist?"

Ich kniff die Augen zusammen.

„Korenn soll kein Mann gewesen sein? Ich meine, er soll doch wie Reutemann ..."

„Nicht soll, er war impotent. Nur noch Asche. Ein vertrockneter Baum, saft- und kraftlos."

„Immerhin ist er der Vater Ihres Sohnes."

Sie kicherte.

„O ja, das ist er!" Ihr Gesicht verdüsterte sich. Sie hob den Kopf, musterte mich. „Ein Mann, der sich nicht ertragen konnte, verstehst du? Seine Kraft ... Er kämpfte zeitlebens dagegen an, wütete gegen sich selbst. Im Grunde war er zu moralisch, meine ich, unfähig zu leben, ein Verzweifelter, der einfach den Verstand verlor und sich schließlich verzweifelt das Leben nahm."

Mein Rücken versteifte sich.

„Korenn hat sich nicht das Leben genommen", widersprach ich. „Er ist friedlich in seinem Bett gestorben. Zumindest steht das auf dem Totenschein."

„Ich spreche nicht von seinem Tod, ich spreche davon, dass er sich *das Leben genommen* hat. Mit einem dummen, kleinen Küchenmesser, meine Kleine. Das Leben seines Körpers. Schnipp-Schnapp. Blut und Tränen, Notarzt und Operation, die große Erleichterung, als er sich endlich als Asche fühlen konnte ... Jaja, das hat er getan, der Dumme. Zerschnitten hat er sich den Stolz seiner Männlichkeit, dieser dumme Mensch!"

„Er hat sich kastriert?"

„Der Dumme, ja. Das Leben hat er uns genommen, skrupelvoll, wie er war."

„Wegen Sina?" sagte ich schnell.

Sie zuckte zusammen. Ihr Mund öffnete sich.

„Wegen Sina", bestätigte sie.

„Es war also Korenn, der sie getötet hat?"

Areta Kemm schien aus einem Traum zu erwachen. Sie starrte mich an. Ihre vertrocknete, krallenartige Rechte stieß auf mich zu.

„Ist das dumme Geschwätz noch immer nicht verstummt? Wollen diese dummen Leute noch immer keine Ruhe geben? O nein", fügte sie nach einem trockenen Husten hinzu. „Sina verging nur, verging, verging." Sie lächelte erinnerungsschwer. Sie nickte. „Verging", wiederholte sie. „Wie eine Blüte. Auch ich wäre wohl vergangen, wenn er diese Dummheit nicht begangen hätte."

Sie vergaß mich. Sie ließ sich nicht mehr ansprechen. Ich erhob mich, verließ das Haus unter der Veste, wusste jetzt nur, dass die Vermutung des Notars zutraf. Korenn hatte es mit beiden Schwestern getrieben. Der Tod Sinas war nichts weiter als die Folge seiner Kraft gewesen. Keine Vergewaltigung. Ein Unfall. Die Konsequenz seiner unstillbaren Triebhaftigkeit. Sina musste, wenn die Worte ihrer Schwester der Wahrheit entsprachen, lustvoll-willig gestorben sein. Und ich hatte den Eindruck, dass auch Areta bedauerte, ihr nicht auf dem gleichen Weg und unter den gleichen Begleitumständen gefolgt zu sein.

Mir wurde schwindlig. Ich lehnte mich gegen eine Hausmauer, atmete tief durch, um den Schwächeanfall zu überwinden. Korenn also, dachte ich. Er war zu *skrupelhaft* gewesen. Der Tod Sinas hatte ihn betroffen, unfähig gemacht, mit seiner sexuellen Last weiterzuleben. Er hatte – verzweifelt wie er gewesen sein musste – zum Küchenmesser gegriffen und sich von dem körperlichen Teil seiner Skrupel befreit. Weil er damit getötet hatte. Und weiter töten müsste, wenn er die Selbstverstümmelung nicht beging. Man hatte ihn vor dem Verbluten gerettet, seine Wunden geheilt. Sanft wie ein kastrierter Kater hatte er den Rest seines Lebens verbracht, lediglich eine Hypothek auf den gebeugten Schultern: Der Sohn, von dem er nicht wusste, ob er das triebhafte Erbe übernommen hatte. Ich fühlte mich besser, ging weiter, war blind für das Leben auf der Straße. Ich fragte mich, ob der alte Korenn je von der Weitergabe seines unheilvollen Erbes erfahren hatte.

Keine Antworten. Es war im Grunde auch unwichtig. Fest stand, dass Reutemann ein Mensch ohne Skrupel war. Seine Seele, wenn er überhaupt eine besaß, war versteinert. Er legte es darauf an, mich zu töten. Nur um mir keine Erholungspause, keine Gelegenheit zur Gesundung zu geben, hatte er darauf bestanden, den Fötus abzutreiben. Seelisch hatte er mich bereits umgebracht. Der körperliche Tod würde wohl bald folgen.

Ich lief ziellos durch die Stadt, trank beim Italiener einen Kaffee, aß ein Stück Schwarzwälder Torte, dachte über mich und meine Situation nach. Rettung, wusste ich, konnte es nur geben, wenn ich mich von Reutemann befreite, wenn ich ihn verließ. Aber sicher war ich auch, dass er es nicht dulden würde. Er brauchte mich. Und die Wahrheit war: Auch ich brauchte ihn. Ich war die Sklavin seiner Lust. Nur meinen Kopf beherrschte er noch nicht.

Reutemann kam um einundzwanzig Uhr. Die übliche Prozedur, die Zeitung, sein ins Bettgehen, mein Duschen, die Gewalt seiner Ausdauer, der Abschied um Mitternacht. Nur eines war anders: Diesmal kleidete ich mich in aller Eile an und folgte ihm.

*

Reutemann hatte einen selbstsicheren, zufriedenen Eindruck gemacht, als er gestern Abend in meiner Wohnung saß und seinen Kaffee trank. Er war sicher, dass er gesiegt hatte, dass unsere Beziehung dort ihren Anfang nehmen würde, wo ich sie beendet hatte: Im Bett. Immerhin hatte ich ihn angerufen, hatte ihn gebeten, zu mir zu kommen, hatte ihm – wenn auch unausgesprochen – Hoffnung gemacht.

Er trank seinen Kaffee, ohne ein Wort von sich zu geben, ließ sich nachschenken. Ich saß ihm gegenüber, beobachtete ihn. Er zündete sich seinen zweiten Zigarillo an. Ein Zeichen dafür, dass er doch nicht ganz so gelassen war, wie er schien. Ein bisschen wenigstens bedrückte ihn die Situation, obwohl er sie im Griff zu haben glaubte.

„Der Fehler fast aller Frauen ist“, sagte er schließlich lächelnd, „dass sie ihre Neugierde nicht bezwingen können. Nichts hätte sich zwischen uns geändert, wenn du mir an jenem Abend nicht gefolgt wärst, Luise. Letztlich also trifft dich die Schuld an unserem Zerwürfnis.“

Ich schloss die Augen.

„Man kann es auch anders sehen“, sagte ich. „Zum Beispiel, dass du mich betrogen hast.“

„Was ist Betrug?“

„Jemanden zu hintergehen.“

„Nein“, sagte er und hob die rechte Hand wie ein dozierender Schulmeister. „Betrug ist, wenn du einen anderen Menschen um einen Vorteil bringst, wenn du ihm etwas nimmst. Du wirst nicht behaupten können, ich hätte dir was genommen, nicht wahr?“

Ich sah ihn an. Ich kannte seine Logik, die darauf hinauslief, mir zu erklären, er hätte mir materiell und sexuell so viel gegeben, dass ich mehr als befriedigt sein konnte. Es sei halt sein Schicksal, mit einer außergewöhnlichen Potenz ausgestattet zu sein, die ihn geradezu zwinge, mehrere Frauen zu besitzen. Ich könne und dürfe ihm insoweit keinen Vorwurf machen. Sei ich dazu aber bereit, müsste ich der Natur insgesamt böse sein, schlicht deshalb, weil sie existiere und Schicksale wie das seine produziere.

„Es geht nicht um dein Dasein oder Schicksal", sagte ich leise. „Es geht um Mord."

Er lächelte.

„Und um Verantwortung, Reutemannn. Hast du darüber mal nachgedacht?"

Er zerdrückte den Zigarillo im Ascher. Er senkte den Kopf.

„Mord ist ein starkes Wort, Luise. Richtigerweise muss man es durch den Begriff Unfall ersetzen. Es war nicht meine Schuld, dass dieses Mädchen verstarb."

„Du hast dich nicht zügeln können und nicht wollen, Reutemann. Da liegt deine Verantwortung."

„Wenn du es so siehst, warum gehst du nicht zur Polizei?"

Er sah mich freundlich an.

„Vielleicht deshalb, weil ich genau weiß, dass man dich nicht zur Rechenschaft ziehen kann? Dass noch nicht mal eine Anklage erhoben werden könnte? Wie denn auch, wenn körperliches Versagen die Todesursache ist? Keine Fremdeneinwirkung, ein ... ein Lustkoller, wenn du es so willst."

Ein Lustkoller, ja. Und ein blutjunges, fahles Geschöpf, das er zu Tode geliebt hatte.

Er lächelte. Ich sah ihm die ungeheure Befriedigung an, die er verspürte, weil er sie getötet hatte, weil seine in Wahrheit mörderischen Instinkte Erfüllung gefunden hatten. Ich sah ihm an, dass er auch mich als Opfer wünschte und zum Opfer machen würde, wenn ich es zuließ. Ich fragte mich, ob dieses jungenhaft aussehende Mädchen, bei dem ich ihn an jenem Abend entdeckt hatte, sein bisher einziges Opfer gewesen war.

„Du schweigst?", fragte er leise. „Natürlich schweigst du. Weil du haargenau weißt, wie sehr ich recht habe. Ich glaube, du solltest dir keine falschen Gedanken machen. Ich habe dich immer geliebt, werde dich immer lieben. Um ehrlich zu sein, ich brauche dich, Luise."

Ich hielt seinem Blick stand, um erkennen zu können, was er dachte. Seine Augen waren halb geschlossen, seine Zunge glitt über die wulstigen, sinnlichen Lippen. Ich nickte.

„Ja", sagte ich, „du könntest Recht haben. Du brauchst mich, ich brauche dich. Nach wie vor."

Ein unschuldiger Mörder, dachte ich, den keine Macht der Welt zur Rechenschaft ziehen konnte.

„Ich wusste, dass du es verstehen würdest."

Er lächelte. Aus der Seitentasche seiner Jacke zog er ein Etui. Er klappte es auf, reichte es mir. Ein Diamant in Weißgold gefasst. Der Lohn meiner Angst.

Ich warf nur einen Blick darauf.

Reutemann erhob sich. Reutemann ging in die Küche. Er öffnete den Kühlschrank, nahm Brot, Butter und Wurst heraus, bat mich, ihm einen Imbiss zuzubereiten. Ich gehorchte. Er aß.

„Hast du eine Zeitung?", fragte er.

Ich gab sie ihm.

Er las die Titelzeile. Er stand auf, entledigte sich seiner Jacke, nickte mir zu und ging ins Bad. Er kehrte zurück, nahm die Zeitung, tauchte im Schlafzimmer unter. Für mich das Zeichen, mich zu duschen und ihm zu folgen.

Ich gehorchte.

Ich ging zu ihm, legte mich neben ihn. Er legte die Zeitung auf den Boden. Er umfasste mich, drehte mich um, um mich von hinten zu nehmen.

„Nein", sagte ich. „Heute nicht. Bitte, es ist das erste Mal seit langer Zeit."

Er ließ sich fallen. Er lächelte. Ich beugte mich über seinen

Unterleib, aus dem sein Penis hart wie eine Lanze stach. Meine Lippen berührten ihn. Er zuckte zusammen. Ich nahm ihn auf, spürte mein wild schlagendes Herz, die Angst, die mich trieb, die Auslöser meiner Verzweiflungstat war.

Ich biss zu, als Reutemann wollüstig zu stöhnen begann. Gewaltsam riss ich den Kopf zurück und spürte, wie sich sein Fleisch löste.

Er schrie wie ein geschlagenes Tier. Blut spritzte über das Bettlacken. Er schlug um sich, brüllte, presste schließlich beide Hände zwischen die Beine und blickte mich entsetzt an, als ich sein Teil ausspuckte. Mit einem gurgelnden Seufzer brach er zusammen. Ich erhob mich, wischte mir den Mund ab, hob den Hörer von der Gabel und rief die Polizei an.

„Ein Unfall", sagte ich. Und dann gab ich dem Beamten die Adresse.

Michael Koglin

Omen im Las Vegas von Bad Oeynhausen

Ich sitze auf meiner Decke vor dem Sültemeyer-Brunnen und sehe den Schweinen zu. Stecken ihre bronzenen Schnauzen in die Fontäne. Ja, der Stadt Oy-Oy haben sie das Glück gebracht. Brauchten sich nur ein wenig im salzigen Schlamm zu wälzen und das Ganze trocknen zu lassen. Zack, war das Weiße Gold entdeckt und der Stadtsäckel füllte sich. Doch mein Becher bleibt leer.

Nein, Nomaden wie ich wollen einfach nicht in diese Stadt Bad Oeynhausen passen. Das kann die ganze schöne Kur kaputt machen, wenn die Gäste nach all dem Heilwasser, das sie getrunken haben, beim Anblick eines heruntergekommenen Penners dann doch wieder Sodbrennen bekommen. Da nützt dann nicht mal ein Gang durch die alte Wandelhalle oder das Schlendern durch den Kurpark.

Vielleicht sollte ich den Heiler geben, der in seinem Omen-Wallemantel Tipps für ein langes Leben verteilt?

Dabei verheißt das Stadtwappen goldene Zeiten für einen mittel- und hauslosen Gesellen wie mich. Eine Leiter, die direkt zu drei schwimmenden Gänsen führt. Da schwebt doch gleich der Bratengeruch über deiner Decke. Und anschließend eine schöne Massage. Auch Penner leiden unter zugigen Ecken, an denen sie ihren Becher hinhalten müssen.

Im beschaulichen Kurpark überfährt mich fast eine Bimmelbahn, die hier „Wolkenschieber" genannt wird. Dabei möchte ich doch noch ein wenig auf der Erde bleiben. Von hier aus sieht man die Sterne so viel besser.

Ich schlendere durch das Einkaufszentrum Werre-Park. Glas und Stahl und Gucci-Sonnenbrillen. In der Mindener Straße sagt plötzlich eine Stimme: „Kein Eintritt für Haustiere."

Der Mann trägt eine dunkelblaue Uniform und mir fährt ein mächtiger Schreck in die Glieder. Gleich zieht er sich die

Latexhandschuhe über ... ist so ein Reflex, wenn Uniformierte mich sehen. Aber nein, ich bin gar nicht gemeint. Der Mann schiebt einen anderen Mann mit seinem weißen Terrier die Stufen hinunter. Der Beißer sieht sein Herrchen an, als täte es ihm furchtbar Leid, dass er in diesem Leben nun mal als Hund wiedergeboren wurde.

„Axel, die wolln uns nicht", sagt der Mann. „Mein Geld ist denen wohl nicht gut genug?"

Und schon weiß ich, wie ich für ein paar Tage mein Berberdasein im beschaulichen Oy-Oy bestreiten kann. Gott sei Dank denk ich ja nicht so viel, sondern seh lieber hin.

Außerdem hab ich mal gelesen, dass beim Goldrausch am Klondike nicht die Schürfer reich geworden sind, sondern diejenigen, die die Hacken, Schaufeln und Pfannen zum Goldwaschen verkauft haben. Nicht, dass ich reich werden will, das würde mir gerade noch fehlen. Nein, für den Stress bin ich wirklich zu alt. Aber so eine mobile und kuschelige Hundepension direkt vor dem Spielcasino, das fehlt in der Stadt Oy-Oy. Das ist ein lohnendes Geschäftsmodell.

Ich breite also meine Decke vor dem örtlichen Las Vegas aus und eröffne mein Freiluft-Hunde-Hotel.

„Und sie hauen mit meinem Hund auch wirklich nicht ab?", sagt der Mann mit dem Terrier zu mir.

„Ist schon schwierig genug, mich selbst zu ernähren."

„Hmh, was kostet das?"

„Das Aufpassen?"

Er nickt und sucht mit scharfem Blick meine Decke nach Ungeziefer ab. Soll sich sein Axel ja nichts wegholen, während er die Coupons vor sich auf dem Tisch stapelt.

„Eine Spende."

„Zehn Euro?", sagt er und blinzelt mich an.

„Fünf", sage ich, denn schließlich ist das hier mein Eröffnungsangebot. Penner-PR.

Er sieht mich kritisch an, und ich weiß, ich hätte „zwanzig" sagen sollen.

„Der Hund braucht jeden Tag Medikamente", sagt er. „Machen Sie also keinen Scheiß. Wie heißen Sie?"

„Omen."

„Klingt nicht unbedingt vertrauenswürdig."

Er drückt mir einen Schein in die Hand und tätschelt seinen Hund.

„Mach schön Sitz", sagt er, dabei sitzt Axel längst. Am Eingang zum Spielcasino dreht er sich noch einmal um, als wüsste er nicht so recht, ob er da vielleicht einen kapitalen Fehler begangen hat.

Axel ist also mein erster Gast. Sitzt brav auf meiner Decke, sieht mich fröhlich an, und ist jetzt wieder froh, ein Hund zu sein. Doch dann blinzelt er traurig hinüber zur Spielbank von Bad Oeynhausen. Wird Herrchen wieder das ganze Frolic-Geld verzocken?

Das Geschäft lässt sich prächtig an. Ein Penner mit Hündchen und das direkt vor der Spielbank? Die Gäste, die sich hier nach all der Ruhe und den Massagen mal wieder einem ordentlichen Belastungstest unterziehen wollen, sind großzügig. Oder wollen sie durch ihre Charity-Gaben den Glücksgott bestechen, der ihnen beim Poker doch gleich mal zwei Asse in die Hände schieben soll?

Ja, Menschen glauben an höhere Mächte. Zumindest, wenn sie sich nach Wassertreten, Thermalbad und Blutdruckmessen in die Hölle der Gier stürzen.

Immer, wenn einer stehen bleibt und mich mit fiebrigen Spieleraugen ansieht, mach ich ihn zu meinem Kunden. Schon nach einer halben Stunde halten die mich hier für so eine Art Orakel mit Draht zu den Göttern des Roulettes, Blackjacks und der Pokerei. Dabei bin ich nur ein Penner mit angeschlossener Hundepension, aber Penner mit dunklen Ahnungen sind eben gefragt. Zumindest bei Zockern. Ja, ich helfe gern. Gibt keine Abkürzungen im Leben, und manche Wege führen eben direkt über den Roulettetisch.

Ich sag also: „Schönen Tag auch“, und dann arbeitet das in ihren Hirnen. „Schön, schön ...? Schön ist die Herzdame, auf die muss ich achten“, und der andere: „Schön ist die Zahl acht mit ihren Rundungen“, ja das spekuliert sich jeder selber aus. Oder ich sag: „Dunkle Wolken, sieht nach Regen aus.“ Und bei „dunkel“ fällt ihnen Pik und Kreuz ein oder Schwarz auf dem Roulettetisch.

Ist ja alles ohne Garantie.

Zum Dank gibt's ein paar Münzen. Und auch Axel bellt fröhlich. Und wenn es mal nicht so funktionieren sollte mit den Orakelsprüchen ... na, wer fordert schon von einem Obdachlosen die Cents zurück? Ein gutes Geschäftsmodell. Die Spieler wissen, woran sie sich halten können und ich kann meinen nächsten Becher Kaffee bezahlen. Ich betreue also Hunde vor der Spielbank, verteile dunkle Ahnungen und halte meinen Becher hin. Ein beschauliches Leben und nicht mal das Personal vom Ordnungsamt schickt mich weg.

Und dann lerne ich eines Tages Henry kennen. Hält einen Plausch mit mir und sagt: „Heute Abend, Omen, weißt du, heute Abend werde ich es drehen.“

„Da steckt man nicht drin“, sage ich. „Sei vorsichtig.“

Er deutet auf meine Decke und sagt: „Du hast gut reden. So ein Leben schaff ich nicht. Dafür bin ich zu alt.“

„Ist nicht das Schlechteste. Freier Blick auf die Sterne, man kommt rum, muss sich keine Sorgen über zu wenig Bewegung machen.“

„Nee, nichts für mich“, sagt er. „Heute muss ich es da drinnen drehen, verstehst du?“

Dabei ist Henry so ein Typ, wenn der neben dir steht und Rot spielt, musst du nur auf Schwarz setzen, um reich zu werden.

Und dann tritt der Flame auf mich zu. Goldkettchen, Siegelring und rote Härchen auf dem Handrücken. Stellt sich direkt neben Henry und sieht ihn mit dunkler Miene an.

„Ich bin mal nicht so, hab einen todsicheren Tipp für dich.

Die 14 und die 12 sind seit zwei Wochen beim Roulette nicht gekommen“, sagt er und Henry solle sich Geld leihen und ran an die Bank. Alles, was er auftreiben könne.

„Ist mir zu heikel“, sagt Henry und mustert den Flamen.

„Kannst du glauben, Henry. Die beiden Zahlen sind fällig, allein schon wegen der Wahrscheinlichkeitsrechnung. Die könnten glatt auch zweimal hintereinander kommen. Das ist ’ne einmalige Chance, zwei Zahlen, die seit Wochen nicht gefallen sind.“

Allmählich bekommt Henry von dem Gequatsche ganz fiebrige Augen, und sieht ihn an.

„Woher willst du das wissen, das mit der 14 und der 12?“

„Ich hab da drin jemand, der notiert sich jede verfluchte Zahl, die kommt. Seit zwei Wochen steht mein Mann da drin und schreibt alles mit. Mathematik, du verstehst? Gewinnen kannst du nur mit Mathematik.“ Er tippt sich an die Stirn.

„Schön immer auf die 14 und die 12 setzen. Nicht kirre machen lassen. Die sind fällig, die müssen kommen.“

Dann zeigt der Flame auf den Labrador auf meiner Decke und sagt: „Schönes Tier.“ Und er erzählt von dem Mischling, den er als Kind hatte und dass ihm nie wieder im Leben einer einen Hund wegnimmt.

„Der hatte immer so eine rosa Schleife um, und hat mir die Finger abgeleckt. Mit seiner kleinen Zunge. Und nachts, nachts ist er auf meine Bettdecke gesprungen und hat sich eingerollt.“

„Und was ist passiert?“, frage ich.

Der Flame winkt ab.

„Niemand nimmt mir noch einmal einen Hund weg. Hab ich mir geschworen“, sagt er und dass deshalb seine Tipps so toll seien.

„Ich bin ein Siegertyp“, sagt er und sieht dann Henry an.

„Die 14 und die 12 kommen, brauchst du Spielgeld? Mach mal was aus deinem Leben. Die Chance sehen und fest zupacken.“

Tja, die Leute sind nicht nur aus heiterem Himmel böse.

Haben immer einen Grund. Und manchmal muss eben ein Hund herhalten. Gott sei Dank denk ich ja nicht so viel. Henry nimmt einen Kredit zu horrenden Zinsen auf und unterschreibt dem Flamen einen Packen Schuldscheine.

Von Tag zu Tag wird Henry blasser. Seit drei Tagen steht er Abend für Abend am Roulettetisch und setzt bei jedem Spiel auf die 14 und die 12. Die Zahlen zieren sich, wollen einfach nicht fallen. Henry ist am Ende. Am fünften Tag kommt er nicht mehr. Dafür steht der Flame vor meiner Decke.

„Du bist doch der Kumpel von diesem Typ, sag ihm, er soll mit meiner Kohle rüberkommen. Die Schuldscheine sind fällig."

Wenn du am Boden liegst, gibt es immer einen, der noch mal drauftritt. Schon allein wegen des Hundes, den man ihm als Kind wegegenommen hat.

Henry kann nicht zahlen und da sticht der Flame ihn einfach ab. Auf einer Bank im Kurpark wird er gefunden. Sitzt da, als würde er wie jeder andere Kurgast in die Sonne von Bad Oeynhausen blinzeln und auf ein Kurkonzert der Bielefelder Philharmoniker warten. Nur, dass ihm dabei ein Messer in der Brust steckt.

Am Abend kommt der Flame und wirft mir einen Schein auf meine Decke.

„Hast du einen Tipp, Omen", sagt er. „Ich will heute mal die Kugel rollen lassen."

„Die 14 und die 12", sage ich.

„Roulette ist nichts für mich, mein Ding sind die Karten."

Er grinst fies. Der weiß, dass Henry mein Freund war. Der Schein hat blutige Flecke. Soll wohl so eine Art Warnung sein.

Mir fällt der Hund ein, der den Flamen so böse gemacht hat. Eine Mischung aus Collie und Hirtenhund hat er gesagt. Genauso einer wie der Welpe vom Zuhälter-Paul. Der betreibt hier einen Begleit-Service für gut betuchte Kurgäste und führt abends seine Damen im Spielcasino vor.

Ich passe wie immer auf seinen Welpen auf und leg ihn hübsch in sein Körbchen. Im Papierkorb finde ich tatsächlich ein Stück zerknülltes, rosafarbenes Geschenkpapier. Ich drehe es zu einer Schlaufe und lege es dem kleinen Kerl auf meiner Decke um das Hälschen. Der Bursche ist mächtig stolz und schaut drein, als fühle er sich wie Mister Mischling von Bad Oy-Oy.

Und es klappt! Wie bestellt kommt der Belgier vorbei, und ich zeig auf den Hund.

Der Flame kann es gar nicht fassen. Sieht den Hund an und bekommt feuchte Augen. Er bückt sich, pflückt den kleinen Kläffer von meiner Decke, reißt ihm die Papierschlaufe runter und küsst den Hund ab.

„Hab dich endlich wieder", sagt er und wischt sich mit dem Handrücken eine Träne aus dem Auge.

Er wirft mir einen Schein zu.

„Das geht nicht", sage ich. „Ich pass auf ihn auf, hab eine Verantwortung. Wenn die Hunde weg sind, gibt es jede Menge Ärger."

„Scheiss drauf. Gekauft. Iss jetzt meiner", sagt er. Und: „Niemand nimmt mir einen Hund weg."

Gut, ich hab ihm eine Chance gegeben. Aber so ist das eben, wenn man dir als Kind einen Hund weggenommen hat. Das kann fatale Auswirkungen haben.

Der Zuhälter ist natürlich stinksauer. Auch er hat Tränen in den Augen und macht sich auf die Suche nach dem Flamen und seinem Hund. Noch am gleichen Tag trägt er den Welpen wieder im Arm. Zuhälter kennen keinen Spaß. Den Flamen haben sie gleich am nächsten Tag an der Fontäne am Jordansprudel gefunden.

Ja, so ein Hund kann tatsächlich dein Leben verändern. Aber Gott sei Dank denk ich ja nicht so viel.

Sabine Ernst

Schwarzer Frühling

Es war ein ungewöhnlich warmer März gewesen.

Doch Ende April zog wieder Frostnebel über die Heide. Die aufgebrochene Krume der Äcker war steinhart gefroren. Auf dem träge fließenden Wasser des Moorkanals trieb eine geborstene Eisschicht.

Wie jeden Abend seit einer Woche studierte Gertrud Vossiek den hundertjährigen Kalender. Als sie schließlich das Buch in den Schoß sinken ließ und mit leerem Blick aus dem Fenster starrte, stand Hans Vossiek auf und ging hinaus in die Deele. Vor der Waschlucht neben dem Deelentor blieb er stehen. Das Abendbrotgeschirr stapelte sich immer noch im Gossenstein. Vossiek verschränkte die Arme vor der Brust und betrachtete die schmutzigen Teller. Hielt hier allmählich polnische Wirtschaft Einzug? Er rief nach Lissy. Einmal, zweimal, auch nach dem dritten Rufen kam keine Antwort. Was war denn hier los? Plötzlich wurde es ihm eng in Brust und Hals. Am Hemdkragen reißend polterte er in seinen Holzschuhen zur Hintertür, rannte durch den Gemüsegarten und lief den von Birken gesäumten Sandpatt hinunter. Stürmischer Wind riss an den Zweigen. Rechts und links des Weges erstreckten sich Felder. Seine Felder, so weit man sehen konnte. Vossiek blieb stehen und holte tief Atem. In seinen Lungen biss die eisige Luft. Über den Sandbrachen ging der Horizont in einen rosa-grauen Himmel über. Er warf einen letzten Blick auf die Wolken und schüttelte den Kopf. Da konnte Trude noch so viel reden; er würde nicht zur Wacholder-Minna in die Fockelmühle rennen. Nie im Leben! Wenn Minna sich noch so gut auf's Handauflegen, Warzen besprechen und Schnaps brennen verstand; auch wenn sie es gewesen war, die Trude nach der Geburt ihres einzigen Sohnes wieder auf die Beine gebracht hatte; ihm konnte die alte Hexe nichts vormachen. Kurze Fünfe und für den

7. Mai 43 mal eben trockenes Frühsommerwetter vorausgesagt, damit die liebe Seele Ruhe hatte! Nur der Eier und der Speckseite wegen, die er auf Trudes Geheiß würde anschleppen müssen. Den Deubel würde er tun! Natur war Natur und da konnte man nichts machen.

Als er ins Haus zurückkehrte, war es in der Deele immer noch dunkel. Von Lissy keine Spur. Wo steckte das Luder bloß? Vossiek riss die Tür zur guten Stube auf. Nach der Kälte draußen nahm ihm die stickige Wärme fast den Atem und die zornigen Worte blieben ihm im Halse stecken. Der eiserne Etagenofen bullerte. Gertrud strickte jetzt im Schein der offenen Ofenklappe.

„Hänsken?“ Ohne mit dem Stricken innezuhalten, sah sie ihn an. „Warste draußen? Wird's besser?“

„Nee, Trude“. Er senkte eine schwere Hand auf ihre schmale Schulter. „Ick glaub, dat gibt nen schwatten Frühling.“

„Aber dat Pack ...“ Gertrud warf einen ängstlichen Blick aus dem Fenster. „... ick will dat nich im Hause haben. Wat machen wir denn nur, Hänsken?“

„Beten, dat Wetter wird, Frau.“

Und Gertrud Vossiek betete. Auf Knien, am Kalvarienberg vor dem Hoftor. Jeden Abend, eine Woche lang. Am fünften Mai kam der Frühling.

Am Vorabend der Konfirmation kränzten Lissy und die Mägde das Hoftor mit Tannengrüngirlanden. Am Nachmittag war auch endlich das Geschirr vom Scholten-Hof in der Neuenrieger Heide eingetroffen, das Gertrud ausgeliehen hatte. Nicht alle Tassen und Teller passten zusammen, aber man würde schon dafür sorgen, dass die Honoratioren das gute Service mit dem Streublümchenmuster bekamen. Schlimm genug, dass die Kötter mit am Tisch saßen. Die Habenichtse mit ihren abgetragenen Jacken, ausgefransten Röcken und krummen Buckeln. Man konnte schon froh sein, wenn sie zur Feier des Tages Holzschuhe an den Füßen trugen und nicht barfuß liefen. Heuerlingspack, arm wie Kirchenmäuse und diebisch wie Elstern. *Sandbüchse Senne – Hungerleiderland – Brotherrn Pflicht.* Nach der Feier musste unbedingt das Silberbesteck nachgezählt werden. Dem Pack war nicht zu trauen. Aber tat ihr Hänsken nicht alles für seine Kötter? Geizte er etwa mit Mehl und Eiern? Gab er ihnen nicht Saatkartoffeln, wenn sie ihre im Winter verbraucht hatten? Rückte er nicht, wenn es spitz auf Knopf stand, schon mal ein Mastferkel heraus? Tag und Nacht konnten sie zu ihm kommen und die Hand aufhalten. War die Misere durchgestanden, war es doch nur gerecht, dass man die milden Gaben wieder einforderte. Dann hatte das faule Kötterpack natürlich keine Lust, die Almosen abzuarbeiten. Aber neuerdings mit Kind und Kegel auf den Kartoffelfeldern an den Hünengräbern schuften, das konnten sie. Kam beinahe einem Segen gleich, dass man wenigstens noch die Russen hatte.

Die Gäste nahmen an der Tafel unter dem Hofwächter Platz, der mächtigen Eiche an der Wetterseite des Hauses. Etwas abseits, in der Nähe des Erdkellers, stand der Tisch für die Russen. Seit März waren sie jetzt auf dem Vossiek-Hof. Im Grunde war Vossiek nicht traurig darüber, dass seine Kötter ihm von der Fahne gegangen waren. Die Russen, die konnten arbeiten, ohne zu jammern. Jetzt zahlten sich seine Beziehungen zum Lagerkommandanten des Stalag 326 und zu Bürgermeister Lutterbeck aus. Mal einen Schinken hier, eine Speckseite und ein paar Hausmacherwürste dort. Man stand im vierten Kriegsjahr und den beiden quoll das Kinn auf den Hemdkragen und die Wampe über den Hosenbund. Im Stalag auf der Eselheide dagegen war Schmalhans Küchenmeister. 700 Kalorien pro Mann und Tag. Ersatzbrot, Ersatzkaffee und manchmal ein Schlag „Balanda“, eine Brühe aus faulen Kartoffeln, Kohlrüben und Gras. Bereits 42 hatte Vossiek die Gefangenen gekriegt, die er sich ausgesucht hatte. Ukrainer aus der russischen Kornkammer, die sich in der Landwirtschaft auskannten. Er hatte sich die Iwans zu loyalen Untertanen erzogen. *Ja Herr und Nein Herr – Gospodin hinten, Gospodin vorne.* Die knüppelten wie die Ackergäule. So musste es sein. Dafür kriegten sie kräftiges Essen. Schließlich war heute ein Festtag und Russen waren auch Menschen.

Das Festessen dauerte bis in den frühen Nachmittag. Gleich sollte es Kaffee und Kuchen geben, obwohl mancher Hosenbund schon mächtig drückte. Cord, der Konfirmant, saß bei den Erwachsenen. Zur Feier des Tages hatte er seinen ersten Schnaps bekommen. Es war nicht bei einem geblieben. Immer wieder hatte man darauf angestoßen, dass es für ihn vom Jungvolk in die Hitlerjugend ging. Wie durch einen Schleier sah Cord Lissy am Russentisch stehen. Noch hatte er ihr den Streit nicht verziehen, den sie heute Morgen kurz vor dem Kirchgang vom Zaun gebrochen hatte. Sie wollte doch partout nicht seine neue Uniform bügeln. Wie sah das denn aus? Ein mit Sidol blitzblank gewienertes Koppelschloss und eine verknitterte Hose und ein krauses Hemd?

„Ick pack die braunen Klotten nich an", hatte sie gesagt. „Dem Führer sein Ehrenkleid plätten? Wer bin ick denn? Dat mach man schön selber, Jungchen!"

Um des lieben Friedens willen hatte dann seine Mutter das Bügeleisen auf den Küchenherd gestellt.

Hart wie Kruppstahl, flink wie die Windhunde ... hart wie Kruppstahl ...

Cord legte den Kopf auf die Tischplatte. Komisch, wie still achtzig Menschen sind, wenn sie auf fremde Kosten gefressen und gesoffen haben. Vorhin hatten sie noch gesungen.

Weit und breit kein grünes Plätzchen / Sieht das Aug nur Wüstensand / Streusandbüchse bist du Senne für das deutsche Vaterland ...

Lissy hatte eine schöne Stimme. Überhaupt war sie sich für keine Arbeit zu fein. Die treckte eine schwere Plaggenkarre durch den Sand und sah dabei aus wie frisch aus der Lade genommen. Obwohl sie ein Kötterblage war und nur um Haaresbreite den Typhus überlebt hatte, der 42 vom Stalag über die Senne gekommen war. Cord kannte sie von klein auf an. Als Kinder hatten sie oft zusammen in der Ramke gebadet. Aber seit einem halben Jahr brauchte er sie nur ansehen und schon wurde es ihm eng in der Hose. Manchmal träumte er nachts von ihr. Aber jetzt war ihm alles egal. Uniform, Hitlerjugend, Gottes Segen, Lissy ... Schwankend stand er auf. Ihm war schlecht. Zur Scheune rübergehen, sich ins Heu legen und die Augen zumachen. Schnaps würde er so schnell nicht wieder anfassen, da konnte sein Vater sagen, was er wollte. Richtiger Mann hin oder her! Von wegen hart wie Kruppstahl. Cord stolperte über den Hofplatz, achtete nicht auf das Lachen und die Scherze der Männer. Er wollte nur weg. Gerade hatte er das Scheunentor einen Spalt aufgezogen, als ein Geräusch ihn innehalten ließ. Es klang wie ein Stöhnen. Vorsichtig schob er das Tor weiter auf. Der modrige Geruch des Vorjahresheus, der Staub, der in schrägen Sonnenstrahlen tanzte, reizten seine Nase. Wieder dieses Geräusch. Unter der Heubodenluke, neben der Leiter, bewegte sich etwas. Cord machte einen zögernden Schritt nach vorn, brauchte einen Moment, um zu begreifen, was er sah. Den nackten Rücken eines Mannes, der anscheinend auf allen Vieren im Stroh kniete. Auf Zehenspitzen schlich Cord näher. Unter dem Mann lag jemand. Ein Mädchen mit aufgelöstem Haar, aus dem Rock hängender Bluse und aufgestützten Beinen. Lissy! Cord entfuhr ein Schreckenslaut. Jetzt drehte der Mann den Kopf. Es war Grischa, der blonde Vorarbeiter, der Cord im letzten Jahr das Rauchen beigebracht hatte. Genickt hatte er, als er nach einigen Zügen an der aus Zeitungspapier und krümeligem Machorka gedrehten Zigarette mit wackligen Knien im Gebüsch verschwinden musste. Und gelächelt hatte er, nicht gelacht, wie es vielleicht sein Vater getan hätte. *Dawai moi drug, zakurim!* Noch oft hatten sie hinter dem Erdkeller geraucht und Grischa hatte ihm von der Heimat erzählt. *Rodina,* Vaterland, das Wort war oft gefallen. Und jetzt hatte Grischa, sein Freund Grischa, die Lissy in die Scheune gezerrt und sie sich mit Gewalt vorgenommen? Das konnte nicht sein! Grischa war in Ordnung. Auch sein Vater sagte das immer wieder. Aber die Lissy, die war doch kein Russenliebchen! Denen wurde der Kopf geschoren, man trieb sie mit einem Schild um den Hals durch die Dorfstraßen. Unfähig sich zu rühren, starrte Cord in Grischas schweißbedecktes Gesicht, auf dem die Überraschung langsam der Furcht wich. Aber seine Hand lag noch immer auf Lissys nackter Brust.

„Njet!" stammelte er schließlich. „Njet! Nicht gehen zu Bauer. Nicht gehen, moi drug!"

Lissy richtete sich auf, nickte Cord zu und legte den Zeigefinger auf ihre Lippen.

Cord rannte aus der Scheune, warf sich unter den Wacholder neben der Hintertür und schlief bis in den späten Nachmittag. Als er aufwachte, glaubte er zuerst, alles nur geträumt zu haben. Aber den ganzen Sommer über wurde er das Gefühl nicht los, dass zwischen Lissy und Grischa etwas im Busch war. Trotzdem gelang es ihm nicht mehr, sie zu erwischen.

Auf dem Hofgelände konnten sich die Russen relativ frei bewegen. Es gab nur zwei Posten, die oft in der Küche hockten und mit den Mägden schwatzten. Eigentlich war keine Bewachung notwendig. Zum einen lebten die Russen bei Vossiek wie die Made im Speck. Zum anderen hatte man im vorigen Jahr im Stalag das System der kollektiven Abstrafung eingeführt. War beim Abendappell ein Gefangener abgängig, musste das ganze Lager den Kopf dafür hinhalten. Da gab es zum Beispiel das Gassenlaufen. Es wurde abgezählt. Eins, zwei, eins, zwei. Die Zweier, ausgestattet mit Eichenknüppeln und Fahrradschläuchen bildeten eine Gasse, durch die Einer hindurch mussten. Die Kapos passten schon auf, dass die Männer nicht zu schnell rannten und die Prügel nicht zu sanft ausfielen.

Auf den Feldern waren Getreide und Flachs gesät, Kartoffeln und Rüben gepflanzt. Alle hofften nun auf Gottes Segen und gutes Wetter. Immerzu trieb Grischa sich in Haus und Garten herum. Wenn Lissy im Gemüsegarten Unkraut jätete, war er auch dort zu finden. Er trug ihr das Rahmfass und half ihr beim Hacken der Heideplaggen, die als Einstreu im Kuhstall gebraucht wurden. Und Cord sah die Blicke, die zufälligen Berührungen und er hörte Lissys Lachen. Ende Juli wurde ihm klar, dass er damals nicht geträumt hatte. Grischa rauchte auch nicht mehr mit ihm am Erdkeller. Keine Geschichten mehr aus der Heimat. Nix *Rodina* und nix *moi drug*. Grischa mied ihn. Der Russe schien fast Angst vor ihm zu haben. Zuerst konnte es Cord kaum glauben, aber der große Kerl mit den stahlharten Muskeln und der breiten Brust hatte tatsächlich Manschetten vor ihm. Das war der letzte Beweis. Eines Abends lauerte Cord Lissy in der Deele auf und packte sie beim Arm.

„Tu mit mir, wat du mit dem Iwan machst“, raunte er ihr ins Ohr. „Sonst sag ick es dem Vadder.“

„Sag ick ihm schon selber!“ Lissy riss ihren Arm aus seiner Umklammerung, gab ihm einen Klaps auf die Schultern und lief in Richtung Küche.

Mitten in der Nacht erwachte Cord vom Schlagen der Kammertür. Vor dem Bett stand sein Vater. Er hatte das Nachthemd in die Hose gestopft, die Hosenträger hingen herunter, sein Gesicht war verzerrt. Obwohl noch halb im Traum, dachte Cord, es sei etwas passiert. Er richtete sich auf die Ellbogen auf und wollte gerade etwas sagen, als sein Vater ihm das Oberbett wegriss und ihn auf die Füße zerrte.

„Pass auf, wat du sag's, Bengel.“ Die tiefe Stimme war rau vor Wut. „So'n Gerücht is schnell rum.“

„Wat für'n Gerücht denn ...“ stammelte Cord, aber er kam nicht weiter, weil eine mächtige Ohrfeige seinen Kopf zu Seite fliegen ließ.

„Erstens!“ Wieder fuhr die schwere Hand herab. „Unser Lissy is nich so eine. Zweitens!“

Cord sah den Schlag kommen und duckte sich, aber sein Vater setzte nach und traf ihn auf das linke Ohr.

„Grischa is mein bester Mann. Morgen is Mähen. Wer soll denn den Erntewagen fahren? Du vielleicht? Inne deine alberne Buxe und dem kackbraunen Hemde?“

„Nich, Vadder!“ jammerte Cord. „Nich mehr schlagen!“

„Drittens: Noch nich mal ne Garbe kannste aufrichten. Und viertens! Hier werden keine großen Reden geschwungen. Und von grüne Jungs schon gar nich!“

Cord brachte kein Wort heraus. Immer wieder schnellte die Hand seines Vaters vor. Er zuckte auch nicht mehr zur Seite. Beide Wangen brannten wie Feuer, in seinem linken Ohr rauschte es. Wimmernd krümmte er sich in Erwartung weiterer Schläge zusammen, aber sein Vater stieß ihn ins Bett zurück, wandte sich ab und verließ die Kammer.

Um sechs Uhr früh begann das Mähen. Erst gegen Abend würden die Schnitter und Garbenbinderinnen wieder auf den Hof zurückkehren. Das Essen wurde aufs Feld gebracht, wobei das selbst gebraute Erntebier nicht fehlen durfte, denn die staubige Arbeit machte Durst. Cord hatte den Auftrag bekommen, die Verpflegung mit dem Leiterwagen zum Westfeld zu schaffen. Er wusste, dass es seine Strafe war, denn der Essenstransport war Frauenarbeit. Er hoffte nur, dass ihn bei seiner Demütigung niemand sah. Schon auf dem Sandpatt hörte er das Dengeln der Sensen.

Grischa und sein Vater saßen auf dem von zwei Ackergäulen gezogenen Erntewagen. Sie rakten das geschnittene Korn zu Hocken zusammen. Dahinter liefen die Frauen, die die gebündelten Hocken auf den Wagen warfen. Lissy ging in der vorderen Reihe, direkt hinter dem Wagen. Cord winkte ihr zu, aber sie schien ihn nicht zu sehen. Mit dem Unterarm schirmte er die Augen vor dem blendenden Gleißen ab. Die fast senkrecht stehende Sonne sog alle Schatten auf. Staubwolken lagen über dem Feld, die Nüstern und Rücken der schweren Holsteiner waren von Schaumflocken bedeckt. Trotzdem flogen Scherzworte hin und her. Cord stellte den Essenwagen am Feldrand ab und gab dem Hinterrad einen Tritt. Er hatte seine Pflicht getan. Die schufteten sich auf dem Feld ab, er konnte baden gehen. In der „kleinen Ostsee“, dem Baggersee bei den Grünewälder Höfen.

Eine Woche später war die Ernte fast beendet. Aber als das Ostfeld halb gemäht war, zog von der Kammersenne ein Gewitter heran. Vossiek brüllte und schrie, trieb seine Leute zu höchster Eile. In letzter Sekunde schafften sie es, den vollen Erntewagen trocken zur Scheune zu bringen. Dann brach das Gewitter los. Die Frauen suchten Schutz in der Deele. Lachend wrangen sie ihre Kopftücher und Schürzen aus. Die Russen jedoch blieben auf dem Hofplatz, rissen sich die verschwitzen Hemden herunter und ließen sich vom Regen Staub und Spelzen von den Körpern waschen. Plötzlich begannen einige der Männer zu singen. Ein schwermütiges Lied, in das immer mehr Stimmen einfielen. Auch wenn Hans Vossiek die Worte nicht verstand, wusste er doch, was in diesem Augenblick in den Gefangenen vorgehen mochte. Auch er hing an seinem Land.

„Hol mal die Steinhägerpulle“, sagte er zu seiner Frau und fuhr sich mit dem Unterarm über die verschwitzte Stirn. „Jetzt gibts nen Schnäpsken, sonst fangen die Iwans noch dat Plärren an. Außerdem war dat gute Arbeit.“

„Aber Hänsken!“ Gertrud machte ängstliche Augen. „Dat is verboten. Du willst doch nich die Russen Schnaps ...“

„Und ob ick dat will!“ polterte Vossiek und schob seine Frau in Richtung Küche. „Dat wat die letzte Fuhre. Ernte is vorbei. Jetzt wird gefeiert. Und den Rest von dat Erntebier kannste auch noch mitbringen.“

Selbst die Posten drückten ein Auge zu. Es waren Männer aus der Gegend, sie wussten, dass das Einbringen der letzten Fuhre gefeiert wurde. Das war Tradition. Genauso wie der Erntehahn, der morgen am Scheunentor hängen würde. Außerdem hatten die Russen hart gearbeitet. So hart, als wenn sie auf ihren eigenen Felder schuften würden. Und vorbildlich geführt hatten sie sich. Auf den Grünewälder Höfen war das ganz anders gewesen. Denen waren während der Ernte fünf Polen abgehauen. Wie ein Lauffeuer hatte es sich herumgesprochen. Schon am nächsten Tag hatte man die Flüchtigen in Augustdorf wieder geschnappt, aber solche Unsitten konnten Schule machen. Deswegen wurde jetzt in der Gegend um die kleine Ostsee Tag und Nacht Streife gefahren. An jeden Abgängigen würde im Stalag ein Exempel statuiert werden. Auf dem Exerzierplatz war der hölzerne Bock bereits aufgestellt. Bis auf Widerruf sollte es im Falle eines Falles halbe Ration für das ganze Lager geben. Käme einem Wunder gleich, wenn der Flüchtling die Prügel seiner Kameraden überleben sollte.

Das Gewitter war längst weitergezogen. Es war dunkel geworden. Am klaren Nachthimmel stand der Fingernagelmond. Nach der harten Arbeit in der Hitze hatten Schnaps und Bier Wirkung gezeigt. Auch das Essen hatte nichts mehr daran ändern können. Das fröhliche Reden war verstummt. Einer der Posten hatte sein Gewehr zur Seite gelegt und schlief unter dem Wacholderbusch. Der andere war nicht zu sehen. Nach und nach waren die Frauen im Haus verschwunden, um sich schlafen zu legen. Auch Cord wollte gerade aufstehen und in die Kammer gehen, als sich eine Hand von hinten auf seine Schulter senkte.

„Wo Lissy“? flüsterte Grischa ihm ins Ohr. „Wo sein Frau?“

Cord zuckte die Achseln und drehte den Kopf zur Seite. Der Russe stank. Nach Schnaps, Schweiß, Zwiebeln und Knoblauch. Nach Arbeit und nach Untermensch. Im Mundwinkel hing ihm eine dieser widerlichen Zigaretten, die man nicht rauchen konnte, ohne sich in die Hosen zu scheißen. Außerdem war er besoffen, konnte sich kaum auf den Füßen halten. Und dreckig war er. Schmutzig wie ein Schwein, das sich im Mist gesuhlt hatte.

„Wo, Lissy?“ raunte Grischa. Seine Stimme war leise und dunkel, als würde ein sanfter Wind über einen offenen Flaschenhals streichen. „Sag, wo Frau sein, moi drug.“

Grischa drückte fester zu. Plötzlich musste Cord daran denken, dass diese Hand mit den dreckigen Fingernägeln Lissys nackte Brust umklammert hatte. Er dachte an den Ausdruck auf ihrem Gesicht damals in der Scheune, ihre weit gespreizten Beine, ihre geöffneten Lippen und die Haare, die sich feucht auf Stirn und Nacken gekräuselt hatten. Seine Brust zog sich zusammen. Er hatte Lissy verloren. An den dreckigen Iwan mit der sanften Stimme. Jetzt wusste er mit endgültiger Gewissheit, dass sie ihn niemals so ansehen würde, wie sie Grischa angesehen hatte. Für Lissy war er nur ein Blage mit Rotz unter der Nase, der es seinem Vater nie recht machen konnte und der zu ungeschickt war, um auf dem Erntewagen mitzufahren. Auch wenn er eines Tages den Hof erben würde, sie würde ihn niemals lieben. Eine Woge der Wut, des Hasses und der Enttäuschung schoss in Cord hoch. Er ballte die Fäuste, wollte aufspringen und Grischa in die besoffene Fresse schlagen, bis ihm das Blut aus der Nase schoss. Aber er blieb sitzen, sah starr geradeaus und bemühte sich, das fordernde Flüstern zu überhören. Dann kamen die Gedanken. So flüchtig, dass er sie kaum wahrnahm.

... da schlüpft keine Maus mehr durch ... wenn noch einer abhaut, kommt er auf den Bock ... sollst mal sehen, wie die zuhauen können ... auch wenn's einer von ihnen ist ... mit leerem Magen kennt der Untermensch erst Recht keine Moral ...

Cord legte die Hände auf die Oberschenkel und setzte sich aufrecht hin. Das war die Lösung! Ein Satz, nur ein paar Worte und er war den Iwan vielleicht für immer los. Und weder sein Vater, noch Lissy, der Bürgermeister, der Pastor oder der liebe Gott persönlich konnten ihn für irgendetwas verantwortlich machen.

„Wo ist?“ drängte Grischa und rückte wieder näher. „Sag, wo ist. Du weißt, wo ist?“

„Klar!“ Cord machte eine kurze Pause. Jetzt durfte er keinen Fehler machen. „Klar weiß ick dat.“

„Wo ist?“

„Schwimmen is sie!“ sagte Cord. „An ne kleine Ostsee. Bei Grünewälders. Ick bring dich auf'n rechten Weg. Damit du dich nich verläufst inne Heide.“

Im Herbst 43 schwebten so viele Irrlichter wie nie zuvor nachts über den Moorkanälen. Wacholder-Minna erzählte beim Spinnen am Herdfeuer wieder vom Kuss des Heidemanns. Wenn der Heidemann nach Sonnenuntergang auf der Heide ein Mädchen trifft, nimmt er sie unter seinen grauen Umhang und geleitet sie stumm nach Hause. Zum Abschied drückt er ihr einen Kuss auf den Mund. Und am Morgen wacht das arme Mädchen nicht mehr auf. Die alten Geschichten schreckten die Mägde nicht. Aber sie rückten enger zusammen, wenn Wacholder-Minna im Flüsterton von der seltsamen Gestalt erzählte, die beinahe jeden Abend um die elfte Stunde an der kleinen Ostsee gesehen wurde. In einem langen Soldatenmantel stand sie am Rand des Strandes, die leeren Augenhöhlen auf die dunkle Wasseroberfläche gerichtet, auf der sich der Fingernagelmond spiegelte. Aber manchmal sah man sie auch auf den Dünen, die Fäuste drohend in Richtung Vossiek-Hof erhoben.

„Schlagt mich dot“, sagte Minna dann und ließ die Spindel sausen. „Drei Tage hat dat arme Lüd auf'm Bock gehangen. Sie ham ihn erst losgemacht, als die Krähen kamen.“

Stefan T. Gruner

Können fremde Herzen töten?

Bericht vom unerhörten Auftritt des Theo M., der nach der Ermordung eines Rivalen um ein Haar auch noch den mit seiner Tat befassten Richter umgebracht hätte.*

(Die mit * gekennzeichneten Namen sind geändert, um zusätzliche Morde zu verhindern.)

Wer war's? Getrieben von welchen Motiven? Und wie geriet die oder der überhaupt in die Sache hinein? Das schien mir bei Kriminalfällen immer vergleichsweise blass gegenüber der Frage: Wie kam die oder der wieder aus der Sache *raus?* Durch die Maschen der Gesetze? Es mag andere Ansichten geben; die sollten dann auch woanders bleiben.

Ich lebe in Großdornberg – hier geboren, Kindergarten und Grundschule genossen, mit der Hälfte unserer Clique zur Laborschule gewechselt, dann Oberstufenkolleg, Quereinstieg ins Soziologie-Studium: der Witz macht ja die Runde, dass man als Knirps in der Krabbelgruppe beginnen und als emeritierter Professor im gleichen Gebäude enden kann, ohne den Campus je verlassen zu müssen, wohnen, essen, Familie gründen und am Swimming-Pool Urlaub machen eingeschlossen …

Aufgrund der Nähe zur Uni und den angeschlossenen Institutionen hat jeder zweite Dornberger im akademischen Bereich zu tun. Der *white collar high brow district* der Stadt, wie Eingeweihte spötteln. Bielefeld bildet sich einiges auf seine Denkfabriken ein. Hautnah erlebte ich allerdings auch *den* Wermutstropfen – viele reden noch heute von tiefer Kränkung und vertaner Chance –, den die Stadt hinnehmen musste, als sie eine medizinische Fakultät plante. Hier warf sich Münster mit der gesamten Wucht der schon bestehenden Unikliniken gegen das Vorhaben, versprach den Stadtoberen gleichzeitig eine

Bevorzugung von Medizin-Studienbewerbern aus Bielefeld und behielt so in dem Bereich die Oberhand. Es ist mir daher ein Trost, meiner Heimatgemeinde an dem folgenden Beispiel die abartigen Blüten aufzuzeigen, die jene Zunft zu treiben fähig ist. Weit davon entfernt, einer verpassten Gelegenheit nachzutrauern, sollten wir dankbar sein, dass hier ein Kelch an uns vorüberging! Lasst Münster, möchte ich rufen, um Gottes willen die Medizin, sonst erlebten wir bald ähnliche Moral unterwühlende und jedes Rechtsempfinden aushebelnde Vorstöße wie die, von denen hier zu berichten ist.

Münster: Vom Ruf her die Stadt, in der die herrschende Fahrradfraktion ihre Lenker wie Stierhörner gegen Autos und Passanten einsetzt, lokal bestochene Verhaltensforscher des ansässigen biologischen Instituts zur Tourismus-Ankurbelung einen schwarzen Schwan dazu gebracht haben, sich in ein Tretboot zu verlieben und ansonsten 50.000 Studenten alle Anstrengungen unternehmen, die biedere Beamtenstadt zu beleben.

Besonders die medizinische Fakultät sonnt sich in ihrem überregionalen Ruf. Die Pathologie hat es schon bis zum *Tatort* geschafft. Der Kriminalbiologe Mark Benecke erreichte mit seiner Methode, durch Madenanalysen Morde aufzuklären, Popstar-Status. Professor Sadegh-Zadeh, Medizinhistoriker, ist wiederum für eine verschworene Science-Fiction-Szene Kult. Doch mit der Freude wächst auch die Gefahr! Bei Theo M. bestand das Unglück darin, von einem überhitzten wissenschaftlichen Eiferer mit Ideen infiziert zu werden, die zu einer durch und durch verwerflichen Verteidigungsstrategie führen.

Die Rede ist von Doktor Lysko*, der als Experte schon vorab die Denkorgane des Strafverteidigers mit seinen Thesen derart benebelt haben musste, dass die folgende Verhandlung zu einem streckenweise beängstigenden Spektakel entglitt.

Die Fakten: Salzstraße 7, ‚Café Extrablatt', Espresso Euro 1,90, Milchkaffee Euro 2,80, Jim Beam Euro 2,60, Solero (Cocktailkomposition aus Maracuja, Zitrone, Ananas, Wodka, Safari) Euro 6,50, Audrey Hepburn hinter mir an der Wand,

Einzeltisch. Ich im inneren Clinch mit den letzten Stunden, in meiner Eigenschaft als Prozessberichterstatter einer Zeitung, die in dem Zusammenhang unter keinen Umständen genannt sein möchte. Meine Zeitung veröffentlicht die spektakulärsten regionalen Kriminalfälle in einer eigenen Kolumne. Der anstehende Fall Theo M. wirkte nicht besonders aufregend; sie schickten mich nur vorsichtshalber hin. Und als er plötzlich außergewöhnlich wurde, schien er nicht druckwürdig, sondern für meinen Chef augenblicklich in der „Rundablage" (= Papierkorb) zu versenken.

Blieb mir die Verarbeitung des persönlichen Entsetzens. Der Prozess begann mit der üblichen Erfassung von Person, Anklage, Tathergang, Beweisaufnahme. Formal schien alles reibungslos zu laufen, wenn es sich auch inhaltlich um ein Kapitalverbrechen der niedersten Sorte handelte. Immerhin hatte Theo M. den Liebhaber seiner Freundin, mit der er zwei Kinder hatte, von denen wiederum M.s Frau und deren Kinder nichts wussten, kaltblütig umgebracht, und zwar so, dass es dem Opfer „richtig weh getan hat", wie M. bei seiner Vernehmung mehrfach betonte. M. war bis dahin polizeitechnisch unauffällig geblieben, als Betreiber von Autowaschanlagen, Tankstellen und Motorradshops sogar ein willkommener Steuerzahler im soliden Mittelsegment.

Da Theo M. die Tat gestanden hatte, schien es nur noch um die Höhe des Strafmaßes zu gehen. Beunruhigend allenfalls, wie gelassen, ja fast belustigt Herr M. dem Ablauf der Hauptverhandlung folgte.

Die Haltung des Angeklagten stieß auch Richter Justus K.* zusehends sauer auf. Er fuhr M. zwar nicht ermahnend in die Parade – dafür war dessen Mienenspiel zu dezent –, doch es brauchte keine feinere Beobachtung, um zu bemerken, dass sein Gemüt zu kochen begann.

Die Eröffnung des Verteidigers trug kaum zur Beruhigung des tüchtigen Richters bei. Schon der despektierliche Ton musste befremden:

„Entschuldigen Sie, Herr Vorsitzender, was machen Sie mit meinem Mandanten?"

„Ich?", gab Justus K. leicht angefasst zurück, „ich habe ein Geständnis vorliegen, sehe weder Affekt noch mildernde Umstände, wohl aber einen offenbar amüsierten Angeklagten, und hoffe nun umgekehrt von *Ihnen* zu hören, was gegen das vom Staatsanwalt geforderte Strafmaß spricht."

„Es ist ganz einfach: Herr Theo M. ist strafrechtlich unbelangbar."

Diese Aussage war umso dreister, als mit Theo M. ein Mensch auf der Anklagebank saß, dem man viel vorwerfen konnte, aber nie und nimmer, dass er nicht bei Sinnen war. Er war mit jeder Faser seines Daseins schuldfähig.

Entsprechend verdutzt sah der gute Richter jetzt, salopp gesagt, aus der Wäsche.

Mir selber stieg der Puls, und in der Folge glaubte ich mich in einen jener Träume katapultiert, die man schon im Traum abschütteln möchte, während man doch mit jeder Bewegung nur tiefer und tiefer in sie sinkt. (War es nicht Freud, der hier von *Traumsandlöchern* sprach?)

„Können Sie das näher erläutern?", sagte der Richter.

„Ja, Hände weg von Herrn M., bevor Schlimmeres passiert."

„Ist das eine Drohung?"

„Ein Wink. Eine Aufforderung."

„Eine Bitte?"

„Keine Bitte. Wir brauchen um nichts zu bitten. Kennen Sie Keith Jarrett?"

„Sind wir hier in einem Ratespiel gelandet?"

„Keith Jarrett, den begnadeten Jazzpianisten, kennen Sie? Nein? Wissen Sie, was der über seine Hände gesagt hat?"

„Was soll denn ..."

„Der hat über seine Hände gesagt: *sie*, nicht sein Gehirn, speicherten seine Fähigkeiten am Klavier."

„... muss ich mir jetzt im Ernst ..."

„*Sie*, nicht sein Gehirn, bildeten sein musikalisches Gedächtnis. Das ist die Spur."

„Moment! Stopp! Wollen Sie hier eine mystische Séance aufziehen, Herr Verteidiger? Nehmen Sie sich zusammen!"

„Zusammen ist auch ein gutes Stichwort. Ich kann mich zusammennehmen. Sie können sich zusammennehmen. Mein Mandant kann sich *nicht* mehr zusammennehmen."

Bei Justus K. zeigten sich erste rote Flecken an Hals und Wangen: „Weg mit dieser Wortakrobatik! In der Richtung will ich nichts mehr hören!"

„Das wäre, bei allem Respekt, ein Tritt ins Gesicht der Gerechtigkeit, Herr Vorsitzender. Ich bestehe darauf, dass Sie sich mit der gleichen Geduld, die Sie bei dem Antrag des Staatsanwalts zeigten, nun anhören, warum mein Mandant, Herr M., so wie er hier vor Ihnen sitzt, juridische Unperson ist."

„Sortieren Sie Ihren Wortschatz!"

„Ich meine damit, in keiner Weise justiziabel."

Die roten Flecken des Richters schlossen sich zu kleinen flammenden Kontinenten auf seinem Gesicht zusammen. Seine Stimmlage wechselte vom souveränen Bariton zum gepressten Tenor, zumal er mit ansehen musste, wie Theo M. sich spreizbeinig zurücklehnte, die Arme genussvoll über die Banklehne hängte und zufrieden, ich kann's nicht anders sagen, *feixte.*

„Tritt? Haben Sie Tritt ins Gesicht der Gerechtigkeit gesagt? Ich dulde solche unqualifizierten Metaphern nicht!"

(Heimlicher Beifall meinerseits: Gerechtigkeit kann man allenfalls mit Füßen treten, selbst das klingt blöd, denn womit sonst? Kommt die inhaltliche Unterstellung dazu, hier missbrauche einer seine Rolle, was der tüchtige Richter im fast schon heiligen Zorn zurückweisen musste. Bravo!)

„Persönlich nicht haftbar", legte der Verteidiger nach und strich sich selbstgefällig die weiße Krawatte im Robenausschnitt glatt.

„Haftbar und vor allem haftfähig, wenn ich zusammenfasse, was bisher vorgebracht wurde."

„Sie haben das Entscheidende noch nicht gehört."

„Nicht justiziabel. Haben Sie nicht justiziabel gesagt? Was sollen derartige unpassende Schlenker? Ich hoffe, Sie wollen mir Herrn M. nicht wirklich entmündigen. Das Gutachten möchte ich sehen. Wenn Sie nichts weiter vorzubringen haben, halte ich Ihre Ausführungen für abgeschlossen."

„Das kostet Sie Ihr Amt!"

Ich schluckte. Der wackere Richter wechselte vom gepressten Tenor zum schrillen Sopran: „Was denn jetzt? Mir drohen? Mir diesen Mann vor der Strafverfolgung retten wollen? Sind Sie bei Trost? Über welches Versandhaus haben Sie Ihr Staatsexamen bezogen? Welcher Kostümverleih hat Ihnen den Talar ausgehändigt?"

Ich sah bestürzt in das klatschmohnrote Gesicht des Richters, der offensichtlich mit seiner Fassung auch sein übliches Sprachniveau verlor, sich zu persönlichen Angriffen hinreißen ließ. Verständlich wurden die Ausrutscher bestenfalls, wenn man wusste, was ich selber erst nachträglich erfuhr: dass der tapfere Rechtssprecher an einer Herzinsuffizienz Stufe IV litt (Beschwerden bis zur Atemnot schon in relativer Ruhe), und daher bei kurzzeitigem zerebralem Sauerstoffmangel – verursacht durch übermäßige Erregung – auf verbale Reflexe zurückgriff, die blind aus der untersten Pöbelkiste schossen.

„Es geht um die Verurteilungsfähigkeit meines Mandanten, Herrn Theo M.", wiederholte der Verteidiger betont sachlich, was schon wieder fast zu bewundern war, aber eben auch nur fast, denn er hatte, wie wir im Sandkasten immer sagten, *angefangen* (also durften sich der Gegner jetzt auch nicht über eine Schaufel Sand in seinem Mund wundern …).

Einmal aus den Fugen, entglitt die Sprache vollends. Keiner gab sich mehr die Mühe zu unterdrücken, was ihm auf der Zunge brannte. Ich traute meinen Ohren nicht.

„Wie wollen Sie wandelndes Orakel den Mann vor dem Gesetz retten?"

Das vom Richter, erste Schweißrinnen an den Schläfen.

„Ich beweise, dass Ihre Rechtssprechung bei Herrn M. danebengreift."

„Daneben, ja?"

„Beidhändig!"

„Sie Haarspalter! Erklärungen her! Sonst geht's Ihnen selber an den Kragen."

„Ihr Recht ..."

„Unser Recht. Noch immer *unser* Recht, Herr Verteidiger!"

„Ihr Recht beruht auf der Prämisse einer natürlichen Einzelperson. Was aber, wenn sich – ich zitiere den Rechtskundler Ivanceanu – Blut, Knochen, Fleisch, Haut, Herz, Niere, Leber und Sperma, Hoden und Gebärmutter in der medizinischen Sezession vom Körper lösen, ihre Unabhängigkeit erhalten und das Kooperationsabkommen mit dem genetischen Bildhauer kündigen? Ist eine implantierte Hüfte, ist eine gespendete Milz nicht selbst eine kleine, natürliche Person?"

„Ist es das?"

„Ein schallendes Ja!"

„Und jetzt wollen Sie mir stecken, Ihr Mandant sei aus Fremdorganen zusammengestückelt, die sich in der Stunde der Not gegenseitig denunzieren: Verurteilt das Miststück, aber lasst mich, den aus Friesland nachgereichten Magen, die aus Asien importierte Milz, das finnische Schienbein laufen! Seh ich das richtig?"

„Auch umgekehrt! Sofern nämlich das nachgereichte Organ das Miststück ist."

„Und plötzlich will jeder nur noch Gast, Durchreisender, Untermieter gewesen sein, wenn das Haus unter den Hammer kommen soll?"

„So ist es."

„Ihr Mandant ist also in seiner Gesamterscheinung nur eine Ansammlung von Leihgaben ohne einen verantwortlichen, anklagbaren Kern?"

„Exakt."

„Und nur noch lauter kleine Fremdarbeiter im Multikultileib?"

„Ich könnt's nicht schöner sagen. Konkret trägt Herr M. ein Fremdherz und eine Spenderniere in sich."

„Ha, jetzt also! Kommt es zum Schwur, zeigt jeder mit dem Finger auf einen anderen Teil des Puzzles und will mit dem Arm des Gesetzes Fang-den-Hut spielen? Das treib ich Ihnen aus!"

„Nichts treiben Sie. Die Realität überrollt Sie. Ihr Paragraphen-Instrumentarium ist unbrauchbar geworden. Sie versuchen, mit einer Heugabel aus dem Mittelalter das aktuelle Wissenschafts-Sorbet zu löffeln."

„Weg mit diesen schiefen Bildern! Von Ihnen will ich nichts mehr hören! Was sagt der Experte, Doktor, äh, Doktor Lysko*?"

„Jens Lysko."

„Los, Dok. Und keine Fremdwörter!"

Mit der saloppen Frechheit des möglicherweise genialischen, aber sich als entschiedener Bürgerschreck gefallenden Nutznießers der vielleicht doch *zu* freiheitlichen Forschung flegelte sich der Mann sogleich im Zeugensitz zurecht, Hände in den Taschen, schüttelte seine titangelb gebleichte Mähne und nuschelte seine Ausführungen herunter, als rede er mit einem Kumpel seiner Stammkneipe:

„Aufgepasst, die Sache mit der Identität hat sich spätestens seit den Tagen von Dolly und dem ihr folgenden Klonen-Zoo erledigt. Identität gehört in die Rumpelkammer der Geschichte. Erst recht die Annahme eines zusammenhängenden Bewusstseins bei der Krone der Schöpfung, dem Menschen, dem ‚verunglückten Tier', wie unser Philosoph so treffend bemerkt. Das Ich ist eine Illusion, von der Natur erfunden, um uns auf Trab zu halten. Das nur am Rande. Hier können wir konkreter werden. Ich erinnere an den Fallbericht *Orlacs Hände* von Meister Maurice Renard, der schon lange vor dem Nachbuchstabieren der Genbibliothek an einem Konzertpianisten die juristischen Konsequenzen im Gefolge der Organtransplantationen auf den Punkt brachte. Was geschah? Einem Konzertpianisten waren nach einem Autounfall, bei dem er beide Hände verlor, von einem Chirurgen frische Ersatzhände derart genial anoperiert worden, dass er bald wieder in gewohnter Virtuosität spielen konnte. Allerdings musste er feststellen, dass seine neuen Hände ein mörderisches, genauer *menschenwürgendes* Eigenleben betrieben. Und was fand er heraus? Sie stammten von einem Verbrecher. *Wer tötete hier?* Der Pianist oder die Hände? Da klappen Sie mal flugs Ihre Gesetzbücher zu und schweigen versonnen."

Mir tanzten die Stablämpchen der Deckenbeleuchtung wie ein von Gott persönlich warnend angerührter Sternenwirbel vor Augen. Der sonst so beherrschte Richter geriet zusehends außer sich, was sich auch in der befremdlich losen Anrede zeigte, die er jetzt durchgängig beibehielt: „Das ist doch konstruierter Quark, Dok. Der Pianist bleibt verantwortlich. Was man ihm auch annäht oder einpflanzt – Hände waren's, sagen Sie? – na gut, die Hände bleiben unter der Fuchtel eines inneren Dirigenten, um in Ihrem Musikanten-Bild zu bleiben: sie bleiben unter der Steuerung eines persönlich haftenden Bewusstseins! Und das ist in unserem Fall das dirigierende Bewusstsein von Theo M ..."

„Schön wär's, nur, ich bin hier der Experte, und als solcher bestehe ich darauf, verabschieden Sie sich von einem kontinuierlichen Bewusstsein, an sich schon ein Unding, erst recht außer Kraft bei neu hinzugekommenen Organen."

„Herr *Doktor Lysko*", rief der um Atem ringende Richter, während er mit beiden Händen seinen Kragen vom angeschwollenen Hals fernzuhalten versuchte, „verdammt noch eins, ich kann keine implantierte Leber aburteilen, wenn der Empfänger, nachdem er jemanden im Suff umgefahren hat, zu seiner Entschuldigung erklärt, der Spender eben jenes Implantats habe sich als militanter Trinker entpuppt, und nicht er, der bislang keinen Tropfen Alkohol angerührt habe, sondern es, das neue Organ, sei der eigentliche Triebtäter gewesen!"

„Können werden Sie das müssen."

„Himmel, dann denken Sie aber auch Ihre Ausführungen zu

Ende, Dok. Dann wäre ich gezwungen, die schuldige Leber aus dem unschuldigen Fahrer zu schneiden und getrennt in die Zelle werfen zu lassen! Dann ist der leberlose Rest doch auch hin!"

„Das ist ein anderes Thema. Ich komme von der Wissenschaft. Und diese Wissenschaft sagt, der Magen hat ein separates Bewusstsein. Zu schweigen von Nieren, Hoden, Gebärmüttern und ..."

„Ersparen Sie mir unappetitliche Einzelheiten!"

„Ich bewege mich immer noch auf der Ebene gröbster Übersicht. Einzelheiten begännen mit dem Hinweis, dass der Darm über 100 Millionen Neuronen besitzt – mehr als das Rückenmark. Und sollte kein Gedächtnis haben? Nö, werte Anwesende, macht euch endlich vertraut mit den Untersuchungen eines Paul Pearsalls und seines Teams, das im Anschluss an 74 Transplantationen die merkwürdigsten Veränderungen bei den Organempfängern feststellte: Alle übernahmen bestimmte Vorlieben und Fertigkeiten der Spender! Seitdem redet Professor Pearsall ehrfürchtig von einem „zellulären Gedächtnis". Gespenstig? Mag sein. Gesponnen keineswegs."

Die Wirkung auf den ehrbaren Richter war unübersehbar. Unübersehbar auch, dass sowohl Angeklagter wie Experte den Angriff genossen. In gönnerhaft-gemeinem Ton setzte Doktor Lysko den nächsten Hieb: „Ich lass Ihnen ein Exemplar vom *Journal of Near-Death Studies* da, Beleg Nummer 3/408/2007, können Sie als Faktenlicht in Ihrem Spekulationsnebel zu den Akten legen. Damit das hier ein Ende hat."

Richter Justus K. griff sich ans Herz.

Unbeeindruckt von diesem dramatischen Signal eines um seine letzten Kräfte Ringenden hieb Doktor Lysko weiter in die Kerbe: „Das meiste wird eben unterhalb der kortikalen Zone geregelt, die der Laie mit dem Sitz des Bewusstseins gleichsetzt, obwohl dort nur der Zipfel des Betttuchs raushängt, ob's uns passt oder nicht. Das kurzgeschlossene, zu autonomer Rückkopplung fähige Nervensystem der Organe handelt eigensinnig vor sich hin, am Zipfelbewusstsein der Hirnrinde vorbei, die allenfalls Vollzug meldet und bei Konflikten moderiert – nie steuert. Vom alles vereinigenden Dirigenten in der Birne, wie Sie es vorhin auszuführen beliebten, kann keine Rede sein. Soweit mitgekommen?"

„Meine linke Wade denkt?!", höhnte der gequälte Richter, nun restlos verzweifelt.

„Und um das Maß voll zu machen, Ihre rechte auch."

„Und wenn ich mir das Herz eines Herzensbrechers einpflanzen lasse, pflanze ich mir damit auch das, wie soll ich sagen, *herzbrecherische Gehirn* dieses Herzens mit ein?"

„In Ihrem Laienjargon recht hübsch auf den Punkt gebracht. Es ist Zeit. Ich muss vom Acker, Leute."

„Danke für Ihre zusätzliche Verwirrung, Dok. Was ist denn jetzt schon wieder?"

„Ich fordere im Licht des eben von Doktor Lysko Gehörten für meinen Mandanten, Herrn Theo M., umso entschiedener die Niederschlagung des Verfahrens."

„Hatten wir das nicht schon?"

Der Richter stöhnte auf. Erneuter Griff ans Herz. Ich beobachtete ihn bestürzt. Er sog die Luft ein wie jemand, der unter Wasser durch einen Strohhalm zu atmen versucht.

„Die Einarbeitung seiner Fremdorgane sind bis zum letzten Nadelstich belegt und dem Prozessordner beigefügt. Seit der Zeit sind bei meinem Mandanten dramatische Veränderungen vorgegangen. Sein natürliches sanftes Wesen ist einem inneren Tyrannen gewichen, der Gewalt sucht. Theo M. fühlt sich fremdgesteuert! An der Ernsthaftigkeit dieses Eindrucks kann nach den Ausführungen von Doktor Lysko nicht mehr gezweifelt werden."

„Jetzt reicht's!"

„Sie brüllen nur, weil Ihnen die Felle wegschwimmen."

„Sprechen Sie mir von Fellen! Unter der Haut ihres Mandanten stecken neben Theo M. noch andere, eigentlich anzuklagende Personen, eingeschleust durchs übertragene Herz, durch die neue Niere – ist es das, was Sie mir sagen wollen?"

„Immer wieder gesagt *habe.*"

„Kommen Sie mir nicht kiebig! Wenn Ihr Mandant nicht will, dass man sein Organkombinat wie eine verantwortliche Person im guten – ja, sperren Sie die Ohren auf! – im guten alten Individualrecht behandelt, dann soll er sich keine Organe aneignen, klar?"

„Sie können mit Ihren verstaubten Persönlichkeitsvorstellungen Nostalgie verbreiten und Illusionen fortspinnen, nur Recht sprechen – das können Sie nicht!"

„O doch, ich sprech jetzt mal Recht – in Ihrem Sinne, Sie Bewusstseinskernspalter. Ich ordne hiermit die Zerreißung des zusammengeflickten Theo M. in all seine Teilflicken an, damit ich jeden denkenden Muskel, jede vor sich hin handelnde Drüse getrennt verhören kann, bis der Täter, genauer das Täterchen, dingfest gemacht ist!"

„Ohne sich zur Beratung zurückzuziehen?"

„Ohne mich irgendwohin zurückzuziehen!"

„Die Zeit", rief da der Verteidiger, mit dem Pistolenfinger auf die Brust des Richters zielend, „wird über Sie hinwegwalzen. Sie sind ein Auslaufmodell!"

Mir stockte der Atem.

Damit nicht genug. Herr Theo M. sprang auf, klatschte dem Verteidiger laut Beifall, kicherte, gluckste, klopfte sich an die Brust, wandte sich dann Justus K. zu und mähte ihn mit den unverschämtesten Worten nieder, die ich je von einem Angeklagten zu seinem Richter sagen hörte: *„Nun gib dich doch endlich geschlagen, Mann!"*

Diese Zumutung streckte den guten Richter wortwörtlich hin, denn im gleichen Moment färbte sich sein Gesicht bläulichrot, er krampfte seine Hand in die schmerzende Brust, sackte zusammen und glitt vom Stuhl auf den Boden. Nur der für seine Schnelligkeit und Effizienz bekannte Münsteraner Notarztdienst rettete ihm das Leben.

Ich weiß nicht, wie ich vom Schwurgerichtsgebäude hierher ins ‚Extrablatt' gekommen bin. Ich klammere mich an Fakten, um wieder Boden zu spüren: Espresso Euro 1,90, Milchkaffee Euro 2,80, Jim Beam Euro 2,60, Solero Euro 6,50, Audrey Hepburn hinter mir an der Wand, Einzeltisch.

Ich gestehe, ich habe Espresso und stilles Wasser übersprungen und mich zu einer immer noch anhaltenden Serie von hirnzertrümmernden Soleros bekehrt …

Begreift ihr nun, Bielefelder, was euch erspart blieb?

Sandra Niermeyer

Das Haus gegenüber

Ich steige aus dem Taxi, gebe dem Fahrer zu wenig Trinkgeld und betrete, eine Einkaufstüte in der Hand, das Treppenhaus. Ich muss vorsichtig sein, die Stufen sind alt. Ich habe in der einen Woche, seitdem ich hier wohne, gelernt, die besonders quietschenden Holzbohlen zu vermeiden, und nehme drei Stufen mit einem Mal oder laufe ein paar Schritte auf einer einzelnen Stufe von links nach rechts, um knarrende Stellen auszubalancieren.

Die Nachbarn sind neugierig. Den Einkauf tätige ich in aller Früh und immer mit dem Taxi. Ich will nicht auf offener Straße gesehen werden.

Vorm Badezimmerspiegel befreie ich mich von den Wattebäuschen, die meiner eigentlich so zierlichen Stupsnase ein knolliges Aussehen verleihen, nehme die Beißschiene aus dem Mund, die nachts nicht nur meine Zähne davor schützt, sich gegenseitig abzuschaben, sondern mir tagsüber eine leicht veränderte Gesichtsform verschafft: ich wirke pausbäckiger dadurch, und wische die schwarzen Striche von den Stellen, an denen ich die Augenbrauen abrasiert habe.

Dann setze ich mich ans Fenster und sehe auf das rote Backsteingebäude gegenüber.

Welche Stadt könnte besser als Versteck geeignet sein als diese?

Als ich im Internet eher aus Versehen von Bielefeld las, fühlte ich sofort, dorthin musste ich gehen.

Die Stadt ist unauffällig, eher Dorf als Stadt, und was noch wichtiger ist: Sie war eine Flüchtlingsstadt nach dem Zweiten Weltkrieg, in die, soweit ich mich erinnere, sogar mal eine entfernte Tante aus Schlesien flüchtete.

Ich bin auch ein Flüchtling.

Von hier aus habe ich alles gut im Blick: die Straße, die Eingangstür des gegenüberliegendes Hauses und den Firmenhof.

Wenn er käme, sähe ich ihn sofort. Ich könnte die Treppe hoch laufen und mich auf dem Dachboden verstecken, auf dem soviel Taubendreck ist, dass man dort niemals einen Menschen vermutet.

Wenn du gehst, bringe ich dich um.

Hätte jemand vorher behauptet, du gehörst einmal zu den Frauen, denen so ein Satz gesagt wird, ich hätte ihn ausgelacht. Mir passiert so etwas nicht, dachte ich.

Zuerst war er ganz nett, ganz normal, wie das so ist. Aber irgendwann reagierte er ungehalten, wenn ich mich mit Freundinnen treffen wollte.

War ich mit Angela oder Karin in der Stadt oder beim Badminton gewesen, herrschte bei uns den ganzen Abend dicke Luft.

Er redete nicht mehr mit mir, sah mich nicht an, antwortete nicht, wenn ich ihn etwas fragte. Ich hasste meine freundliche und gleichzeitig unsichere Stimme, wenn ich ihn zum Reden bringen, ein normales Gespräch ankurbeln wollte.

Ich hatte Angst vor diesem Schweigen. Ich hatte mehr Angst davor, als wenn er laut oder sogar gewalttätig geworden wäre.

Ich erfand Entschuldigungen, wenn Karin oder Angela sich mit mir treffen wollten, schützte Erkältungen vor und hielt beim Sprechen am Telefon die Nase zu. Sie wünschten warmherzig gute Besserung. Ich legte den Hörer auf und krümmte mich vor Scham.

Irgendwann riefen sie nicht mehr an.

Ich blieb zu Hause. Den Einkauf erledigte er.

Ich dachte, ich könnte den Hausfrieden halten, wenn ich nicht mehr ausginge, ihn nicht mehr alleine ließ, aber er schränkte mich immer mehr ein. Las ich ein Buch, war er eifersüchtig auf das Buch, sah ich einen Film, unterstellte er mir, ich sähe den Film nur wegen des männlichen Hauptdarstellers, saß ich am Computer, tauchte er lautlos hinter mir auf und flüsterte mir ins Ohr: Mit wem chattest du?

Ich bewegte mich wie ein geschlagener Hund durch die

Wohnung, ihn ständig im Blick, um rechtzeitig zu sehen, ob ich wieder etwas tat, das sein Missfallen erregte.

Darf ich die Milch aufmachen, begann ich zu fragen, ist es dir recht, wenn ich das Fenster öffne, ich muss zur Toilette, darf ich schon ins Bett gehen, ich würde mir gerne ein Bad einlassen, darf ich?

Es war lächerlich. Ich sah mir von außen zu und schämte mich für meine Feigheit, meine Kleinheit, mein kriecherisches Verhalten.

Als ich vor jedem Schritt in der Wohnung Angst hatte, kippte etwas in mir. Er verdächtigte mich ohnehin, was machte es also für einen Unterschied, tatsächlich etwas vor ihm zu verbergen?

In meinem Kopf spukten Begriffe wie „flüchten" und „neue Identität" herum, und so las ich, während er die Wäsche in den Keller brachte oder einkaufen ging, im Internet von der Flüchtlingsstadt Bielefeld.

Die Stadt sprach zu mir, ich fühlte es.

Ich regelte alles über das Netz. Kaufte ein Bahnticket, mietete eine Wohnung, erkundete die Einkaufsmöglichkeiten in der Nähe.

Ein kleines Apartment zu mieten war einfacher als gedacht. Ich meldete mich bei mehreren Sammelbesichtigungen an, zu denen ich nicht erschien. Später rief ich die Vermieter an und sagte: Ich würde die Wohnung gerne nehmen, ich bin die mit der Stelle bei Dr. Oetker.

Einer der Vermieter erinnerte sich tatsächlich an mich, oder vielmehr, meinte sich an eine Frau bei der Sammelbesichtigung zu erinnern, die ihm erzählt hatte, bei Dr. Oetker zu arbeiten.

Ich bekam die Wohnung. Der Mietvertrag wurde per Post zugeschickt.

Ich schaffte es sogar, den Vertrag aus dem Briefkasten zu fischen, bevor er ihn fand. Er öffnete meine Post. Vieles von dem, was mir zugeschickt wurde, bekam ich nie zu sehen. Er kontrollierte sogar die Werbung, unterstellte mir, den Mann aus der

Lidl-Werbung, der die preisgünstigen Unterhosen vorführte, zu lange anzusehen und dabei meinen Atem zu beschleunigen.

Ich war vorsichtig, brauchte für die Vorbereitungen ein halbes Jahr. Trotzdem schöpfte er Verdacht. Vielleicht, weil ich glücklicher wirkte, weniger ängstlich um mich schaute, weil ich gleichzeitig auf der Hut war und leichtsinniger wurde, was seine Erlaubnis betraf.

Wenn du wegläufst, bringe ich dich um, sagte er eines Abends ganz beiläufig beim Abendessen.

Er sah nicht einmal von seinem Teller auf.

Ich glaubte, mich verhört zu haben. So offen gedroht hatte er noch nie. Er ging subtiler vor, schwieg, wenn ihm etwas missfiel, oder machte mir die Tür vor der Nase zu, wenn ich hinter ihm in die Küche trotten wollte.

Aber als er von seinem Teller aufsah und mir in die Augen, wusste ich, er meint es ernst.

Mir wurde schlecht. Ich schob die Kartoffeln im Mund umher. Ich musste schnell handeln.

Ich packte nur einen kleinen Rucksack und lief am nächsten Tag, als er die Wäsche in den Keller brachte, aus dem Haus.

Wenn er einkaufen ging, schloss er mich ein, aber beim Wäsche aufhängen hielt er das nicht für nötig.

Ich mietete mich in Bielefeld in einem Hotel ein, in dem ich bis zum 15. wartete, bis die Wohnung frei wurde.

Ich wohnte direkt gegenüber vom Bahnhof im Mövenpick, ich hatte sogar ein Wasserbett, einhundertfünfzig Euro pro Nacht, bezahlt von seinem Geld, das er altmodisch in einer Geldkassette aufbewahrte, statt es zur Bank zu bringen oder in Aktien anzulegen.

Und nun bin ich hier. Die Wohnung kam mir gleich vertraut vor. Als hätte ich in einem früheren Leben schon einmal hier gelebt.

Sie ist noch fast leer. Ich habe eine aufblasbare Matratze und einen Stuhl vom Flohmarkt gekauft. Ein altersschwacher Kühlschrank steht hinter der Küchentür.

Er rasselt und öffnet manchmal seine Tür von ganz alleine.

Es ist nicht die beste Wohngegend. Ich schaue auf den Hinterhof von Miele und Alcina Haarwasser. „Miele“ heißt auf italienisch Honig. Ich stelle mir vor, in einer honigreichen Gegend zu wohnen. In meinem Kopf summt ein Bienenvolk.

Als ich vom Stuhl aufstehe, sehe ich, wie die Butter über den Küchenfußboden rinnt. Ich habe vergessen, sie in den Kühlschrank zu räumen.

Es ist heiß, die Butter tropft zwischen die Dielen. Ich nehme das weiche Päckchen vom Boden und lege es mit spitzen Fingern in den Kühlschrank. Die anderen Einkäufe haben Zeit bis morgen. Sie verderben nicht, hier auf dem Boden.

Bei der Organisation meiner Flucht habe ich eine merkwürdige Kompetenz besessen, aber bei den einfachsten Dingen versage ich.

Er hat alles erledigt. Er hat rundum für mich gesorgt. Ich vergesse sogar, die Zähne zu putzen.

Als ich wieder ans Fenster trete, zucke ich zusammen. Wie hat er das so schnell geschafft? Manchmal bewundere ich ihn direkt. Er hat seine Finger überall im Spiel.

An der gegenüberliegenden Hauswand steht mit weißer Schrift: SCHNUFFI TOU!

Ich habe mich nur eine Minute vom Fenster weggedreht und die Butter in den Kühlschrank geräumt und schon steht es dort.

Schnuffi hat er mich genannt, wenn er mit mir zufrieden war. Wenn er einen guten Tag hatte und ich an dem Tag alles richtig gemacht hatte. Wenn ich ihn bei jedem Schritt um Erlaubnis gefragt hatte.

Darf ich meine Haare waschen, darf ich das Apfelshampoo verwenden, darf ich den Warmwasserhahn aufdrehen.

Schnuffi. Er sagte es liebevoll, aber so, dass kein Zweifel daran blieb, wo mein Platz war. Zu seinen Füßen. Ich war sein Stoffhase, sein Schnuffeltier, abhängig von seinem Wohlwollen. Er konnte mich jederzeit verwerfen.

Aber was bedeutet das TOU? Ich kneife die Augen zusammen. Das U sieht etwas krumm aus, wahrscheinlich ist es ein D, das er am oberen Rand nicht mehr geschafft hat zu schließen, bevor ich zurück ans Fenster trat.

SCHNUFFI TOD.

Wenn du gehst, bringe ich dich um.

Mir wird schon wieder schlecht.

Vor dem gegenüberliegenden Haus stehen Fahrräder, mehrere Autos und eine dicke Eiche. Er könnte sich gut hinter der Eiche oder zwischen den Autos versteckt halten und mich genau im Visier haben. Die Farbsprühdose hält er noch in der Hand.

Lächelnd. Er hat oft so ein feines Lächeln auf dem Gesicht.

Als ich die Autos genau anschaue, wird mir plötzlich klar, er hat sie dort geparkt. Die Nummernschilder sprechen zu mir.

Es sind keine Bielefelder Kennzeichen. Es sind Kennzeichen aus Würzburg, Fulda, Kassel, Göttingen, Hannover und Minden. Das sind genau die Städte, durch die ich mit dem Zug gefahren bin auf dem Weg von Unterfranken nach Ostwestfalen. Er hat sie dort aufgereiht, um zu zeigen, er kennt meine Fluchtroute. Er kannte sie von Anfang an.

Es summt in meinem Kopf. Das Gefühl kenne ich. Er ergreift langsam Besitz von mir, er kontrolliert meine Gedanken.

Bei allen Heimlichkeiten im Internet, als er scheinbar im Keller oder im Supermarkt war, spürte ich, ich konnte nichts vor ihm geheim halten. Er war immer bei mir. Jeder Mausklick erzeugte ein Klicken in meinem Kopf, das er abrufen, kontrollieren, verfolgen konnte. Mein Gehirn war ein offener Schrank für ihn. Er wusste, bevor ich es wusste, welches Bahnticket ich buchen würde, für welche Wohnung bei Immobilienscout.de ich mich entscheiden würde, welche Vermieter ich anrufen würde.

Ich hätte mir die Heimlichkeiten sparen können.

Und auch jetzt wusste er, bevor ich es wusste, was ich als Nächstes tun würde.

Auf den Dachboden zu rennen und mich zwischen dem Taubendreck zu verstecken war sinnlos. Er würde seelenruhig nach oben spaziert kommen und fragen: Hallo Sarah, wie geht es dir? Besichtigst du auch diesen schönen Dachboden?

Plötzlich klingelt es an der Tür. Er muss es geschafft haben, zwischen den Autos hindurch zu huschen und über die Straße zu laufen, ohne dass ich ihn gesehen habe.

Es war nicht die Haustürklingel, die geschellt hat, es war die Wohnungsklingel.

Er steht also schon vor der Tür. Der Fluchtweg zum Dachboden ist nicht mehr offen.

Es klingelt noch einmal. Dieses Mal lang anhaltend. Definitiv die Wohnungsklingel. Die Unterschiede der beiden Klingeln habe ich gleich am ersten Tag ausprobiert. Ich wollte mich auskennen, wollte in dieser Wohnung nicht überrascht werden können.

Ich steige mit einem großen Schritt über die Einkäufe, bücke mich, hebe den Käse auf. Der muss auch in den Kühlschrank, den habe ich eben vergessen.

Das Kühlschranklicht blendet mich. Ich habe plötzlich rasende Kopfschmerzen.

Wie im Dunkeln tappe ich durch den Flur. Vor meinen Augen sind graue Schlieren und dazwischen helle Reflexe, wie umherflitzende Silberfische.

Durch das Fenster der Tür sehe ich eine kleine, füllige Gestalt, kleiner als ich, schmalschultrig, und weiß oder beige gekleidet.

Ich atme auf. Das kann er nicht sein. Er ist mindestens einen Meter neunzig groß und hat breite Schultern.

Ich öffne die Tür. „Sie wünschen?“, frage ich. Meine Stimme klingt piepsig, wie die eines Kindes.

„Sarah“, sagt die Frau. „Was soll das denn nun wieder, wir haben dich überall gesucht. Dass du bei Tante Angela bist, Gott hab sie selig, hätten wir uns eigentlich denken können.“

Sie bekreuzigt sich.

Ich sehe sie verständnislos an. Hier soll Tante Angela gewohnt haben?

Ich trete von einem Fuß auf den anderen, überlege, wie ich mich verhalten soll, welche Vorgehensweise die beste ist.

Und dann erinnere ich mich.

Tante Angela aus Bielefeld. Der schlesische Dialekt. Der Flaum über ihrer Oberlippe.

„Angel" wollte sie genannt werden, vom englischen Wort für „Engel".

Sie schlug mich.

Solange, bis ihr Arm schmerzte und sie mich für ihr kaputtes Schultergelenk verantwortlich machte.

Sie war groß, hager und grobknochig. Wenn sie mich schlug, schnaufte sie wie eine Dampflok.

Ich sah dann durchs Fenster auf die roten Miele-Lastwagen und das Haus gegenüber, mit der weißen Schrift an der Wand. Ich versenkte mich in die zwei Wörter, die mir rätselhaft blieben, und spürte nichts mehr.

„Aus dir wird nie etwas", schrie sie, während ihre Hand auf meinen Rücken klatschte.

Sie schrie es im Takt. In der Koordination ihrer Hand und ihrer Stimme bewies sie ein gewisses Rhythmusgefühl. Dabei versuchte sie den Eindruck zu erwecken, einer schweren und verantwortungsvollen Arbeit nachzugehen.

Meine Eltern seien bei einem Autounfall ums Leben gekommen, behauptete sie. Aber ich wusste es besser. Mein Vater hatte meine Mutter mit einer Fahrradkette erwürgt und war dann in eine Anstalt gekommen.

Die Kette gehörte zu dem roten Fahrrad, das ich von ihm zum achten Geburtstag geschenkt bekommen hatte.

Ich fragte meine Tante: „Warum schlägst du mich immer?"

Ich wollte es wirklich wissen.

Sie antwortete schwer atmend mit ihrem schlesischen Deutsch, während sie eine Packung gekühlten Quark auf ihre Schulter hielt: „Damit aus dir etwas Ordentliches wird, damit du nicht so verrückt wirst wie dein verdammter Vater."

Sie war ehrlich bemüht.

Irgendwann lag sie mit gebrochenem Genick am Ende der Kellertreppe.

Die Fliegen summten um ihren Kopf, als sie gefunden wurde.

Ich höre noch heute das Ratschen des Reißverschlusses, als die vier Männer sie mitnahmen.

„Komm mit", sagt die beige Frau. Ihre Augen flackern unruhig. Sie hat Angst vor mir. Angst, nicht mit mir fertig zu werden, aber ich weiß, sie ist nicht alleine, sie ist nie alleine. Sie hat immer alle dabei. Die ganze Mischpoche.

„Ich muss auf meinen Mann warten", sage ich bestimmt. „Ich darf das Haus nicht ohne ihn verlassen. Er passt auf mich auf. Er beschützt mich."

Ich schiebe die Tür ein Stückchen zu, stelle meinen Fuß dahinter.

Ein Gefühl von Sicherheit befällt mich, als ich meinen Mann erwähne, ich richte mich auf, versuche, sie streng anzublicken.

„Sarah, du hast keinen Mann", sagt die Frau in einem Ton, wie man zu einem kleinen störrischen Mädchen spricht.

Vor meinen Augen sind wieder Silberfische.

Ich kenne diese Frau von irgendwoher. Aber sie lügt. Ich weiß, dass sie lügt.

Norbert Horst

Mitgehört

Ortsausgangsschild Bünde. Dann müssen wir da oben rechts. Verdammt, echt verfahren, die sollten Navis anschaffen, und Klimaanlagen. Die Sonne von vorn rechts, Bügeleisen auf den Oberschenkeln, Brennen. War wohl nicht die beste Idee mit der schwarzen Hose heute Morgen. Das Handy dudelt.

„Kirchenberg."

„Ja, Ulla. Wo seid ihr?"

„In Bünde, Dünne hieß der Ortsteil. Ich schätze, in 15 Minuten sind wir da."

„Was macht ihr denn in Bünde?"

„Wir sind einen kleinen Umweg gefahren, habe eine Ausfahrt auf der A30 verpasst."

„Gut! Die Observation steht. Das ist Nettelstedt. Die Mindener Kollegen sind vor Ort, Ansprechpartner ist der 4470. Die eingesetzten Fahrzeuge 4472 und 73. Die Handynummer vom Einsatzleiter habe ich auch ..." längere Pause.

„Ich höre?"

„Ja, ich suche hier grad den Notizzettel, find ich aber nicht. Ich melde mich wieder."

Kahle Wart links hoch. Auf der Kuppe links ein Parkplatz, die Straße fällt in Serpentinen ab. Weiter unten hört der Wald auf, weiter Blick, rechts hinten ist ein Kraftwerk zu sehen, links ein Wolkenturm. Davor ein kreisender Bussard. Oder so etwas.

Ayse sitzt jetzt bestimmt in der Vorlesung, der dicke Zopf liegt über der Schulter, das Licht spielt auf dem Flechtmuster, am hinteren Haaransatz einige widerspenstige Haare, kaut auf dem Bleistift, malt Sterne auf die Bank, macht Notizen.

Heike fächert sich mit dem Autoatlas OWL Luft zu, Schuhe aus, die Füße vor dem Handschuhfach.

„Ganz schön warm heute."

Im Rückspiegel Glowatzki im Omega, Anne auf dem Beifahrersitz mit Sonnenbrille. Wo ist Schmidt eigentlich abgeblieben? Hinter Glowatzki nur ein dunkler BMW. Das Handy.

„Ja, Kirchenberg."

„So, ich habe jetzt die Nummer gefunden. Schreibbereit?"

„Nein, warte, ich geb' dich mal weiter." Heike richtet sich auf, nimmt das Handy. Sie klemmt es zwischen Kopf und Schulter, notiert etwas. Zustimmendes Räuspern.

„Ja, alles klar. Tschüß." Sie drückt das Gespräch weg, das Handy rutscht von der Konsole neben den Sitz.

„Wir sollen uns anmelden, der 4470 spricht uns dann an. Ulla kriegt die Akte von Engel gleich zugefaxt, wenn sich daraus noch was ergibt, meldet sie sich." Sie kippt den Kopf weg, sieht aus dem Fenster. „Ob man aus der Akte wohl erkennen kann, warum er so was tut. Warum tun Menschen so was?"

„Menschliches Tun ist nichts anderes, als die Folge einer großen Menge elektrischer Impulse zwischen Neuronen. Davon haben wir hundert Milliarden, ungefähr. Keine Sau weiß genau, was da vor sich geht. Bemüh dich also nicht."

Sie wendet den Kopf, aufmerksamer Blick. Ortsausgangsschild Blasheim.

„Ist dieser obercoole Wissenschaftssenf ein Schutz, den man sich zulegt, oder glaubst du wirklich daran?"

„Das ist kein Glauben, das ist Wissen."

„Prima. Und was fühlst du?"

Nick Nolte mit vorgehaltener Pistole, Eddy Murphy mit der Pistole vom Gangster an der Schläfe, Nolte schießt, trifft, der Gangster lässt Murphy los, ist getroffen, glotzt ungläubig, kriegt noch einen und noch einen, zuckt, bricht zusammen, noch einen.

„Wenn ich manchmal so vor den Opfern stehe und mir vorstelle, ich hätte was mit denen zu tun, ist das einer der wenigen Momente, in denen ich so was wie Hass spüre. Je länger ich dann mit den Tätern zu tun habe, desto mehr verschwinden diese negativen Gefühle. Ich bin dann nur noch ratlos. Das mit den Neuronen ist aber nicht so ganz verkehrt.

Ich finde es schon sehr spannend zu verstehen, warum solche Dinge passieren."

„Hmhm", sie blickt wieder nach vorne, legt den Finger ans Kinn, „ich finde am schlimmsten den Geruch. Und wie sie sich anfühlen. Wie halb aufgetaute Tiefkühlhähnchen."

„Vielleicht sollten wir vorher noch 'ne Kleinigkeit zu essen besorgen, irgendwas vom Bäcker."

Sie wendet den Kopf in Zeitlupe, macht ein Kermitgesicht. Lachen.

Zwei Daimler überholen zügig. Mein Gott, das ist hier 'ne Bundesstraße. Nachher kann Heike mal fahren.

„Wie lange hast du den Führerschein?"

„Sechs Jahre. Wieso?" Krause Nase.

„Wenn wir nachher observieren, machen wir Fahrerwechsel. Hab ich die Hände frei."

„Danke für das Vertrauen", leicht höhnischer Unterton.

„Komm, nicht so empfindlich. Man weiß ja nie."

„Schon gut." Keine Miene.

An den Straßenrändern reichlich Müll, meistens Dosen und Flachmänner. Fenster etwas weiter auf, herrlich. Der Fahrtwind bläst die Haare über dem Ohr nach vorne. Sieht man gleich wieder völlig dämlich aus. Egal.

„An der Tankstelle dahinten machen wir 'ne kurze Rast, ein bisschen was zu trinken kaufen. Läute mal bei den anderen durch, dass wir uns da treffen."

Der Verkaufsraum ist kühl. Klimaanlage. Die Tiefkühltruhen brummen, mindestens acht Meter Zeitungswand. Hinten links die Nackten, *St.-Pauli-Nachrichten*, *Playboy*, *Dolly*, *Lust Girls*. Was Kaltes zum Mitnehmen? Und Kaugummi, gute Idee.

Heike macht neben dem Wagen Kniebeuge beim Telefonieren, verabschiedet sich.

„Schmidt musste nötig aufs Klo, ist auf der A30 bis Raststätte Grönegau gefahren, ist aber in drei Minuten hier. Die anderen sind schon da."

Der Omega steht mit offenen Türen abseits der Säulen, Glowatzki reckt sich, Anne geht in Richtung Verkaufsraum.

„Ich melde uns mal an." Im Wagen ist es immer noch heiß, Heike hat den Mindener Kanal schon eingestellt.

„... Ölspur. Wir brauchen hier den Bauhof Ringstraße, Ecke Königsstraße mit Ölbindemittel. Circa drei Quadratmeter."

„Verstanden 16/23."

„Leitstelle von Osningfahrzeug kommen."

„Osningfahrzeug, kommen Sie."

„Wir sind mit drei Fahrzeugen in Ihrem Bereich. Haben hier vermutlich den ganzen Tag zu tun."

„Verstanden 81/10." Dröhnender Bass mit Berliner Dialekt. Was macht der denn hier in Ostwestfalen?

„44/70 von 81/10 kommen."

„Wir haben mitgehört, 81/10. Meldet euch mal über Handy."

Heike ist immer noch zur Toilette. Die Nummer hat sie bestimmt mitgenommen. Glowatzki ist nicht zu sehen, das Handy liegt auf der Haube, Heikes Klemmbrett steckt hinter der Sonnenblende, die Nummer steht oben drauf. Ist das jetzt eine Zwei oder eine Sieben?

„Kleine."

„Ja, Kirchenberg, Kripo Bielefeld. Tag."

„Donnerwetter, schon da. Wo seid ihr jetzt?"

„An einer Tankstelle an der B65 in Lübbecke. Seid ihr an seiner Wohnadresse?"

„Richtig. Wir stehen hier seit gut einer Stunde. Sein Wagen steht vor der Tür und wir vermuten, dass er im Haus ist, haben ihn aber noch nicht gesehen. Habt ihr ein Navi?"

„Wir haben einen Plan."

„Gut. Fahrt einfach nach Plan, ist einfacher als alles erklären. In Nettelstedt ist es links der Bundesstraße. Das wird zehn, fünfzehn Minuten dauern. Sprecht uns kurz vorher noch mal an, dann erklären wir euch unseren genauen Standort."

„Okay, bis dann."

„Bis dann."

Heike sieht rüber.

„Du fährst, hab ich doch gesagt."

Kurzer Blickkontakt zu den anderen, alle sind startklar. Heike ruft noch den richtigen Kanal aus dem Fenster. Und ab.

„Immer geradeaus, erst mal."

Der 15/18 meldet sich einsatzklar, der 14/12 bekommt einen Unfall in Hahlen. Links der Blick ins Land, rechts das Wiehengebirge. Die Reifen surren auf dem Asphalt, vor den Häusern gepflegte Gärten. Die Ampel ist rot, rechts ein Fahrradhändler.

Wo Ayse jetzt wohl ist? In ihrer Wohnung? Kurz schellen, warten, sie öffnet, offener Mund, dann Lächeln, was für eine Überraschung, sie macht den Weg frei, einladende Handbewegung, in der Wohnung Studentenchaos, was trinken? Ja, gern, Senfgläser ...

„Hey, Oropaxis?" Heike stößt von links, „wir werden gerufen."

„Der 81/10 hört."

„Wir müssen unser Rendezvous verschieben. Er hat das Haus verlassen, mit Sporttasche, wir sind schon in der Bewegung."

„Die Person steht eindeutig fest?"

„Ziemlich eindeutig. Das Kennzeichen stimmt und auch das Foto sieht gut aus."

Heike gibt Gas, Ortseingangsschild Eilhausen, die Sonne wieder von rechts, spiegelt sich in der Chromleiste am Fenster.

„Was machen wir?"

„Wir fahren zur Wohnung, mal ansehen das Ganze. Wir gehen da heute sowieso wahrscheinlich noch rein."

„44/70 von 44/72. Unser Liebling gibt aber mächtig Pittjes."

„Ja, sehe ich auch. Seid vorsichtig, lange Leine."

„12/23 von Leitstelle."

„Hört."

„Wallücker Weg 74, vor dem Haus, Hilfeersuchen. Eine Frau Brünger ist Ansprechpartnerin."

„Verstanden."

Ein alter Volvo parkt rechts, Einfamilienhäuser, wenige Fußgänger, ein Radfahrer.

„Leitstelle von Funkwerkstatt."

„Funkwerkstatt ..."

„Wie nehmen Sie uns auf?"

„Drei bis vier, klar und deutlich."

„Verstanden, danke."

„44/72 an die eingesetzten Fahrzeuge. Wir sind jetzt in Oberlübbe, Hauptstraße, Ecke Am Königsberg. Der fährt innerhalb geschlossener Ortschaft 95, das sieht schon ein bisschen komisch aus."

„Lange Leine, aber dranbleiben."

„81/10 an die eingesetzten 70er Fahrzeuge. Im Zweifel auf jeden Fall zufassen. Wir müssen den haben. Dann verzichten wir eben auf weitere Erkenntnisse."

„Ist schon klar, 81/10."

„72 an die 70er Fahrzeuge, kommt mal näher ran. Der fährt jetzt die Hauptstraße mit 110. Das stinkt."

Schmidt überholt zügig. Der soll ruhig bleiben, das ist sowieso zu weit weg. Er erwischt die Fußgängerampel bei dunkelgelb, Anne bleibt stehen, blinzelt von links auf den Plan.

„Ist das unsere Richtung?"

„Sie fahren ungefähr die Richtung vor uns, ist aber zu weit weg."

„Eine kleine Verfolgung wäre doch gar nicht schlecht", sie lächelt, fächert sich mit der Linken Luft zu. Verdammt heiß hier drin.

„81/10 von 72."

„Kommen Sie."

„Der hat gerade einem voll die Vorfahrt genommen, fährt jetzt stellenweise 120, schlage vor, wir probieren den anzuhalten." Die Stimme wird lauter.

„Einverstanden 72."

„Leitstelle von 40/72."

„Mitgehört?"

„Mitgehört!"

„Verdammt", hektischer Tonfall, „wir sind jetzt dahinter, der gibt unheimlich Gas, wir sind mit Sicherheit verbrannt, wir ..."

„... Standort 72 ..."

„... der zimmert gerade die Serpentinen hoch, wir sind jetzt an der Kirche in Bergkirchen ..."

„... der 74 ist hinter euch," lautes Motorengeräusch im Hintergrund, „das müsste Richtung Wulferdingsen sein ..."

„Scheiße, der nagelt mit 130 die Bergkirchener Straße runter, wir sind dahinter", Schreien, „links liegt 'ne Gärtnerei."

Landstraße, kaum Autos, Gas geben, in den Kurven über den Randstreifen, Staub, kleine Steine fliegen, Puls pocht am Hals.

„Einsatzleitstelle von 12/23", Frauenstimme, Martinshorn dahinter, „wir kommen aus Richtung Werste, ihr müsstet uns gleich entgegenkommen."

„Verstanden."

„Einsatzleitstelle an die eingesetzten Fahrzeuge: Beachten Sie Eigensicherung."

„Leitstelle von 13/25, wir stehen hier Nähe Sportplatz Wulferdingsen. Die müssen hier gleich vorbeikommen. Wir bauen eine Durchlasssperre."

„25 von 23, wir sind in dreißig Sekunden bei euch."

„Streifenwagen quer auf der Fahrbahn, versetzt, daneben Kollegen, mit Abstand, Kelle in der Hand, sprungbereit.

„Welches Fahrzeug steht in der Nähe Sportplatz Wulferdingsen, von 44/70 kommen?"

„13/25."

„Passt bloß auf, der hat einen unheimlichen Zahn drauf", aufgeregte hohe Stimme.

„25 von 23, wir schaffen es nicht mehr ..."

„Passt auf, passt auf", Schreien, Motorengeräusch.

„Scheiße ..."

„Die Sau ist durchgefahren!"

„Einsatzleitstelle von 44/72, Zielfahrzeug hat die Kontrollstelle durchbrochen, mit Verkehrsunfall, ich bin weiter dahinter", die Stimme ist angespannt aber wieder ruhiger. Der hat das ziemlich gut im Griff.

„Einsatzleitstelle von 13/25", hysterisches Kreischen, „der hat uns vorn links erwischt, Fahrzeug ist nicht mehr fahrbereit."

„Verstanden 25."

Bremsen, Gas geben, Bremsen, über den Randstreifen, Staub, Steine schlagen gegen Blech, Gegenverkehr, Lichthupe, Begrenzungspfähle fliegen.

„Leitstelle an die eingesetzten Fahrzeuge: Behalten Sie Eigensicherung im Auge. Bleibt ruhig, Jungs." Kleine Pause. „Und Mädels natürlich."

„Wir passieren jetzt einen Baustoffhandel auf der rechten Seite, immer noch Bergkirchener Straße, Geschwindigkeit ungefähr 140, er hat eben fast einen Radfahrer mitgenommen ..."

„Leitstelle von 12/21, wir fahren auch in die Richtung."

„Wir sehen euch!"

„72, ihr müsst uns gleich entgegenkommen."

„Leitstelle an das Fahrzeug, das gerade gesprochen hat. Keine Sperre, halten Sie sich zurück."

„Alles klar."

„Er biegt mit hoher Geschwindigkeit ab, Nordstraße Richtung Wöhren ..."

„Schieß doch einer!"

„Leitstelle an die eingesetzten Fahrzeuge: Ruhe bewahren."

„Der hat jetzt grad ein entgegenkommendes Fahrzeug berührt, roter Golf, glaub ich ..."

„72 von 13/23, wir sind hinter euch."

Blauer Kadett, mehrere Wagen dahinter, Martinshorn, Blaulicht, wie bei den Blues Brothers.

„Der ist Nordstraße aus der Kurve geflogen, Fahrzeug steht in einem Rübenfeld, der haut ab ..."

Qualm, Splitter, aufgewühlte Erde, Dreck auf der Scheibe, Blätter hinter Stoßstange, Blut, Schreie, Rennen ...

„44/72 von Leitstelle." Keine Meldung.

„13/23 von Leitstelle." Keine Meldung.

Laufen, Schreien, außer Atem, Seitenstiche, Deckung, Warnschuss, stechende Lungen, Wunden.

„Leitstelle von 44/70. Person ist gestellt, keine Verletzten. Situation ist unter Kontrolle."

„Verstanden 44/70. Brauchen Sie Unterstützung?"

„Wir kommen gleich wieder."

Heike fährt mit Affenzahn an einem Ortseingangsschild vorbei. Bergkirchen, ist ja witzig.

„Ausatmen. Die Sache ist im Kasten."

Sie bremst, sieht enttäuscht herüber.

„Schade, den hätte ich gern vor mir gehabt."

Am Funk ist der Teufel los.

„Eines der eingesetzten Fahrzeuge für 81/10."

„44/70."

„44/70, ist die Person unverletzt?"

„Bis auf eine Schwellung am Auge ist nichts zu erkennen. Der hat Schwein gehabt."

„44/70, bringt ihn bitte zur Dienststelle, wenn möglich keine Vorhaltungen in unserer Sache, ja."

„Alles klar, 81/10. Zur Information: Wir fahren zur Dienststelle nach Oeynhausen, das ist Portastraße rein und dann links."

„88/17 von 10." Ruhe. „Los, Schmidt, melde dich."

„88/17 von 10."

„Hört."

„Fahrt ihr zum Unfallort und kümmert euch um das Fahrzeug das Täters."

„Wir sind fast schon da." Alles klar.

„Wir müssen zur Dienststelle nach Oeynhausen, da geht es da lang."

Heike dreht ohne Vorwarnung mit Schwung in der nächsten Einfahrt. Unschuldiges Lächeln.

Und die Sonne wieder von vorn ...

Hans-Jörg Kühne

Rufmord

Als man Hans-Dieter Gelb fand, war er schon einige Tage tot. Es war Hochsommer, und in seiner Wohnung unter dem Dach herrschten tropische Temperaturen.

Die Hausmeisterin bemerkte den Geruch im Treppenhaus als Erste. Zunächst dachte sie, dass sich einer der Mieter etwas Exotisches gekocht hätte. Aber der Gestank ging nicht fort. Die von ihr herbeigerufene Polizei öffnete die Wohnungstür, und da lag, vielmehr saß, Hans-Dieter Gelb. Er trug Hausschuhe, eine Unterhose und ein Unterhemd. Mehr nicht. Sein Kopf war nach dem Schuss, der ihn in den Hinterkopf getroffen hatte, nach vorn auf die Platte des Küchentisches gefallen. Das große Kaliber war aus nächster Nähe abgefeuert worden. Durch den aufgesetzten Schuss und die hohe Austrittsgeschwindigkeit des Geschosses hatte es keine Schweinerei gegeben, sondern einen glatten Durchschuss, quer durch den Schädel. Kaum Blut, kaum Gehirnmasse. Eine saubere Sache, eine professionelle Arbeit. Kein Fangschuss in die Herzgegend. Das war nicht nötig gewesen. Das Projektil trat in Höhe der Stirn aus seinem Kopf aus und schlug in die gegenüberliegende Wand. Der Täter hatte das Geschoss aus dem Putz gekratzt und mitgenommen. Wie gesagt – ein Profi.

Hauptkommissar Thomas Kuss war mit der Aufklärung der Tat beauftragt worden. Er steht im Türrahmen der Küche, an dessen Tisch die Leiche halb saß, halb lag.

„Wann ist er gestorben?“, fragt er seinen Assistenten Oliver Kirchner, der schon seit einiger Zeit hier ist.

„Der Gerichtsmediziner meint, vor einigen Tagen!“

Thomas Kuss zieht die Augenbrauen hoch.

„So weit waren wir auch schon!“

Er geht in die Küche. Schaut sich den Tatort von allen Seiten an. Die Fliegen sind immer zuerst da. Weiß der Geier, wie und wo die hereinkommen! Thomas Kuss geht anschließend durch die Wohnung. Oliver Kirchner folgt ihm. Beide haben das Gefühl, als seien sie in eine Zeitmaschine geraten, die sie irgendwann in den frühen 1970er Jahren ausgespuckt hätte. Braunorange ist die vorherrschende Farbe. Alles ist alt, abgenutzt.

„In die Wohnung hat Herr Gelb aber nicht viel investiert!“, sagt Kirchner.

„Kann man wohl sagen! Trägt den Namen Gelb in gewisser Weise zu Recht“, entgegnet Kuss.

Auf einer Art Kommode steht ein altes Telefon mit runder Wählscheibe. Über Hörer und Apparat ist ein verschlissener Brokatüberzug gezogen.

„Guck dir das an, Oliver“, sagt Kuss, „ich dachte, diese Dinger seien irgendwann verboten worden. Ist ja scheußlich!“

Das Wohnzimmer sieht aus, als hätten Theaterleute es für eine Aufführung hergerichtet, die in den Siebzigerjahren spielt. Es wird bestimmt von schweren, großen Sitzlandschaften mit braunen und tiefgrünen Kordbezügen. Davor ein niedriger, langer Tisch mit klobigen Holzfüßen. Die Tischplatte selbst besteht aus bunten Kacheln.

„Der Anblick ist ja fast noch schlimmer als der des Toten“, grummelt Thomas Kuss. „Hier hält’s doch kein Mensch aus! Die Kollegen sollen untersuchen, ob es sich nicht doch um Selbstmord handelt!“

„Keine Chance, Herr Kuss“, entgegnet sein Assistent, „die Waffe wurde eindeutig von einer zweiten Person abgefeuert!“

„Oliver, manchmal habe ich das Gefühl, dass du meinen Humor nicht so ganz verstehst!“

Das kleine Badezimmer ist vollgestopft mit Kartons und Kästen.

„Wo hat sich der Kerl bloß gewaschen und geduscht?“, fragt der Hauptkommissar.

Ein weiterer Raum sieht aus wie ein Jugendzimmer. Alte Bravo-Starschnitte hängen an den Wänden, eingerissen, vergilbt. Die Möbel hier sind ebenfalls alt und verschlissen. In einem Regal stehen verstaubte Revell- und Airfix-Modelle von Schlachtschiffen und Kampfflugzeugen.

„Die Dinger habe ich früher als Junge auch immer zusammengebaut. Und natürlich nicht angemalt. Dazu war ich viel zu faul. Wollte immer das Ergebnis sofort sehen“, sagt Kuss zu Kirchner.

Auf einer Art Schreibtisch steht, inmitten der größten Unordnung, die die beiden Polizisten je gesehen haben, ein Computer. Er sieht aus wie ein PC der ersten Generation, aus der EDV-Steinzeit.

„Unser Toter war wohl etwas geizig!“, sagt Kuss. „Hat der etwa in diesem Zimmer gelebt und gearbeitet? Hier starrt es ja vor Dreck und Klüngel!“

Der Hauptkommissar greift sich aus den auf dem Schreibtisch angesammelten Gegenständen wahllos etwas heraus. Ein Spielzeugauto von Matchbox. Kuss überlegt. Gibt's die Firma eigentlich noch? Er findet auch eine alte Armbanduhr, die aussieht wie eine Rolex. Sie ist jedoch nur eine billige Kopie und überdies stehen geblieben. Unter dem Schreibtisch entdeckt Oliver Kirchner zwei alte Grundig-Tonbandgeräte. Daneben stehen unzählige Tonband-Spulen von BASF und Memorex. Hauptkommissar Kuss öffnet eine weitere Tür. Abgestandene Luft schlägt ihm entgegen. Ein Schlafzimmer. Ein riesiges Doppelbett, das den größten Teil des Zimmers einnimmt. Helle Schleiflackschränke. Auf den Nachttischen stehen kleine Lämpchen mit weißen Plastikfüßen und roten Schirmen. Kuss und Kirchner gehen durch den Raum, halb fasziniert, halb angewidert. Auf den Fensterbänken liegen zahllose tote Insekten, die hier hereingekommen sind, aber nicht wieder hinaus.

„Oliver, mit was für einem Typen haben wir es hier zu tun? Ich dachte, Hans-Dieter Gelb wohnte hier allein!“

„Das stimmt auch, Thomas! Seine Eltern sind vor einigen Jahren verstorben. Bis zu deren Tod lebte er hier mit ihnen zusammen. Danach hat er die Wohnung gekauft. Tja, und offenbar alles so belassen, wie es war.“

„Wenn du mich fragst, Oliver, dann hat unser Opfer 'ne mächtige Schraube locker! Womit hat Hans-Dieter Gelb denn seine Brötchen verdient?"

„Herr Gelb war promovierter Historiker an der Paderborner Universität."

„Seit wann hat Paderborn denn eine Universität?"

„Herr Kuss, bitte! Seit vielen, vielen Jahren! Und die ist im Ranking gar nicht mal so schlecht!"

„Aha! Was du so alles weißt, Oliver! Und du bist dir wirklich sicher, dass Paderborn eine Uni hat? Ganz ehrlich? Du nimmst mich nicht hoch, oder?"

Kirchner geht nicht weiter darauf ein: „Gelb war dort Assistent in irgendeinem Institut für jüngere Geschichte oder so. Irgendwas ganz Spezielles!"

„Bevor ich's vergesse, Oliver! Dass mir die Spurensicherung den PC von Herrn Gelb mitnimmt und alles auswertet, was da drauf ist. Vor allem die E-Mails und sonstigen Kontakte!"

„Geht in Ordnung!"

An der Wohnungstür ist plötzlich ein Riesengetöse. Eine Frau schreit, man hört die tiefen Stimmen der Streifenpolizisten: „Nein, da können Sie jetzt nicht hinein!"

„Was ist denn hier los?", schimpft Kuss und geht auf den Flur. Zwei Streifenpolizisten halten dort eine Frau fest, die offenbar unbedingt in die Wohnung will. Thomas Kuss geht zu ihr: „Guten Tag, mein Name ist Thomas Kuss von der Kripo Bielefeld. Darf ich fragen, wer Sie sind?"

„Ich verstehe einfach nichts mehr! Was will denn die Polizei bei Hans-Dieter? Warum diese Leute in ihren weißen Overalls? Das kenne ich doch aus dem Fernsehen! Das ist doch die Spurensicherung, oder? Was macht die hier? Was ist das für ein seltsamer Gestank? Ist Hans-Dieter etwas passiert?"

Thomas Kuss beruhigt die Frau. Sie stellt sich als Annamaria Oberschelp vor, die ehemalige Freundin des Toten.

„Frau Oberschelp, ich muss Ihnen die traurige Mitteilung

machen, dass Hans-Dieter Gelb tot ist. Er ist ganz offensichtlich einem Gewaltverbrechen zum Opfer gefallen."

Für einen kurzen Moment ist es ganz still im Raum. Kuss hat noch jüngst auf einem Polizeiseminar gesagt bekommen, dass man bei der Übermittlung von schlechten Nachrichten nicht um den heißen Brei herumreden, sondern die Dinge ganz klar beim Namen nennen solle, wie es auch die Ärzte in Krankenhäusern tun. Das hört sich zwar recht mitleidlos an, aber es sei angeblich besser.

„Tot? Gewaltverbrechen? Was soll das heißen? Mord etwa? Wer ermordet denn Hans-Dieter?"

„Frau Oberschelp, was wollen Sie hier?", fragt Thomas Kuss ernst.

„Na, Hans-Dieter besuchen natürlich. Von dem habe ich seit einer Woche nichts gehört und gesehen. Auf Telefonanrufe reagiert er nicht, auf Mails auch nicht. Da habe ich mir die Mühe gemacht und bin vorbeigekommen!"

„Frau Oberschelp, dürfen mein Kollege und ich Sie heute Nachmittag besuchen, um Sie zu vernehmen? Sie können auch gern in meinem Büro im Präsidium vorbeischauen. Was ist Ihnen lieber?"

„Standen sie sich noch nahe?", fragt Kuss. Er sitzt am Nachmittag in seinem Büro Frau Oberschelp gegenüber, die sich für den Besuch des Polizeipräsidiums entschieden hat, um ihre Aussage zu machen. Sie ist mittelgroß, hat brünette Haare, ist 37 Jahre halt und verfügt über einen freundlichen und offenen Gesichtsausdruck. Und sie scheint nach wie vor sehr gefasst zu sein.

„Ach nein, das kann man nicht sagen. Wir haben uns schon vor längerer Zeit getrennt. Jeder ging seiner Wege. Nur ab und zu trafen wir uns. Dann hat Hans-Dieter mir in aller Regel von seiner Arbeit berichtet. Das war immer etwas langweilig. Vor einer Woche wollten wir uns mal wieder sehen. Er hatte bei mir angerufen und mit eher ungewöhnlicher Dringlichkeit gebeten, mich zu sehen. Ich sagte ihm, dass ich zurückrufen werde. Das habe ich dann auch mehrmals versucht. Erst habe ich mir weiter keine Gedanken gemacht, dann kamen aber doch leise Sorgen und Zweifel. Bei dem überkorrekten Gelb war das einfach ungewöhnlich. Na, und deshalb bin ich also heute zu ihm gefahren. Und nun sagen Sie mir, dass er ermordet wurde!"

„Genau. Unser Pathologe ist noch bei der Sektion. Dennoch scheint es so gut wie sicher zu sein, dass Hans-Dieter Gelb vor fünf Tagen mit einer großkalibrigen Pistole in seiner Küche in den Hinterkopf geschossen wurde. Offenbar das Werk eines Profis, denn nach ersten Untersuchungen sind kaum Spuren vorhanden, die verwertbar wären. – Wenn Herr Gelb bei Ihren Treffen so gern über sich und seine Tätigkeit sprach, dann wissen Sie vielleicht, ob es in letzter Zeit Unregelmäßigkeiten gab? Hat er Schwierigkeiten erwähnt? Hatte er Feinde, Schulden? Wurde er bedroht? Gab es alte Rechnungen, die offen waren? Gab es innerfamiliäre Verwicklungen oder Zerwürfnisse?"

„Ja und nein!"

„Was heißt das?"

„Wissen Sie, Hans-Dieter Gelb und seine Verwandtschaft, das ist eine ganz seltsame Mischpoke. Sie zeichnet sich durch Missgunst, Neid, Eifersucht und insbesondere unendlichen Geiz aus. Als ich diese Charaktereigenschaften bei Hans-Dieter bemerkte, war es für mich höchste Zeit, mich von ihm zu entfernen. Nichtsdestotrotz kann er ein interessanter Gesprächspartner sein. Aber auch nur manchmal, wenn er von seiner Nabelschau ablässt."

„Noch einmal: Hat er in letzter Zeit irgendetwas wirklich Außerordentliches verlauten lassen? Hat er vielleicht angemerkt, dass er bedroht werde? Oder sich vorstellen können, dass jemand sehr wütend auf ihn ist? Hatte er eventuell Kontakt zu, sagen wir einmal, einer dubiosen Klientel aufgenommen, die ihn wegen irgendwelcher Unregelmäßigkeiten erpresste?"

„Wirklich, Herr Kuss, da kann ich Ihnen nichts zu sagen.

Mir ist nichts aufgefallen. Außer vielleicht, dass dieser oder jener seiner Historiker-Kollegen ihm nicht ganz gewogen war!"

„Warum? War er ein schlechter Kollege?"

„Nein, das wohl nicht. Es drehte sich auch nicht um die Kolleginnen oder Kollegen in Paderborn, sondern eher deutschlandweit. Er hat, wie die meisten von ihnen, Rezensionen geschrieben, Buchkritiken, in denen er sich mit den Neuerscheinungen der Kolleginnen und Kollegen auseinander setzte. Hans-Dieter war sehr von sich überzeugt. Während unserer Gespräche habe ich immer wieder festgestellt, dass es ihm eigentlich niemand recht machen konnte. Hart und unnachgiebig ist er mit den Büchern und sonstigen Texten anderer Leute ins Gericht gegangen. Ich hab mich immer gefragt, ob seine eigenen Werke wohl so viel besser waren. Aber ich hatte das Gefühl, dass er nicht besonders viel zu Papier brachte. – Na, und seine Buchkritiken, die stellte Hans-Dieter dann online. Da gibt's doch dieses Portal im Internet, so ein ganz großes, das sich nur mit Soziologie und Geschichte befasst. Gott, wie heißt das denn noch gleich …?"

„Keine Ahnung, Frau Oberschelp. Ist nicht mein Metier!"

„Na, wie auch immer: da hat er jedenfalls seine Rezensionen immer abgeliefert. Und da die so gnadenlos waren, hat er diesen und jenen damit sehr geärgert. Zumindest hat er mir das immer so erzählt. Und da war Hans-Dieter auch richtig stolz drauf. Ich glaube, der hatte eine gewisse Lust daran, Leute in die Pfanne zu hauen. Wenn man's selbst schon nicht bringt, dann sollen's andere aber erst recht nicht können! Das schien sein Motiv zu sein. Hat er natürlich niemals zugegeben. Aber ich glaube, es war so."

„Sie haben keine hohe Meinung von Herrn Gelb!"

„Ich dachte, das sei schon längst deutlich geworden! Wir waren gewissermaßen nur noch alte Bekannte, die sich in unregelmäßigen Abständen trafen, um sich auszutauschen. Nicht mehr und nicht weniger!"

„Was hat es eigentlich mit dieser Wohnung auf sich? Nach

unseren Informationen sind die Eltern von Herrn Gelb vor fünf, beziehungsweise sechs Jahren verstorben. Wieso ist in der Wohnung nichts verändert worden?"

„Ja, sehen Sie, Herr Kuss, das gehört zu den seltsamen Dingen, die mich schon bald veranlasst hatten, mich von Hans-Dieter zu trennen. Obwohl er vollkommen normal erschien, hat er um seine verstorbenen Eltern so eine Art Nimbus herum aufgebaut. Ich habe immer mit ihm geschimpft, habe ihn gefragt, ob er demnächst vielleicht noch einen kleinen Altar aufstellen wolle. Da hat er sich aber nichts von angenommen. Darüber war keine Diskussion mit ihm möglich. Das ginge mich nichts an, hieß es."

Thomas Kuss unterhält sich noch ein wenig mit Annamaria Oberschelp. Über dies und das. Sie ist eine nette Gesprächspartnerin.

Am nächsten Tag liegen die Ergebnisse der Pathologie vor. Nichts Weltbewegendes. Die ersten Eindrücke haben sich bestätigt. Glatter Durchschuss durch Schädelknochen und Gehirn. Austritt des Projektils im Stirnbereich. Sofortiger Bewusstseinsverlust des Opfers. Eintritt des Todes nach etwa 30 Sekunden. Danach hat die Leiche offenbar fünf Tage in der Position gelegen, in der man sie am gestrigen Tage auffand.

Der findige Kollege Nils Peuser von der Datenverarbeitung, kurz DV-Abteilung, hat dagegen interessantere Neuigkeiten. Er berichtet seinen Kollegen Kuss und Kirchner, dass am vermutlichen Todestag von Hans-Dieter Gelb sämtliche E-Mails auf seinem PC gelöscht worden seien. Auch jene, die auf seiner Institutsadresse in Paderborn aufgelaufen waren. Ratzekahl leergeräumt. Der Hauptkommissar und sein Assistent verziehen bei dieser Information die Gesichter wie vor Schmerzen. Dann inszeniert Nils Peuser aber seinen großen Auftritt: „Allerdings ist es mir gelungen, einige der gelöschten Nachrichten wieder zurückzuholen."

Kuss und Kirchner atmen auf.

„Nils, du bist ein Genie, ein Computer-Ass! Wenn wir dich nicht hätten, wie stünden wir dann da? Wie die letzten trotteligen Dorfpolizisten!"

„Na, ja, ich tue nur meine Arbeit, nicht wahr!", entgegnet Peuser geschmeichelt. „Ich schicke euch die Mails von Gelb auf eure Büro-PCs!"

Nils Peuser hat untertrieben. Er konnte nicht nur einige Mails retten, sondern fast 300 Stück, die Kuss und Assistent Kirchner nun einzeln durchgehen.

„Frau Oberschelp hat erzählt, dass Hans-Dieter Gelb sich darin gefallen hat, Historiker-Kollegen mit scharfen Buchkritiken in die Pfanne zu hauen", sagt Thomas Kuss zu seinem Assistenten. „Halt mal deine Augen auf, ob du auf irgendwelche Auseinandersetzungen stößt, die damit im Zusammenhang stehen!"

Die beiden Polizisten werden mehr als fündig. Hans-Dieter Gelb hat diverse Internet-Portale zu den nationalen und internationalen Gesellschaftswissenschaften in den letzten Wochen mit Buchkritiken versorgt.

„Der muss ja wie ein Irrer gelesen und Kritiken verfasst haben!", meint Kirchner. „Hätte doch in dieser Zeit selbst was schreiben können!"

„Das sagte Frau Oberschelp auch! Dafür hat's aber offenbar bei ihm nicht gereicht!"

Kirchner hat etwas entdeckt.

„Hier, Thomas, das ist interessant! Da bittet ein Daniel Köster aus Minden darum, eine vor vier Jahren von Hans-Dieter Gelb bei dem Portal GesWiss eingestellte Rezension zu löschen! Köster hatte ein Buch über das mittelalterliche Minden verfasst."

Thomas Kuss ruft sich den Schriftwechsel auf seinem PC auf. Er umfasst zahllose Mails, die vor zwei Wochen hin und her gingen. Köster nimmt darin Bezug auf frühere Versuche, Hans-Dieter Gelb zur Zurücknahme der Buchkritik zu bewegen. Damals wie heute zeigte sich Gelb aber unbeeindruckt von diesem Ansinnen. Die fast flehentlichen Bitten Daniel Kösters blieben schließlich unbeantwortet.

„Ich hab' so das Gefühl, dass unser Opfer im wirklichen Leben ein ziemliches Arschloch war!“, sagt Kuss.

„Das Gefühl habe ich auch! Schauen wir uns auf GesWiss die Rezension von Gelb einmal an!“

Fachinformationen für die Geschichtswissenschaft, so lautet der Untertitel des Portals von GesWiss. Die gesuchte Buchkritik ist schnell gefunden. Sie bezieht sich auf Daniel Kösters *Leben und Arbeiten im Minden des Spätmittelalters.* Es ist ein nur 64 Seiten umfassender schmaler Band mit zahlreichen Abbildungen.

„Nur 64 Seiten? Und dazu noch Fotos? Gehört so ein Büchlein denn hier überhaupt besprochen?“, fragt Kirchner.

Hans-Dieter Gelbs Kritik ist vernichtend. Er seziert, offenbar vor dem Hintergrund eigener und detaillierter Kenntnisse der Materie, mit kalter Präzision das Buch von Daniel Köster. Das ist nicht allzu schwer, da es wissenschaftlichen Maßstäben nicht entspricht. Am Schluss steht der Autor wie ein dummer Junge da, ein begossener Pudel.

„Au verdammt, Oliver!“, sagt Thomas Kuss. „Ich könnte mir vorstellen, dass eine derartige Buchkritik der Karriere nicht unbedingt förderlich ist!“

„Davon bin ich überzeugt! Das ist ja schon fast ein Grund, Hans-Dieter Gelb über den Haufen zu ballern!“

„Oliver, nun übertreib mal nicht! Das sieht doch hier eher so aus, als ob sich da zwei Pedanten in den Haaren liegen! Hand aufs Herz: Wen interessiert schon, was in der deutschen Geschichtswissenschaft passiert! Was in Minden im Spätmittelalter vor sich ging! Da gibt's doch wirklich Wichtigeres!“

„Könntest Recht haben! Wie auch immer: Wir haben unseren ersten Verdächtigen!“

„Den zweiten! Annamaria Oberschelp gehört ebenfalls zu den Tatverdächtigen! Ihre vollkommen unbeeindruckte Art gibt mir zu denken. Beide müssen wir uns vorknöpfen, das ist klar! Und wir müssen nach Paderborn fahren, in dieses Institut, in dem Hans-Dieter Gelb gearbeitet hat. Ich bin vorhin übrigens die Suchanzeigen durchgegangen. Bis jetzt hat sich niemand gemeldet, der unser Mordopfer vermisst."

„Das spricht für seine Beliebtheit!", sagt Kirchner trocken. „Also, auf in die Paderstadt!"

„Man hat's ja schnell hinter sich", sagt Thomas Kuss, der im Auto neben Oliver Kirchner sitzt. Sie fahren auf der A33.

„Wenn man nicht zu häufig aus dem Fenster schaut, sondern immer nach vorn, ist man schnell durch die öde Senne hindurch und flugs in Paderborn. Da kann man dann ja wieder aufatmen", sagt Oliver Kirchner.

„So isses, Oliver!"

Sie fahren auf der Paderborner Bahnhofstraße Richtung Innenstadt.

„Egal, in welche größere Stadt Deutschlands man kommt, es ist fast immer das gleiche Bild. Man befindet sich auf irgendeiner viel befahrenen Ausfallstraße. Dann beginnt die Stadt mit Pommes-Frites-, Döner-, Pizza- oder Gyros-Buden, Tankstellen, Bahntrassen und Häusern, die ganz grau vom Staub und Straßenschmutz sind und schadhafte und kaputte Rollos haben. Da dürften die Mieten mehr als erschwinglich sein. Wir kennen ja die Klientel, die da drin wohnt, oder? Alks, Messies, Gestrandete und Gestrauchelte. Warum sollte das alte Paderborn da eine Ausnahme machen?"

„Heute etwas philosophisch drauf, Thomas? Andererseits: hast ja Recht! Überall dieselbe Trostlosigkeit. Und wir oft mittendrin."

„Die meisten davon gehören ja auch zu unserer Kundschaft. Fahr da vorn rechts. Wir müssen zur Warburger Straße."

Die Kolleginnen und Kollegen von Hans-Dieter Gelb erweisen sich während der Gespräche an diesem Nachmittag im Institut für Neue Geschichte der Universität Paderborn als zwar freundliche, dennoch überaus strebsame junge Leute. Sie geben sich nicht sonderlich überrascht, als sie vom gewaltsamen Tod ihres Kollegen erfahren. In einem engeren Verhältnis zu dem Opfer stand offenbar niemand. Er habe einen gewissen Ruf gehabt, solle ein Besserwisser und ständig an allem herumkrittelnder Zeitgenosse gewesen sein, dem man besser aus dem Weg ging, wenn man vorhatte, das Leben zu genießen.

Um 16 Uhr haben Kuss und Kirchner einen Termin bei Professor Dr. Sieveking, dem Leiter des Instituts. Der gibt sich übertrieben geschockt, als er vom Tod seines Mitarbeiters hört. Stottert herum, dass das ja wohl unfassbar sei, schrecklich, nicht vorstellbar!

„Was können Sie mir über die Person Hans-Dieter Gelbs sagen? Was war er für ein Mensch? Und das Wichtigste: hatte er möglicherweise Feinde hier an der Universität?"

„Ach, wissen Sie, jeder hier im Bereich der Assistenten ist nicht unbedingt dem oder der anderen vollkommen wohl gesonnen. Die Konkurrenz ist einfach zu groß! Es gibt in den Geschichtswissenschaften nur vergleichsweise wenige Arbeitsplätze, die auf Dauer angelegt sind. Geschweige denn Lehrstühle! So wollen sich viele, na, wie soll ich sagen, Liebkind bei mir machen, weil sie hoffen, dass ich sie dann über meine Beziehungen weiterbringe, auf irgendeinen gut dotierten Arbeitsplatz."

„Hat Hans-Dieter Gelb bei Ihnen auch angeklopft, um sich das zu Nutze zu machen?", fragt Oliver Kirchner.

„Wissen Sie, bei mir hat jeder schon mal diesbezüglich nachgefragt. Ich versuche immer, gerecht zu bleiben, indem ich mich um niemanden zu sehr kümmere. Allerdings wird immer wieder ausgesiebt. Von mir verlangt man, dass ich nur die hoffnungsvollsten jungen Wissenschaftler fördere. Wenn ich das tue, zetern andere sofort wieder, dass hier Vetternwirtschaft betrieben werde."

„Alles klar, dann hat also auch Hans-Dieter Gelb Sie um Protektion gebeten! Gut! War er damit erfolgreich? War er ein guter Wissenschaftler?"

„Ich denke, da muss ich ein wenig differenzieren", sagt Professor Sieveking.

„Okay, dann differenzieren Sie mal ein wenig!", entgegnet Hauptkommissar Kuss.

„Nach meiner Meinung war Herr Dr. Gelb kein schlechter Wissenschaftler! Ein wirklich guter Handwerker. Fast überpenibel. Aber so etwas braucht man ja in der Historie. Andererseits war er ein wirklich seltsamer Mensch, mit dem man schwer umgehen konnte. Jemand, dem es nichts ausmachte, mit aller Welt in Streit zu liegen. Ich glaube, das bereitete ihm sogar Vergnügen! Trotzdem hatte ich mich vor einigen Wochen entschlossen, ihn auf eine gut dotierte Ganztagsstelle mit Aufstiegschancen in Freiburg zu vermitteln."

„Davon haben Ihre Mitarbeiterinnen und Mitarbeiter doch bestimmt Wind bekommen, oder? Hat das nicht zu Zerwürfnissen geführt?", fragt Kirchner.

„Vielleicht, wahrscheinlich! Aber was soll ich machen? Die Kommission in Freiburg erwartete eine Empfehlung von mir, und die habe ich gegeben!" Sieveking hebt wie zur Entschuldigung oder zum Bedauern beide Arme leicht an, während er den Kopf etwas schräg legt.

Nach diesem Gespräch stehen Thomas Kuss und Oliver Kirchner noch ein wenig auf dem Flur herum und entwickeln den verwegenen Plan, irgendwo eine Tasse Kaffee zu trinken.

„Was hältst du von der Annahme, dass auch einer der Institutsmitarbeiter Hans-Dieter Gelb das Lebenslicht ausgeblasen haben könnte? Aus Neid, Eifersucht und Hass auf die Bevorzugung durch Sieveking?"

„Eine Überlegung ist es wert!", sagt Thomas Kuss. „Du schnappst dir morgen zwei Kollegen, fährst wieder hierher und nimmst dir alle Anwesenden vor. Fragst sie nach ihrem Verhältnis zu Gelb ganz genau aus. Und welche Rolle sie selbst in diesem Institut hier spielen. Wer alles scharf auf den Job von Herrn Dr. Gelb war!"

„Geht in Ordnung! Und was machst du?"

„Ich fahre nach Minden und stehe wie zufällig vor der Wohnungstür von Daniel Köster. Natürlich erst, nachdem ich die Kollegen in Minden informiert habe. Und dann werde ich ihm auf den Zahn fühlen. Vielleicht kennt Köster ja noch mehr Gelb-Geschädigte! – So, wo nehmen wir denn jetzt unser Käffchen, Herr Kirchner?“

Als Thomas Kuss am nächsten Morgen sich im unauffälligen, aber PS-starken Dienstwagen auf den Weg nach Minden macht, fällt ihm plötzlich eine Begebenheit aus längst vergangenen Zeiten ein. Irgendwann im letzten Drittel der 1970er Jahre, als der Punk-Rock auch in Bielefeld Einzug hielt, spielte eine Mindener Band in einem Jugendzentrum. Die hießen die „Rotators“. Der Sänger gab sich betont tuntig, hatte eine Art Leopardenkostüm an. Die Gruppe war eine der ersten Punk-Bands überhaupt im Ostwestfälischen. Das war im Prinzip schon sensationell genug. Und sie sangen auf Deutsch und griffen bewusst ihre Heimatstadt und deren Einwohner an. Im Refrain hieß es: „Minden ist ’ne Wichser-Stadt“. War damals unerhört. Aber auch mächtig lustig. Komisch, was man so behält! Dabei ist Minden doch so eine schöne und alte Stadt! Jeder Ort im Ostwestfälischen scheint über kurz oder lang sein Fett abzubekommen. Die Leute mögen sich hier anscheinend selbst nicht. Woran sollte es sonst liegen?

Daniel Köster wohnt an der Mindener Ringstraße. Kuss lässt den Wagen stehen und geht die restlichen 100 Meter zu Fuß bis zu Kösters Wohnung. Sie befindet sich in einem mehrgeschossigen Haus, das offenbar aus den 1950er Jahren stammt. Wie bei fast allen anderen Bauten an diesem Straßenabschnitt sind die Fensterscheiben im Erdgeschoss fast blind vor Schmutz. Die Gardinen hängen schief und haben dieselbe Farbe wie der Putz. Vier Meter vor’m Hauseingang donnert unablässig der Verkehr. Schwere LKWs rumpeln Thomas Kuss fast über die Füße. Keine ideale Wohngegend für Familien mit Kindern. Die Klingelleiste ist so lang wie Kuss’ Arm. Die Namen auf den Schildern stammen aus der ganzen Welt. Daniel Köster hat seinen auf ein kleines Stück Papier geschrieben und einfach neben den Klingelknopf geklebt. Hat sich nicht die Mühe gemacht, das Ganze aufzuschrauben. Kuss drückt den Knopf. Drückt noch einmal. Dann summt der Türöffner. Ist kaum zu hören bei dem Verkehrslärm. Thomas Kuss steht kurz danach im Hausflur. Hier riecht es stark nach Essen. „Was hattest du erwartet?", fragt sich der Hauptkommissar selbst. Daniel Köster wohnt im fünften Stock, direkt unter dem Dach. Die Wohnungstür ist geschlossen. Kuss klopft gegen die Tür, da er nirgendwo etwas entdeckt, um sich anders bemerkbar zu machen.

„Wer ist da?", ruft eine durch die Tür gedämpfte Stimme. Kuss stellt sich vor und hält seinen Ausweis in Höhe des Türspions.

„Und was wollen Sie?"

„Nur ein paar Fragen im Zusammenhang mit Hans-Dieter Gelb! Den kennen Sie doch, oder? Öffnen Sie jetzt, bitte!"

Die Tür geht auf und Kuss erblickt Daniel Köster. Laut den Einwohnermeldeakten ist er 39 Jahre alt. Er sieht aber deutlich älter aus. Die rote Gesichtsfarbe und das aufgedunsene Gesicht sind unzweideutige Hinweise darauf, dass Köster Probleme mit dem Alkohol hat. Er trägt ein fleckiges weißes T-Shirt und dunkle Hosen. Eine Rasur wäre nötig. Die Brille und die Augen dahinter vermitteln den Eindruck, dass Daniel Köster sehr intelligent und wahrlich kein Trottel ist.

„Darf ich reinkommen?", fragt Kuss. „Das, was wir zu besprechen haben, muss nicht unbedingt das ganze Haus mithören!"

„Wird es aber trotzdem. Die Wände sind hier so dünn, da glauben Sie, die Nachbarn stünden in Ihrem Wohnzimmer, wenn sie sich unterhalten! Kommen Sie rein in meine bescheidene Hütte!"

Thomas Kuss schließt die Tür hinter sich und folgt Köster in eines der Zimmer. Es ist nichts eingerichtet in der Wohnung, nichts renoviert. Der Teppich, oder was sonst einmal den

Fußboden bedeckte, ist herausgerissen, die Tapeten hängen in Streifen von den Wänden. Hier und dort sind Wasserflecken erkennbar. Die wenigen schadhaften Möbel stehen beziehungslos im Raum.

„Oh, Sie ziehen gerade erst ein, wie ich sehe!“, sagt Kuss.

„Wenn Sie es so nennen möchten, bitte sehr!“, entgegnet Köster. „Tatsache ist, dass es hier schon lange so aussieht. Ich komme einfach nicht voran. Warum auch? Das Geld fehlt und die Motivation sowieso!“

„Was ist passiert? Haben Sie kein Einkommen?“

„Doch, ich bekomme ein wenig Hartz IV! Das reicht aber nicht, da ich noch einige Schulden zu begleichen habe. Schwierige Situation!“

„Ich verstehe nicht ganz!“, sagt Thomas Kuss, „meines Wissens sind Sie promovierter Historiker und haben eine ganze Reihe Bücher über regionalgeschichtliche Themen geschrieben. Vor ein paar Jahren sogar eins über Ihre Heimatstadt Minden! Da haben Sie doch Einnahmen erzielt, oder? Sind die alle schon verbraucht?“

„Ach, wissen Sie, da ist unter dem Strich nicht viel herausgekommen! Obwohl das Minden-Buch eine überaus erfolgreiche Publikation des Verlags war, habe ich nur sehr wenig von der Kohle gesehen. Das meiste hat der Verlag eingestrichen. So ist das Leben! Wie geht's denn meinem speziellen Freund Hans-Dieter Gelb? Wegen dem sind Sie doch schließlich hier, oder? Woher wissen Sie, dass ich ihn kenne?“

Thomas Kuss wollte gerade zu diesem Thema wechseln.

„Tja, der Herr Gelb! Den haben wir gestern Morgen in seiner Wohnung leblos aufgefunden. Erschossen. War schon einige Tage tot. Ganz saubere Arbeit von einem Profi-Killer. – Herr Gelb war ja ein Freund harter Buchkritiken, die er dann ins Internet stellte. Ihr Minden-Buch ist bei ihm auch in Ungnade gefallen. Und jetzt wollen wir von der Bielefelder Kripo natürlich wissen, wer Herrn Gelb das Lebenslicht ausgeblasen hat!“

„Er ist tot, tatsächlich? Ermordet? Ich hab' ihm eigentlich immer die Pest an den Hals gewünscht und sogar den Tod. Ein boshafter Mensch. Ich weiß gar nicht, ob er eigentlich Gründe für seine Rücksichtslosigkeit hatte. Ich glaube, das war für ihn eher ein Sport. Leute fertig machen. Das hat er gut gekonnt. Sehen Sie mich an, ich bin eines seiner Opfer! An mir hat er ganze Arbeit geleistet!"

„Ich verstehe nicht ganz! Es ist doch durchaus üblich, dass zu Büchern, die neu erscheinen, Rezensionen veröffentlicht werden. Das kann doch nicht so schlimm sein!"

„Das ist richtig! Eigentlich dürfte das nicht besonders fatal sein, wenn eine solche Kritik nur ein- oder zweimal in dieser oder jener Zeitung oder Zeitschrift erscheint. Nur kommt in der heutigen Zeit das Internet hinzu. Google war der mächtige Verbündete von Hans-Dieter Gelb. Seine vernichtende Rezension meines Buches, wie auch die zu Publikationen von anderen Kolleginnen und Kollegen, hat er bei dem Historiker-Portal GesWiss eingestellt. Und wenn es ein Internet-Portal gibt, das aufs Diffizilste mit den Suchmaschinen, sprich mit Google, verlinkt ist, dann ist es GesWiss! Das hatte zur Folge, dass seit vier Jahren, ab jenem Zeitpunkt also, als Gelb die Kritik veröffentlichte, bei Google als Erstes diese schlechte Rezension gemeldet wird, wenn irgendjemand meinen Namen in die Suchmaschine eingibt."

„Nun, das ist natürlich nicht schön! Auf der anderen Seite rückt das doch im Laufe der Zeit in den Hintergrund, weiter auf den Google-Seiten nach unten. Sie haben doch seit dem Minden-Buch viel Neues verfasst. Das müsste doch dann ganz vorn am jeweiligen Seitenanfang stehen!"

„Nein, Herr Hauptkommissar, Sie verstehen nicht! Das Portal GesWiss ist immer ganz oben! Und wenn Ihre Erwähnung in diesem Portal schon zehn Jahre zurückliegt! Die Verzeichnung bei GesWiss wird von Google immer als Erstes angezeigt! Wie die das hinkriegen, weiß ich nicht. Dazu kenne ich zu wenig von der Materie! Google ist das kalte und gnadenlose Elefantengedächtnis. Es leistet solchen Idioten wie Hans-Dieter Gelb Schützenhilfe!"

„Jetzt verstehe ich! Jede und jeder, der Sie googelt, also in Google oder irgendeine andere Suchmaschine eingibt, bekommt als Erstes einen negativen Eindruck von Ihnen!"

„Ganz genau! Auch wenn das Ereignis mittlerweile Jahre zurückliegt und ich in der Zwischenzeit den Nobelpreis erhalten hätte und Tote zum Leben erwecken könnte, – es spielt für Google und GesWiss keine Rolle! Auch wer mich in zehn Jahren eingibt, wird sofort lesen können, dass ich ein angeblich schlechtes Buch über Minden geschrieben habe. Und dass ich nun auf ewige Zeiten und völlig zu Unrecht als schlechter Historiker stigmatisiert bin."

„Ist diese Konstellation wirklich so mächtig, wie Sie es hier darstellen? Meinen Sie nicht, Sie steigern sich da in etwas hinein?"

„Keineswegs, Herr Hauptkommissar! Ich bin vielmehr der lebende Beweis für das Funktionieren dieses Systems. Schauen Sie sich um: Wohnt so ein halbwegs erfolgreicher Autor? In diesem Dreckloch? Was glauben Sie, weshalb ich mir morgens schon Wodka mit Orangensaft reinziehe? Weshalb meine Frau mich endgültig verlassen hat?"

„Wollen Sie mir etwa erzählen, dass das auf Hans-Dieter Gelb zurückzuführen ist?"

„So ist es! Seit dem Zeitpunkt, seitdem fast jeder Mensch, der Informationen über einen anderen haben will, erst einmal im Internet nachschaut, bekomme ich kaum noch Jobs! In letzter Zeit gar keine mehr! Ich versuche, mit Hartz IV diese Wohnung zu halten und meine Schulden abzustottern. Witzlos, geht natürlich nicht! Privat-Insolvenz! Ich habe mich mit Hans-Dieter Gelb mehrfach in Verbindung gesetzt, um ihn zur Löschung seiner Kritik zu bewegen. Keine Chance. Auch bei GesWiss hörte man nicht auf mich. Auch als ich meine beschissene Lage dort erwähnte, zeigte man sich gnadenlos, nach dem Motto: Selbst in Schuld, Herr Dr. Köster! Dürfen Sie eben keine schlechten Bücher schreiben! Mein Einwand, dass bei GesWiss doch nur wissenschaftliche Werke besprochen werden sollten, und nicht ein 64 Seiten starkes Bilderbuch über das mittelalterliche Minden, verfing nicht. Keine Gnade!"

„Das ist hart, Herr Köster!"

„Ja, wahrhaftig, das ist hart! Mir haben potenzielle Arbeitgeber, bei denen ich mich um einen Job bewarb, rundheraus ins Gesicht gesagt, dass sie von mir eine Menge gehalten hätten, bis sie mich googelten und auf die Kritik von Hans-Dieter Gelb gestoßen seien. Sie hätte den Ausschlag für meine Ablehnung gegeben! – Hans-Dieter Gelb hat mich ruiniert, meine Existenz vernichtet! Und dasselbe habe ich nun mit ihm gemacht!"

Es entsteht eine Pause. Thomas Kuss ist betreten. Weiß zunächst nicht, wie er's sagen soll.

„Wo haben Sie den Killer angeheuert?", fragt er schließlich, „hier in Minden?"

Daniel Köster sieht Thomas Kuss für einen kurzen Moment erstaunt und erschrocken an. Dann wird sein Gesichtsausdruck jedoch ganz gelassen.

„Wissen Sie, hier in Minden ist das recht einfach. Die Stadt ist zu einer Art Drehkreuz für viele Leute aus Osteuropa geworden. Prostituierte werden hier umgeschlagen und auf Bordelle in ganz Europa verteilt. Zu jenen, die das tun, gehören Männer, die überdies zu jeder Gewalttat bereit sind, um Geld zu machen. Es ist nicht schwer, zu dieser Szene Kontakte aufzubauen. Wenn diese Leute merken, wie verzweifelt und gleichermaßen entschlossen man ist, machen sie einem einen guten Preis. Und sie sind ausgesprochen professionell. Um den Mann zu bezahlen, habe ich alles verkauft, was ich noch besaß und ihm die Adresse und ein Foto von Hans-Dieter Gelb in die Hand gedrückt. Das war's auch schon. Wie und auf welche Art und Weise der Killer seine Arbeit erledigen würde, das interessierte mich nicht besonders. Er sagte mir, dass er seine Opfer in aller Regel von hinten in den Kopf schieße. Das war mir recht. Ich wollte nicht, dass Gelb über die Maßen gequält würde. Einfach sauber von jetzt auf gleich in die ewigen Jagdgründe."

„Sie wissen, dass ich Sie jetzt mitnehmen muss, Herr Dr. Köster, nicht wahr? Werden Sie versuchen, sich der Festnahme zu entziehen?"

„Nein, werde ich nicht! Ist ganz gut so, dass alles so gekommen ist. Ich habe meinen Frieden, denn der, der mich und mein Leben zerstört hat, ist ebenfalls zerstört. Dass ich für einen vorsätzlichen Mord würde büßen müssen, das war mir klar. Dass Sie mich so schnell finden würden, hatte ich nicht erwartet. Der Killer wollte eigentlich alle Spuren auf der Festplatte von Hans-Dieter Gelb löschen."

„Hat er auch. Aber wir haben bei der Polizei verschiedene Spezialisten, die auch die ehemaligen Inhalte neu formatierter Festplatten wieder rekonstruieren können! Sind wirklich findige Leute!"

„Ich habe gehört, im Knast gibt es jetzt auch PCs für die Insassen."

„Gibt es tatsächlich. Aber der Internet-Zugang ist beschränkt. Man lässt sie nicht auf alle Seiten. Nur auf Unverdächtiges! Wie zum Beispiel auf GesWiss."

„Dann werden meine Mithäftlinge die Kritik von Hans-Dieter Gelb auch lesen können. Was werden die für eine Meinung von mir bekommen! Da bin ich ja sofort wieder schlecht angesehen!"

„Betrachten Sie's als Teil Ihrer Strafe, Herr Dr. Köster! Können wir jetzt gehen?"

Renée Pleyter

Totensonntag auf dem Teutberg

„Gilt die Wette nun, oder was?"

Das Bier war bereits in Strömen geflossen. Wie immer, wenn sie zusammensaßen. Nicht, dass das Bier der Grund gewesen wäre, sich zu treffen. Aber es gehörte dazu. Eigentlich endete es immer mit einem feuchtfröhlichen Schwelgen in vergangenen und kommenden Großtaten. Diesmal hatten sie sich im Halleluja-Steinbruch getroffen. Das Wetter hielt sich nicht schlecht für Ende Oktober, und nach ein paar Übungen an den Felswänden hatten sie in der Nähe ein Lagerfeuer gemacht, die mitgebrachten Picknicksachen sowie erste Getränke ausgepackt und den Kletternachmittag in ein geselliges Beisammensein abgleiten lassen.

Es war längst dunkel geworden, die Herbstluft war kühl, die Flaschen in ihren Händen mehr oder weniger geleert. Sie trafen sich mal hier, mal da. Zum Klettern und zum Feiern. Nicht regelmäßig und auch nicht immer in der gleichen Besetzung. Alles nach Lust und Laune, oder wenn es Pläne zu machen galt. Ausgestoßene waren sie alle, aus den Vereinen längst rausgeflogen. Im Laufe der letzten Jahre waren sie alle ausgeschlossen worden, einer nach dem anderen, in der chronologischen Reihenfolge der Dummheiten, die sie begangen hatten. Die Vereine distanzierten sich von ihren Aktionen. Ihre Dummheiten waren Legion, und sie waren zu schwerwiegend, als dass man die Augen noch hätte zudrücken können.

„Sollen sie mich doch ausschließen, darauf pfeife ich doch!", hatte Spider getönt, als er im letzten Jahr an der Reihe gewesen war.

Spider, der sich jetzt das letzte, halb verkohlte Würstchen aus dem Feuer fischte und der mit seinem Hahnenkamm, den er als getreuer Arminia-Anhänger zu gegebenen Anlässen blau und schwarz färbte, sowie den vielen Ringen in den Ohren ohnehin wie ein Fremdkörper im Verein gewirkt hatte.

„Sollen sie mich doch ausschließen! Ich scheiße doch auf diesen ganzen beschränkten Haufen von Sonntagskletterern, auf diese fett gewordenen Sofadekorationen, die mit irgendwelchen Weichei-Touren nur ihr Ego polieren und ihren Weibern imponieren wollen!"

Spider war der Beste. Und er hatte die größte Klappe. Beides war unbestritten. Selbst von den so titulierten Sonntagskletterern hatte keiner jemals seine sportlichen Fähigkeiten in Abrede gestellt. Darum ging es auch gar nicht: Spider war der selbst ernannte Wortführer der Kletter-Guerilla, ihr ungekrönter König, das Strahlungszentrum der anarchistischen Linie unter den Sportkletterern. Unbestritten war er ein Meister, und er hatte Charisma. Sein Name war Programm. Wie eine behände Spinne seilte er sich an den schwierigsten Wänden auf und ab, mit einem Wagemut, der nicht nur respektlos war, sondern gelegentlich suizidal wirkte. Er war kein gutes Vorbild. Er kletterte, ohne jemals viel über den nächsten Schritt nachzudenken. Seine Hände und Füße arbeiteten rein intuitiv. Er war ein wirkliches Phänomen. Er brauchte die Felsen wie die Luft zum Atmen, und wenn ihm die Felsen nicht mehr reichten, dann kletterte er auf alles, was sich anbot. Ohne den regelmäßigen Adrenalinrausch fühlte er sich wie eine halb tote Fliege in der Ecke.

Spider und die Kletter-Guerilla hatten sich in den letzten drei oder vier Jahren einen Namen gemacht. Von den Normen hatten sie sich dabei immer mehr entfernt. Sie waren für Schlagzeilen gut gewesen, und zwar nicht nur im Regionalanzeiger. Im Internet kursierten Videos ihrer Heldentaten, wobei sie es bevorzugt auf die Galionsfiguren deutscher Geschichte und Architektur abgesehen hatten, denen sie auf den Leib rückten und denen sie nach Möglichkeit ihr Markenzeichen aufdrückten, Duftmarken ihres Ruhmes in der Szene. Denkmäler. Aussichtstürme. Fahnenmasten sowieso. Nichts war vor ihnen sicher. Wurde ein öffentliches Gebäude geflaggt, machten sie sich einen Spaß daraus, in der Nacht die Masten hochzuklettern, die Fahnen abzuschneiden und als Trophäen einzukassieren, mit denen sie hinterher, je nach Geschmack, ihren Hobbykeller, die Garage oder das Schlafzimmer dekorierten. Spider war auch in dieser Disziplin der Meister, und seiner Sammlung gehörten so exotische Exemplare wie die Flaggen von Indien, Peru und Togo an. Dann die anderen Heldentaten: Schloss Brake in Lemgo. Die Front des alten Bielefelder Rathauses. Mitten am Tag. Die Leute hatten es für eine Art Aktionskunst gehalten und applaudiert. Als zwei Kumpel sich hingegen an einem Turm des Münsteraner Doms versuchten, waren sie aufgeflogen. Großalarm und Bulleneinsatz. Ein teurer Spaß. Schade. Ein anderer Kumpel hatte in einer Frühjahrsnacht den Turm der Burg Sparrenberg erklommen und dort oben ein Banner entrollt, auf dem ein blanker Hintern zu sehen war, der am nächsten Morgen die Touristen schockierte. Kindereien eben, über die man in Insiderkreisen herzlich lachte.

„Was ist nun, Alter? Hast du keine Meinung? Oder ist dir der Schneid abhanden gekommen?"

Der blonde Hasso, der aussah wie ein Muttersöhnchen, übernahm die Rolle des Provokateurs und pflaumte seinen Kumpel an. Spider grinste und schwieg. Die Provokationen waren so etwas wie eine Bitte, und er ließ sich gerne bitten. Es war klar, dass alle ganz wild darauf waren, ihn sein nächstes Bravourstück vollbringen zu sehen.

„Spider geht aufs Altenteil! Ich habe ja gewusst, dass das eines Tages passieren wird. Aber so bald schon …", mäkelte der Nächste, ein geschmeidiger Typ, der tagsüber einen Seitenscheitel trug und als Banker arbeitete.

„Wenn Spider es nicht macht, mache ich es selber. Es wird höchste Zeit, dass der Hermann an die Reihe kommt!"

Spider erhob sich aus der Hocke und stolzierte ein paar Meter auf und ab, mit einem Gesicht, als gäbe es noch etwas zu überlegen. Natürlich war er längst entschlossen.

„Also gut, ich mache es. Ich kann euch doch nicht enttäuschen!“ Er grinste wieder, und die Reste aus den Bierflaschen wurden als Toast auf den alten Hermann heruntergekippt.

*

Es stimmte. Der Hermann war schon lange fällig. Spider überprüfte noch einmal den Inhalt seines kleinen Rucksacks. Die handwerkliche Ausrüstung bestand lediglich aus zwei Sicherungsseilen und einigen Haken. Dann die Bonbons. Karamell, wie immer. Die brauchte er, auch wenn die anderen darüber lachten. Eine kleine Ration Zucker zwischendurch. Jeder hatte seine Rituale. Bonbons waren besser als Zigaretten. Spider steckte sich eines in den Mund und schloss die Tür hinter sich. Es war 6.05 Uhr. Sonnenaufgang war in gut anderthalb Stunden. Dann wollte er schon auf dem Teutberg sein.

Draußen war alles noch still, alle Fenster dunkel, was nicht nur daran lag, dass er in einem kleinen Kaff in der Nähe von Hamm wohnte, in dem zwischen acht Uhr abends und acht Uhr morgens die Bürgersteige hochgeklappt wurden. Es war Sonntag. Totensonntag. Heute würde sich keine Maus vor Mittag rühren. Die Luft war feucht. Der Nebel würde sich kurz vor Sonnenaufgang noch verstärken. Wenigstens war es nicht kalt. 12 Grad. Im Laufe des Tages sollten die Temperaturen sogar noch etwas ansteigen. Seit Tagen achtete er auf den Wetterbericht. Für November war es ziemlich warm, aber zum Klettern ideal. Kälte war der schlimmste Feind. Wenn die Finger steif wurden, war es schwachsinnig, überhaupt anzufangen. Tödlicher Leichtsinn. Und bei Minusgraden würde man den Hermann nicht einmal anfassen können. Er bestand aus Kupferplatten. Die würden bei Frost so eisig sein, dass die Finger an ihnen festfroren. Aber 12 Grad war okay, alles war gut.

Spider warf die Tasche auf den Beifahrersitz seines alten Peugeot und drehte die Heizung auf. Er sah heute entschieden unauffällig aus. Kein Hahnenkamm, keine grellbunten Hosen. Die Haare ordentlich gekämmt. Es war essentiell, im Vorfeld unauffällig zu bleiben. Die Straßen waren zwar leer, aber man konnte nie wissen. Es war nicht unbedingt notwendig, dass ein paar alte Omis, die zur Frühmesse eilten, sich hinterher an seinen Schopf erinnerten. Bis zum Teutberg waren es runde achtzig Kilometer, von denen er den größten Teil auf der Autobahn zurücklegen würde. Bei Stukenbrock musste er abfahren. Dann das letzte Stück auf der Landstraße. Das sollte in sechzig Minuten zu schaffen sein. Er drehte den Schlüssel im Zündschloss und verließ langsam die dörfliche Straße.

Auf der Autobahn war der Nebel dichter als erwartet. Er war hundemüde und hatte den Eindruck, auf der Stelle zu fahren. Die Augen fielen ihm beinahe zu. Das war schlecht. Dabei hatte er in den letzten acht Tagen eiserne Disziplin gehalten. Kein Bier, keine Zigaretten. Nur Vollwertkost. Und jeden Tag drei Stunden Training, an der Wand oder in der Muckibude. Er nahm die Dinge ernst. Mit achtundzwanzig Jahren war er nicht mehr der Jüngste, was das Klettern betraf. Es war abzusehen, dass sein Ruhm in den nächsten zwei Jahren langsam zu bröckeln beginnen würde, aber es wäre hochgradig peinlich, wenn das ausgerechnet heute geschehen sollte.

Spider wischte sich über die Augen. Der CD-Player hatte den Geist aufgegeben, so musste er ohne Musik auskommen. Zehn Minuten hinter Gütersloh tauchte das Hinweisschild einer Raststätte auf. Das war gut. Die Rettung. Er schaute zur Uhr. Für einen Kaffee war noch Zeit. Im Rucksack befand sich zwar neben den Bonbons und einem Apfel auch eine Flasche Wasser, aber nun musste es ein Kaffee sein. Er hielt den Wagen rechts und nahm die Abfahrt, die erst im letzten Moment aus dem Nebel auftauchte.

Die Lichter des Restaurants schimmerten blässlich durch den weißen Dunst. Alles war still. Aus den Bäumen tropfte es. Im Gastraum herrschte ebenfalls Totensonntag. Am Fenster saß ein Paar, das sich anschwieg. Der Mann wühlte in irgendwelchen Papieren, während Sie einen dicken Schmollmund zog, wie ein Goldfisch, und mit leeren Augen in die Dunkelheit starrte. Die Bedienung, blass und mit müden Ringen unter den Augen, reichte Spider den verlangten Pott Kaffee über den Tresen, ebenfalls ohne Worte, als habe alle Welt zu Ehren des Tages ein Schweigegelübde abgelegt.

Auch Spider war nicht zu Plaudereien aufgelegt. Er zahlte und setzte sich an einen Tisch schräg gegenüber des schweigenden Paares. Während er reichlich Zucker in den Kaffee füllte, kramte er mit der anderen Hand ein paar Bilder aus seiner Jackentasche. Am letzten Wochenende hatte er einen Ausflug auf den Teutberg gemacht und sich alles in Ruhe angeschaut. Er hatte fotografiert, die Lage sondiert und ein paar Runden auf dem Besucherumlauf gedreht. Der steinerne Unterbau des Hermannsdenkmals war beinahe 27 Meter hoch. Zehn Säulen. Roh behauener Sandstein. Das würde kein großes Problem werden. Er hatte die Hände auf den Stein gelegt. Er hatte sich gut angefühlt. Griffig. Als warte er darauf, dass man sich an ihm ausprobierte.

Mit seinem Feldstecher hatte er den Hermann von allen Seiten betrachtet. Das in die Höhe gereckte Schwert würde den Gipfel des Unternehmens bilden, im wahrsten Sinn des Wortes. Er war sich nicht sicher, ob er wirklich bis ganz nach oben kommen würde. Das kam auf die Nieten an, mit denen die Kupferplatten zusammengefügt waren. Die Nieten würden ihm das Klettern ermöglichen. Waren sie dick und griffig und zogen sie sich über die ganze Länge des Schwertes bis nach oben, dann würde es leicht sein. War das Schwert allerdings aus einem Stück gegossen, was durchaus ebenfalls möglich war, dann würde es schwierig werden, vielleicht sogar unmöglich. Er hatte es mit dem Fernglas nicht erkennen können. Außerdem war er noch nie auf Metall geklettert. Es würde ganz anders sein als auf Stein. Vielleicht würden seine Hände es nicht mögen. Stein lebte. Metall hingegen war tot. Unbeseeltes Menschenwerk ...

Ein Klirren der Kaffeetassen am Nebentisch schreckte ihn aus seinen Gedanken auf. In einem Anfall von Zickigkeit hatte die Frau ihre Tasse so fest auf die Untertasse gedonnert, dass diese zerbrochen war. Nun klimperte sie erschrocken mit den Augen, ihr Goldfischmund schnappte stumm nach Luft.

„Was für eine blöde Kuh!", dachte Spider und betrachtete sie zwischen halb geschlossenen Lidern, wobei seine Mundwinkel sich unwillkürlich nach unten zogen. Sie war genau sein Antityp, mit ihrer Mähne aus hellblond gefärbten Pudellöckchen und ihrem grellpinkfarbenen Goldfischmund. In ihrem Aufzug, mit dem zu kurzen Rock und den gelackten Stöckelschuhen, wirkte sie unter der schummerigen Beleuchtung des Gastraumes und zu dieser frühen Stunde seltsam deplaziert.

„Sich ausgerechnet am Totensonntag so aufzudonnern, zeugt wirklich von schlechtem Geschmack", dachte Spider nun, der es im Allgemeinen mit den Feiertagen selbst nicht so genau nahm und dessen wechselnde Haartrachten ebenfalls nicht durchgängig von gutem Geschmack zeugten. Mit der Dame vom Nebentisch aber war er ungnädig, vielleicht, weil sie ihn in der Konzentration gestört hatte, vielleicht auch nur, weil ihr vorgestülpter Goldfischmund ihn ärgerte.

Er packte seine Fotos wieder zusammen. Den Rest Kaffee ließ er stehen. Es war höchste Zeit. Er war drauf und dran, seinen eigenen Triumph zu vertrödeln. Er zog die Jacke über und ging zum Tresen, um noch einen Schokoriegel zu kaufen, den er sich, auf Hermanns Schuhen sitzend, genehmigen würde. Dreimal musste er nach der lahmen Bedienung rufen, ehe sie aus irgendeinem Hinterkabuff geschlichen kam. Er begann sich zu ärgern. Während er den Schokoriegel zahlte, sah er mit halbem Blick, dass das Goldfischmaul von seinem Platz verschwunden war, was ihn daran erinnerte, dass er auch noch die Toilette aufsuchen könnte.

Die Klos rochen nach Desinfektionsmittel. Über den Pinkelbecken hing mit Tesafilm ein handgeschriebener Zettel: *Defekt.* Spider betrat eine Kabine, klappte die Brille hoch und starrte an die Wand, als er hastiges Gestöckel hörte, das näher kam. Das durfte doch nicht wahr sein! Was hatte der Goldfisch hier zu suchen! Direkt vor der Klotür schien sie stehen zu bleiben, drückte auf einer Handytastatur herum und fing an loszuplappern. Auf solche Störungen reagierte Spider empfindlich. Das Pinkeln verging ihm. An einem seiner wilden Tage wäre er nun vielleicht mit offenem Hosenstall nach draußen gesprungen und hätte sie zu Tode erschreckt oder zumindest auf die Damentoilette gescheucht. Aber leider konnte er heute eine solche Aktion nicht bringen. Wenn er es täte, würde eine weit wichtigere Aktion nicht mehr stattfinden können. Der Goldfisch würde kreischen und Zeter und Mordio schreien, und er würde verhaftet werden.

Spider grinste kurz bei dem Gedanken, dann machte er seine Hose wieder zu, denn der Goldfisch da draußen machte nicht den Eindruck, als würde er so bald aufhören zu plappern. Die Stimme war schrill und nervig, ein bisschen verheult, so wie Spider es nicht anders vermutet hatte. Offensichtlich unterhielt sie sich mit einem Anrufbeantworter, denn sie sprudelte drauflos, ohne Atem zu holen: „Ich weiß nicht, was ich tun soll, Wanda! Ich habe furchtbare Angst, dass Hugo nicht kommt oder dass er die Tasche nicht mitbringt ..."

Spider verhielt sich mäuschenstill. Da schien ja die Kacke am Dampfen zu sein! Der Goldfisch kiekste leicht hysterisch.

„Wenn er nicht kommt, bin ich geliefert, Wanda. Auch wenn er das Zeug nicht hat, soll er auf jeden Fall kommen. Sag ihm bitte, bitte, dass er unbedingt kommen soll. Hörst du mich, Wanda ..."

Dann Schweigen. Wahrscheinlich hatte sie den ganzen AB von Wanda vollgequatscht und nun war Schluss. Sie musste noch immer vor der Klotür stehen, denn Spider hatte nicht gehört, dass ihre Schritte sich entfernten. Aber schließlich konnte er nicht den ganzen Tag hier verbringen. Entschlossen riss er die Klotür auf, im Gesicht ein anzügliches Grinsen. Die Blonde zuckte zusammen. Unter der unfreundlichen Beleuchtung des Waschraums sah sie beinahe mitleiderweckend aus. Bleich, zu dick geschminkt, was die Fältchen um ihre Mundwinkel allerdings nicht zum Verschwinden brachte. Nun war auch eine Schramme auf ihrer linken Wange zu erkennen, die das Funzellicht im Gastraum gnädig verdeckt gehalten hatte. Spider war sich nicht ganz sicher, ob er nicht auch ein verschwindendes Veilchen an ihrem rechten Auge erkannte oder ob sie einfach nur so starke Augenringe hatte. Das Grinsen blieb ihm auf halbem Wege stecken.

„Hier ist die Herrentoilette …“, murmelte er im Vorbeigehen und verschwand, einen letzten Blick aus den aufgerissenen, geröteten Augen erhaschend, die ihn anstarrten.

*

Er trat ordentlich aufs Gas für das letzte Stück, auch wenn das bei der alten Karre nicht viel bewirkte. Er ärgerte sich, die Raststätte überhaupt angelaufen zu haben. Das war der miese Kaffee echt nicht wert gewesen! Beinahe zwanzig Minuten hatte er vertrödelt, und nun spukte auch noch dieser blöde Goldfisch in seinem Kopf herum. Wahrscheinlich war sie eine von diesen Schnepfen, die immer und überall im Mittelpunkt stehen mussten und viel zu viel Beachtung fanden! Er fluchte über den kaputten CD-Player und drehte am Radio herum. Dann erreichte er den Teutberg. Ein Schalter in seinem Gehirn klickte, und von diesem Moment an dachte er nur noch an den Hermann.

Auf dem bewaldeten Berg war der Nebel noch dichter, und in einem Moment von Verwirrung befürchtete Spider, dass er das Denkmal vielleicht nicht finden würde oder dass er überhaupt auf dem falschen Berg gelandet sei. Aber das war natürlich Unsinn. Der Hermann war nicht zu verfehlen. Spider stellte den Wagen in einiger Entfernung ab, hängte sich den Rucksack um und lief los. Ein Bonbon half ihm, sich zu konzentrieren. Während einiger Minuten hatte er erneut das Gefühl, den Weg zu verlieren. Dann erreichte er die Treppe, die zum Denkmal hinaufführte. Eine leichte Beklemmung beschlich ihn. Der Weg sah aus, als würde er ins Nichts führen. Er lief die Stufen im Joggingtempo. Das war gut zum Aufwärmen. Der Nebel wechselte von dunkelgrau zu hellgrau, ein Zeichen, dass die Sonne den Horizont bereits überschritt. Die Undurchdringlichkeit der wabernden Masse blieb jedoch gleich.

Spider sah das Denkmal erst, als er beinahe mit dem Sockel kollidierte. Die Kuppel war kaum zu erahnen. Der Hermann schien sich ganz in Luft aufgelöst zu haben. Vor ihm lag der Sockel. 2,20 Meter hoch. Das war nichts. Er konnte direkt die Hände auf die Oberkante legen und sich hochziehen. Der Stein troff vor Feuchtigkeit. Das war schon fast zu viel des Guten, aber es ließ sich nicht ändern. Seine Armmuskeln spannten sich. Er überlegte nicht mehr. Seine Füße tasteten nach einer Vertiefung, um sich abzustützen, und fanden sie. Der Stein war etwas glitschig. Leichter Moosansatz, der bei der Feuchtigkeit zu schmieren begann. Das ganze Ding dürfte mal wieder gründlich mit dem Sandstrahler gereinigt werden.

Dann die Säulen. Er suchte nach der Säule, für die er sich bei seinem Besuch bereits entschieden hatte. Hier waren die Fugen zwischen den Steinen etwas tiefer, ausgewaschener als bei den anderen. Die Wetterseite. Er legte die Hände auf den Stein und summte leise vor sich hin, irgendeinen schwachsinnigen Schlager. Flüchtig erinnerte er sich, ihn vorhin als Hintergrundbeschallung in der Raststätte gehört zu haben. Er begann mit dem Aufstieg, langsam und regelmäßig atmend. Jede überflüssige Bewegung kostete nur Kraft. Er war vorsichtig, gewissenhaft. Vor ihm lag zwar nicht gerade die Eigernordwand, aber bei einem Sturz aus zwanzig Metern Höhe konnte man sich ebenso gut das Genick brechen wie bei einem Sturz aus zweihundert Metern.

Sein Baumwollshirt war nach wenigen Minuten durchnässt. Schweiß mischte sich mit dem kühlen Nebel. Die erste größere Schwierigkeit bildete der überstehende Vorsprung, der die sechseckige Säule abschloss. Er streckte die Arme und schlug ein Eisen für die Sicherungsleine. Nur Idioten arbeiteten ohne

Sicherung. Dann die Kapitelle mit den Spitzbögen. Er verlor völlig das Zeitgefühl, wie immer beim Klettern. Nichts anderes zählte mehr. Nur das Tasten und Greifen, das Anspannen und Lockerlassen der Muskeln. Als er endlich den Besucherumlauf erreichte, atmete er durch, streckte Arme und Beine, lockerte die Muskeln. Ein Schluck Wasser. Dann der Apfel, langsam gekaut. Noch ein Schluck Wasser. Kopf in den Nacken, kreisen lassen, noch einmal die Muskeln lockern. Gut. Dann weiter. Nicht zu lange warten, damit die Muskeln nicht wieder kalt wurden.

Auch die Kuppel war etwas schmierig, Moos und Algen, aber im Vergleich zu den Überhängen der Säule war das nun wirklich ein Kindergeburtstag. Er konnte fast auf dem Bauch nach oben rutschen. Noch eine Sicherung, dann zog er sich über den Rand des nächsten Sockels und tätschelte Hermanns Fuß. Er schaute hoch. Der Riese über ihm war gewaltig. Und er traute dem Metall noch immer nicht. Die Nieten hatten, aus der Nähe betrachtet, zwar eine ganz handliche Größe, aber die Kupferplatten selber waren elendig glatt.

Spider nahm sein zweites Seil. Hermanns linke Schulter befand sich geschätzte vierzehn Meter über ihm. Er hatte an einem Baumast geübt, der etwa die gleiche Höhe hatte. Der fünfte Versuch gelang. Die dünne Schnur, an deren Ende ein kleines Gewicht befestigt war, flog zwischen Hermanns Kopf und dem hochgestreckten Arm hindurch und baumelte dann auf der Rückseite. Spider zog das Seil nach. Nun hatte er eine Sicherung, denn in das Metall hätte er keinen Haken treiben können. Er zurrte das Seil fest, klickte den Karabiner an seinen Gürtel und begann den Aufstieg über Hermanns rechtes Bein. Er stellte sich vor, er wäre alleine auf der Welt, auf einer Insel in einem wogenden, weißen Meer. Als er seine Hände auf die Kniescheibe des Giganten legte, hörte er in der Ferne ein Motorengeräusch. Was für ein Mist! Womöglich frühe Besucher. Er kletterte weiter. Hermanns Gürtel war breit genug, um die Füße hineinzusetzen, und er gelangte auf die kupferne

Hand des Cheruskerfürsten, die sich auf den überdimensionalen Schild stützte.

Plötzlich waren Stimmen zu hören, irgendwo aus dem Nebel da unten. Spider kümmerte sich nicht darum. Er musste weiter, bevor man ihn entdeckte. Er krallte sich an die metallenen Nieten und begann, sich langsam in Richtung Schulter vorzuarbeiten. Ein paar frühe Krähen erhoben sich in die Luft und krächzten. Dann das Kreischen einer Frau, schrill und hysterisch. Spider erstarrte für einen Moment. Verdammt noch mal, was ging da unten vor? Er erreichte die Schulter, atmete langsam ein und aus, um seinen Puls zu regulieren. Wieder das Gekreische, nun ein Stück näher. Scheiße, da unten war jemand auf der Flucht! Da rannte jemand durchs Gebüsch! Sollte das der Goldfisch sein? Er lauschte. Aber nun war alles ruhig. Die Stimmen waren verstummt.

Spider streichelte Hermanns Bart und setzte seine Füße auf die Falten seines Kragens, um von der rechten auf die linke Schulter zu gelangen. Dort ließ er sich endlich nieder, um die verdiente Rast zu machen. Er trank einen Schluck, lutschte sein Bonbon und lauschte abermals nach den Stimmen. Aber nichts mehr. In seinem Rucksack befand sich eine italienische Flagge aus dünnem Stoff, die er an Hermanns Schwertspitze hissen wollte, als kleine Hommage an die damals geschlagenen Römer und als sichtbaren Beweis für seinen Sieg. Er kramte sein Handy heraus und simste an Hasso und Fred: „Grüße von Hermanns Schulter. Heute Abend Party im Ochsenkeller!" Dann grinste er ein paar Mal ins Objektiv seiner Kamera, den Kopf an Hermanns Hals gelehnt. Kleines Andenken fürs Familienalbum.

Die Sonne saugte den Nebel in kleinen Schlucken auf, die Baumspitzen wuchsen immer weiter in Richtung Erde. Spider konnte bereits einen Teil der Stufen der Zuwegung überblicken. Am Rande seines Sichtfeldes, dort, wo das Unterholz begann, bewegte sich etwas. Der Umriss eines Mannes trat aus dem Nebel. Er ging gebückt. Spider kniff die Augen zusammen und beugte sich etwas nach vorne. Offenbar schleifte der Mann irgendetwas hinter sich her. Welcher Bekloppte machte sich denn die Mühe, um diese Uhrzeit am Sonntag seinen Müll hier zu entsorgen? Ausgerechnet hier! Er starrte abermals, bis ihm die Augen wehtaten. Verdammt, das war kein Müllsack! Das war ein Körper, ein menschlicher Körper! Helle Haare schleiften durch den Dreck, schlammverschmierte, weißblonde Strähnen. Oh, Scheiße! Das war tatsächlich der Goldfisch!

Spider vergaß vor Verblüffung beinahe, sich festzuhalten. Er saß hier auf einem Logenplatz, und dort unten spielte sich ein grässliches, blutrünstiges Drama ab. Totensonntag! Nur leider handelte es sich um kein Theaterstück, sondern um die absurde Realität. Ihm kamen die Worte in den Sinn, die er im Waschraum der Raststätte aufgeschnappt hatte. Hugo! Hugo war nicht erschienen! Und Wanda, diese dumme Nuss, hatte ihre blonde Freundin auch im Stich gelassen. Der arme Goldfisch. Nun so stumm und schlammverschmiert. Sie musste wirklich eine Scheißangst gehabt haben. Worum es auch immer gegangen sein mochte bei der Sache, sie hatte die Rechnung bezahlt. Die ganze Rechnung. Und dieser schweigsame Typ, der da unten ihren Leichnam in die Büsche zerrte und verscharrte, hatte er nicht ausgesehen wie ein Zuhälter? Oder ein Drogenhändler? Ach, Scheiß drauf! Ganz egal, worum es ging, das hatte der Goldfisch nicht verdient. Das verdiente keiner, an diesem beschissenen Totentag hier oben im Wald verbuddelt zu werden!

Der Mann in dem dunklen Mantel richtete sich einen Moment auf und blickte sich um. Spider zoomte sein Gesicht mit dem Objektiv heran und machte eine Reihe von Aufnahmen. Dann nahm er sein Handy. Adieu, Rekordversuch! Keine Party im Ochsenkeller. Überhaupt keine Party, nicht an diesem Tag. Er wählte die Nummer der Polizei, wobei er noch kurz überlegte, ob es sinnvoll wäre, seine Stimme zu verstellen, aber in Anbetracht der Tatsache, dass man ihn auf Hermanns Schulter ohnehin nicht übersehen würde, verzichtete er darauf. Nachdem er dreimal erklärt hatte, worum es ging und dass es sich um keinen Scherz handelte, steckte er das Handy wieder ein. Ein paar Minuten später sah er im lichter werdenden Nebel blaue Lichter zucken, die sich von drei Seiten dem Teutberg näherten. Als der Mann mit dem dunklen Mantel aus den herbstlich dürren Büschen herausgekrochen kam und sich den Dreck von den Händen wischte, war er bereits umstellt. Die Handschellen klickten.

Spider winkte, als man ihn entdeckte, aber weigerte sich, die Statue zu verlassen, bevor er nicht das Schwert erklommen habe, teilte er dem Einsatzleiter am Telefon mit. Er habe noch eine Flagge zu hissen. Erst als man drohte, ihn mit einer Feuerwehrleiter von Hermanns Schulter zu pflücken und dass die Sache Konsequenzen für ihn haben würde, seilte er sich ab.

Als er die Füße auf die Erde setzte, wurde gerade die blonde Leiche aus dem Laub gewühlt und in einen Sarg verfrachtet. „Schädel eingeschlagen", fing er mit halbem Ohr auf und schluckte. Er war schließlich nicht aus Stein. Im Vorbeigehen warf er einen flüchtigen Blick auf die Tote, die nun darauf wartete, dass der Sargdeckel sich über ihr schloss. Ganz jung sah sie plötzlich aus, die blonden Löckchen zusammengeklebt wie ein nasser Feudel, das Pink der Lippen erbarmungswürdig verschmiert. „Leb wohl, Goldfisch", dachte Spider. „Wenn wir uns unter anderen Umständen kennen gelernt hätten und wenn du deine Frisur geändert und nicht immer so gekreischt hättest, hätte ich dich vielleicht sogar ganz nett gefunden ..."

Dann klappte der Sargdeckel zu, und Spider landete in der Realität. Auch er wurde in einen Streifenwagen verfrachtet, zum einen, um die Zeugenaussage zu tätigen, zum anderen, um seine Anwesenheit auf dem Denkmal zu erläutern. Über Letzteres machte er sich keine Sorgen. Er würde den Anwalt anrufen, der ihn in den letzten Jahren schon mehrfach herausgepaukt hatte. Der begleitende Kriminalbeamte ließ sich seinen Ausweis zeigen.

„Bergmeister, Armin ...", las er und runzelte die Stirn. „Wissen Sie eigentlich, dass Hermann die eingedeutschte Form von Armin ist?"

„Ja, ich weiß", murmelte Spider, dem man diese banale Tatsache bereits in seiner Kinderzeit erklärt hatte, und stellte eine Gegenfrage: „Und wissen Sie schon, worum es bei dem Drama da gegangen ist?"

Der Beamte hob die Schultern. „So ungefähr. Der Mann stand schon lange auf unserer Fahndungsliste. Römische Mafia. Drogen und Prostitution."

„Und die Tussi?"

„Eine Prostituierte ... Und wissen Sie auch, dass Tussi die Abkürzung von Thusnelda ist und dass Thusnelda die Gemahlin von Hermann, dem Cherusker, war?"

Spider schaute verblüfft. Das hatte er nicht gewusst. Der Streifenwagen fuhr ab. Durchs Fenster warf er noch einen Blick zurück zu dem alten Hermann, der nun nebelfrei vor einem zartblauen Novemberhimmel leuchtete. Für heute blieb er unbesiegt, zumindest seine obere Hälfte. Aber aufgeschoben war ja nicht aufgehoben!

Ulf Miehe

Ein Zufall

I

Da verstummte das Reden und Rufen in der Kneipe, und einen Augenblick lang war nur das Plätschern des Wassers zu hören, das in das Metallbecken floss; der Wirt hielt seine großen, roten Hände halb erhoben, einzelne Wassertropfen fielen von seinen Händen und tropften ins Becken. Das Geräusch wurde vom Sprudeln des Wassers aus dem geöffneten Hahn verschluckt. Vom Fenster her war das Knattern eines Mopeds zu hören. Die Fehlzündungen klangen wie Schüsse.

Der Wirt nahm ein Handtuch und trocknete sich langsam die Hände ab. Er sah den Mann an, der eben eingetreten war. Der Wirt drehte sich um, legte das Handtuch zurück und blickte zu den Männern, die an den Tischen saßen; er betrachtete den alten Wilhelm, der ein leeres Schnapsglas vor sich stehen hatte. Seine linke Hand hielt noch die Spielkarten, sein rechter Arm hing schlaff herunter, sein Mund war geöffnet, und er starrte den Eingetretenen glasig und verständnislos an.

Der Mann ging zur Theke. Er stützte sich auf den linken Ellenbogen und räusperte sich laut. Der Wirt schob ihm ein Schnapsglas hin, langte nach der Flasche und ließ es gluckernd bis zum Rand vollaufen. Der Uniformierte griff mit Daumen und Zeigefinger nach dem Glas, hielt den Rand des Glases an die Lippen und kippte den Inhalt mit einem Ruck, wobei er den Kopf zurückwarf und die Augen schloss.

Ich kann nicht finden, dass das ein guter Witz ist, Albert, sagte jemand.

Der Polizist zerrte am Knopf seiner linken Brusttasche. Er zog ein Stück Papier hervor, hielt es hoch. Hier, bitte, sagte er; hier stehts. Wenn ihrs nicht glaubt, könnt ihrs ja selber lesen.

Der alte Wilhelm schob seinen Stuhl mit einem Ruck zurück. Er nahm das Papier, hielt es sich dicht vors Gesicht, dann streckte er es auf Armeslänge von sich weg.

Kann ich nicht lesen, hab meine Brille nicht mit.

Der Wirt beugte sich über die Theke. Er schob sich die Brille mit der linken Hand in die Stirn und hielt sie dort fest. Er las laut vor: Theodor Brachtmeier, erster Wohnsitz in Ummeln, ist bei Erscheinen zu verhaften. Brachtmeier ist dringend des Mordes verdächtig.

Er nahm die linke Hand von der Stirn. Die Brille rutschte auf die Nasenspitze zurück. Der Polizist schwenkte das Papier hin und her.

Glaubt ihrs jetzt, oder will sich noch einer selbst überzeugen?

Das darf ja wohl nicht wahr sein, sagte ein junger Mann, der mit dem alten Wilhelm am Tisch saß; der Theo, einen um die Ecke bringen!

Halt din Mul!, schrie der alte Wilhelm. Der Wirt zuckte zusammen.

Willem, wenn es doch da steht, sagte der junge Mann.

Ruhe!, schrie der alte Wilhelm, Ruhe! Da will ich nix von hören! Da steht nix von drin, dass er es wirklich getan hat! Er beugte sich über den Tisch und drohte dem jungen Mann mit der Faust. Verdächtig, steht da, du Döskopp, das ist was anderes, merk dir das!

Wo soll das denn gewesen sein?, fragte der Wirt.

In Berlin, sagte der Polizist. Eine Frau in Berlin. Muss er wohl was mit gehabt haben, der Theo. Er schob den Wirt das leere Schnapsglas hin. Er wars, Willem; er hats gemacht, da gibt's nix!

Was war denn das für eine?

Kellnerin. In irgendsom Bumslokal. Er hat sie gepackt, der Polizist fuhr sich mit der Hand an die Kehle, umspannte sie, seine Augen quollen hervor, hier hat er zugepackt. Als sie still war, hat er die Kordel von ihrem Morgenmantel genommen, ihr um den Hals getan und noch mal zugezogen.

Morgenmantel? Dann hatte die da nix drunter an?

Nee, sagte der Polizist. Er griff nach dem vollen Schnapsglas.

Aber eben hast du doch noch gesagt, sie war schon weg, als er ..., der junge Mann fasste sich an die Kehle.

Weiß ich doch auch nicht, wie das nun genau gewesen ist! Jedenfalls hat er's gemacht, soviel ist mal sicher.

Nenee, der alte Wilhelm schüttelte den Kopf. Du weißt ja selber nicht, was los ist! Nenee, erzähl mir nix, ich glaub das nicht. Der Theo, der macht sowas nicht. Wenn, wenn, und dann bei som Frauenzimmer, das macht der Theo nicht, ich kenn doch den Theo.

Sowas siehste einem Menschen nicht an, Willem, sagte ein Mann.

Der Polizist zog seine Geldbörse aus der Tasche und sah den Wirt an. Der schüttelte abwehrend den Kopf.

Lass man, Albert, auf den Schreck geb ich einen aus. Der Theo, nenee, der Theo, wer hätte das gedacht! Was muss er auch in die Stadt gehen, wo man immer so Sachen hört!

Der alte Wilhelm sah ihn scharf an.

In schlechte Gesellschaft ist er gekommen, vielleicht kann er gar nix dazu! Ihr habt doch gehört, was das für eine war! Und mit Frauensleuten konnte er doch nie richtig umgehen.

Der Polizist stand an der Tür.

Ich muss jetzt zu seiner Mutter, sagte er. Und nur, damit das klar ist: wenn ihn einer sieht, sagt mir sofort Bescheid. Wer das nicht tut, macht sich strafbar. Ob ihr das nun glaubt oder nicht, es gibt ja schließlich noch eine Gerechtigkeit! Die kriegen schon heraus, wie das alles nun wirklich war.

Er schlug die Tür hinter sich zu.

II

Endlich, dachte er, endlich, als das Flugzeug vom Boden abhob. Diese verdammten Kopfschmerzen, wenn ich doch bloß nicht diese Kopfschmerzen hätte. Wir könnten jetzt schon auf dem Weg nach Mallorca sein, was hatte sie nur gegen Mallorca. Der Himmel ist da ganz blau, so blau wie nie hier über der Stadt, die Hitze, obwohl sie da viel stärker ist als hier, ist trocken und angenehm, wir könnten den ganzen Tag in der Sonne liegen, am Wasser, wenn es uns zu warm wird, gehen wir einfach hinein, wir trocknen uns nicht ab, dann legen wir uns in den Sand, die Sonne trocknet schnell und gut, abends sitzen wir irgendwo in einem Lokal und trinken Wein, Erich sagt, der Wein soll da ganz billig sein, ich trinke ja lieber Bier, aber an den Wein hätte ich mich sicher auch gewöhnt, an leichten, weichen Rotwein, von dem man Unmengen trinken kann, bis man so ein komisches, leichtes Gefühl im Kopf hat, von Bier bekomme ich immer so einen dicken, dumpfen Schädel und eine gluckernde, schwere Wampe, mein Bauch ist sowieso schon groß genug, es tät mir ganz gut, mal eine Weile mit dem Biertrinken aufzuhören, die Luft ist da abends ganz lau und warm, vielleicht ziehen wir uns gar nicht erst an, sitzen da irgendwo herum, wie wir vom Strand gekommen sind, in Badeanzügen, auf jeden Fall werde ich keine Schuhe anziehen und keine Strümpfe, ich nehme die leichten Sandalen mit der Einlage und den breiten, weichen Lederriemen mit, die drücken nicht so, die Füße schwitzen nicht, bekommen Luft, wir könnten da ganz gemütlich sitzen, Abend für Abend und uns einen umhängen, damit wir die richtige Bettschwere kriegen, anschließend gehen wir ins Bett und ich nehme sie her, wie sie es gern hat, das wäre schön gewesen. Was hat sie bloß gegen Mallorca? Ich kann es nicht ab, wenn man mich anschreit, warum schreit sie mich immer so an, wenn ihr was nicht passt, aber nein, das ist immer ein Gekeife und Gezeter, ich weiß nicht, wie oft ich ihr das schon gesagt habe, schrei mich nicht so an, hab ich ihr gesagt, dann werde ich stocksauer und hau dir eine an den Ballon, mach doch, hat sie geschrieen, wage es nur, mich zu schlagen, wirst schon sehen, was du davon hast, außerdem traust du dich ja gar nicht, du bist ja viel zu feige dazu, immer redest du nur, nie tust du wirklich etwas, nur saufen hast du im Kopf, saufen und vögeln, und wenn du wieder blank bist, und ich möchte mal wissen, wann du schon mal Geld gehabt hast, dann wirst du ganz scheinheilig und weinerlich, ja doch, sagte sie und äffte dabei seine etwas schwerfällige Sprechweise nach, ja doch, Erika, morgen such ich mir Arbeit, ganz bestimmt, gehe ich eben auf den Bau, morgen, ganz bestimmt, wirst schon sehen, Erika, ich ändere mich jetzt, du wirst dich noch wundern über mich, du weißt noch gar nicht, wozu ich fähig bin, davon machst du dir keine Vorstellung, was ich für eine Willenskraft habe, aber alles ist immer bloß Rederei, du tust es doch nicht, wenn dann der nächste Tag da ist, es ist immer dasselbe mit dir, abends die großen Töne, Versprechungen, wenn ich mittags zur Arbeit gehe, bleibst du einfach liegen, Kopfschmerzen hast du dann, ich habe noch nie jemanden erlebt, der so viel und so oft Kopfschmerzen gehabt hat wie du, und abends kommst du dann in das Lokal, und ich sehs dir schon an, wie du zur Tür rein kommst, dann weiß ich schon wieder alles, du brauchst gar nicht erst den Mund aufzumachen, du hast wieder den ganzen Tag verbummelt, und ich musste hier schuften und verdiene das Geld, ich kann dich nicht mehr sehen, du Flasche, hau doch ab, such dir eine andere, ich bin nicht mehr so blöd. Sie hat ja recht mit dem Geld, aber was kann ich denn dafür, wenn ich keine Stelle kriege, erst schreien sie hier herum, dass sie frische Arbeitskräfte brauchen, und dann kommt man her, gibt zu Hause seine Stelle auf, ich habe da gut verdient, fünf Mark die Stunde, und jetzt sitze ich hier rum und weiß nicht, was ich machen soll, jeden Tag muss ich mir das Gezeter anhören, als ob ich was dafür könnte, überall gucken sie bloß dumm, wenn ich komme, dabei kann ich was, und ich will ja auch arbeiten, was soll ich denn machen, wenn ich nix kriege, ich habe ja schließlich meinen Beruf nicht gelernt, damit ich zu den Proleten auf den Bau gehe, ich kann ja auch nix dafür, deswegen braucht sie mich ja nicht anzuschreien und überhaupt, Feigling zu mir zu sagen, das ist ja wohl das allerletzte, Feigling und Flasche, das kann ich ja nun gar nicht gut haben, das konnte ich noch nie vertragen, da kann sie mal Ehlebrachts Ernie fragen, oder dem Lehrer seinen, den Willi, das war ausgerechnet im Winter, auf dem Teich, wir waren in der letzten Schulklasse, der Teich war zugefroren, aber am Rand beim Bach war das Eis ganz dünn, wir fuhren mit dem Schlitten den Hügel von der Kirche runter, bis zur Mitte vom Teich, der Willi hat immer gemeckert, los, fahr doch mal ganz über den Teich, traust dich ja nicht, hat er gesagt, und die andern haben mich angesehn und gelacht, dabei fuhren sie selber nicht so weit, sie wussten, wie dünn das Eis da war, aber ich sagte, wir müssten mal versuchen, muss eben einer am Rand stehen, mit ner Latte und aufpassen, wenn einer einbricht, ich hab das bloß so dahergesagt, weil der Weg so kurz war mit dem Schlitten, das lohnte sich ja gar nicht, kaum hatte man sich drauf gelegt, schon war man wieder unten, guckt der mich so blöd an und sagt: los, fahr doch, du Flasche, bist ja selber zu feige dazu, du redest ja bloß rum, das kennen wir ja, da bin ich auf ihn losgegangen und habe gesagt: sag das noch mal, und einen Moment guckt er mich ganz bescheuert an, und als die andern das mitkriegten, kamen sie näher und standen ganz dicht um uns herum, da sagt der Willi doch: n Feigling bist du, eine alte Flasche, hast dus jetzt gehört oder bist du schwerhörig? Da hab ich ihn mit voller Wucht in den Sack getreten, dass er nach vorne klappte, und dann hab ich ihm mit links einen in die Zähne geschlagen, so wie ich es mal im Kino gesehen habe, ganz fest, ich habe fast das Gleichgewicht verloren dabei, und dann lag er da und spuckte seine Vorderzähne aus, und er schrie und schrie, ein Feigling bist du, bloß weil du stärker bist als ich, da traust du dich, und währenddessen spuckte er seine Vorderzähne in den Schnee, und hielt sich mit beiden Händen den Sack, und der Schnee um seinen Kopf herum war ganz rot, und als er wieder Feigling sagte, so wütend wie am Anfang war ich nun auch nicht mehr, schließlich wollte ich ihm ja auch nicht die Knochen brechen, aber Feigling, das durfte er nicht zu mir sagen, wer das zu mir sagt, der muss auf alles gefasst sein, das kann ich auf den Tod nicht vertragen, da kenne ich mich selbst nicht mehr wieder, sonst bin ich ja ein friedlicher Mensch, aber Feigling, nee, da hört es bei mir auf, und ich hätte ihn weiter getreten, wenn mich die andern nicht gepackt und zurückgerissen hätten, später sind wir dann Freunde geworden, das hat man ja oft. Sie aber hatte die Kaffeetasse auf den Tisch zurückgestellt, dass es klirrte, sie hatte mich immer weiter und lauter angeschrien, und die Haare standen ihr wirr um den Kopf, das kann ich sowieso schon nicht leiden, morgens sieht sie immer aus wie eine alte Frau, sonst, wenn wir irgendwo zusammen sind, in einer Kneipe oder im Kino, das sieht kein Mensch, dass sie zehn Jahre älter ist als ich, sie ist noch ganz beieinander, auch im Bett merkt man noch nix davon, nur morgens, morgens sieht sie so schlampig und abgetakelt aus, da kann man sich richtig ekeln vor ihr, sitzt mir gegenüber in ihrem billigen, bunten Morgenmantel, der schwarzen Unterwäsche darunter, als sie sich über den Tisch beugte und es mir ins Gesicht schrie: Feigling, schrie sie, du bist eine alte Flasche, du bist ja gar kein Mann, bilde dir bloß nichts ein, bloß weil dus im Bett noch bringst, doll ist es sowieso nicht, und auch damit ist es bald vorbei bei dir, wenn du so weitermachst mit dem Saufen, da habe ich grade über den Tisch gelangt und sie an den Aufschlägen vom Morgenmantel gepackt und gesagt: Erika, habe ich gesagt, und ich schwöre, dass ich ganz ruhig war dabei, Erika, hör auf, mich Feigling zu nennen, du weißt, dass ich das nicht vertragen kann, aber es war, als hätte ich sie damit erst richtig in Fahrt gebracht, sie explodierte förmlich, ihr Mund mit den schmalen Lippen, und während sie weiter hemmungslos auf mich einschrie, sah ich ihre schnelle Zunge und den rosa Gaumen, das kleine, dunkelhäutige Gesicht, mit den vielen scharfen Falten, dem Netz von Falten um ihre müden, dunklen Augen, die mich anblitzten, und in denen die Verachtung stand, als wäre ich der letzte Scheißdreck, die schwarzen Haare, die ihr wild und kraus um den Kopf standen, die helle Kopfhaut, an einigen Stellen, wo die Haare dünner wurden, den Ansatz der Brust unter der Öffnung des Morgenmantels, der vorn weit aufklaffte, sie achtete nicht darauf, diese müde dunkle Haut, die an dieser Stelle keine Falten hatte, der dunkle, schmale Schatten zwischen den Brüsten, und dann, ich weiß auch nicht, dann kam so ein merkwürdiges Gefühl zu dieser Wut dazu, ein Gefühl, das ich sonst gar nicht kenne, das ich noch nie gehabt habe, und ich merkte, dass ich plötzlich unheimlich scharf wurde, ich wollte sie haben, gleich hier, neben dem Kaffeetisch, auf dem Fußboden, nur schnell, schnell, und ich stand auf und ging auf sie zu, hau ab, schrie sie, fass mich nicht an, nimm deine Dreckspfoten von mir, du bist mir widerlich, und eigentlich hätte mir das reichen müssen, was sagt man denn dazu, ich bin nämlich sehr empfindlich, aber ich hab ihr noch eine geklebt, sie sollte endlich wieder zur Vernunft kommen, sie war ja ganz außer sich, aber es hat alles nichts genützt, sie schrie und zeterte immer weiter, und ich hatte immer noch dieses komische Gefühl, es war nicht zum Aushalten, da hab ich sie gepackt und auf den Boden geworfen und sie war immer noch nicht still, da hab ich's einfach mit ihr gemacht, aber sie gab und gab keine Ruhe, und aus dem Radio kam irgendso ein englischer Schlager, man müsste das Radio ausmachen, dachte ich noch, ich kann dieses englische Gejaule nicht leiden, als ob wir keine schönen deutschen Lieder haben, und ich bekam Angst, dass uns die Nachbarn hören könnten, da hab ich ihr dann den Mund zugehalten, aber sie hat mir in die Hand gebissen, ganz fest, dass Blut kam, es hat scheußlich weh getan, und sie hat immer weiter geschrien dabei, ich wusste nicht mehr, was ich machen sollte, da hab ich ihr die Kehle zugedrückt, nur so eben, ich wollte sie ja nicht ..., was hätte ich denn davon ..., nur so, dass sie nicht schreien konnte, aber als ich die Hand wieder wegnahm, da brüllte sie wieder los, es war ein hohes, schrilles Gekeife, Worte konnte man kaum noch verstehen, da hab ich dann den Gürtel von ihrem Morgenmantel genommen, ihr um den Hals gelegt und zugezogen, bis sie endlich still war.

III

Der Lärm drang in gleichmäßigen Wellen in sein Ohr, Gläserklirren, Gerede, das Knallen der Würfelbecher auf dem blank gescheuerten Holz der Tische schreckte ihn hoch. Er hob die Augenlider und bewegte den Kopf hin und her. Besoffen, dachte er. Ihm gegenüber saß der alte Wilhelm. Er sah stumpf vor sich hin. Sein braunes, verschrumpeltes Gesicht glänzte vor Schweiß.

Willem, sagte er.

Der rührte sich nicht. Er packte ihn an der Schulter und schüttelte ihn.

Willem, sagte er; Willem, wir müssen nach Hause! Er ärgerte sich darüber, dass er schwankte. Als er ihn wieder rüttelte, verlor er das Gleichgewicht und stürzte. Er versuchte, sich mit der linken Hand an der Tischkante festzuhalten, dabei riss er ein leeres Bierglas herunter. Es gab einen dumpfen Laut, als es auf dem Boden zerplatzte. Er kniete und hielt sich mit beiden Händen den Magen.

Jetzt reichts aber mal wieder, Willi, sagte der Wirt. Er kam hinter der Theke vor, packte ihn unter die Arme und stellte ihn mit einem Ruck auf die Füße.

Kann alleine stehen.

Er verlor das Gleichgewicht und hielt sich an der Tischkante fest.

Komm, komm, lass man gut sein, sagte der Wirt.

Kann alleine gehen!

Das sehn wir ja. Was ist denn nun, Erich!

Zu zweit hoben sie den alten Wilhelm vom Stuhl hoch und schleppten ihn zur Tür.

Machs gut, Willem, sagte der Wirt.

Das geht nun schon ewig so mit den beiden, sagte Erich.

Voll wie ne Radehacke ist der Willi. Bei Willem will ich ja nix gesagt haben, aber der Willi.

Der Mann neben ihm sog mit geschlossenen Augen an einer Zigarre.

Nimm noch mal Feuer, das ist Eckenbrand, schmeckt doch nicht!

Lass man, Erich, die schmeckt immer, sagte der Mann. Er sah ihn nicht an dabei.

Findest du das denn richtig, wenn der Willi so säuft, Karl?

Karl paffte schweigend an seiner Zigarre.

Nänä, Karl, der Willi, in seinem Alter ... Er brachte sein Gesicht nah vor das des anderen. Du, Karl, flüsterte er, was würdest du denn machen, wenn jetzt der Theo käme?

Der kommt doch jetzt nicht.

Ich möchte doch zu gern wissen.

Und ich sage dir, er wars, sagte der Wirt plötzlich.

Und wieso, ha?, fragte Erich.

Der Theo konnte mit zwei Sachen noch nie umgehen, sagte der Wirt. Er hob die linke Hand und spreizte zwei Finger. Erstmal mit Geld nicht, bei mir hat er immer ne Riesenlatte gehabt, und dann nicht mit den Weibern. Denk doch bloß mal an den Friedrich seine Frau, wie er da hinterher war. Er hat überhaupt keine Ruhe gegeben, bis ihn der Friedrich mal ordentlich vermöbelt hat.

Aber da wollte er doch bloß mal rüber, sagte Erich. Sonst wollte er doch nix tun.

Und ich sage dir, er war da auch mal bei, sagte Karl.

Das ist doch nun egal!

Das ist nicht egal.

Wir reden doch von ganz was anners!

Wär dir das denn egal, wenn er deine Frau umlegen würde?

Da reden wir doch gar nicht von!

Dann bin ich ja wohl doof, sagte Karl beleidigt.

Der Wirt schüttelte den Kopf, so dass die Schweißperlen auf seiner Glatze zu zwei Bächen zusammenflossen und ihm den Nacken und die Schläfe hinunterliefen.

Weißt du vielleicht, was das für eine war, was?, fragte der Wirt.

Serviererin, sagte Karl mit fester Stimme.

Der Wirt nahm ein leeres Glas, stülpte es über einen Reinigungsbesen im Wasserbassin und bewegte das Glas schnell hin und her, so dass Blasen aufstiegen, die an der Oberfläche glucksend zersprangen.

Serviererin!, sagte er. Er stellte das Glas unter einen Bierhahn und drehte den Hahn auf. Als der Schaum über den Rand des Glases quoll, drehte er den Hahn wieder zu. Das sind doch alles Nutten!

Und deine Hermine, ist sie vielleicht ...

Das ist doch was ganz anneres!, rief der Wirt.

Erich schob ihm sein leeres Glas hin.

Als ich in Berlin war ..., sagte der Wirt.

Das haste schon mal erzählt, sagte Karl.

Der Wirt spülte das Glas aus.

Es ist aber so, sagte er.

Ich glaubs nicht, sagte Erich. Willem hat recht, der Theo macht sowas nicht. Nee, das kann ich mir gar nicht vorstellen. Der hat sich schon mal rumgebügelt, wenn er einen in der Krone hatte, aber so was, nee.

Und wann hatte er mal keinen in der Krone, was?, fragte der Wirt. Das Saufen ist noch mal sein Untergang, das hab ich schon immer gesagt. Da, wo du jetzt sitzt, da hat er gesessen, als ich ihm das gesagt habe, Theo, hab ich gesagt, Theo, sauf nicht so viel, das ist noch mal dein Untergang. Aber der hört ja nicht, der hört einem ja überhaupt nicht zu, wenn man ihm als reifer Mensch was sagt. Jetzt sehen wir ja, wie weit es gekommen ist mit ihm.

Du hast aber auch gesagt, ein junger Mensch soll sich mal den Wind um die Nase wehen lassen.

Aber doch nicht gleich dahin, sagte der Wirt.

Würdest du ihn denn Albert melden, wenn er jetzt rein käme?, fragte Erich.

Der kommt doch jetzt nicht hierher.

Aber wenn er nun mal käme, was würdest du dann machen?

So ein Unsinn ist das!, rief der Wirt. Sein Gesicht färbte sich dunkelrot. Was würdest du machen, wenn ...! So ein Quatsch, glaub doch nicht, dass der jetzt kommt, wo er weiß ..., da wär er ja schön blöd!

Aber wenn, was dann?

Mit euch rede ich gar nicht mehr, sagte der Wirt. Er drehte ihnen den Rücken zu und nahm neue Gläser aus dem Schrank.

IV

Er stieß die Tür auf. Seine Hand fuhr an der Wand neben dem Türrahmen entlang. Der Lichtschalter knackte, als er ihn umdrehte. Es blieb dunkel.

Scheiße, sagte er. Einen Augenblick lang stand er unschlüssig auf der Schwelle. Ist ja sowieso bald hell, dachte er. Er zog sich die Jacke und das Hemd aus und ließ sie achtlos auf den Boden fallen. Er ging zum Fenster und stieß die Läden weit auf.

Willi?, flüsterte jemand.

Er drehte sich um.

Wer ist da?

Und als er hörte: ich bins, Willi, trat er einen Schritt zurück, bis er mit dem Rücken vor dem Fenster stand.

Theo, Mensch, wie kommst du denn hierher?

Ich bin da weg, Willi.

Theo, sag mal ...!

Nee, Willi, bestimmt nicht!

Albert war vorhin in der Kneipe, lass dich da bloß nicht blicken!

Nenee.

Hast du denn da was mit zu tun?

Ach, ich kenn die.

Und das ist alles?

Bestimmt!

Das glaubst du doch selber!

Ehrlich!

Theo, los, sag mir die Wahrheit!

Wir sind doch alte Kumpels, Willi, was?

Klar, Mensch, aber du musst es mir sagen.

Du bist doch nicht mehr sauer, weil ich dich mal vermöbelt habe, Willi, was?

Was?

Na, ich hab dich doch mal vermöbelt, da unten, am Teich.

Da weiß ich gar nix mehr von.

Dann isses ja gut.

Theo?

Ja?

Theo, du musst mir das sagen!

Willst du mich ... gehst du zu Albert?

Ach was. Theo, ich weiß es nicht. Du musst mir genau sagen, was los ist!

Ich wars doch nicht, Willi, ich kann das doch gar nicht!

Los, komm, sag mir jetzt, was los war!

Ich hab ihr bloß eine gescheuert, weil sie mich so angebrüllt hat, das kann ich nicht haben, das weißt du doch.

Und weiter?

Nix weiter. Dann bin ich abgehaun.

Wo hast du das Geld hergehabt?

Was fürn Geld?

Na, für die Fahrt.

Das kannst du mir ruhig glauben, ich habs nicht getan.

Und das Geld?

Ich kriegte sowieso noch was von ihr.

Haste was mit der gehabt?

War aber nix Ernstes.

Lange?

Paar Wochen.

Theo?

Was denn?

Warum hast du das gemacht, Theo?

Ich habs doch nicht gemacht, Willi, glaubs mir doch!

Aber sie ist doch tot, oder stimmt das nicht?

Weiß ich doch nicht!

Und du hast ihr doch eine gescheuert, das hast du eben selbst gesagt.

Aber doch nicht richtig, Willi, bloß so. Willi, ich schwör dir, und dann hat sie immer so gebrüllt, Flasche, Feigling und so, das hat mich ganz verrückt gemacht, und dann auch wegen dem Geld und so.

Vielleicht kannst du ja auch gar nix dafür, vielleicht ist sie bloß unglücklich hingefallen.

Ja.

Du kannst hier nicht bleiben, Theo, du musst weg. Wenn du morgen früh noch hier bist, das geht nicht.

Ja.

Er ließ sich aufs Bett fallen und wischte sich den Schweiß aus dem Gesicht.

Ich muss zu Albert, dachte er. Wenn ihn einer gesehen hat, dann geht das Gerede los. Ich muss ihm sagen, dass er hier war, sonst kriegen die mich ran.

V

Er legte den Gewehrkolben an die Wange, kniff das linke Auge zu und versuchte zu zielen. Aber immer, wenn er das kurze, schmale Tonröhrchen im Visier hatte, zitterte seine Hand oder der Schweiß lief ihm in die Augen.

Er ging in ein Bierzelt. Eine dicke, muffige Wolke von Bierdunst, Schweiß, Qualm, Hitze und Lärm schlug ihm entgegen. Er blieb stehen und holte tief Luft.

Als er für einen Moment die Augen schloss, spürte er einen bohrenden, unangenehmen Schmerz im Kopf. Wenn ich bloß nicht immer diese Kopfschmerzen hätte, dachte er, das bringt mich noch mal um den Verstand. Und dann, unvermittelt, dachte er: wenn ich nun sage, ich hätte dauernd diese Kopfschmerzen, immer schon, auch als Kind, in der Schule, da habe ich manchmal gesessen wie bescheuert, während der Lehrer vor der Klasse auf und ab ging, er hatte den selbst geschnitzten Zeigestock in der Hand, der plötzlich vorschoss, sich einem schmerzhaft in die Brust bohrte, Brachtmeier!, und ich stand auf, und der Stock drückte sich fester gegen meine Brust, man kriegte blaue Flecken davon, na, Brachtmeier, wohl wieder geschlafen, was?, und dann musste ich die Hände vorstrecken, Handflächen nach oben, und der alte Freil schlug darauf, ganz fest, mit dem Stock, aber noch lieber nahm er den Deckel vom Griffelkasten, die Haut brannte, sie wurde rot und platzte auf, wie viel ist 8 mal 13, Brachtmeier?, und dabei sah er mir scharf in die Augen, dass ich wegsehen musste, wehe, man blickte zurück, dann schlug er wieder zu, er schlug so lange, bis man auf den Boden starrte oder auf die Platte der Schulbank, wo das Buch lag oder das aufgeschlagene Heft, der Federhalter und die offene Tintenflasche in der Vertiefung der Schreibplatte, und jetzt guck schön an die Decke, sagte er, wenn man lange genug vor sich hin gestarrt hatte, guck an die Decke, da stehts, jeden Fleck und jeden Riss an der kalkweißen Decke kannte ich, so oft hatte ich sie schon ansehen müssen, und einmal, als ich es nicht mehr aushalten konnte, er hatte besonders fest zugeschlagen, immer wieder schlug er mit dem geschnitzten Stock auf den Handballen, er war schon dick angeschwollen, aber er schlug und schlug, wer besonders laut und jammernd schrie, den sah er ganz nachdenklich an, er zwang ihn, ihn direkt anzusehen, er hörte dann auf zu schlagen, aber ich schrie nicht, und einmal habe ich gesagt: Herr Lehrer, ich kann nicht, ich habe solche Kopfschmerzen, ich kann das nicht behalten, mir tut der Kopf so weh. Er trat ganz dicht vor mich hin und sah mich scharf an, und als ich den Blick abwenden wollte, sagte er: guck mich gefälligst an, wenn ich mit dir rede, Brachtmeier! So, Kopfschmerzen hat er also, der arme Junge, deswegen kann er das große Einmaleins nicht! Hast du denn auch Kopfschmerzen gehabt, als wir das kleine durchgenommen haben? Wie viel ist 9 mal 7?, und sein Zeigestock schoss vor und stieß hart gegen meine Brust, na, was ist 9 mal 7?, er sah die Klasse an, zeigte mit dem Finger auf mich und sagte: da hat er wohl auch Kopfschmerzen gehabt, der arme Brachtmeier, und die Klasse brach in brüllendes Gelächter aus, und der Willi flüsterte mir zu: 31, und ich sagte es laut: 31, und dann musste ich vortreten und bekam fünf Schläge auf den Arsch, ich musste mich über sein linkes Knie beugen, mit der linken Hand packte er den Hosenbund und zog den Stoff der Hose glatt und straff hoch, sein Zeigestock zuckte nieder, auf die nackten Schenkel, die Arschbacken unter dem gestrafften Stoff, ich biss die Zähne zusammen, um nicht zu schreien, aber es tat so weh, so unmenschlich weh, ich konnte die Zähne nicht zusammen behalten, der Schmerz riss mir den Mund auf, aber es kam kein Ton heraus, nur ein unterdrücktes Gurgeln, da biss ich ganz fest auf die Unterlippe, bis Blut kam, fünfmal hat er zugeschlagen, und die Klasse jubelte und lachte und rief immer wieder: 9 mal 7 ist 31, und konnte sich gar nicht wieder beruhigen. Der alte Freil lebt doch noch, hoffentlich lebt er noch, aber so alt war er damals noch nicht, vierzig vielleicht, wenn der aussagt, vielleicht als Zeuge, dann kriege ich vielleicht Paragraph 51.

Er stand vor der Theke. Wenn er in den Spiegel gesehen hätte, der vor ihm an der Wand hing, er hätte sie sofort gesehen. Er sah nicht in den Spiegel. Er hörte sie auch noch nicht, als sie schon hinter ihm standen.

Als sie in den Wagen stiegen, der vor dem Zelt stand, gingen die Menschen rufend und singend an ihnen vorüber.

Der Wagen ruckte an, es war ein ganz neuer Mercedes, und sie fuhren langsam durch die Gasse, die sich vor ihnen öffnete.

Marcus Winter

Der Prokurist

Werner Grotejohann stand langsam vom Schreibtisch auf und ging zum großen Panorama-Fenster seines Büros. Er schwenkte langsam den Cognac in seinem Glas, nahm einen Schluck und schaute über die Flachdächer des Werksgeländes. Aufgrund der einsetzenden Dämmerung war die Beleuchtung der großen dunkelroten Schriftzeichen auf Halle 1 schon angegangen: *Grotejohann Fleischverarbeitung.* Werner Grotejohann ließ seinen Blick über den Horizont gleiten; in der Ferne konnte er noch schwach die Kirchturmspitze der Gütersloher Martin-Luther-Kirche erkennen. Leichter Nieselregen setzte ein. Das Wetter passte zu seiner derzeitigen Stimmung.

Zurück am Schreibtisch versuchte er, sich auf die Unterlagen vor ihm zu konzentrieren. Morgen früh würden dreihundert Schweine angeliefert werden, gegen Mittag sechzig Rinder. Normaler Start am Montag in eine arbeitsreiche Woche.

Nach einigen Minuten wurde ihm klar, dass er nur auf das Blatt Papier starrte, ohne sich wirklich mit dem Inhalt zu befassen.

So konnte es nicht weitergehen. Er leerte sein Glas und zog die obere rechte Schublade auf. Da lag der Umschlag. Einhunderttausend Euro. Hatte der Kerl überhaupt eine Ahnung, wie hart er für so viel Geld arbeiten musste? Werner Grotejohann erhob sich und ging unruhig im Büro auf und ab.

Er hätte sich nie auf diese Erpressung einlassen dürfen. Schon die erste Zahlung, zehntausend Euro, war ein großer Fehler gewesen. Jedes Mal hatte dieser Widerling natürlich mehr haben wollen. Das hätte ihm doch klar sein müssen. Wer einmal zahlt, zahlt immer. Wie hatte er nur so naiv sein können?

Er hatte, seit er vor fast dreißig Jahren die Großschlachterei seines Vaters übernommen hatte, wirklich hart gearbeitet, selten Urlaub gemacht und manch schwierige Situation des stetig wachsenden Unternehmens gemeistert. Und jetzt sollte er mit diesem feigen Typen nicht fertig werden? Nein – das musste ein Ende haben. Grotejohann würde ihm heute noch einmal den Umschlag geben, dann musste aber Schluss sein. Irgendwie.

Vielleicht sollte er heute gar nicht zahlen, sondern den Kerl vom Gelände jagen, sobald er gleich hier erscheinen würde. Und morgen würde sich Werner Grotejohann bei der Staatsanwaltschaft offenbaren. Oder erst einmal zum Anwalt gehen, um mit ihm das weitere Vorgehen zu besprechen.

Nie hätte er sich vorstellen können, dass Dieter Schniedermann zu so etwas fähig gewesen wäre. Was hätte er machen sollen, als er seinen ehemaligen Prokuristen bei seinen Betrügereien erwischt hatte? Als der sich regelmäßig kleinere Summen auf ein Konto in der Schweiz transferierte? Natürlich hatte Grotejohann ihn fristlos entlassen, und das Arbeitsgericht hatte ihm ja auch Recht gegeben.

Zu seiner Überraschung war Schniedermann dann nach einigen Wochen in seinem Büro aufgetaucht und hatte etwas von einer ihm zustehenden Abfindung gefaselt. Einer fälligen Bonuszahlung. So eine Unverschämtheit! Erst als Grotejohann ihn wütend zur Tür verwies, hatte Schniedermann eine CD aus der Jackentasche geholt.

„Ich habe da bei meiner Entlassung vorsichtshalber mal ein paar Sicherheitskopien gefertigt", hatte er frech grinsend gesagt. „Von den Lohnlisten der illegal beschäftigten rumänischen Ausbeiner zum Beispiel. Und Belege über die zwei Scheinfirmen, die Sie gegründet haben, um das Lohndumping zu kaschieren. Und über den großen Subventionsbetrug, mit falsch ausgezeichneten Fleischlieferungen nach Russland …"

Werner Grotejohann hatte ihm eine Woche später, sonntags im Büro, im Austausch mit einer Daten-CD die verlangten zehntausend Euro übergeben und ihn aufgefordert, sich nie wieder blicken zu lassen.

Das hatte natürlich nicht geklappt.

Und jetzt zahlte Grotejohann in unregelmäßigen Abständen

an diesen unverschämten Menschen, und jedes Mal wollte er mehr. In einer halben Stunde würde er wieder am Werkstor schellen.

Werner Grotejohann nahm den großen Umschlag und verließ sein Büro in der dritten Etage. Er wanderte aufgewühlt durch die endlosen Gänge seines Betriebes. Fast alle Hallen waren neu oder zumindest modernisiert. Überall glänzender Edelstahl, Werkzeugmaschinen auf dem neuesten Stand der Technik, riesige Kühlräume, er konnte sich jederzeit mit seinen Konkurrenten in Rheda-Wiedenbrück, Versmold oder Herzebrock-Clarholz messen. All das hier war sein Werk. Sein Lebenswerk. Und jetzt war es bedroht durch diesen geldgierigen Schnösel.

Es fiel ihm wirklich nicht leicht, seit einigen Jahren mit diesen Tricks wie illegalen Leiharbeitern, zuerst aus Polen, später aus Rumänien, zu arbeiten. Aber er hatte doch keine andere Wahl gehabt. Die Konkurrenten hatten es schließlich vorgemacht. Natürlich hätte er als alter Gütersloher lieber ausschließlich Arbeiter aus der Region eingestellt. Wie es sein Vater immer getan hatte. Aber wie sollte er dann die Produktionskosten halten oder gar senken können? Er hatte nach und nach fast dreißig einheimische Angestellte entlassen müssen. Das war nun einmal der Preis der Globalisierung.

Kurz nach der Übernahme des kleinen Schlachtbetriebes von seinem Vater, der noch in der Innenstadt, unweit der Alten Weberei in der Bogenstraße gelegen hatte, war er gezwungen gewesen, zur Finanzierung seiner Expansionspläne etwas zu tricksen. In jedem zehnten Schweinetransporter, der Ende der siebziger Jahre aus den Niederlanden kam, hatten sich fünf Kilo Haschisch befunden. Mit den Gewinnen hatte er die erste neue Werkshalle hier im Gewerbegebiet Süd an der Wiedenbrücker Straße gebaut. Danach hatte er aber immer ehrlich gearbeitet; meistens zumindest. Und so eine Geschichte mit Haschisch in Schweinetransportern, die sagte man einem großen Konkurrenten in einer Nachbargemeinde hinter vorgehaltener Hand auch nach. Außerdem war das alles längst verjährt.

Gefährlich werden konnte ihm jetzt nur noch Dieter Schniedermann.

Er hatte das Werkstor per Knopfdruck geöffnet, als es geschellt hatte. Kurz danach stand Schniedermann vor der Eingangstür zu Halle 3.

„So ein Sauwetter", sagte der ehemalige Prokurist und schüttelte sich die Regentropfen von der Jacke.

Der hatte Nerven. Betrieb hier Konversation über das Wetter, als ob das eine ganz normale geschäftliche Unterredung wäre. Werner Grotejohann ballte die Rechte zur Faust, in der Linken hielt er den großen Umschlag. Er trat einen Schritt zur Seite, um Schniedermann ins Gebäude zu lassen.

„Damit das klar ist …", begann Werner Grotejohann zähneknirschend. „Das hier ist heute die letzte Zahlung. Ein für alle Mal. Es ist Schluss."

„Ach, Herr Grotejohann", grinste Dieter Schniedermann. „Ich glaube, das sehen Sie falsch. Wann hier Schluss ist, das bestimmen sicher nicht Sie." Er holte eine weitere CD aus der Innentasche seines Jacketts. „Hier sind die Daten über die Schwarzarbeiter des vorletzten Jahres. Die können Sie haben. Beim nächsten Mal gibt es dann die vom letzten Jahr, danach die Listen über die Geschäfte mit Russland."

„Es wird kein nächstes Mal geben", rief Werner Grotejohann. „Ich zahle hier und heute das letzte …"

„Das werden wir dann ja sehen", sagte Schniedermann und griff nach dem Umschlag.

„Von wegen, Freundchen", rief Werner Grotejohann und zog die linke Hand zurück. Er gab ein kurzes, aber heftiges Gerangel, dann gelang es Grotejohann, den Erpresser von sich stoßen. Er keuchte schwer. Mit all seiner seit Monaten aufgestauten Wut schlug er dem geldgierigen Kerl mit der rechten Faust ins Gesicht. Schniedermann taumelte nach hinten, machte einen

Schritt ins Leere und stürzte die Treppe hinunter, die hier zum Keller mit dem Notstromaggregat führte.

Grotejohann trat ans Geländer und schaute nach unten. Schniedermann lag reglos am Fuß der Treppe, den Kopf seltsam zur Seite verdreht. Langsam, mit wild pochendem Herzen, stieg Werner Grotejohann die Treppe hinunter. Unten angekommen, sah er auf den ersten Blick, dass Dieter Schniedermann tot war. Genickbruch. Werner Grotejohann setzte sich auf die vorletzte Stufe und zwang sich nachzudenken. Er durfte jetzt nicht in Panik verfallen. Was war zu tun?

Nicht ganz zwei Stunden später saß Werner Grotejohann am Steuer von Schniedermanns BMW und durchquerte die Gütersloher Innenstadt. Er war durchgeschwitzt, ihm war übel, doch das Schlimmste hatte er ganz sicher hinter sich.

Die Leiche war beseitigt, die Bekleidung des Mannes hatte er unterwegs in einer Mülltonne entsorgt, die Armbanduhr, die Krawattenadel und den Siegelring hatte er im Stadtpark in die Dalke geworfen. Auch die in viele Teile zerbrochene CD hatte er in dem kleinen Fluss versenkt. Es war mittlerweile nach acht Uhr am Sonntagabend, ganz Deutschland saß vermutlich vor den Fernsehgeräten. Dazu kam die mittlerweile fortgeschrittene Dunkelheit und der Nieselregen, so dass in diesem schönem Parkgelände keine Passanten, also potentielle Zeugen, mehr spazieren gingen. Jetzt galt es nur noch, die restlichen CDs mit Firmendaten aus Schniedermanns Wohnung zu holen und zu vernichten, dann hatte er Ruhe. Endlich.

Er parkte den Wagen am Straßenrand der Ahornallee, unweit der Hauptschule Nord. Er hatte Schniedermanns Anschrift den Fahrzeugpapieren im Handschuhfach entnommen, sonst hätte er gar nicht gewusst, wo sein ehemaliger Prokurist aktuell wohnte. Aus seinem schicken Haus in Avenwedde war Schniedermann schon vor einem halben Jahr ausgezogen, dort lebte jetzt seine Ex-Frau mit den Kindern. Das war für Grotejohann heute ein Vorteil, so hatte er nicht mit Anwesenden zu rechnen.

Er nahm das Schlüsselbund zur Hand, öffnete die Haustür und begab sich in die Wohnung in der zweiten Etage. Die CDs fand er nach kurzer Suche in einer Schreibtischschublade in Schniedermanns Arbeitszimmer. Erfreulicherweise stand dort neben dem Computerdrucker auch ein kleiner elektrischer Aktenvernichter mit Schredder-Funktion für Datenträger. Er steckte die fünf CDs in den Schlitz und genoss das knirschende Geräusch, als die Kunststoffscheiben unwiderruflich zerstört wurden. Dann suchte er noch auf dem Computer nach belastenden Dateien, löschte alles, was sich auf die Firma Grotejohann bezog, defragmentierte die Festplatte zweimal neu und fuhr den PC wieder herunter. Geschafft.

Werner Grotejohann ließ das Schlüsselbund auf der Flurgarderobe liegen, verließ die Wohnung, zog im Erdgeschoss die Haustür ins Schloss und trat ins Freie. Er atmete tief durch. Nach kurzem Nachdenken entschloss er sich, zu Fuß nach Hause zu gehen. Jetzt ein Taxi zu rufen, um sich von hier aus wieder zum Werk bringen zu lassen, wo sein Mercedes noch stand, war zu riskant. Der Umschlag mit dem Geld, den er in den Kofferraum gelegt hatte, konnte über Nacht ruhig dort bleiben. Irgendwann in ein paar Tagen oder Wochen würde vermutlich jemand Schniedermann vermissen und dann würden früher oder später auch polizeiliche Ermittlungen einsetzen. Und da wäre es unklug, wenn ein Taxifahrer sich an diese Fahrt erinnern würde.

Es waren ja nur etwa vier bis fünf Kilometer bis zu seiner Villa in Isselhorst, es regnete inzwischen nicht mehr und die frische Luft würde ihm gut tun. Und der alte Postdamm, der parallel zur B 61 nach Isselhorst verlief, war geradezu ideal für einen Spaziergang. Unterwegs würde er die Einmalhandschuhe aus dem Betrieb, die er selbstverständlich die ganze Zeit getragen hatte, irgendwo in einen Mülleimer werfen. Dann würde er sich vielleicht noch ein paar Bierchen in der *Linde* am Kirchplatz oder im *Landhaus* genehmigen, um besser einschlafen zu können. Um nach dieser Sache *überhaupt* einschlafen zu können.

Er wusste nicht, wie lange seine Frau schon am Bett gestanden und seinen Namen gerufen hatte. Nur allmählich fand er mit dröhnendem Schädel in die Wirklichkeit zurück. Sein getrübter Blick fiel auf den Wecker. Kurz vor neun. Er richtete sich ächzend auf und setze sich auf die Bettkante.

„Die Polizei ist unten im Flur“, sagte Ilse. „Was wollen die von dir? Bist du gestern etwa besoffen gefahren?“

Polizei? Werner Grotejohann rieb sich mit der Hand durch das zerfurchte Gesicht. Sein Puls beschleunigte sich blitzartig. Wie konnte das sein? Das war doch nicht möglich. Niemand konnte jetzt schon etwas ahnen, niemand konnte Schniedermann heute Morgen bereits vermissen.

„Keine Ahnung, was die wollen“, sagte er und richtete sich stöhnend auf. „Mein Wagen steht noch an der Firma. Ich war zwar noch bis nach Mitternacht in der *Linde*, bin aber zu Fuß nach Haus gekommen. Sag ihnen, ich komme gleich. Muss mir gerade was anziehen.“

Er schlurfte ins Bad, während seine Frau das Schlafzimmer verließ. Der hämmernde Kopfschmerz schien bei jedem Schritt zuzunehmen. Es war gestern Abend nicht bei ein paar Bierchen geblieben. Und ein paar *Steinhäger* waren auch noch dazugekommen. Er musste sich zwingen, trotzdem ruhig und logisch zu denken. Das konnte doch nicht wahr sein. Er hatte die nackte Leiche in Halle 3 mit dem Gabelstapler in den großen Kutter für Schlachtabfälle befördert und die Maschine mit ihren rasiermesserscharfen Haken dann zehn Minuten laufen lassen. Mittlerweile war es Montagmorgen, in seinem Betrieb wurde seit fast drei Stunden gearbeitet, es waren sicher schon Unmengen an Schweineresten in den gleichen Trichter verbracht und zerkleinert worden. Niemand konnte irgendetwas von Dieter Schniedermann gefunden haben. Unmöglich.

„Guten Morgen, Herr Grotejohann“, begrüßte ihn ein großer schlanker Mann um die fünfzig mit einer tief sitzenden Lesebrille. „Horstmann, Kripo Gütersloh. Meine Kollegin, Frau Kirchhoff.“ Er wies mit einem Kopfnicken auf die etwa dreißigjährige Brünette neben ihm. „Entschuldigen Sie bitte die frühe Störung."

„Morgen", brummte Grotejohann. Er hoffte, dass man ihm seine Anspannung nicht ansah. „Was kann ich für Sie tun?"

„Wir haben eine Anzeige gegen Sie vorliegen, der müssen wir nachgehen." Kommissar Horstmann holte ein Blatt Papier aus seiner Aktentasche. „Wir haben einen Durchsuchungsbeschluss für Ihr Büro."

Werner Grotejohanns Gedanken rasten. Anzeige? Das konnte nichts mit der Erpressung zu tun haben. Hatte er noch Beweise im Büro? Die CDs waren vernichtet, ein Erpresserschreiben gab es nicht, der Umschlag mit den einhunderttausend Euro war im Kofferraum des Mercedes ...

„Was für eine Anzeige?", fragte er jetzt. „Soll ich Gammelfleisch verkauft haben? Solche Vorwürfe sind jetzt ja mal wieder angesagt. Ich kann Ihnen versichern ..."

„Nein, nein", meldete sich jetzt Frau Kirchhoff zu Wort. „Halb so wild. Es geht um einen Verstoß gegen das Datenschutzgesetz."

„Datenschutz?", wiederholte Grotejohann. Er atmete tief durch und fürchtete gleichzeitig, dass seine beiden Gegenüber seine Erleichterung bemerkten. „Was soll ich denn gemacht haben?"

„Nun ja, bei uns hat ein entlassener Ausbeiner Ihrer Firma eine Aussage gemacht. Wir wissen zwar aus Erfahrung, dass man bei solchen Angaben immer vorsichtig sein muss. Wegen Rache und so. Aber überprüfen müssen wir es natürlich trotzdem."

„Und, was wirft man mir vor?"

„Sie sollen überall in Ihrer Firma Überwachungskameras installiert haben. Zur Kontrolle und als Schutz gegen Diebstähle. Wie es schon vor einiger Zeit bei *Lidl*, *Aldi* und auch in Betrieben Ihrer Branche festgestellt wurde. Stand ja in allen Zeitungen. Da angeblich in Ihrem Werk nicht nur auf allen Fluren und an den Arbeitsplätzen, sondern sogar im Bereich von Toiletten und Umkleidekabinen Kameras laufen sollen, könnte dies ein Verstoß gegen Datenschutzbestimmungen und Persönlichkeitsrechte sein. Wir wollen nur kurz mal in Ihrem Büro nachschauen. Da sollen nach der uns vorliegenden Aussage der Monitor und die Festplattenrecorder stehen, auf die alles aufgezeichnet wird. Da sollen nur Sie persönlich Zugriff haben. Angeblich werden die Aufnahmen eine Woche lang archiviert, bis sie neu überschrieben werden. Wir beschlagnahmen also die Recorder für ein paar Tage, schauen uns mal an, was da so drauf ist, und dann sehen wir, ob eventuell tatsächlich solche Verstöße vorliegen."

„... schauen uns mal an, was da so drauf ist ...", wiederholte Grotejohann flüsternd. Sein Mund war ganz trocken, seine Zunge klebte am Gaumen.

„Ja sicher, geht ganz schnell", sagte Horstmann lächelnd. „Kommen Sie, wir nehmen Sie in unserem Dienstwagen mit." Er begab sich in Richtung Haustür.

Grotejohann folgte ihm mechanisch, konnte keinen klaren Gedanken mehr fassen.

„Ist doch kein Grund, nervös zu werden, Herr Grotejohann", sagte Frau Kirchhoff lächelnd. „Ist doch nur ein Verstoß gegen Datenschutzbestimmungen. Wir sind doch nicht von der Mordkommission."

Ihr Kollege Horstmann schmunzelte amüsiert.

Christoph Höhtker

Bielefeld

Sonntag, 24.12.2006, 15.30 Uhr, Hannover-Flughafen, Ankunftsebene B, eine Videokabine des Beate Uhse Erotik-Shops. Im Dämmerlicht des Monitors schütte ich aus dem kleinen Briefchen, das ich eben vor der Passkontrolle in einem Seitenfach meines Portemonnaies entdeckt habe, etwas Kokain auf die Rückseite des Swiss-Bordmagazins, das sich wiederum auf meinen Knien befindet. Plötzlich wird der Monitor dunkel. Ich werfe eine neue Münze ein, das Gestöhne über mir geht sofort weiter und ich ziehe das kleine Pulverhäufchen endlich weg. Anschließend schalte ich für eine Weile zwischen den Filmen hin und her.

Mit braunen Ziegeln verkleidete Gänge, Werbeplakate von Billigfliegern und Autovermietern, überall Absperrungen wegen Bau- oder Renovierungsarbeiten. Auf einmal gefällt mir das von den Rollen meines Trolleys verursachte Geräusch. Mir gefällt auch dieser geschlossene Souvenirladen, in dessen Schaufenster Fanutensilien von Hannover 96, Bildbände sowie Räucherkerzen feilgeboten werden. In einem Bistro, das mich an den Getränkeausschank von Zuzanas Fitnessstudio erinnert, telefoniert hinter dem Tresen eine junge Frau, während zwei Fernseher unter der Decke die Wiederholung einer – ich komme näher, um Mannschaften und Spielstand zu erkennen – Zweitligapartie zeigen. Im Spielsalon neben dem Zugang zur S-Bahn stehen Männer um einen Automaten versammelt. Ich schaue auf die Uhr: immer noch zehn Minuten bis zur Abfahrt. Ich mache kehrt und verlasse das Gebäude. Draußen ist die Luft feucht, aber es ist weniger dunstig als eben auf dem Flugfeld. Ein türkischer Taxifahrer gibt mir Feuer und ich sage „Danke“ und er sagt, als verriete er mir damit ein Geheimnis: „Heute ist Weihnachten“.

Die Durchsagen werden auf Englisch wiederholt: „Next stop ... Exit on the left in the direction of travel.“ Wir fahren in geisterhafte Bahnhöfe ein. Langenhagen-Pferdemarkt, Langenhagen-Mitte. Nachdem wir den Flughafentunnel verlassen haben: ein grauschwerer Himmel über flachem Land, Pferdeweiden, Bauernhöfe, dann spitzgieblige Siedlungshäuser, spitzgieblige Fünfzigerjahremietskasernen, wieder Land. Straßen gesäumt von Speditionshöfen, Getränkegroßhandlungen, abgenutzten Produktionsstätten. Vereinzelt Laternen, die das Licht aus der Umgebung zu saugen scheinen.

Wir überqueren eine Autobahn. Hannover-Vinnhorst, Hannover-Ledeburg. Ich lese die Namen der S-Bahnstationen flüsternd mit und die alte Frau auf der anderen Seite des Gangs starrt mich an. Hannover-Nordstadt, zwei Aussiedlerjugendliche sind zugestiegen. Die Alte trägt bunte Leggings zu ihrer Bomberjacke, etwas entfernt von der Bahnstrecke blinken Weihnachtslichtorgeln in den Fenstern. Drei Autos stehen auf einer riesigen Kreuzung. Verlorene Altbauriegel, Brandmauern aus rotem Backstein, Gleisanlagen, lang gezogene fünfstöckige Fabrikfassaden. Next stop: Hannover Main Station. Ein rot leuchtender Reklameschriftzug sagt „Kaufland“. Ich sehe den Fernsehturm, einige Hochhäuser, und dazwischen, ich gerate beinahe in Euphorie deswegen, große betonierte Areale, die mir irgendwie unberührt erscheinen.

Eine halbe Stunde später durchpflügt der ICE Heinrich Himmler – keine Ahnung, warum ich diesen Namen verstanden habe, als der Zugführer die neu Zugestiegenen begrüßte – eine schwarze Landschaft. Hier und da Lichtflecken in der Ferne oder ein plötzlich auftauchender Bahnhof, dann Bielefeld.

Ich blättere in dem Buch über Johannes Rau, das ich für meinen Vater in der Bahnhofsbuchhandlung in Hannover gekauft habe, und mein Vater blättert in dem Buch von Marion Gräfin Dönhoff, das ich am selben Ort für meine Mutter gekauft habe, und *gleichzeitig* singen meine Mutter, mein Vater, Großtante Merret und ich zum zweiten Mal die letzte Strophe von *O du Fröhliche.* Eine kurze elektronische Melodie ertönt. Meine Mutter macht eine wegwerfende Geste, weswegen wir das Lied zunächst zu Ende bringen, bevor ich mich aus dem Sessel winde und zum Telefon im Esszimmer gehe.

„Oh, wenigstens Kofi Annan hat sich die Ehre gegeben." Die raue Stimme meines Bruders ist so klar zu hören, als säße er zusammen mit den anderen im Wohnzimmer.

„Der Finanzdienstleister aus dem fernen Hongkong! Frohes Fest!"

„Gleichfalls. Sag mal ...", ich höre, wie er sich eine Zigarette anzündet und den ersten Zug nimmt, „... Mutter erzählte, du wirst demnächst gefeuert?"

„So ist es. In einem Monat bin ich erledigt."

„Tja, bedauerlich. Schon irgendwelche Pläne?"

„Keine Ahnung. Irgendetwas Kriminelles vielleicht. Ich muss endlich anfangen, Bewerbungen zu schreiben."

„Keine schlechte Idee. Oder du kommst hier mal vorbei. In diesen Suppenküchen brauchen die immer Leute. Ich meine, so einen Hund wirst ja wohl selbst du noch zerlegen können, oder?"

„Keine schlechte Idee", antworte ich. „Aber ich habe natürlich gewisse Gehaltsvorstellungen."

Mein Bruder lacht. „Gehaltsvorstellungen haben wir alle. Aber mal im Ernst: Komm vorbei und dann sehen wir weiter. Bei der Gelegenheit kannst du mir dann auch endlich mein Buch zurückgeben. Und jetzt gib mir mal Mutter. Mit *O du Fröhliche* seid ihr doch schon durch, oder?"

Ich gehe zurück ins Wohnzimmer und reiche den Hörer an meine Mutter weiter, die sich mit „Ulrich! Wie spät ist es denn jetzt bei euch?" meldet, und dann lese ich weiter in dem Beitrag, den Bischöfin Marion Käßmann über den ehemaligen Bundes- und Ministerpräsidenten Johannes Rau verfasst hat, und Tante Merret fragt meinen Vater, wann Ulli das letzte Mal in Bielefeld war. Mein Vater schaut nicht einmal auf, sondern blättert weiter in Marion Gräfin Dönhoffs ostpreußischen Kindheitserinnerungen. Eine Kerze am Weihnachtsbaum ist viel schneller als die übrigen heruntergebrannt. Ich gehe hin und blase sie aus. Durch die geöffnete Schiebetür sehe ich meine Mutter mit dem Hörer am Ohr im Esszimmer sitzen. Plötzlich beginnt sie zu lachen und sagt: „Als Koch? Das kann ich mir für ihn nun gar nicht vorstellen."

Später liege ich auf meinem alten Bett in meinem alten Zimmer. Das Fenster steht auf Kippe und die feuchtkalte Luft lässt mich frösteln. Es ist 0.30 Uhr, im Haus ist es still, aber aus der Ferne ist wie früher das schwache Rauschen der Autobahn zu hören. Zuzana wünscht mir per SMS: „Joyeux noël!" Ich schalte mein Handy aus, ersetze die Schweizer SIM-Karte durch meine alte deutsche Prepaid-Karte und schalte das Gerät wieder ein. Nach einiger Zeit das akustische Signal einer Nachricht, die irgendwann im September abgeschickt worden ist: „Falls die Nummer noch aktuell sein sollte: Meld dich bitte mal. M."

Mein Vater und ich unterhalten uns beim Frühstück über die Qualitäten ehemaliger deutscher Kanzler und Bundespräsidenten. Meine Mutter telefoniert mit jemandem aus der Gemeinde.

„Schmidt war der beste", sagt mein Vater. „Aber seine Partei mochte ihn nicht."

„Kohl?"

„Erst unterschätzt, dann überschätzt", kommt es wie aus der Pistole geschossen. Ich schaue meinen Vater an; er betrachtet nachdenklich die Brötchenhälfte auf seinem Teller.

„... war für mich keine große Nummer, der Mann."

„Du hast ihn gewählt!"

Mein Vater zuckt nur mit den Schultern.

„Brandt?"

„Pfff, Träumer. Wehner war besser."

Meine Mutter kommt zurück an den Tisch: „Renate meint, die Predigt heute Morgen wäre schön gewesen."

„Renate Hartlage?", frage ich. „Die rebellische Presbyterin?"

„Ja, natürlich. Die kennst du doch auch noch."

„Ich kannte vor allem ihren idiotischen Sohn. Was macht der jetzt eigentlich?"

„Also ich mochte Brandt“, antwortet meine Mutter. „Der hatte so was Väterliches.“

„Und Schröder?“

Mein Vater lacht auf. Ich denke, er will noch etwas sagen, aber es kommt nichts. Meine Mutter berichtet: „Renate meinte, die Leute hätten hinten am Eingang stehen müssen – so voll war es.“

„Als ich gestern im Hannoveraner Flughafen aus dieser Sexshop-Videokabine kam, in der ich vorher meinen letzten Koks weggezogen hatte, stand da dieser Typ vor einem Regal. Der sah von der Seite original wie Schröder aus. *Original.*“

„Kommt der nicht aus Hannover?“, fragt meine Mutter und gleichzeitig scheint mein Vater endlich eine Entscheidung gefällt zu haben. Er zieht das Porzellanschälchen mit der Aprikosenmarmelade zu sich heran. Meine Mutter beobachtet ihn dabei.

„Nimmst du keine Butter?“ Sie klingt beinahe empört.

„Der wohnt immer noch in Hannover“, sagt mein Vater.

„Sag ich ja“, entgegnet meine Mutter und eine Stunde später sitze ich im Wagen meiner Eltern und auf der Eckendorfer Straße sind praktisch keine Autos unterwegs und die roten Positionslichter an der Spitze der drei Schlote der Müllverbrennungsanlage kommen mir beinahe weihnachtlich vor. Dann die städtischen Kläranlagen, dahinter Baumheide, die Blocks für die Armen. Ich halte an einer Kreuzung. Ich fahre über eine Kreuzung. Ich halte an der nächsten Kreuzung. Auf der linken Seite, versteckt in einem kahlen graubraunen Wäldchen, der Kessel des Gasometers. Inmitten eines Supermarktparkplatzes ein kleiner Verschlag, unter dem sich Einkaufswagen zusammendrängen wie Kühe unter Bäumen bei Gewitter. Rechts taucht ein riesiger gelber Kasten mit der Aufschrift „Mr. Wash“ auf. Die Strecke ist jetzt schnurgerade. Bei gutem Wetter ist bereits hier das Hochhaus zu sehen. Gebrauchtwagenhändlerstellplätze, Neuwagenhändlerglasundstahlkonstruktionen. Ein Erotiksupermarkt, eine fensterlose Fabrik- oder Lagerhalle aus rötlichen Waschbetonplatten, eine

Tankstelle, ein Baumarkt, ein McDrive, wieder eine Tankstelle, ein Burger King, ein leuchtendes Hinweisschild mit der Aufschrift „Eros Center“, dahinter ein Parkplatz und ein lang gezogener Pavillon, der ebenfalls aus rötlichem Waschbeton besteht. Ich stelle das Radio an, und bevor ich in den Tunnel hinabfahre und sich die Stimmen aus dem Radio in Rauschen verwandeln, sind für Augenblicke die Containerkräne des Güterbahnhofs zu sehen. Das Rauschen verwandelt sich zurück in Stimmen, der Tunnel in die Hochtrasse der Stadtautobahn. Ich bemerke, dass ich einem Gespräch lausche. Rechts und links unter mir eine ungeordnete, zerklüftete, lückenhafte Stadtlandschaft mit einem bewaldeten Höhenzug im Hintergrund: Bielefeld-Zentrum. Das Hochhaus erscheint plötzlich zum Greifen nahe und ist dennoch halb im Dunst verborgen.

Ich glaube an den Zufall. Es ist daher Zufall, dass meine ehemalige Freundin Margareta mit dem Hund, der ehemals auch mein Hund war, die Straße heraufkommt, in die ich eben eingebogen bin, um zu schauen, wie die Straße, in der ich mit Margareta und dem Hund gelebt habe, jetzt aussieht. Die Straße sieht genau wie früher aus: Gründerzeitvillen, parkähnliche Grundstücke, mondänes Kopfsteinpflaster, eine Sackgasse ohne Durchgangsverkehr. Ich überlege, wer vom WRF es sich leisten könnte, in Genf in so einer Gegend zu leben. Das Gespräch im Radio dreht sich jetzt um das Thema Kindheit. Eine ehemalige Opernsängerin berichtet von den außergewöhnlichen Erziehungsmethoden ihrer Mutter, die mit den Nazis nichts am Hut gehabt habe.

Margareta ist kaum noch 50 Meter entfernt. Diese Art zu gehen werde ich nie vergessen. Ihre roten Haare sind immer noch mädchenhaft lang, aber ihr Gesicht, das ich nach und nach besser erkenne, ist das einer beinahe Vierzigjährigen. Sie telefoniert. Sie schaut ins Nirgendwo. Der Hund läuft ohne Leine, bleibt zurück, schließt wieder auf.

Sie geht vorbei und taucht einen Moment später im Rückspiegel der Beifahrertür wieder auf. Weder sie noch der Hund haben mich bemerkt. Ich mache einen Schnalzlaut. Der Hund bleibt stehen, hebt den Kopf, läuft einige Meter in meine Richtung. Margareta geht weiter. Ich höre ihr typisches Pfeifen. Der Hund zögert, dreht sich schließlich um und folgt ihr.

Die beiden sind oben an der Querstraße angekommen. Ich erkenne, wie Margareta das Telefon in ihrer Manteltasche verschwinden lässt und dann, nach wenigen Sekunden, wieder hervorholt.

„Hallo?"

„Hallo, ich bin's."

„Hi." Ihre Stimme klingt nicht überrascht. „Bist du in Bielefeld?"

„Bei meinen Eltern." Sie ist stehen geblieben. Der Hund schnuppert an einer Laterne. Ich suche in der Konsole nach einem Feuerzeug.

„Wie sieht's aus bei dir?", frage ich. „Alles o.k.?"

„Ja, ja, alles o.k.", sagt sie nach kurzem Zögern.

„Und der Hund?"

„Der wird langsam alt. Vor ein paar Wochen hatte er eine sauteure Hüftoperation. Ich habe dich angerufen, um zu fragen, ob du dich beteiligen willst, aber ich hatte nur deine alte Handy-Nummer."

Ich drehe den Zündschlüssel auf Zündung und drücke den Knopf des Zigarettenanzünders.

„Warum hast du nicht bei meinen Eltern angerufen?"

Sie zögert erneut. „Was weiß ich, keine Ahnung."

Ich hole meine Zigarettenpackung aus der Jackentasche und ziehe eine Zigarette aus der Packung.

„Was hat es denn gekostet?"

„Fast 1.000."

Der Knopf des Zigarettenanzünders springt zurück. Ich halte die glühende Metallspirale an die Zigarettenspitze und dann schaue ich wieder in den Rückspiegel. Sowohl Margareta als auch der Hund sind verschwunden.

„Was ist, sollen wir uns dieses Mal treffen? Ich würde das Vieh gerne mal wiedersehen."

Oben an der Querstraße fährt ein Auto vorbei. Praktisch in selben Moment höre ich ein Rauschen in meinem Telefon. Ansonsten höre ich nichts.

„Hallo? Bist du noch da?"

„Ja, ich bin noch da." Die Gleichgültigkeit in ihrer Stimme gefällt mir. Plötzlich denke ich an Jane. Die Gleichgültigkeit in Janes Stimme gefällt mir ebenfalls.

„Und? Sollen wir uns treffen?"

„Wie lange bist du noch da?"

„Ein paar Tage noch. Ich bin erst gestern angekommen."

„Ich rufe dich an."

Für den Rückweg nach Heepen stehen mir die Eckendorfer, die Heeper und die Oldentruper Straße zur Verfügung. Unter Inkaufnahme eines gewissen Umwegs könnte ich auch die Detmolder oder die Herforder Straße nehmen. Unter Inkaufnahme eines beträchtlichen Umwegs wären selbst die Artur-Ladebeck- oder die Jöllenbecker Straße denkbar.

Zwei Uhr nachmittags, die Stadt ist dunkel und absolut leer. Ich fahre herum und schaue.

Vor der Eingangstür drehe ich mich noch mal um: Da hinten steht der Wagen meiner Eltern. Ich könnte umkehren und wegfahren.

Dienstag, 26. Dezember 2006, 22.05 Uhr, Regen fällt aus einem blaugrauschwarzen Himmel, „die stabile Westwindwetterlage sorgt für anhaltende Niederschläge. Aber, meine Damen und Herren, bald, vermutlich noch vor Silvester, wird es deutlich kälter werden". Ich habe *absolut* Lust, umzukehren und herumzufahren oder bis drei Uhr Wetterberichte zu schauen.

„Oh, hoher Besuch aus der Schweiz. Guten Abend, Herr Niekamp. Wie geht es ihnen?" Milo, der Besitzer des Ladens, den ich jetzt doch betreten habe, begrüßt mich wie einen alten

Freund. Vermutlich bin ich ein alter Freund und deswegen setze ich mich zu ihm an die Bar.

„Was möchtest du trinken?“

„Keine Ahnung. Was trinkst *du* da?“

„Espresso und Cognac.“

„Gut, ich nehme einen Cognac.”

Er gibt dem jungen Typen hinter dem Tresen ein Zeichen; der junge Typ hinter dem Tresen schenkt mir eine riesige Portion ein.

„Wie ist die Lage in Genf?“

Ich zucke mit den Schultern und schaue mich um. Der Laden ist nur halb gefüllt. Ich kenne niemanden. „Ich bin bald meinen Job los“, sage ich schließlich.

„Was war das noch? UNO oder so was, stimmt's?“

„Schon mal was vom WRF gehört?“

„Ich glaub schon. Keine Ahnung.“ Er betrachtet mich nachdenklich. „Die sind damals auch zu uns nach Tuzla gekommen, stimmt's?“

„Darauf kannst du wetten.“

„Und was macht der Herr bei dem Laden? Taxifahren?“

„Meine Abteilung ...“ Ich richte mich etwas auf und tue so, als ob ich meine Worte mit Bedacht wähle. „Meine Abteilung beschäftigt sich primär mit der Abwicklung von Entschädigungsanträgen ehemaliger Sklavenarbeiter, die von verschiedenen Diamantenkonzernen und verrückten lokalen Milizen zur Minenarbeit gezwungen wurden.“

Milo beobachtet mich. Er erwartet etwas. Also fange ich noch mal an: „Man könnte auch sagen: Unsere Abteilung beschäftigt sich primär damit, Afrikaner auszurauben.“

Milo grinst. „Kann man da denn viel holen?“

„Man kann. Die Konzerne haben ganz schön was springen lassen. Die hatten richtig Schiss vor einem Boykott. Und natürlich brauchten sie zur Abwicklung der Entschädigungszahlungen einen kompetenten, glaubwürdigen, renommierten und unabhängigen Partner.“

„Den WRF?"

„Genau, den WRF."

Ich hebe mein Glas, er hebt sein Glas, wir stoßen an. Der Cognac bringt mich auf die Idee, eine Zigarette zu rauchen. Die Zigarette wird mich, das weiß ich jetzt schon, auf die Idee bringen, noch einen Cognac zu trinken.

„Und warum ist bald Schluss?", fragt Milo.

„Das Programm ist beendet. Die brauchen unsere Abteilung nicht mehr."

„Du meinst, die Afrikaner sind abgemolken?"

„Quatsch. Das wird nie aufhören. Aber die Kohle in diesem Entschädigungsfonds ist alle."

„Und jetzt? Kommst du zurück?"

Ich antworte nicht, denn Milo hat sich auf den Weg zurück hinter den Tresen gemacht. Dort, mir direkt gegenüber, beginnt er Gläser zu spülen.

„Bielefeld ist eine gute Stadt", sagt er und zwinkert mir dabei zu. Dann wendet er sich der Frau zu, die schon länger versucht, die Aufmerksamkeit des jungen Typen zu erregen: „Junge Frau, was kann ich für Sie tun?"

„Einen Pinot Grigio."

„Herr Wendt und Frau Lagen!", ruft Milo und schaut über den Kopf der Frau Richtung Eingang. „Frohes Fest! Der hohe Herr aus Genf ist bereits eingetroffen."

Ich drehe mich um: Thorsten und Sandra stehen neben mir und in der ersten Sekunde fallen mir folgende Dinge auf: Thorsten hat tiefe Falten um die Augen. Er trägt eine dunkelblaue Stone Island-Jacke im Seemannsstil. Seine Brille ist zum Teil randlos, genau wie meine. Er *trägt* eine Brille. Sandra wirkt unverändert. Einzelne graue Strähnen in den dunklen Haaren, wächserne Haut. Ihr Mantel könnte von Kookai sein. Wir umarmen uns und Milo fragt: „Einen Whiskey für den Herrn?"

Thorsten nickt, ohne den Blick von mir abzuwenden.

„Und? Wie ist es in Bielefeld nach so langer Zeit?"

„Ich habe keine Ahnung", sage ich.

Ich hebe endlich diesen Stock auf. Er ist schwarz vor Feuchtigkeit, an manchen Stellen auch moosgrün. Seine Rinde fühlt sich seifig an. Über uns geraten die Wipfel wieder in Bewegung. Die Stämme ächzen. Aus der Stadt ist für ein paar Momente eine Sirene zu hören.

Wir waren hier oben bei Sturm unterwegs. Oder bei so dichtem Nebel, dass ich die Orientierung verlor. Der Temperaturwechsel, wenn wir im Sommer aus dem Schatten auf eine Lichtung kamen. Das Knistern unter den Füßen, wenn es gefroren hatte. Die Stille nach Neuschnee, bevor der Westwind alles wegtaute.

Mein Telefon klingelt, das Display zeigt eine WRF-Nummer an. Der Zwischenstopp bei diesem Baum, zwischen dessen Wurzelsträngen selbst nach Wochen der Trockenheit Wasser stand. Das Zelt des Obdachlosen. Der Weg zurück auf der anderen Seite des Kamms.

„Hello?"

„Hi, this is Jeff. How are you?"

„Fine, thanks", sage ich. „How did you get this number?"

„Well, I've just spoken to your mother." Er macht eine Pause und fügt dann hinzu: „A very charming lady, by the way."

„She speaks English?"

„Well … sort of. We could communicate."

„And how did you get the number of my parents?"

„Your personal data files, Thomas. *You* mentioned it there. Being your supervisor I have access, you know."

„So, what's wrong? A terrorist attack? A Nobel prize for our team?"

„Ha, ha, funny, Thomas. No, it's about Stefan."

Er macht wieder eine Pause. Eventuell will er, dass ich nachfrage. Also frage ich nach und sage: „Stefan?"

„Yes, he disappeared."

„I thought he went to Guatemala to live a happy pensioner's life together with his wife and his daughter."

„He never arrived there", sagt Jeff. „He was on the passengers list for the 28th but he didn't show up. His girlfriend – did you know that they were *not* married? – was waiting at the airport. But there was no Stefan. She called him several times on his french number. No reaction. Then she called the WRF."

Ich bin tatsächlich überrascht. Es würde mich interessieren, ob Stefan die ganzen WRF-Vergünstigungen für verheiratete Mitarbeiter trotzdem kassiert hat.

„And why do you call me?"

„Well, you have been his office mate. I mean, it's possible that you know something about his plans."

„Well, I haven't got anything to say. As you might know, Stefan and I had a strictly professional relation. We didn't talk too much about private affairs."

„Absolutely no idea where he could be?" Jeffs Frage klingt bereits mechanisch, der leicht beunruhigte Ton ist aus seiner Stimme verschwunden. Ich sehe förmlich, wie er einen Haken hinter meinen Namen macht. Trotzdem finde ich es merkwürdig, dass sich Jeff überhaupt um die Sache kümmert.

„No idea."

„Well, ok. Strange story, isn't it?"

„Yeah, quite strange." Mehr habe ich tatsächlich nicht zu sagen.

„Have a nice holiday then. When are you coming back?"

„Second of January."

„See you then", sagt mein Chef.

„Bye, bye", sage ich und der Hund sitzt immer noch regungslos vor mir und fixiert den Stock in meiner Hand wie eine Marienerscheinung.

Margareta öffnet die Wohnungstür und wirft sofort einen skeptischen Blick auf den Hund.

„Warte mal, ich hole ein Handtuch. Der sieht ja wieder grauenvoll aus."

Sie geht über den Flur ins Bad. Eine zierliche, fast vierzigjährige Frau mit langen roten Haaren, die sich in ihren eigenen vier Wänden bewegt wie ein Mannequin. Sogar der Hund scheint fasziniert. Sie kommt zurück und ich beginne, Schmutz aus dem feuchten, schwarzglänzenden Fell zu reiben. Der Hund versucht, mein Gesicht zu lecken. Ich sage ihm, er soll damit aufhören. Er hört damit auf und beißt stattdessen in das Handtuch. Ich sage ihm, er soll damit aufhören. Er hört damit auf und legt sich stattdessen auf den Rücken.

„Na, bei euch ist ja alles wie gehabt", stellt Margareta fest. „Willst du noch mit reinkommen?" Ich schaue hoch: ihr Gesichtsausdruck ist ernst, eher noch neutral.

„Wenn ich nicht störe."

„Wenn du stören würdest, hätte ich nicht gefragt. Um vier muss ich allerdings weg."

„Wohin?"

„*Weg.*"

Ich höre auf, dem Hund das Fell sauber zu reiben. Er bleibt trotzdem wie erstarrt liegen. Um die Schnauze ist er tatsächlich etwas grau geworden. Ich schiebe mit dem Daumen seine Lefzen hoch und betrachte sein Gebiss und während ich das tue, überschlage ich, wie viel Zeit ihm noch verbleibt. Plötzlich öffnet er die Schnauze und klemmt meine Hand zwischen seinen Kiefern ein.

„Also, kommst du jetzt rein oder nicht? Mir wird kalt hier."

Ich richte mich auf, betrete meine alte Wohnung und beginne gleich einen kleinen Inspektionsrundgang, der Margareta ganz offensichtlich nicht passt. Im Wohnzimmer, in meinem alten Zimmer, im Badezimmer: Alles ist beim Alten geblieben. Im Türrahmen zum Schlafzimmer drehe ich mich zu ihr um: „Und?"

„Was und?"

Ich deute auf die riesige Ikea-Matratze, die ich damals in Thorstens Kombi gequetscht hatte. „Was machen die Männer, Margaretchen?"

Sie zuckt mit den Schultern. „Was interessiert dich das?“

„Wenn es mich nicht interessieren würde, hätte ich nicht gefragt.“

Sie sieht mich an, wie eine Betreuerin einen geistig Behinderten ansieht, der zum vierundzwanzigsten Mal in fünf Minuten fragt, wann der Bus kommt, oder wann es Essen gibt, oder wann sein Kopf explodiert.

„Los, lass uns in die Küche gehen. Ich hab Tee gekocht.“

„Was für einen Tee?“

„Grünen Tee.“

„Ich hab's gewusst“, verkünde ich mit etwas erhobener Stimme, die den Hund, der sich in seinen Korb verzogen hatte, aufhorchen und, nachdem ich den vertrauten Schnalzlaut gemacht habe, fröhlich auf uns zukommen lässt. Auf dem Küchentisch, auf einem Stövchen mit Teelicht, steht eine aus rauem Ton geformte, natürlich irgendwie japanisch aussehende Kanne und etwa eine Stunde später dreht sich Margareta zu der Seite der Ikeamatratze um, auf der sich schon damals der Radiowecker befand.

„Scheiße, es ist beinahe vier. Ich muss *sofort* weg!“

Sie springt auf und zieht sich hastig an. Ich bleibe liegen.

„Was ist? Los, beeil dich!“

Ich stehe auf und ziehe mich an.

Im Treppenhaus fragt mich Margareta, ob ich zu Silvester noch in Bielefeld bin.

„Warum? Willst du mit mir feiern?“

„Ich nicht. Aber der Hund. Es ist besser, der ist nicht allein, wenn die Knallerei losgeht.“

„Und bei dir kann er nicht bleiben?“

„Wahrscheinlich nicht.“

Ich ziehe die Haustür auf, drehe mich dabei halb zu ihr um. Das Braun ihrer Augen wirkt heute unglaublich hell, beinahe karamellfarben. Auf ihrer Nase sind selbst mitten im Winter noch Sommersprossen zu erkennen. Irgendetwas unterscheidet Margaretas von Janes Sommersprossen, aber ich komme nicht darauf, was. Auf dem Postkasten an der Wand hinter ihr steht immer noch mein Name.

„Du meinst, ich soll Silvester in unserer alten Wohnung mit meinem alten Hund verbringen, während Madame sich aushäusig vergnügt?"

„Was willst du? Dafür habe ich die 1.000 Euro für die OP ganz alleine geblecht."

„Na und? Du wolltest es damals doch genau so."

„Damit habe ich bestimmt nicht gemeint, dass du dich total aus der Verantwortung verabschiedest."

Die Haustür fällt hinter uns ins Schloss.

„*Aus der Verantwortung verabschiedest?* Willst du mich jetzt auf Unterhaltszahlung verklagen, oder was?"

Margareta wirft mir einen dieser Blicke zu, mit denen sie früher, als sie noch hinter der Theke stand, die Besoffenen zur Raison brachte.

„Also, machst du das jetzt Silvester?"

„Mal schauen."

„*Mal schauen* ist keine Antwort."

„Schrecklich!" Meine Mutter steht am Wohnzimmerfenster und späht nach draußen. Irgendwo draußen hat es einen lauten Knall gegeben.

„Das sind Neuheiden", erklärt mein Vater. „Die vertreiben die bösen Geister."

Thorsten hat am Telefon mitgehört und sagt: „Deine Eltern müssten in der Stadt wohnen. Hier haben die schon gestern Abend angefangen, böse Geister zu vertreiben. Und dann die ganze Nacht."

Ich stelle mich neben meine Mutter. Vier Jugendliche, eher noch Kinder, gehen die Straße hinunter in Richtung Park. Einer der Jungen lässt beiläufig etwas fallen und zwei, drei Sekunden später wird die Stille von einem weiteren dumpfen Knall zerrissen. Niemand in der Gruppe dreht sich um, um die Detonation zu beobachten.

„Keine Ahnung, was heute Abend ist", sage ich und meine Mutter überprüft jetzt mit Zeige- und Mittelfinger, ob die Pflanzen auf der Fensterbank Wasser benötigen. „Ich denke, ich werde mich um den Hund kümmern."

„Wie? Madame hat dich als Hundesitter engagiert?"

„Nicht ganz."

„Wieso?"

„Von Bezahlung war nicht die Rede."

„Du meinst, von einer Bezahlung *mit Bargeld* war nicht die Rede."

Eine neue Explosion, diesmal schon leiser, von der dunstigen, nebligen Luft gedämpft. Meine Mutter schaut von den Pflanzen auf, aber von den Jugendlichen ist nichts mehr zu sehen. Auf der Straße sind nun weder Fußgänger noch Autos unterwegs. Über dem Schornstein eines der Bungalows weiter hinten steht eine dünne Rauchsäule. Ich frage Thorsten, obwohl ich die Antwort kenne, was *er* am Abend vorhat.

„Sandra macht ein Abendessen für ihre Schwester plus Freund. Du bist fest eingeplant. Quasi als Auflockerung des Pärchenterrors."

„Kann ich den Hund mitbringen?"

„Wenn er das Parkett nicht verkratzt."

„Ich werde ihm die Krallen operativ entfernen lassen."

„Dann sind wir sogar drei Pärchen."

Ich lasse mich in einen Sessel fallen. Auf dem Wohnzimmertisch liegt die Silvesterausgabe der Lokalzeitung, und während ich darin zu blättern beginne, frage ich Thorsten, welche von Sandras Schwestern erscheinen wird.

„Manuela", antwortet Thorsten mit etwas Verzögerung, so als ob er selber erst überlegen müsste. „Der Typ ist neu. Die sind erst zwei Monate oder so zusammen."

„Und?"

„Vollidiot."

Thorsten erzählt von seiner bisher einzigen Begegnung mit dem neuen Freund der Schwester seiner Freundin und ich stoße in der Rubrik *Aus aller Welt* auf eine kurze Meldung mit der Überschrift *Deutscher ermordet.*

„Was macht der Typ?"

„Anwalt."

„Klingt aufregend. War Manuela nicht diejenige von Sandras Schwestern, die immer diese wilden Männer hatte?"

„Der ist wild. Das wirst du heute Abend sehen. Totaler Fitnessfanatiker: Freeclimben, Iron Man, Surfen vor Grönland, diese Richtung."

Während Thorsten mir weitere Details über einen Juristen von der Industrie- und Handelskammer Bielefeld verrät (Vorname Alexander, BMW X3, nicht fußballinteressiert, „Cicero"-Leser), überfliege ich die Zeitungsnotiz:

(dpa.) Ein 55-jähriger Deutscher ist am Donnerstag in einem Waldstück unweit der ostfranzösischen Stadt Ferney/Voltaire tot aufgefunden worden. Aufgrund von Spuren am Fundort sowie am Leichnam gehen die örtlichen Ermittlungsbehörden von einem Gewaltverbrechen aus. Der Mann hatte nach Polizeiangaben bis vor kurzem bei einer internationalen Organisation im benachbarten Genf gearbeitet und bereits seit einigen Tagen als vermisst gegolten.

„Ich glaube, einer meiner Kollegen ist ermordet worden", sage ich unvermittelt, aber so leise, dass meine Eltern es nicht mitbekommen.

„Wirklich?"

„Ja, steht heute in der Zeitung."

„Ich wusste gar nicht, dass Genf so ein hartes Pflaster ist."

„Das war in Frankreich, schätze ich."

„Wie auch immer", sagt Thorsten. „Vielleicht brauchst du Schutz da unten?"

Ich weiß, was er meint, frage aber trotzdem nach: „Schutz?"

„Einen Bodyguard. Einen treu ergebenen Schutzengel. Einen, der überhaupt keine Hemmungen kennt."

„Aber Genf besteht praktisch komplett aus Parkettböden."

„Na und, dann ziehst du dem Vieh eben Pantoffeln an."

„Und soll ich Frauchen auch mitnehmen?"
„Bist du wahnsinnig?"
Später lege ich vorübergehend die Schweizer Sim-Karte in mein Handy ein. In den letzten 24 Stunden haben viele Leute versucht, mich zu erreichen. Jane Anfield ist nicht darunter.

Ich wache auf. Von draußen fällt fahles Licht in einen Raum, den ich allmählich als Sandras und Thorstens Wohnzimmer identifiziere. Ich habe leichte Kopfschmerzen, mein Telefon zeigt neun Uhr an und neben mir auf dem Sofa bewegt sich der Hund im Schlaf und er atmet dabei deutlich hörbar durch die Nase aus.

Zwei Minuten später haben wir das Haus verlassen. Der Hund schnuppert an einem Autoreifen, der zu einem BMW X3 mit dem Nummernschild BI-X-3000 gehört, auf dessen Dach eine noch zu einem Viertel gefüllte Sektflasche steht. Gleich neben dem Reifen liegt ein unversehrt aussehender Chinaböller. Seine grünweiße Pappverkleidung fühlt sich feucht an, als ich ihn neben die Sektflasche auf das Autodach lege. Ich hole mein Feuerzeug aus der Jackentasche; zu meiner Überraschung beginnt die Zündschnur tatsächlich zu sprühen. Ich mache diesen Schnalzlaut, der Hund merkt auf und wir beide laufen zwanzig, dreißig Meter die Straße hinunter. Dann bleibe ich stehen. Auch der Hund bleibt stehen. Wir beide blicken zurück zu diesem X3, der höchstwahrscheinlich einem Anwalt der Industrie- und Handelskammer Bielefeld gehört. Die Verwirrung in dessen Augen, die Wut in Sandras, der genießerische Ausdruck auf Thorstens Gesicht, als ich den Extremsportler darum bat, doch bitte *mehr* von seinen beruflichen Erfolgen zu berichten. Und ganz überraschend: das höhnische Grinsen von Sandras Schwester.

Wenig später trinke ich in der Aral-Tankstelle an der Heeper Straße einen Espresso, esse dazu einen aufgebackenen Croissant und füttere gleichzeitig den Hund mit einer Banane aus dem Aral-Frischesortiment. Der Mann hinter der Kasse blättert wieder in der „Computerbild“. Eben, als er den Espresso zu meinem Stehtisch brachte, hat er mir ein „Frohes Neues“ gewünscht. Wir gehen stadteinwärts, ich werfe eine Zigarette nach dem ersten Zug weg und die Gehsteige sind übersäht mit Scherben und feuchten Feuerwerkskörperresten. Heeper Straße, Viktoriastraße, ein Streifenwagen mit eingeschaltetem Blaulicht verlangsamt auf unserer Höhe die Fahrt, beschleunigt erneut. August-Bebel-Straße, immer noch ist uns kein Fußgänger begegnet. Ein Taxi wartet an einer Kreuzung. Der Fahrer bemerkt meinen Blick, deutet mit dem Zeigefinger auf den Beifahrersitz, achtet aber dann schon nicht mehr auf meine abwehrende Geste, sondern beobachtet den Hund, der an einer Lache Erbrochenem riecht. Ich fühle mich so gut, wie seit einer Ewigkeit nicht mehr.

Wir streifen zwischen den Pavillons am Busbahnhof umher. Die Läden hier heißen „Sengül Market“, „China-Thai-Imbiss Ngog Thao“ oder „Prima Mode“. In einem Durchgang hat man die fest installierten Telefonbücher der Telefonkabinen angezündet und ich hebe einen abgerissenen, pinkfarbenen T-Com-Telefonhörer auf und der Hund wird aufmerksam, kommt heran, macht sich für das alte Spielchen bereit, doch ich behalte den Hörer in der Hand.

Auf der Herforder Straße, kurz vor dem Berliner Platz, mustert mich ein Mann bereits von weitem. Ich betrachte zunächst die Bierdose in seiner Hand, dann seine rot-beige Windjacke, seine Jeans, die braunen, noch intakten Straßenschuhe, schließlich sein Gesicht, die wässrigen blauen Augen, den Schnäuzer, das zurückgehende, leicht ungeordnete Haar, die tiefen Falten um den Mund. Ich verlangsame extra mein Tempo, um den Mann noch genauer ins Visier zu nehmen. Ich versuche, sein Alter zu erraten, die Anzahl seiner Gefängnisaufenthalte, die Sachen, die er in der letzten Nacht erlebt hat. Der Mann seinerseits hat den Blick nun abgewandt und hinter ihm, im Schaufenster einer griechischen Änderungsschneiderei, leuchtet ein Hochzeitskleid in strahlendem Weiß.

Die Straße hinauf zum Bahnhof: ein An- und Verkaufsladen für Schmuck und Uhren, ein Geschäft für indische Lebensmittel, eine Kneipe, ein türkischer Imbiss, eine weitere Kneipe, ein Kramladen mit Wasserpfeifen, Messern, Gebrauchthandys, Handytastaturschonern, Pfefferspray und Feuerzeugen mit Motivgravur in den Auslagen. Auf der anderen Seite liegt die Stadthalle inmitten einer kargen Grünfläche. Oben, am Eingang zur unterirdischen Stadtbahnhaltestelle, stehen weitere Männer mit Bierdosen. Ich erkenne auch eine dicke junge Frau mit kurzen Haaren und einer Militärhose.

Wir sind von Osten gekommen, haben den Kernbereich im Norden umgangen. Ich könnte ewig so weitergehen, doch wir nähern uns bereits den Altbauvillenzonen der westlichen Innenstadt. Nicht mehr lange und wir haben die gepflegten, immer stillen Gegenden oben am Berg erreicht. Der Hund läuft nun weit voraus, wartet nur noch vor der Überquerung größerer Straßen auf mich.

Gegen 14 Uhr weckt mich das Klingeln meines Handys. Margareta ist dran und fragt, wie der Hund sich letzte Nacht gehalten hat.

„Hat den nicht die Bohne interessiert", sage ich mit belegter Stimme. „Aber das wussten wir ja schon vorher, stimmt's?"

Margareta reagiert nicht. Stattdessen erkundigt sie sich nach Einzelheiten des gestrigen Abends, ob wir zu Hause geblieben sind.

„Wir waren bei einem befreundeten Pärchen zum Abendessen eingeladen", antworte ich.

„Thorsten und Sandra?"

„Hmm."

„Die sind wirklich immer noch zusammen?"

„So ist es."

„Und das Parkett? *Das gute Parkett!*"

„Wir haben das Vieh in den Keller gesperrt."

„Hahaha. Sag mal, wo seid ihr jetzt eigentlich, bei deinen Eltern?"

„Der Hund liegt im Körbchen, glaube ich. Oder er schaut Fernsehen. Ich liege im Bett."

Margareta macht eine Pause. Ich höre ihr dabei zu, wie sie eine Pause macht.

„Ich denke, du solltest jetzt möglichst schnell aufstehen, Thomas."

„Warum?", sage ich. „Ich bin müde."

„Weil ich jetzt gleich nach Hause komme."

„Na und? Wo liegt das Problem?"

„Das Problem liegt darin, dass ich nicht allein nach Hause komme und ich deswegen absolut keinen Bock habe, meinen wahrscheinlich immer noch besoffenen Ex-Freund in meinem Bett vorzufinden."

„Kann ich verstehen", sage ich. „Aber das ist nicht *mein* Problem, oder?"

Wenig später ziehe ich mich an und beuge mich im Flur über den Hund, der sich in seinem Korb eingerollt hat. Ich flüstere ihm etwas ins Ohr. Ich höre, wie er durch die Nase ausatmet. Dann verlasse ich die Wohnung.

Emanuel Bergmann

Der Zyklop

Vor vielen, vielen Jahren, an einem kühlen, fahlen Wintermorgen, rannten die Geschwister Heinrich und Käthe Wilmers von zu Hause weg. Sie hatten ihre Flucht gut vorbereitet. Käthe, die bereits zwölf Jahre alt war, hatte am Abend zuvor Brot und Wurst aus der Speisekammer gestohlen, in ein Küchenhandtuch gewickelt und in einem Rucksack versteckt. Ihr Bruder Heinrich hatte heimlich Kleider, Zündhölzer und eine Thermosflasche gehortet. Er war zwei Jahre jünger und ein schmächtiger, verträumter Junge. Es war seine Idee gewesen, von zu Hause wegzurennen. Ihre Mutter, Magda Wilmers, war eine liebevolle Frau, die ihre beiden Kinder zu anständigen deutschen Christenmenschen erziehen wollte. Sie hatte eine Anstellung als Dienstmädchen im Staatsbad von Bad Pyrmont. Sie war schon vor Sonnenaufgang aufgestanden und in ihren Mantel geschlüpft. Die Kinder, die sie noch ein letztes Mal in ihren Betten liegend küsste, waren hellwach, stellten sich aber schlafend. Kaum war die Mutter weg, um in Schürze und Haube gekleidet den Kurgästen dienlich zu sein, machten sich die beiden auf den Weg.

Sie taten es, weil sie ihren Vater finden wollten, Gustav Wilmers, der nach dem Krieg nicht mehr von der Front zurückgekehrt war. Es hieß, dass er dort gefallen sei. Aber die Kinder, insbesondere Heinrich, waren davon überzeugt, dass er noch lebte. Vielleicht war er in Gefangenschaft geraten und konnte nicht mehr nach Hause oder er hatte eine Kopfverletzung erlitten und das Gedächtnis verloren. Alles war denkbar. Heinrich konnte seinen Vater noch immer vor sich sehen, wie er an dem Bett, welches Heinrich sich mit seiner Schwester teilte, saß, sein Gesicht halb im Schatten verdeckt, seine Augen von der Nachttischlampe erleuchtet und seine Lippen beim Geschichtenerzählen leise flüsternd, fast andächtig, wie beim Gebet in der Kirche. Diese Geschichten hatten Heinrich nächtelang Albträume bereitet. Er hatte sogar versucht an das Buch zu kommen, aus dem der Vater ihnen immer vorlas. Aber selbst wenn er sich auf Zehenspitzen stellte, kam er nicht an das Bücherregal heran. Er war zu klein und die Welt zu groß. Eines Tages hatte er einen der Esszimmerstühle herangezogen und sich darauf gestellt, aber er hatte die Balance verloren und war abgerutscht. Der kurze Augenblick des Falls war ihm wie ein ganzes Leben vorgekommen. Er spürte mit einem Gefühl des Entsetzens und der Erregung, wie er abrutschte, wie er einen Moment lang in der Luft hing, als würde die Zeit stillstehen. Dann war er auf dem Rücken aufgekommen. Ein scharfer, heftiger Schmerz raste durch seinen Körper. Er konnte sich nicht bewegen. Vor seinen Augen standen Sterne. Er war mit einer leichten Gehirnerschütterung davongekommen. Die Eltern hatten ihn gescholten, aber wenigstens hatte er ein paar Tage nicht in die Schule gemusst. Und das Beste war: jeden Abend gab ihm die Mutter Kekse, und der Vater las ihm aus dem Buch vor. Es ging um einen Seefahrer, der viele Jahre unterwegs war, der seine Heimat nicht mehr finden konnte und viele Abenteuer durchmachen musste, bis er schließlich wieder bei seiner Familie war. In einer der Geschichten tauchte ein Zyklop auf.

„Was ist das?“, fragte Heinrich.

„Ein böser Riese“, sagte sein Vater. „Viel größer als ein Mensch. Er trägt keine Kleider, und er stinkt ganz fürchterlich. Er hat nur ein Auge. Und er hat Hunger auf Menschenfleisch. Egal, wie viele Menschen er frisst, er wird ewig hungrig bleiben. Das ist sein Fluch.“

In der Geschichte wurden der Seefahrer, Odysseus, und seine Leute in einem Käfig eingesperrt, wie die Hühner, die ihre damalige Nachbarin im Garten hielt. Jeden Tag griff der Zyklop in den Käfig hinein. Die Menschlein pressten sich vor Angst, so fest sie konnten, an die Wand, aber einer musste immer daran glauben. Das ging jeden Tag so, bis Odysseus und die anderen den Riesen schließlich überlisteten und ihm mit einem angekohlten, spitzen Pfahl das Auge ausstachen. Blind, wütend und hilflos brüllend taumelte der Zyklop durch die Höhle. Odysseus und seinen Mannen gelang die Flucht.

Noch viele Monate, nachdem die Mutter ihre Kinder vom Tod des Vaters in Kenntnis gesetzt hatte, suchte Heinrich die Straßen nach dem Gefallenen ab. Oft träumte er davon, der Vater würde nach Hause kommen. Aber er kam nicht. Also beschloss Heinrich, ihn zu suchen. Sie mussten nach Westen. Heinrich hatte noch des Vaters letzten Brief bei sich, in dem er schrieb, bei welcher Stadt er war. Sie wussten also, wo sie hin mussten. Käthe hatte zuerst gezweifelt. Doch auch sie war nur ein Kind, dem der Vater sehr fehlte. Zudem war Heinrich fest entschlossen, sich auf die Suche zu machen, mit oder ohne seine Schwester. Nach wochenlangen Verhandlungen, die die Kinder bei Nacht flüsternd in ihren Betten geführt hatten, hatte Käthe sich bereit erklärt, ihren Bruder zu begleiten, denn sie wusste, dass er ohne sie verloren wäre. Und vielleicht hatte er ja Recht. Vielleicht, so glaubte auch sie manchmal, war der Vater wie Odysseus in der Fremde gefangen.

An diesem Wintermorgen schlichen sie sich aus dem elterlichen Haus und machten sich auf den Weg in die Wälder. Für eine Bahnkarte hatten sie kein Geld, also mussten sie laufen. Die Luft war klar und feucht. Ein feiner Bodennebel hing noch über der Welt. Ihnen fröstelte, und sie machten sich gegenseitig Mut. Die ersten paar Stunden waren eine lustige Wanderung. Doch bald waren die Wurstbrote verzehrt und das Wasser getrunken. Sie wurden müde und unachtsam und Heinrich beklagte sich, dass er Hunger hatte. Gegen Abend hatten sie völlig die Orientierung verloren. Die normalen Wanderpfade hatten sie lange hinter sich gelassen. Die Sonne ging bereits unter. Doch sie mussten weitergehen. Es blieb ihnen nichts anderes übrig. In der Dämmerung schien der Wald ein fremdes, bedrohliches Leben anzunehmen. Jedes Geräusch wirkte lauter als sie es gewohnt waren, jeder Baum und jeder Strauch wurde zu einem unheimlichen Wesen. Heinrich kämpfte gegen seine Angst an.

Nachdem sie sich eine Weile über abschüssigen Boden durch das Dickicht gekämpft hatten, stieß Käthe einen kleinen Ruf der Freude aus.

„Schau!“, sagte sie.

Vor ihnen war ein Feldweg. Heinrich war endlos erleichtert.

„Gott sei Dank!“, rief er.

Plötzlich machte Käthe Halt. Auch Heinrich hielt an und warf ihr einen fragenden Blick zu. Hinter sich hörten sie ein Knirschen.

Ein weiteres Paar Fußschritte.

Sie waren nicht allein.

Einen Augenblick später hörte das Knirschen auf. Es herrschte Stille. Vorsichtig drehte Heinrich sich um. Er sah, dass seine Schwester es ihm gleich tat. Seine Hand klammerte sich so fest an die ihre, dass es fast wehtat.

Auf dem Feldweg hinter ihnen stand ein Mann. Er war in der Dämmerung nur schemenhaft zu erkennen. Der Mann war schön, so viel konnte Heinrich sehen. Er war noch jung, nicht älter als fünfzehn, aber recht groß gewachsen. Sein Haar schien blond zu sein. Er war elegant gekleidet. Die Kleidung schien ihm nicht zu passen. Was hatte dieser Mann hier zu suchen?

Heinrich hielt den Atem an. Er fühlte sein Herz schlagen.

Weder er noch Käthe wagten es, sich zu rühren.

Dann setzte der Mann sich in Bewegung. Ganz langsam kam er auf sie zugeschlendert.

Heinrich überlegte, ob sie wegrennen sollten. Er schaute seine Schwester an, und er war sich sicher, dass sie denselben Gedanken hatte.

Doch keiner von ihnen wagte es, sich zu rühren.

Schließlich stand der Mann vor ihnen. Heinrich sah, dass er ebenmäßige Züge hatte, und tiefblaue Augen.

„Habt ihr euch verirrt?“, fragte der schöne Mann.

Käthe nickte.

Ohne ein Wort zu sagen, öffnete der Mann eine kleine Ledertasche, die er über der Schulter trug. Er holte ein Wurstbrot aus der Tasche und teilte es in zwei Hälften.

„Hier", sagte er und gab jedem von ihnen eine Hälfte.

„Ich wohne nicht weit weg von hier", sagte der schöne Mann. „Kommt mit. Ihr seid müde und euch ist kalt. Bei mir könnt ihr euch ausruhen. Dann sehen wir weiter."

Nach anfänglichem Zögern stimmten sie zu. Was blieb ihnen auch anderes übrig? Der schöne Mann war sehr gesprächig. Käthe jedoch blieb weiterhin angespannt. Sie war wortkarg. Geistesabwesend hörte sie zu, wie sich Heinrich und der Fremde über dies und jenes unterhielten.

Sie waren etwa eine halbe Stunde zu Fuß unterwegs, dann kamen sie an ein Haus, eine kleine Hütte mit Steinmauern und Schieferdach das an einer Flussbiegung lag.

„Wir sollten nach Hause", sagte Käthe. „Unsere Frau Mama wird krank sein vor Sorge."

„Wenn ihr jetzt geht, da werdet ihr noch Stunden unterwegs sein. Und das bei Nacht."

„Trotzdem", meinte Käthe. „Meine Mama hat gesagt, wir sollen nicht mit Fremden mitgehen."

Der schöne Mann lachte.

„Ich bin doch kein Fremder mehr", sagte er. „Nun stellt euch nicht so an. Ich beiße nicht." Und dann sagte er: „Immerhin hab ich euch mein letztes Wurstbrot gegeben."

Heinrich nickte. Er wollte nicht unhöflich sein. Der schöne Mann ging zur Tür und schloss sie auf.

Vorsichtig betraten Heinrich und Käthe das Haus. Es war finster hier drinnen. Käthe nahm einen unangenehmen, süßlichen Geruch wahr, den sie nicht einordnen konnte. Der Gestank setzte sich sofort in ihrer Nase und Kehle fest. Sie hörte, wie der Mann die Tür zumachte und abschloss. Dann zündete er eine Öllampe an.

Jetzt erst konnten die Kinder ihr Umfeld wahrnehmen. Sie

befanden sich in einem kargen kleinen Flur. Die Wände waren weiß getüncht. Es standen keinerlei Möbel hier.

Der Mann öffnete eine Holztür, die in ein Wohnzimmer führte. Hier war die Einrichtung gutbürgerlich. Eine Kommode, ein Sofa mit Tisch, ein paar Stühle. Die Fensterläden waren geschlossen.

„Setzt euch nur kurz", sagte der Mann. Am anderen Ende des Zimmers war eine weitere Tür, auf die er jetzt zu ging. Wahrscheinlich die Schlafzimmertür. Er klopfte.

„Ihr könnt euch ruhig setzen", sagte er betont beiläufig.

Heinrich und Käthe hörten ein tiefes, dunkles Husten, das aus dem anderen Zimmer drang. Der schöne Mann machte die Tür einen Spalt auf und steckte den Kopf rein. Er redete leise, aber keines der beiden Kinder konnte seine Worte verstehen. Dann schloss er die Tür vorsichtig.

„Er kommt gleich", sagte er. Dann beugte er sich vor sie, so dass er auf einer Augenhöhe mit ihnen war. Er lächelte sie strahlend an.

„Mögt ihr eine heiße Schokolade?", fragte er.

Keiner der beiden Kinder rührte sich. „Na, was ist?"

Langsam nickt Käthe. „Von mir aus gern", sagte sie sehr zögerlich. „Aber ich muss zu meiner Mama."

Der Mann stand wieder zu seiner vollen Höhe auf und streckte die Hand nach Käthe aus. „Komm mit", sagte er. „Wir machen eine heiße Schokolade."

Käthe warf ihrem Bruder einen verunsicherten Blick zu, den dieser erwiderte.

„Du kannst hier warten", sagte der Mann zu Heinrich. „Deine Schwester und ich gehen nur kurz in die Küche."

Heinrich schüttelte den Kopf. „Ich will nicht allein sein", sagte er mit ganz leiser Stimme.

„Na komm", sagte der schöne Mann gut gelaunt und wuschelte dem kleinen Heinrich durchs Haar. „Ein großer Junge wie du wird doch keine Angst haben." Und zu Käthe gewandt sagte er: „Ihr braucht Stärkung, wenn ihr heute noch weiter wollt."

Er hielt die Wohnzimmertür auf. Käthe bewegte sich nicht. Der schöne Mann lächelte sie an.

„Na, komm", sagte er, und in seiner Stimme war ein schneidender Unterton, der ihr Angst machte. Sie nickte gehorsam, so wie ihre Mutter es ihr beigebracht hatte. Dann ging sie artig aus dem Raum. Heinrich schaute ihr mit wachsender Beunruhigung zu. Das Letzte, was er sah, war, wie der schöne Mann ihm aufmunternd zunickte. Kurz bevor er die Wohnzimmertür schloss, sagte der Mann noch leise zu Heinrich: „Er will keine Mädchen."

Der Mann führte Käthe in die Küche, ein spärlich eingerichteter Raum mit einem Kohleofen, einem Waschbecken, einer kleinen Speisekammer, einem Esstisch und einer Sitztruhe. Auch hier waren die Fensterläden geschlossen.

„Ich will jetzt gehen", sagte Käthe.

„Erst mal was warmes Süßes", sagte er, schloss ab und steckte den Schlüssel in seine Hosentasche.

Er nahm einen Löffel aus der Küchenschublade neben dem Herd. Dann holte er einen Kochtopf hervor und eine Milchflasche aus der Speisekammer. Er stellte den Topf auf den Herd und goss die Milch hinein. Anschließend öffnete er die Klappe des Herds, zündete mit einem Streichholz ein paar Seiten Zeitung an und legte sie in die Kohle. Bald brannte das Feuer.

„Mach's dir bequem", sagte er.

Käthe nickte. Warum hatte er die Küchentür abgeschlossen? Warum hatte er sie von ihrem Bruder getrennt? Sie war wie gelähmt vor Sorge. Sie nahm alles wie in einem Rausch wahr. Sie ging zur Küchentruhe. Der Mann war über den Herd gebeugt und rührte in der Milch. Einer Eingebung folgend, die sie sich nicht erklären konnte, machte Käthe die Sitztruhe auf.

Sie musste sich auf die Zunge beißen, um nicht laut aufzuschreien.

In der Truhe lagen Kinderkleider. Dutzende von winzigen Schuhen, Pullovern, Hosen und Hemden waren achtlos hineingestopft worden. Viele von ihnen hatten dunkle Flecken, die sie sich nicht erklären konnte. Einige waren zerrissen.

Sie merkte, wie ihr übel wurde. Ganz leise machte sie den Deckel der Truhe wieder zu.

Jetzt erst wurde ihr klar, dass der schöne Mann auch Kinderkleider trug. Alles an ihm war ihm zu klein und zu eng.

Heinrich stand still im Wohnzimmer. Er hörte nichts. Weder aus der Küche noch dem Schlafzimmer. Er sah sich um. Auf der Kommode stand Porzellan. Ein paar Teller und Tassen. An der Wand hing ein Hirschgeweih.

Plötzlich sagte eine Stimme: „Weißt du, wo du hier bist?"

Heinrich zuckte zusammen.

In der offenen Schlafzimmertür stand ein grobschlächtiger Mann. Seine Haut war rot und unrasiert. Sein Haar stand ihm ab, als sei er gerade aus dem Bett gekommen. Er trug nur ein verflecktes Nachthemd. Sein linkes Auge war blutunterlaufen. Sofort musste Heinrich an den Zyklopen aus der Geschichte denken. Der Mann hatte eine tiefe, kehlige Stimme.

Heinrich schüttelte den Kopf.

Der Mann kam wankend ins Zimmer, als sei er betrunken. Er ließ sich schwerfällig auf das Sofa sinken. Dann griff er nach einer Schachtel Zigaretten, die vor ihm auf dem Tisch lag und zündete sich eine davon an.

„Hier im Wald", sagte er. „Hier wurde eine große Schlacht geschlagen."

Heinrich nickte. Er wusste nicht, was von ihm erwartet wurde.

Der Mann zog genüsslich an seiner Zigarette und stieß dann den Rauch aus.

„Weißt du, ich bin Altkleiderhändler", sagte er. „Ein guter Beruf. Kleider machen Leute", sagte der Mann im Nachthemd. „Wie man sich kleidet, so ist man." Dann tätschelte er das Sofa neben sich. „Setz dich."

Langsam und verängstigt ging Heinrich zum Sofa und nahm Platz. Er saß so weit weg von dem Mann wie möglich.

„Hier im Wald, hier war das Schlachten", sagte der Mann. „Wusstest du das?"

Heinrich antwortete nicht.

„Hier im Wald", sagte der Mann. „Drei römische Legionen wurden von den Germanen abgeschlachtet. Drei Legionen!" In seiner Stimme schwang Bewunderung mit. „An die zwanzigtausend Mann. Kannst du dir das vorstellen?"

Er warf einen flüchtigen Blick auf den Jungen, der neben ihm kauerte. Dann zog er erneut an seiner Zigarette und sprach weiter. „Unsere Krieger haben die Römer in einen Hinterhalt gelockt. Der Hermann und seine Mannen. In die Falle haben sie die Römer getrieben. Dann kamen sie aus den Büschen und hinter den Bäumen hervor. Und sie haben sie getötet. Jeden Einzelnen. Mit Äxten und Schwertern. Niedergekeult. Es regnete, und die Römer steckten im Schlamm. Keiner konnte fliehen, auch wenn er es noch so gerne wollte." Er blies etwas Rauch zur Decke. „Genau hier. Unsere Vorfahren", sagte er. „Deine und meine. Wir sind Germanen. Ihr Blut fließt in unseren Adern."

Er warf einen Blick auf den Jungen und sagte: „Stell dich mal hin."

Heinrich tat, wie ihm geheißen. Er spürte, wie der abschätzende Blick des Mannes an ihm auf und ab ging.

„Du bist schön", sagte der Mann.

„Ich will zu meiner Mama", sagte Heinrich mit leiser, schüchterner Stimme. „Bitte", fügte er flehend hinzu.

„Zieh dich aus", sagte der Mann.

Heinrich schüttelte den Kopf.

Der Mann legte die Zigarette auf den Rand eines Aschenbechers auf Porzellan. Dann stand er auf, ging um den Sofatisch herum und schlug dem Jungen hart ins Gesicht. Die Ohrfeige kam unerwartet. Heinrich wurde von den Füßen gerissen und fiel zu Boden. Seine zarte Wange brannte. Er spürte, dass ihm Tränen in die Augen stiegen. Er merkte, dass er sich vor Schreck benässte und fing an zu weinen.

Der Mann nahm seinen Platz auf dem Sofa wieder ein und widmete sich der Zigarette.

„Stramm hingestellt", sagte der Mann.

Heinrich tat, wie ihm geheißen. Er versuchte, sein Schluchzen zu unterdrücken. Der Rotz lief ihm aus der Nase.

„Zieh dich aus", sagte der Mann.

Heinrich zog sein Hemd aus und faltete es sorgfältig zusammen, wie es ihm seine Mutter beigebracht hat.

„Bitte tu mir nichts", flüsterte Heinrich. „Bitte."

„Es tut kaum weh", sagte der Mann. „Du sollst in mir leben, dein Blut in meinem."

Während er sich frei machte, fixierte Heinrich ein Gemälde an der Wand. Darauf waren Bäume zu sehen. Er stellte sich vor, in das Bild einzusteigen. Er hatte das Gefühl zu schweben, seinen Körper zu verlassen. Er fühlte sich frei. Er meinte, sich von oben zu sehen, so schwach und blass, verheult und hilflos. Er verachtete sich selbst. Er verdiente all das, was ihm hier geschah. Er verdiente die Demütigung und vielleicht auch den Tod.

„Jetzt die Hose", sagte der Mann und drückte langsam die Zigarette im Aschenbecher aus, bis nur noch die Glut übrig war.

In der Küche stand Käthe wie angewurzelt an der Truhe. Der schöne Mann hatte nicht bemerkt, dass sie den Inhalt gesehen hatte. Die Milch auf dem Herd wurde langsam erhitzt. Käthe konnte das Brodeln hören. Der schöne Mann wandte sich ihr zu.

In diesem Moment traf sie eine Entscheidung. Sie ging auf ihn zu.

„Wir wollen *jetzt* gehen", sagte sie mit entschlossener Stimme.

„Ja, gleich", sagte der Mann. „Erst kriegst du was Gutes zu trinken."

„Nein", sagte Käthe. „Wir wollen *jetzt* nach Haus. Jetzt sofort."

Sein Lächeln war auf einmal etwas weniger selbstsicher als

noch vor ein paar Sekunden. Sie verspürte keine Angst mehr. Ihr war heiß. Ihr Herz raste.

„Sie haben es versprochen“, sagte sie.

Der schöne Mann wirkte unsicher.

Jetzt stand sie neben ihm am Herd.

Sie musste noch den richtigen Moment abwarten. Nur noch ein paar Sekunden.

„Ich will meinen Bruder sehen.“

„Gleich“, sagte der schöne Mann, aber seine Stimme war weniger kraftvoll als zuvor.

Dann war es so weit. Aus ihrem Augenwinkel heraus sah sie, wie die Milch hochschäumte. Der Siedepunkt war erreicht. Blitzschnell drehte sie sich um, griff nach dem Topf und schleuderte dem Mann die kochende Milch ins Gesicht.

Er heulte auf wie ein verwundetes Tier und schlug beide Hände vor sein Gesicht. Er fiel auf die Knie, dann kippte er zur Seite und lag, sich windend, auf dem Boden.

Käthe hatte genau gesehen, wo er die Schlüssel hingesteckt hatte. Sie kniete neben ihm nieder und fuhr mit ihrer kleinen Hand in seine Hosentasche. Der Mann merkte, was sie tat. Seine Finger schossen vor und umklammerten ihr Handgelenk. Damit hatte sie gerechnet. Käthe beugte sich vor und biss so hart sie konnte zu. Sie spürte, wie ihre Zähne durch seine Haut drangen. Sie konnte sein Blut schmecken.

Sie wusste, dass ihr Überleben allein von diesem Moment abhing.

Er stieß einen langen schrillen Schrei aus. Dann entriss er seine Hand.

Sie hatte die Schlüssel.

Sofort sprang sie auf. Neben sich sah sie die Küchenschublade. Sie zog sie auf und hatte Glück. Vor ihr lag ein scharfes Wurstmesser. Sie umklammerte es mit ihrer linken Hand und rannte zur Tür.

Am Schlüsselbund waren drei Schlüssel.

Der erste passte nicht.

Ihre Finger zitterten.

Sie hörte, wie der Mann sich wimmernd aufrichtete.

Sie probierte den zweiten. Er passte auch nicht.

„Ich bring dich um", stieß der schöne Mann gequält hervor. Sie schaute sich um und sah, dass er sich am Küchentisch hochzog. Sein so schönes Gesicht war nun rot und verbrannt. In wenigen Sekunden würde er sich auf sie stürzen.

Der dritte Schlüssel war der richtige. Sie riss die Tür auf. Da stieß sie ein entsetztes Keuchen aus. Vor ihr stand der Mann im Nachthemd.

Ihr blieb keine Zeit nachzudenken. Es war reiner Instinkt, der sie zum Handeln trieb. Mit der rechten Hand zog sie den Schlüssel aus dem Schloss. In dem Moment, in dem der Mann im Nachthemd zur Tür reinpolterte, machte sie eine halbe Drehung und rammte ihm mit der Linken das Messer in den Schenkel.

Sie war erst zwölf und nicht stark genug, um ihn ernsthaft zu verletzen. Aber das war auch nicht nötig. Er war zu überrascht. Er spürte den Schmerz des Messers, das sich in sein Fleisch bohrte. Er schrie auf.

Während er nach der Wunde schaute, fiel Käthe auf die Knie und krabbelte so schnell, wie nur Kinder es können, zwischen seinen Beinen durch.

Dann richtete sie sich auf und zog die Küchentür von der anderen Seite knallend zu.

Sie schob den Schlüssel ins Schloss und drehte um. Sie hörte, wie am Knauf gerüttelt wurde. Doch die Tür war zu, die beiden Männer eingeschlossen. Sie hörte sie von innen dagegen trommeln. Aber sie wusste auch, dass sie die Tür binnen weniger Sekunden aufbrechen würden.

In der anderen Tür sah sie Heinrich stehen. Sein Gesicht war gerötet von dem Schlag, und sein Oberkörper war frei. Seine Gürtelschnalle war geöffnet.

Aber er war unversehrt.

Sie streckte ihm Ihre Hand hin.

„Schnell!“, rief sie. Heinrich griff nach ihrer Hand. Sie rannten auf die Haustür zu. Es gelang ihr, sie aufzuschließen. Da hörte sie schon, wie die Küchentür hinter ihnen splitternd aufbrach. Doch die Wohnungstür schwang auf.

Sie waren frei.

Heinrich und Käthe hörten die wütenden Schreie der beiden Männer hinter sich. Heinrich musste an den blinden, brüllenden Zyklopen aus der Geschichte denken.

So schnell sie nur konnten, stürzten die Kinder aus der Tür, hinaus in den Wald.

Sie waren klein und flink und ihre Verfolger im Nachteil. Der Zyklop trug keine Schuhe und der andere Mann hatte noch immer Schmerzen.

Die Kinder rannten um ihr nacktes Überleben.

Bald erreichten sie den Feldweg. Sie schauten sich keuchend um. Um sich herum sahen sie nur den finsteren Wald. Aber von ihren Verfolgern keine Spur.

Sie rannten so lange, bis sie erschöpft zusammenbrachen. Sie rangen nach Atem. Ihre Herzen rasten. Sie hielten sich noch immer an den Händen fest.

Früh am nächsten Morgen stand ein Wachtmeister vor Magda Wilmers Tür. Er erzählte der angstvollen Frau, dass man ihre Kinder gefunden habe. Sie hatten sich im Wald verlaufen. So kam es, dass Magda Wilmers ihre beiden wieder in den Arm schließen konnte. Sie gehörte zu den Glücklichen. Denn als Heinrich und Käthe die Polizisten zu dem Haus im Wald führten, stießen die Beamten beim Durchsuchen des Hauses und der umliegenden Wälder auf einen grausigen Fund: Ein Massengrab. Die Gebeine von einem guten Dutzend kleiner Jungen waren notdürftig mit Erde bedeckt worden. Von den Tätern fehlte jede Spur. Es wurde ein Suchbefehl erlassen, doch sie sollten nie gefasst werden. Sie verschwanden einfach unter den Anständigen. Das, was geschehen war, wurde verscharrt und vergessen.

Fast zwanzig Jahre später kam Heinrich wieder zurück in den Wald. Die Mutter war vor wenigen Tagen verstorben, und Heinrich und seine Schwester mussten sich um die Auflösung des Haushalts, sowie die Beerdigung kümmern. Taub vor Schmerz hatten sie zugesehen, wie ein geliebter Mensch in die Erde gelassen wurde und ein weiteres Kapitel zu Ende ging.

Am nächsten Tag entschloss sich Heinrich, noch ein letztes Mal an die Stelle im Wald zu gehen. Warum, das wusste er nicht so genau. Vielleicht war es eine Art Pilgerfahrt.

Das Haus war verfallen. Das Holz war vermodert und das Dach eingestürzt. Da, wo das Massengrab gefunden wurde, wuchs jetzt fettes sattes Gras und blühten schöne Blumen. So viele Jahre waren seit jener Nacht verronnen. Nach dem Gefühl, das er damals verspürt hatte, würde er sich sein Leben lang sehnen, so rein und so gewaltig war es gewesen. Er blickte auf den Fluss, der langsam und unaufhaltsam an ihm vorbeizog, und er hörte nichts außer dem Rauschen des Wassers.

Die Strahlen der Sonne verblassten langsam. Bald sah er nur noch die Finsternis.

Stefan Brams

Franziska Spiegel

Ein Monolog

Draußen friert's. Aufrecht marschiert er voran. Das Blatt sinkt herab durch den Baum. Sein breiter Rücken. Die Uniform sitzt. Am Koppel die Pistolentasche. Baumelt im Rhythmus seiner Schritte. Die Hose in staubigen Stiefeln. Die Mütze. Schwarz. Tief in der Stirn. Die Haut seines Nackens glänzt. Die Haare akkurat. Kleine Härchen sträuben sich. Sein Schritt raumgreifend. Mir im Nacken. Sein Schatten. Der andere. SS-Soldat. Sie haben mich in die Mitte genommen. Ich spüre seinen Blick. Folge ihrem Schritt. Über die Straße. Steine knirschen. Der Feldweg steigt sanft an. Gras wuchert zwischen den Kieseln. Mist liegt herum. Das Leder ihrer Stiefel knarzt. Lautlos meine Schritte. Die Ernte ist eingebracht. Ackerkrumen liegen starr. Ich renne übers Feld. Barfuss. Den Rock hochgeschürzt. Meine Freundinnen folgen. Sie rufen. Stoppeln kitzeln die Sohlen. Wir lachen, jauchzen, jagen um die Wette. Feuern uns an. Klara holt mich ein, reißt mich um. Wir liegen, lachen, albern. Ein Stoß. Die Tür fliegt auf. Schlägt knallend gegen die Wand. Die beiden SS-Soldaten zwischen den Türpfosten. Starre Gesichter. Nur gut, dass der Junge außer Haus ist. So können sie nur mich – Wenigstens das. Sollen sie mich doch gleich hier – Die Herrenmenschen verziehen ihre Mundwinkel. Ekel. Hohn. Verachtung. Der Kleinere grinst. Ich nehme meine Strickjacke vom Küchenstuhl. Werfe sie über die Schulter. Greife meine Handtasche. Auf dem Herd das Essen. Schiebe den Topf vom Feuer. Der Größere vorneweg. Die Tür. Ich zögere. Hinter mir der Kleinere. Ein Stoß. Draußen. Herbstluft. Das fahle Licht der Sonne. Er zieht die Tür ins Schloss. Ordnung muss sein. Sein Blick. Klare Augen. Er macht seine Arbeit. Wir gehen. Durchs Gartentor. Auf den Weg. Kein Mensch zu sehen. Kein Blick zurück. Nur gut – der Junge – nur gut, dass Rolf – Der letzte Kotten liegt hinter mir. Ich stolpere vorwärts. Wische mit dem Ärmel übers Gesicht. Rechts der Hof von Bauer B. Dort hinten das Hückerholz. Geradeaus das Hücker Moor. Wir gehen am See entlang. Durchstreifen die Wälder. Gottfried und Rolf toben durchs Unterholz. Jagen einander. Atemlos kehren sie auf den Weg zurück. Vater und Sohn umkreisen mich. Meine Männer. Ein Kuss. Heute Morgen. Gottfried machte sich auf zur Arbeit. Ich wusste es. Wir würden uns nicht wiedersehen. Er musste gehen. Wir dürfen nicht auffallen. Hatte er gesagt. Wieder und wieder. Es wäre unser Tod. Recht hatte er. Sein zarter Kuss. Ducken. Klein machen. All die Jahre. Jetzt haben sie mich doch. Führen mich ab. Für uns gibt es kein Zuhause. Seit Jahren nicht. Steine fliegen durch unsere Fenster. Ich liege im Wochenbett. Rolf schreit. Husum wird zur Falle. Die Nachbarn toben. Judenhure. Wir sind Aussätzige. Damals schon. Nie mehr eine Heimat. Flucht. SA marschiert. Fackelschein erleuchtet die Gassen. Stiefelgetrampel. Auf der Straße. Auf der Treppe. Wagen fahren vor. Besatzungen springen ab. Kommandos werden gebrüllt. SA-Männer postieren sich. Stürmen vor. Hämmern mit ihren Gewehrkolben gegen Türen. Treten sie ein. Schreie. SA lädt Steine ab. Einige Bürger reihen sich ein. Nachbarn werden die Treppe hinuntergeprügelt. Gestoßen. Gezerrt. Infernalisches Krachen. Gejohle. Gerenne. Scheiben bersten. Scherben ergießen sich auf die Straße. Unter den Stiefeln knirschen die Splitter. Steine fliegen. Herr Weiss. Vor seinem Laden. Die Hände hinterm Nacken verschränkt. Ein SA-Mann hält ihm die Pistole an den Kopf. Andere zertrümmern sein Geschäft. Lachen. Grölen. Stürzen Julius Weiss zu Boden. In die Scherben. Feuerschein am Horizont. Die Synagoge brennt. Wieder Schreie im Treppenhaus. Sie treiben immer mehr von uns auf der Straße zusammen. Nachbarn plündern. Schupos sehen zu. Schuhe, Kleider, Hüte, Stoffe werden fortgeschleppt. SA bedient sich. Der Bierbäuchige aus dem Nachbarhaus beugt sich ins Schaufenster, langt hinein, schleppt Mäntel fort. Verliert einen. Ein anderer greift zu. Bücher fliegen auf die Straße. Papiere segeln herab. Mobiliar landet krachend daneben. Benzinkanister werden herbeigeschleppt. Ein Freudenfeuer entfacht. Weitere Lastautos fahren vor. SA springt ab. Schwärmt aus. Sie treiben die Männer zusammen. Prügeln sie. Gewehre im Anschlag. Hinauf auf die Ladefläche. Ab. Der Wagen fährt an. Ein Ruck. Die Stehenden wanken. Gefangene. Wohin? Wohin nur? Der alte Schuhmacher kniet vor seiner Ladentür. Um ihn herum Splitter. Sie hängen ihm ein Schild um. Es baumelt hin und her. Ich kann es nicht lesen oben vom Fenster aus. Er muss kriechen wie ein Hund. Sie ziehen ihn an seinen Haaren. Kauft nicht bei Juden. Sie schmieren es an die Wände, Scheiben, Türen. Mannshoch. Da der Davidstern. Und dort und da und dort. Überall. Raus. Juden raus. RausRausRaus. Schleswig-Holstein. Das Ruhrgebiet. Das Sauerland. Der Brief vom Herscheider Bürgermeister. Ein volljüdischer Haushalt, in seiner Stadt. Nein. In drei Tagen müssen wir unsere Wohnung räumen, Herscheid verlassen. Kein Zuhause. Für uns. Wo wir auch leben. Feindschaft. Argwohn. Hass. Gegen meinen Vater. Meinen Bruder. Meinen Sohn. Mich. Gottfried. Vogelfrei. Ausgestoßen ziehen wir weiter. Glühender Ascheregen verfehlt Gottfried nur knapp. Höhnisches Lachen. Pass bloß auf. Beim nächsten Mal. Verlass sie. Die angesägte Leiter im Betrieb. Gottfried bricht durch. Stürzt. Hat Glück. Wird geschlagen. Verlass sie. Rapport beim Betriebsführer. Spiegel. Ihre Frau. Scheidung! Sie kürzen ihm den Lohn. Bezugsscheine enthalten sie uns vor. Die Hälfte muss reichen. Für so einen. Weg. Nur weg. Raus aus den Städten. Aufs Land. Nach Werfen. Hier geht's. Wir haben eine Bleibe. Gottfried hat Arbeit. Der Junge eine Lehrstelle. Bei einem Gärtner. Er hat Rolf versteckt. Als Polizei nach ihm suchte. Hat einfach gesagt: Der ist nicht da. Hat ihn gerettet. Wir leben in Deckung. Ruhiger. Die Dörfler lassen uns gewähren. Stellen uns heimlich Lebensmittel vor die Tür. Doch alle 14 Tage. Der Weg nach Bielefeld. Müssen uns bei der Gestapo melden. Stundenlanges

Warten. Die Flure. Die Treppen. Knarrende Stufen. Lange Gänge. Beißender Geruch. Bohnerwachs. Die Türen. Eintritt nach Aufforderung. Das Zimmer. Der Beamte. Dort hinterm Schreibtisch. Er könnte mich und Rolf gleich verhaften. Trennen. Einsperren. Den Pass will er sehen. Er lehnt sich zurück. Blättert. Dreht einen Bleistift in seinen Händen. Was wird mit Rolf? Er fixiert mich über seinen Brillenrand hinweg. Seine Stirn liegt in Falten. Er kneift die Augen zusammen. Werde ich Gottfried wiedersehen? Er beugt sich vor. Meinen Pass in den Händen. Er wendet ihn hin und her. Blickt aufs Foto. Schaut mich an. Tippt aufs „J". Der tiefe weiße Rand seines Nagels. Viele gibt's nicht mehr von euch. Seine Stimme durchbohrt mich. Dich kriegen wir auch noch. Wart's nur ab. Über kurz oder lang. Eine Geste des Halsabschneidens macht er. Raus. Er schiebt den Pass über die Tischplatte. Weg hier. Weg. Nur weg. Weit. Weg. Weiter treiben sie mich. Die Anhöhe ist erreicht. Ich schrecke auf. Eine Stimme. Blicke um mich. Stefania auf dem Feld. Sie lehnt am Zaun. Sie ruft nach mir, winkt mir zu. Sie lacht so gerne. Immer wieder haben wir geredet. Deutsche Soldaten haben sie verschleppt. Sie war noch nicht 19. In Krakau pferchten sie sie ein. Ich hebe meine Hand. Das war vor vier Jahren. In einen Viehwaggon gepresst karrten sie sie fort. Nach Bielefeld. Zur Weiterverteilung. Zur Zwangsarbeit hier auf dem Hof. Sie war die erste aus ihrem Dorf. Ihre Eltern wissen nichts von ihr. Ein Schlag. Mein Arm fliegt zurück. Der vordere SS-Mann zieht seine Waffe. Läuft auf Stefania zu. Ruft etwas. Hebt drohend die Arme. Fuchtelt mit der Pistole. Sie rennt davon. Stolpert. Rappelt sich wieder hoch. Läuft weiter. Er lacht. Ein Stoß zwischen meine Schulterblätter. Es geht abwärts. Die Schritte werden schneller rennen rasen fliegen kreisen ziehen über Länder Meere Flüsse Wälder Landschaften hinweg da unten unser Kotten so gedrungen klein das dunkle Holz das Gartentor unsere Nachbarn klönen über den Zaun hinweg da drüben Bünde rasend schnell geht es weiter das Ruhrgebiet Dortmund hier holten sie meinen Vater ab hier starb mein Bruder mit zertrümmertem Schädel ein Unfall heißt es stolz blickt mich mein Vater an als ich Gottfried küsse nach dem Ja auf dem Standesamt die Menschen wie sie sich freuen wir trinken lachen tanzen nur Mutter sie fehlt uns seit zwei Jahren tot nicht mehr weit mein Elternhaus in Werl die Metzgerei die Würste der Duft nach Fleisch und Rauch die Kunden die Nachbarn Zuhause – Laub raschelt unter meinen Füßen. Sie haben den Feldweg verlassen. Blicke zurück. Kann Werfen nicht mehr sehen. Die Anhöhe verdeckt die Häuser. Rauch steigt auf. Junge Birken umstehen den schmalen festen Weg vor mir. Sie führen mich nach links. Eine enge Schneise entlang. Die Bäume stehen kahl. Gewirr der Äste. Sie treiben mich an. Werden ungeduldig. Am anderen Ende. Die Straße nach Hücker-Aschen. Ein Fuhrwerk. Das Klappern der Räder wird lauter. Hufgetrampel. Eine Peitsche knallt. Nie konnte ich es erwarten, bis mich Bauer Heinrich mitnahm. Immer hielt er, wenn er mich sah. Grüßte meinen Vater. Reichte mir seine Hand. Diese lederne Haut. Rissig. Sein mild lächelndes Gesicht. Die speckige, grünliche Mütze. Habe ihn nie ohne gesehen. Ich bei ihm auf dem Bock. Vor uns Anna und Blümchen. Hüh! Hüh!, rufe ich den beiden kräftigen Haflingern zu. Heinrich lacht sein herzhaftes Lachen. Schnalzt mit der Zunge. Knallt kurz mit der langen Peitsche. Sie traben an. Es ruckelt. Langsam geht's über die Feldwege. Die Milchkannen scheppern. Ich darf die Zügel halten. Die Pferde schnauben. Könnte alle umarmen. Bin so stolz. Aufgeregt erzähle ich Mama von meinem Ausflug, den Pferden. Renne zu meinem Vater in die Schlachtstube. Er ist beim Würstemachen. Plappere auf ihn ein. Er hebt mich hoch. Es riecht nach Blut und Fett. Vor drei Jahren haben sie ihn einfach abgeholt. Küsschen. Rase in die Küche zurück. Hüpfe auf die Bank um den Küchentisch. Mein Lieblingsplatz. Spiele mit Kochlöffeln, Töpfen, krame in den Schubladen, alles muss raus und wieder rein, putze, klappere herum, spüle, spiele, ritze mit dem Messer Kerben ins Brotbrett. Der Vordere hält abrupt an. Packt mir in den Nacken. Dreht mich zur Seite. Knackende Äste. Der Kleinere muss in die Büsche verschwunden sein. Laub knistert. Sie suchen schon. Nicht umschauen einfach loslaufen nach rechts nach links in die Büsche durchs Geäst brechen nur rennen rennen wild anrennen gegen die Hindernisse ich balle die Fäuste reiße die Arme empor Nein! Nicht! Nein! Mein Kopf fliegt zur Seite. Mit einem Sprung ist er zurück. Er greift mir ins Haar. Sein Gesicht direkt vor mir. Große Augen. Weit offen. Starren mich an. Seine Lippen beben. Drohend hebt er seine linke Hand. Stößt mich von sich. Ich stolpere zur Seite. Fange mich. Mechanisch gehe ich weiter. Starre wieder auf den Rücken vor mir. Wen hat er schon alles abgeführt hat er eine Familie macht es ihm Spaß zu quälen zu richten Menschen zu töten führt er seine Braut am Samstag zum Tanz in den Stadtgarten wohin hat ihn der Krieg getrieben spaziert er zusammen mit Frau und Kind durch den Park und redet dabei von seinem Handwerk wem hat er schon den Tod gebracht preist er die Schönheit ihrer Lippen prahlt er mit der Härte seines Soldatenlebens schweigt er lieber rennt mit seinem Sohn um die Wette ist ihm ein guter Vater jagt mit ihm einem Ball nach füttert mit seinem Töchterchen Enten und Schwäne während seine Frau am Geländer lehnt und ihnen zuschaut denkt er jetzt an sie Gottfried kommt langsam ganz langsam federnd auf mich zu was macht er hier sein lachendes Gesicht ich will es berühren spüren herzen strecke die Arme lege sie um meinen Mann wir tanzen ich im weißen Kleid Gottfried stattlich in seinem schwarzen Anzug wir drehen uns alles um uns tanzt mit uns wirbelt umher an mir vorbei ja seht ihr mich denn nicht Gottfried Gottfried – Draußen ist es noch dunkel. Ich recke mich. Mache Frühstück für meine Männer. Stopfe Zeitungen in den Herd. Breche Holz. Schiebe es hinein. Entfache das Papier. Rot-orangene Flammen fressen sich durch. Es knistert. Lege Briketts nach. Funken sprühen. Pumpe Wasser im Garten. Mir fröstelt. Nehme den Kessel. Fülle Wasser ab. Schiebe einen Ofenring beiseite, bläuliche Flammen lecken an den Rändern. Setze den Kessel auf. Es zischt. Decke den Tisch. Gleich kommen sie. Erst Gottfried. Dann Rolf. Es klopft. Bauer B. am Fenster. Ein Nazi. Ich öffne. Er will Gottfried sprechen. Schnell. Er ist freundlich. Ich hole ihn. Wir müssen weg. Das ist eine Warnung. Er soll uns zum Amtshaus bringen. Gestapo. In einer halben Stunde ist er wieder da. Schnell. Ich wecke Rolf. Wir hasten in Richtung Else. Wohin? Nach Bünde. Zur Kirche. Der Pfarrer weist uns ab. Zu gefährlich. Für ihn. Seine Gemeinde. Aber. Wir sind doch auf der Flucht. Nein. Er bleibt dabei. Was jetzt? Gottfrieds Eltern. Wir wollen sie nicht gefährden. Tun es dennoch. Kein Ausweg mehr. Im Erdgeschoss Frau W. Ihr Mann. Soldat am Westwall. Sie nimmt uns auf. Leben in einem Zimmer. Lärm im Hausflur. Polizei. Wir sind verhaftet. Jemand hat uns verraten. Sie führen uns ab. Bringen uns ins Amtshaus. Trennen uns. Sperren uns ein. Gottfried wird verhört. Rolf und mich übergeben sie der Gestapo. In Handfesseln zwängen sie uns ins Auto. Zwischen uns ein Aufpasser. Vorne zwei weitere Gesellen. Gottfried schicken sie zurück. Sie wollen mich. Wollen Rolf. Kein Abschied. Der Motor springt an. Sie karren uns nach Bielefeld. Gefangen. Kein Ausweg. Was wird? Rolf. Warum er? Noch so jung. Lasst ihn. Lasst ihn doch. Felder, dahinten die Anhöhen des Teuto. Gespanne ziehen Wagen, Pflüge, Äcker werden bestellt. Ich möchte Rolf berühren, seine Hände halten, ihn spüren, seinen Kopf streicheln. Doch er sitzt zwischen uns. Die Männer rauchen. Es stinkt. Sie schweigen. Ihr Alltag. Rolf blickt nach vorn. Sein Oberkörper schaukelt leicht. Tränen rinnen seine Wangen herab. Es nieselt. Die Straße nach Jöllenbeck. Eine Volkssturm-Formation. Sie heben Gräben aus. Der Fahrer drückt aufs Gas. Bielefeld. Die Zentrale. Raus. Riesige Hakenkreuzfahnen empfangen uns. Sie trennen uns. Nein. Lasst den Jungen. Lasst ihn gehen. Nehmt nur mich. Sie packen mich. In den Keller. Schleppen mich in den Zellentrakt. Schlüssel rasseln. Eine graue Holztür wird aufgerissen. Sie stoßen mich hinein. Die Tür fällt dumpf krachend zurück ins Schloss. Ein Riegel wird vorgeschoben. Fünf russische Zwangsarbeiterinnen. Meine Mitgefangenen. Rolf, was ist mit ihm? Ich sitze hier. Tatenlos. Wie geht es Gottfried? Nichts geschieht. Worauf warten sie? Ich höre wieder von Theresienstadt. Was werden sie tun? Die Russinnen erzählen: Dorthin gehen Transporte. Ein Lager. Der Tod. Mein Vater. Seit drei Jahren. Nur ein Brief von ihm. Aus Theresienstadt. Ein Arbeitslager, heißt es dort. Ihm gehe es gut. Was ist wirklich? Bringen sie auch Rolf und mich – nur dasitzen. Tagein. Tagaus. Zu sechst in der stickigen Zelle. Warten. Nur warten. Einmal am Tag Hofgang. Wir reden. Höre von Rußland. Die Heimat. So schön. Kaputt. Ihre Familien. Die Kinder. Ihre Männer im Krieg. Kaputt. Sie singen. Dunkle Lieder. Gegen das Heimweh. Und immer wieder kaputt kaputt und Stalin. Hoffnung. Wir trösten uns. Liegen auf den Pritschen. Dösen. Getrampel Gerenne auf dem Gang Kommandos Rufe Schlüssel klappern jetzt vor unserer Zelle das Schloss schnappt auf der Riegel wird zur Seite geschoben raus antreten in einer Reihe sie ketten uns zusammen treiben uns quer durch die Stadt vorbei an gaffenden spuckenden lachenden grölenden Menschen sie applaudieren krakeelen richtig so weg mit ihnen Tritte sie rasen Aufseher peitschen uns vorwärts Gefangene fallen Nachrückende stolpern Leiber am Boden in sich verknäult werden geprügelt Tritte Schläge weiter weiter weiter bis an den Bahnsteig treiben sie uns die Lok unter Dampf zischt mächtiger Rauch steigt auf SS rennt hin und her ein kalter Morgen gebrüllte Kommandos die Masse wobt sie ordnen uns in Blöcken vor den Waggons blicken wir in dunkle Löcher ein langer Pfiff sie stoßen uns hinein pferchen uns zusammen schieben drücken quetschen uns Peitschen knallen Stroh am Boden Schreie die Waggontür ruckt quietschend an rastet krachend ein dunkel der Riegel fällt scheppernd zu – Getrampel. Die Tür wird aufgerissen. Hoch. Raus. Folgen. Die Gänge. Fahles Licht. Treppen. Das Büro. Wieder vor ihm. Da ist Rolf. Möchte auf ihn zurennen. Wie geht es ihm? Mein Pass. Er schiebt ihn über den Schreibtisch. Ich greife zu. Er grinst höhnisch. Weist mit dem Kopf zur Tür. Ich umarme Rolf. Endlich. Vier Wochen ohne ihn. Zu Fuß zurück nach Werfen. Der Vordere bleibt plötzlich stehen, dreht sich um. Schaut an mir vorbei zu ihm. Er nickt. Weist geradeaus. Sie nehmen den Schritt wieder auf. Wir kreuzen die Straße nach Hücker-Aschen. Vor uns der lange gerade Waldweg quer durchs Hückerholz. Bin ihn oft gegangen, um Pilze und Brombeeren zu pflücken. Rechts das Fuhrwerk. Jetzt in weiter Ferne. Sonst kein Mensch. Nur ich. Eingezwängt zwischen den SS-Soldaten. Rolf spricht kaum. Die Verhöre. Die Zelle. Die Ungewissheit. Zuviel für ihn. Schon in der Schule musste er leiden. Lehrer schikanierten ihn. Mitschüler hänselten ihn. Judenbankert. Er kam mit blutender Nase, aufgeplatzter Lippe nach Hause. Ich umarme ihn wieder und wieder. Küsse tröste ihn. Streichle über sein Gesicht. Wir gehen in Richtung Jöllenbeck. Querfeldein. Es ist ruhig. Hier und da ein paar Soldaten. Bauern auf dem Feld. Sie beachten uns nicht. Wir schweigen. Gehen nebeneinander. Ein Bauer hält sein Gespann an. Wir springen auf den Leiterwagen auf. Die Beine baumeln überm Boden. Klappernd geht's so bis Hücker-Aschen. Ich lege meinen Arm um Rolfs Schultern. Er lehnt seinen Kopf an meine. Kann's kaum erwarten, Gottfried zu sehen. Diese Unruhe. Diese Sehnsucht nach ihm. Als er eingezogen wurde. Warten auf Nachricht. Hoffen auf Urlaub. Der Brief. Gottfried im Lazarett. Ihre Flakstellung bei Hannover war beschossen worden. Stürzte um. Zerschmetterte ihm das Bein. Mach Dir keine Sorgen. Grüße Rolf von mir. Humpelnd kam er zurück. Musste nicht mehr dienen. Wir springen ab. Gehen zu Fuß weiter. Es ist nicht mehr weit. Juri kommt uns entgegen. Winkt. Die Mütze in der Hand. Er stammt aus der Ukraine. Zwangsarbeiter auch er. Sein gebrochenes Deutsch. Gottfried. Er deutet in Richtung Werfen. Hat es eilig. Muss weiter. Er könnte mein Junge sein. Seine lachenden, hellen Augen. Wieder starrt mich der Vordere an. Ständig schaut er sich um. Hält Ausschau. Links. Rechts. Ein freies Feld. Rauchende

Schornsteine in einiger Entfernung. Familien sitzen um den Tisch. Essen. Reden. Kinder spielen auf der Diele. Sitzen vor dem Radio. Hören Hitler zu. Reden über den Krieg. Die Chancen. Den Sieg. Die Niederlagen. Studieren Frontverläufe auf Karten. Stecken Fähnchen hinein. Mancher hält wohl schon ein Nickerchen. Es ist schließlich Samstag. Und auf den Feldern nicht mehr viel zu tun. Dahinten die Straße. Blicke zu Boden. Starre die Kiesel an. Hier werden sie es nicht – Trete gegen einen kleinen Stein. Er hüpft einige Meter. Stößt andere Steinchen an. Rollt am Stiefel des SS-Mannes vorbei. Rolf rennt los. Die Straße ist abschüssig. Er breitet die Arme aus. Als wolle er fliegen. Jetzt renne auch ich. Endlich ankommen. Gottfried ist hinterm Haus. Wir fliegen uns in die Arme. Wir drei. Wieder zusammen. Ihnen entkommen. Für sechs Wochen. Plötzlich sind sie da. Keine Warnung mehr. Drei Männer. Gestapo. Vorm Gartentor das Auto. Laufender Motor. Sie transportieren uns nach Bielefeld. Sperren uns ein. Diesmal allein. Isoliert. Nach drei Tagen ist der Spuk vorbei. Rolf und ich machen uns auf den Heimweg. Was für ein Glück wir hatten. Sollten auf Transport. Nur der Zug war schon weg. Gottfried hatte es von Nachbarn gehört. Theresienstadt. Hieß es dort. Sie sitzen uns im Nacken. Dennoch atmen wir auf. Wir hören von der Front. BBC. Die Niederlage rückt näher. Die Amerikaner. Die Russen. Die Engländer. Getuschel. Der Krieg ist verloren. Unsere Hoffnung. Versuchen ein Bild zu bekommen. Rechnen unsere Chancen aus. Sitzen um den Tisch in der Küche. Reden beim Essen. Die Dörfler. Tun uns nichts. Keine Gefahr. Wir deuten Zeichen. Lesen im Kaffeesatz. Die Partei. Da sind Leute. Zu allem fähig. Immer noch. Auch hier in der Nachbarschaft. Wir dürfen sie nicht unterschätzen. Gottfried schneidet Schinken ab. Sollen wir nochmal abtauchen? Wohin denn? Flucht? Und dann? Hier doch ruhiger. Sicherer. Bleiben und aufpassen. Nachbarn erzählen. Eine SS-Kompanie. In der Schule Hunnebrock einquartiert. Neue Lage. Was sollen wir tun? Noch umsichtiger sein. Nicht auffallen. Gottfried geht arbeiten. Der Junge auch. Alles muss wie immer sein. So sind wir am besten geschützt. Ich bleibe noch mehr zu Hause. Zeige mich wenig. Es gibt für uns keine andere Möglichkeit mehr. Nur hier haben wir eine Chance – Ich gehe. Folge. Gehorche. Er stoppt. Er dreht sich um. Wind durchstreift die Baumgruppen. Ein Rauschen. Fest blickt er mich an. Packt meine Schultern. Mit beiden Händen. Hart sein Griff. Dirigiert mich abseits des Wegs. Büsche. Bäume. Er schiebt mich hindurch. Ich stehe. Starre ihn an. Sein Gesicht zerfließt. Ein riesiger Mund. Dunkle Höhlen, wo sonst die Augen. Ich greife hinein. Hindurch. Seine Lippen öffnen sich. Er grinst. Ein Laut quellt hervor. Worte strömen. Schneller. Immer schneller. Vorwärts. Sie jagen hin und her. Weiter. Rasen. Geh. Schneller. Mach voran. Immer schneller. Weiter. Weiter. Nein. Presse meine Hände gegen meinen Kopf. Es dröhnt. Lauf. Lauf. Es hämmert. Lauf. Ich drücke fester. Lauf. Franziska. Lauf. Lauf. Stefania lächelt. Juri winkt mit seiner Mütze. Bauer B. am Fenster. Mutter. Eine Warnung. Gestapo. Weg. Ihr müsst – Vater. Theresienstadt. Rolf. Im Fackelschein. Halte seinen Kopf in meinen Händen. Streichle Wangen und Haar. Er liegt an meiner Brust. Renne. Weiter immer weiter. Fort. Weg. Winke ihm. Gottfried lächelt. Geh. Auch Du. Du musst – Er dreht sich mir zu. Seine Arme umschlingen mich. Halten mich warm. Du musst mich verlassen. Lebe. Sein Kuss. Seine Lippen. Finger in Lederhandschuhen bohren sich in meinen Nacken. Meine Beine knicken ein. Er zwingt mich auf die Knie. Die Kälte der Erde. Steinchen drücken sich in meine Haut. Risse durchziehen den Boden. Seine Stiefel direkt vor mir. Ein Ruck. Er greift mir in die Haare. Zwingt meinen Kopf empor. Es ist der Kleinere. Papier tanzt vor meinen Augen. Die Schrift verschwimmt. Lies, bellt er. Sie – lauter, fährt er mich an – Sie – Das ist nicht meine Stimme – war eine – das bin nicht ich – Jüdin. Sie – war – eine – Jüdin. Eine Jüdin. Eine Jüdin. Ja. Eine Jüdin. Ich bin eine Jüdin. Eine Jüdin, eine Jüdin. Er dreht ruckartig seinen Kopf zur Seite. Fuchtelt mit den Armen. Knarrende Äste. Rolf – Schattenspiele am Boden. Ich – Der Größere geht um mich herum. Gottfried, du – Laub knistert. Ich liebe – Der vor mir reicht ihm das Papier. Ihr beiden – Er nestelt an meiner Jacke. Meine Männer – Steckt das Todesurteil an meinem Rücken fest. Ist wieder vor mir. Die Pistole in der Hand. Gottfried – ich – Der Kleinere tritt zurück. Rolf – ich küsse liebe küsse euch – der andere drückt mir den Lauf unters Kinn. Hört ihr – ich – Kaltes Metall. Schwarz. Ein Klicken. Es kracht – am Sonnabend, dem 4. November 1944, gegen 18 Uhr, wurde ich fernmündlich benachrichtigt, dass von zwei jungen Leuten im Hückerholz eine Frauensperson tot aufgefunden sei. Die jungen Leute hätten festgestellt, dass der Körper noch warm sei. Ich begab mich sofort mit dem Krankenwagen, einem Arzt und zwei Polizeibeamten an Ort und Stelle. Dort lag an einem Waldweg eine Frauensperson vollständig angekleidet auf dem Gesicht. Bei der inzwischen eingetretenen Dunkelheit konnte eine genaue Untersuchung des Tatortes nicht vorgenommen werden. Ich stellte aber fest, dass der Tod bereits eingetreten war. Auf dem Rücken war beiliegender Zettel angebracht. „Sie war eine Jüdin", stand da geschrieben. Die sofort aufgenommenen Ermittlungen ergaben, dass zwei Soldaten das Hückerholz in Richtung Werfen verlassen hatten. Es ist anzunehmen, dass die Jüdin von diesen im Hückerholz erschossen worden ist.

Frank Göhre

Unter der alten Eiche

Eine Phantasie über die Schuld des Friedrich Mergel in „Die Judenbuche. Ein Sittengemälde aus dem gebirgichten Westfalen" von Annette von Droste-Hülshoff

Diese Nacht werde ihm wohl für immer in Erinnerung bleiben, musste sich Friedrich wieder einmal sagen, als der Glanz des Mondes allmählich ermattete und sich im Osten bereits ein schmaler gelber Streif zeigte, der den Horizont besäumte und den Eingang der engen Talschlucht wie mit einem Goldbande schloss. Diese harte, stürmische Winternacht vor nun schon neun Jahren mit ihrem dichten Schneegestöber und dem Geheul des Windes wie das eines Rudels hungriger Wölfe. Er hatte kein Auge zugetan in dieser Nacht, hatte vor Furcht bibbernd in seinem schmalen Kinderbett gelegen und von nebenan die Mutter jammern und klagen gehört, obwohl der Vater erst Stunden später zu ihr in die Küche getragen worden war, erfroren in eben jenem Gehölz, auf das er jetzt, sich von der Wiese aufraffend und sich reckend und streckend, blickte.

Der Vater, der ach so liebe Vater. Er sah ihn wieder vor sich, sah die große, hagere Gestalt, die mitunter schwankend heimgekommen war, das Gesicht glühend wie Erz und mit scharf riechendem Atem. Schwer war die Zunge des Vaters gewesen, aber sanft die Hände, mit denen er ihn hochgehoben und über sein blond gelocktes Haar gestrichen hatte, so behutsam, so zärtlich, dass selbst die Mutter gerührt war und ihre Augen feucht wurden. Und immer hatte der Vater ihm einen Wecken mitgebracht oder ein kleines Stück Kuchen, und er hatte mit den Eltern am Tisch sitzen dürfen und hatte gehört, was nächtens wieder im Wald geschehen war. Von Baumschlag und zum Fluss hin geschleppten Holzstämmen war die Rede gewesen, von Männern und auch halbwüchsigen Knaben, der Blaukittelbande, die schwere Karren zogen und sich blutige Scharmützel mit den Förstern lieferten, den verhassten Handlangern der Obrigkeit.

Friedrich nickte grimmig. Seit einiger Zeit musste auch er vor diesen grün berockten Waldaufsehern auf der Hut sein, im Tross seines Onkels Simon, der ihn schon als Zwölfjährigen in seine Obhut genommen hatte.

Nach wie vor aber besuchte er, wenn eben möglich, die Mutter und half ihr im Haus und in den Stallungen aus. Sie war nach dem grauslichen Tod des Vaters in bitterkalter Nacht erschreckend schnell gealtert und kam mit den anfallenden Arbeiten kaum noch zurecht. Auch sprach sie mitunter wirr und ihm weitgehend unverständlich. Wenn er bei ihr war, weinte sie oft oder betete den Rosenkranz und einige Male war es auch schon vorgekommen, dass sie entsetzt vor ihm zurück gewichen war, ihn unflätig beschimpft, dann aber ihr Haupt mit Asche bestreut und den Herrgott angefleht hatte, er möge ihr ihre Sünden vergeben und die schwere Schuld von ihren Schultern nehmen. Friedrich befürchtete insgeheim, dass sie noch vollends irre wurde und man sie schließlich wegsperren musste.

Doch eigentlich mochte er nicht daran denken.

So gab er sich nun einen Ruck, pfiff den Hund heran und ließ ihn die bereits in der frischen Morgenluft grasenden Kühe zusammentreiben.

Es war Ende Mai, ein Samstag, und am frühen Nachmittage sollte im Dorf die Hochzeit der überaus hübschen Förstertochter Hermine Brandis gefeiert werden, die sich aus nicht allein für Friedrich völlig unbegreiflichen Gründen von einem windigen Juden hatte freien lassen. Aber er freute sich auf das Fest, den Tanz auf der Tenne, bei dem er mit gewagten Schritten und Sprüngen Eindruck zu schinden gedachte. Er war ein stattlicher Bursche von gerade mal achtzehn Jahren, hoch gewachsen und kräftig dazu, und sein einst gelocktes Haar hatte er lang wachsen lassen, es fiel ihm bis auf die Schultern und verlieh ihm etwas wild Verwegenes.

Friedrich strich es zurück, griff nach seinem Knotenstock und ließ die Herde vor sich her den Hang hinuntertrotten. Auf dem Hof der Mutter hatte er sie rasch versorgt, und mit den ersten Schlägen der Hochzeitsglocken betrat er die Stube, um sich der Mutter zu zeigen, gewillt, ihr ein wenig Kurzweil zu bereiten.

Die alte Frau jedoch stand nicht am Herd und hockte auch nicht auf der Küchenbank. Friedrich entdeckte sie zusammengekrümmt in seinem alten Kinderbette liegend, die knochigen Hände zu Fäusten geballt und mit brüchiger Stimme bittend, von ihr zu lassen. – „Mutter, Mutter, was ist dir?" Er stürzte zu ihr und warf sich neben ihr auf die Knie. „Ist dir nicht wohl? Was quält dich denn?" – „Genug, es ist genug, oh, ich bin doch schon ganz erfüllt von dir, eine Sünde ist's, eine Sünde, der Teufel ist in mich gefahren, ich brenne, ich brenne lichterloh!" – „Mutter!" Friedrich schüttelte sie. „Mutter, was redest du da? Komm zu dir! Mein Gott, du hast ja eine glühend heiße Stirn! Wart, ich bring dir Wasser! " Die Mutter griff nach ihm. Sie hielt ihn fest. „Geh nicht." Sie stöhnte gequält und blickte ihn aus ihren tief in den Höhlen liegenden Augen an, als nehme sie ihn erst jetzt wahr. „Fritz, mein Fritzchen, sei mir ein lieber Sohn, ich bitt dich, schließe mich in deine Gebete ein. Es sind nur Lügen, die du dort draußen zu hören bekommst, nur Lügen." Sie tat noch einen schweren Seufzer, fiel dann zurück und schien im gleichen Moment fest eingeschlafen zu sein.

Friedrich holte tief Luft. Unschlüssig harrte er bei ihr am Bette aus und versuchte sich zu erklären, was sie wohl diesmal so arg um den Verstand gebracht hatte. Vielleicht sollte er den Onkel Simon, ihren Bruder, zu Rate ziehen, obwohl dem selbst derzeit einiges zu schaffen machte. Der Oberförster Brandis war seinen gesetzwidrigen Holzgeschäften auf die Schliche gekommen und lauerte wie ein Luchs darauf, ihn auf frischer Tat zu ertappen. Er ging jedem Marktklatsch und jeder Wirtshausprahlerei mit einem Eifer nach, so dass man sich nicht nur bei ihnen in Bellersen, sondern auch anderenorts fragte, wie er zudem noch seiner Tochter die Hochzeit auszurichten vermochte.

Die Hochzeit!

Friedrich erhob sich nun von den staubigen Bohlen. Er warf einen letzten Blick auf die jetzt ruhig daliegende Mutter. Ihr Mund war leicht geöffnet und leise pfeifend kam ihr Atem. Kopfschüttelnd holte er einen Krug Wasser und stellte ihn ihr hin. Er würde später noch einmal nach ihr sehen und hoffte, dass sie dann in einer etwas besseren Verfassung war.

Lügen. Was denn nur sollte ihm an Lügen zu Ohren kommen? Lügen über sie? Sie lebte doch schon völlig zurückgezogen und mischte sich in keinerlei Angelegenheiten der Dorfgemeinschaft ein. Was also konnte man ihr nachsagen? Sie war eine alte und wunderlich gewordene Frau mit schwindenden Kräften an Körper und Geist, mehr nicht. Er wusste niemanden, der ihr arg gesonnen war. Und damit verscheuchte Friedrich die ihm durch den Kopf schießenden Fragen und letztlich auch die Besorgnis.

Er ging hinters Haus und entledigte sich seiner die Nacht über getragenen Kleidung, wusch sich über den Wassertrog gebeugt und rieb sich so lange kräftig trocken, bis er, angenehm durchblutet, Hermine Brandis vor Augen hatte, die junge Braut, die er schon mehrere Male beim Baden im nahen Fluss beobachtet hatte. Nur in einem dünnen Hemd war sie hineingestiegen, und er hatte sich der Vorstellung hingegeben, ihren gertenschlanken und wohl geformten Körper eng an sich zu drücken, mit ihm zu verschmelzen, und sein Herz hatte derart heftig gepocht, dass er hatte fürchten müssen, sie könne es hören und entsetzt über sein wollüstiges Begehren zu ihrem Vater eilen, um ihn öffentlich züchtigen zu lassen.

Ach was! Friedrich schnaubte verächtlich und klatschte sich mit dem feucht gewordenen Tuch auf die nackten Schenkel. Er hätte die Schmach mit erhobenem Haupt ertragen. Aber heut nahm ja der Jud die Hermine zu sich und würde sie wohl noch in dieser Nacht schwängern. Da blieb ihm nur, sie sich nachher beim Tanz zu greifen und sie wenigstens einmal fest in die Hüften zu kneipen, um sie in seinen Armen lustvoll juchzen zu lassen.

So staffierte er sich denn auch sorgfältig aus, mit senffarbener Hose, Schnallenschuhen und dem neuen, himmelblauen Rock, den er sich vom Geld seines Onkels Simon hatte schneidern lassen. Bevor er aber den Weg zum Festplatz nahm, schaute er noch beim Dorfschmied herein und überbrachte ihm die Nachricht, die ihm der Onkel aufgetragen hatte. In der Nacht zum Montag solle er sich mit seinem Gespann bereithalten, eine größere Fuhre geschlagenen Holzes müsse hoch zur Weser gekarrt werden und man sammle sich zum Abtransport auf der Lichtung bei der allein stehenden alten Eiche. Der Schmied nickte und musterte Friedrich ernst. – „Du weißt, was es mit dem Ort auf sich hat?" – „Ei, freilich. Es ist ein guter Platz, die Stämme zu verladen. Ich hab da schon etliche Male Schmiere gestanden." – „Genau dort hat man deinen Vater tot aufgefunden. Hat man's dir nie erzählt?" – Friedrich war augenblicklich wieder betrübt. – „Doch, ja. Aber was hilft's, sich dessen ständig ins Gedächtnis zu rufen? Sein Grab hat er auf dem Friedhof, wie sich's gehört." – „Dennoch nimmt's dein Onkel immer wieder als Treffpunkt. Ich an seiner Stelle würd' den Platz meiden." – „Warum das? So nahe stand er dem Vater nicht." – Der Schmied zuckte die Achseln und meinte nur noch, der heimliche Baumschlag im Brederholz sei ohnehin schon riskant genug geworden und er werde jetzt ein allerletztes Mal dabei sein. Friedrich wusste dem nichts entgegenzuhalten. Nachdenklich aber zog er weiter, hörte dann bald schon aus nicht mehr allzu großer Entfernung, dass die Hochzeitskapelle sich bereits einstimmte.

Es war eine fröhliche Gesellschaft, zu der er stieß. Bleche mit ofenwarmen Kuchen wurden herumgetragen, man trank aus dampfenden Bechern und über der bei dem Brautvater stehenden Gruppe Grünberockter schwebten bläuliche Tabakwolken.

„Oh ha!", wurde Friedrich sodann vom Oberförster Brandis begrüßt, einem gedrungenen Mann mit wettergegerbtem Gesicht und einem dichten Lippenbart, „welch Glanz erstrahlt! Ein wahrer Elegant gibt uns die Ehre.“ Er lachte in die Runde. „Was glaubt ihr wohl, was ihn das feine Tuch gekostet hat? Wie viel Fuder Holz werden's gewesen sein?“ – „Ich verdien' es mir auf ehrliche Art!“ – „Warum wirst dann rot bis hoch zur Stirn?“ Der Förster trat dicht an ihn heran und senkte die Stimme. „Wir wissen beide, wem du es verdankst. Nimm dich in Acht, sonst ergeht's dir noch, wie deinem Vater.“ – Friedrich zwang sich, nicht gleich aufzubrausen. Der Vater. Erst der Schmied, und nun auch der Brandis. Was war das nur für ein Tag, an dem er selbst schon beim Aufwachen auf der Wiese den geliebten Vater vor Augen gehabt hatte? – „Wollt Ihr schlecht über ihn reden? Das würd' mir nicht gefallen!“ – „I wo! Immer lustig war's, mit ihm zu feiern. Aber dein Onkel hat wohl befürchtet, er könne sich beim Branntwein doch einmal verplappern. Drum kam ihm das Schneetreiben in jener Winternacht grad recht.“ – Friedrich war es, als presse eine stählerne Faust seine Gedärme zusammen. Der Brandis sog an seiner Pfeife, fasste ihn am Arm und nahm ihn sacht beiseite. „Höre, Friedrich, du bist im Grunde deines Herzens doch ein anständiger Kerl. Ich hätte es sogar gern gesehen, wenn du mit meiner Tochter zusammengekommen wärst. Ja, ja, ich weiß sehr wohl, dass du sie im Blick hattest, und gepasst hätte es allemal besser, sie einem Christen anstatt einem Jud zur Frau zu geben. Aber gut, ich will's nicht groß beklagen. Schmerzen allerdings tut es mich, dass du dich von deinem Onkel in seine dunklen Geschäfte hineinziehen lässt, zumal er, und mit der Meinung stehe ich wahrlich nicht allein, deinen Vater auf dem Gewissen hat. Anders kann man's nicht nennen, wo er ihn allein im Wald hat liegen und erbärmlich hat erfrieren lassen.“ – Friedrich schluckte. Doch die in ihm aufsteigende Übelkeit ließ sich nicht unterdrücken. Er riss sich vom Förster los und schaffte es gerade noch bis hinters Gebüsch. Lang blieb er dort, sich immer wieder krümmend, und kalter Schweiß stand auf seiner Stirn. Er wollte nicht glauben, was er soeben gehört hatte und konnte es doch nicht aus dem Hirn bannen, wie pures Gift durchströmte es all seine Glieder. Schließlich stakste er zurück zu einem der Tische und ließ sich Schnaps einschenken, ein großes Glas voll und noch eins, und er lachte ein böses Lachen und trank weiter und weiter, bis sich alles um ihn herum drehte und er sich hoch empor geschleudert fühlte, direkt auf die blutrot untergehende Sonne zu.

So lag er denn in dieser Nacht und noch den ganzen Sonntag über matt und mit dröhnendem Kopf in der Scheune, den feinen Rock verdreckt, das Hemd weit aufgeknöpft und den Hosenbund geöffnet. Schwül war es in dem Schuppen und unzählige Fliegen umschwirrten ihn, krabbelten ihm über das Gesicht und die bloßen Arme. Irgendwer musste ihm einen Kübel Wasser gebracht haben, die Mutter womöglich, gehört oder gar gesehen hatte er niemanden. Ihm war hundeelend. Der Onkel, der ihm Lohn und Brot gebende Onkel, ein umtriebiger Handelsmann, gewiss, der bei so mancherlei zwielichtigen Geschäften seine Hand im Spiel hatte, aber kaltblütig den eigenen Schwager verrecken zu lassen, nein und nochmals nein, das konnte, das durfte schlichtweg nicht wahr sein. Denn was sollte ihn zu derart Entsetzlichem getrieben haben? Hatte er doch sogar einmal bei ihren Erkundungen im Gehölz innegehalten und mit Blick zum Himmel hinauf inbrünstig des Vaters gedacht. Eine gute Seele sei er gewesen, bei all seinem Hang zur maßlosen Zecherei, sonst wäre wohl kaum ein so aufrechter Knabe unter seinem Dache aufgewachsen. Lieb wie einen Bruder habe er ihn gehabt, und diese Liebe wolle er auch seinem Spross angedeihen lassen, dem Vatersohn. Tränen waren ihm dabei über die Wangen geflossen, das konnte nie und nimmer geheuchelt sein.

Friedrich warf sich auf dem Stroh herum. Es dunkelte bereits, in wenigen Stunden würde er mit dem Onkel zusammentreffen und wusste nicht, wie er ihm begegnen sollte, denn der vom Brandis gesetzte Stachel saß tief, trotz allem, was er dem Ohm zugute hielt und ihm verdankte.

Die Zeit verrann. Schließlich konnte Friedrich den Aufbruch nicht länger hinausschieben. Er streifte den dunklen Kittel über und nahm den hinter dem Elterhaus zur Schlucht hin führenden Weg. Keine Menschenseele schien sonst noch unterwegs zu sein. Der Mond war von Wolken verhangen, er gab kaum Licht, und nur hin und wieder erklang der Ruf einer Eule. Friedrich näherte sich dem Waldrand, als er es plötzlich im Gebüsch rascheln hörte. Die Zweige wurden beiseite geschoben, und der Forstaufseher Brandis, im grünen Jagdrock, den silbernen Wappenschild am Arm und die gespannte Büchse in der Hand, trat heraus. – „Friedrich, ich glaubte dich gewarnt zu haben." – Friedrich blickte zu Boden. – „Ich hab nichts Unrechtes im Sinn." – Er sprach derart leise, so dass der Förster ihm das Kinn hob und es fest presste. – „Dann sag mir, in welchem Stück des Waldes dein Onkel in dieser Nacht zu schlagen gedenkt." – „Davon weiß ich nichts." – Brandis verstärkte seinen Griff. – „Willst du, dass der Mord an deinem Vater auf ewig ungesühnt bleibt? Wie ist's dir denn dabei, dieser Canaille weiterhin zur Hand zu gehen?" Er brachte sein Gesicht nah an Friedrichs bleich gewordenes Antlitz. „Hör, Friedrich, sobald ich deinen Onkel der Gerichtsbarkeit überführt hab, nehm ich dich zu mir in den Dienst, das gelob ich dir, bei allem, was mir heilig ist. Du wirst bei mir in anständiger Gesellschaft sein, und auch um das Wohl deiner Mutter wird man sich kümmern. Aber jetzt halt mich nicht länger hin." – Friedrich entzog sich mit einem heftigen Ruck der Hand des Grünberockten und stapfte zornig mit dem Fuße auf. – „Was quält ihr mich?!" – Er merkte, dass ihm der Hals eng ward. – „Wie soll ich denn wissen, ob es wahr ist, was mit meinem Vater geschah? Ihr könnt es Euch ebenso gut zusammengesponnen haben, um mich zum Verrat und zur Rache anzustiften!" – Just in diesem Moment knackte ein Ast und Brandis drehte sich überrascht um. Wie aus dem Nichts stand Simon vor ihm, und Friedrichs Augen weiteten sich vor Entsetzen. Der Onkel schwang die scharfe Axt und spaltete mit einem gewaltigen Hieb den Schädel des Försters. Blut und eine glibberige Masse spritzte, Brandis fiel rücklings zu Boden, und Friedrich glaubte ohnmächtig zu werden.

Doch schon herrschte der Onkel ihn an. – „Wirf ihn in die Schlucht, den üblen Verleumder, man wird denken, er sei auf einen Felsbrocken gestürzt!" – „Nein!" – „Mach kein Geschrei! Tu, was ich dir sage und beeil dich damit. Ich muss meinen Trupp gen Norden hin beordern, ich warte dann bei der alten Eiche auf dich!" – „Nein! Nein! Du hast den Brandis erschlagen, da ziehst du mich nicht hinein! Oh, mein Gott, welch Satan hat dir die Hand gelenkt?!" – Der Onkel gab ihm keine Antwort mehr. Er wischte rasch die Axt im Grase ab und ehe Friedrich sich versah, war er im Dunkel des Waldes verschwunden.

Friedrich zitterte am ganzen Leib, Panik erfasste ihn, er wollte davonrennen, weit weg, bis ans Ende der Welt, doch zugleich war er wie gelähmt. Immer wieder musste er auf den vor ihm liegenden toten Brandis blicken, auf seine blutig klaffende Stirn, die starren Augäpfeln, gläsernen Murmeln gleich.

Ein Mord.

Er hatte einen Mord mit ansehen müssen, er hatte ihn nicht verhindern können, der Onkel hatte nicht eine Sekunde gezögert, und das wohl allein, weil er sich zu Unrecht beschuldigt fühlte. Nein. Friedrich schüttelte verzweifelt den Kopf. Nein, damit und auch mit nichts anderem ließ sich diese Wahnsinnstat rechtfertigen. Es war ein Verbrechen, das weiteres Unheil nach sich ziehen würde, dessen war Friedrich sich sicher, denn zu einem Unglücksfall umbiegen ließ es sich nicht, so scharfkantig war kein einziger Stein im Geröll der tiefen Schlucht. Was aber sollte er tun? Noch einmal dachte Friedrich an Flucht und fragte sich, wie weit er bis Tagesanbruch kommen könne, um unerkannt weiterzuziehen. Er verwarf es gleich wieder, wäre man dann doch in der hiesigen Gegend davon überzeugt, er habe den Förster auf dem Gewissen.

Friedrich machte ein paar Schritte, unsicher waren sie, aber es gelang ihm schließlich dennoch, den schmalen Pfad tief in den dunklen Wald zu nehmen. Überall ragten Baumstümpfe hervor, manche mehrere Fuß über der Erde, wie sie am besten zu schlagen gewesen waren, und je näher Friedrich der Lichtung mit der alten Eiche kam, desto deutlicher hörte er aus der Ferne das Gerumpel der Karren.

Der Onkel stand, seine Axt in den hohlen Stamm gehauen, mit in die Seiten gestemmten Fäusten da, den Blick verdüstert. – „Du hast lange gebraucht, den räudigen Hund zu beseitigen." – „Onkel! Es lässt sich nicht vertuschen, wie der Brandis ums Leben kam." – „Was soll das heißen? Hast du keinen Finger gerührt?" – Friedrich atmete tief durch. – „Warum? Warum hast du den Forstmann erschlagen? Ich will's genau wissen. Hatte er Recht mit dem, was er mir über dich und den Vater gesagt hat?" – „Du zweifelst an mir?" Der Onkel fuhr sich durchs dünne Haar, trat einen Schritt vor und legte die Hand auf die Brust. „Gerade du? Das Herz bricht es mir, wenn mein eigen Fleisch und Blut das Wort eines Obrigkeitsknechtes über das meine stellt!" – „Dein Fleisch und Blut?" – Der Onkel schien es zu überhören. – „Hier lag er, der bedauernswerte Trunkenbold, steif schon seit Stunden, keinen Mucks mehr hat er getan. Ich konnt ihn nicht selbst zu euch nach Hause tragen, allein das ist wahr. Der elendige Brandis war mir auf den Fersen. Er hat mich nicht erwischt, drum dreht er's jetzt so, dass ich Hilfe unterlassen hab." – „Du nennst mich dein Fleisch und Blut?" – Simon fasste Friedrich an den Schultern, mit flackerndem Blick. – „Ja. Ja, weil du's bist!" – Er stieß es hinaus, sein Atem war heiß. – „Weil ich dich gezeugt hab! Weil der, der dir Vater war, längst keine Kraft mehr in den Lenden hatte! Du, Friedrich, du bist mein leiblicher Sohn!" – Friedrichs Lippen zuckten, ein Rauschen war in seinen Ohren. Oh, mein Gott! Mit der Schwester, mit der eigenen Schwester hatte Simon es getrieben! Welch ungeheuerliche Sünde! Die Sünde der Mutter, ihrer beider Sünde! Der Teufel, der in sie gefahren war! Die Lügen, die er zu hören bekommen werde! Lügen, nur Lügen! Von allen!

Das Gesicht des Onkels verschwamm, wurde zur Fratze.

Nein, das war nicht sein Vater! Sein Vater war lieb, hatte ihn lieb gehabt. Sein Vater war kein Lügner, kein Mörder, riss ihn auch nicht mit sich ins Verderben.

Friedrich wischte sich über die Augen, schluckte trocken, und wie von starken Fäden gezogen schnellten seine Arme vor und seine Hände legten sich um Simons Hals, um den Hals des Mördervaters, drückten zu, fest und immer fester, eine Ewigkeit lang.

Später, sehr viel später in der Nacht verscharrte er die Leiche unter der alten Eiche und ging ruhigen Schrittes von dannen.

Im gebirgichten Westfalen hat man ihn nie mehr gesehen.

Jodokus Donatus Hubertus Temme

Wer war der Mörder?

Ich war Direktor der Kriminalbehörde in N. Eines Tages, im Sommer, meldete sich des Morgens ein Bauer aus der Gegend bei mir. Es war ein kräftiger Greis mit schneeweißem Haar. Nie werde ich den Ausdruck des Schmerzes in dem gefurchten Gesicht vergessen.

„Herr Kriminaldirektor, der königliche Förster von Winkelhorst hat heute Nacht meinen Sohn erschossen. Es war mein einziger."

Er hatte mit trockenen Augen anheben können. Als er die Worte sprach: „Es war mein einziger", stürzten ihm die Tränen unaufhaltsam aus den Augen.

Ich ließ ihn sich sammeln. Dann forderte ich ihn auf zu erzählen.

Es war ein sehr einfacher Hergang, den er mir mitteilte. Vorfälle solcher Art kamen damals leider des Öfteren vor; nicht bloß in jenen Revieren, nicht bloß in jener Provinz. Ein trauriges Gesetz hatte sie im ganzen Lande hervorgerufen. Der alte Bauer hatte geschlagenes Holz in dem königlichen Forst gekauft. Sein Sohn war mit einem Knecht hingefahren, um es aufzuladen und abzuholen. Während sie beim Aufladen waren, war der Revierförster hinzugekommen. Es war Holz an mehrere Personen verkauft worden. Die verschiedenen verkauften Haufen lagen in Reihen beisammen. Der Förster behauptete, der Sohn des Bauern lade einen fremden größeren Haufen auf, und verlangte, wieder abzuladen. Der junge Bauer behauptete in seinem Recht zu sein. Der Förster bestand auf seinem Befehl und erklärte, ihn mit Gewalt durchsetzen zu müssen und zu wollen. Der junge Bauer entgegnete, Gewalt mit Gewalt zurückweisen zu wollen. Der Förster kam näher. Der Bauer streckte ihm drohend seine Axt entgegen. Der Förster legte sein Gewehr auf ihn an und forderte ihn auf, die Axt aus der Hand zu legen. „Nimmer!“ rief der Bauer. Der Förster wiederholte die Aufforderung; er werde sonst schießen. Das möge er einmal wagen, ruft der Bauer, seine Axt schwingend. Der Förster schießt den jungen Bauern nieder.

So erzählte der Vater des Erschossenen selbst mir den Hergang. Ihm hatte denselben der Knecht so erzählt, der zugegen gewesen war.

Er verlangte von mir die Bestrafung des „Mörders“. Die Forstbeamten würden alle Tage übermütiger; ein Menschenleben werde von ihnen für nichts mehr erachtet. In diesem Falle liege ein offener, vorher ruhig überlegter Mord vor. Sein Sohn sei dem Förster bekannt gewesen. Er sei ein wohlhabender Bauer, der für ein paar Stücke Holz wohl aufkommen könne. Wie da, wenn auch sein Sohn wirklich das unrechte Holz aufgeladen, das Erschießen desselben zu rechtfertigen sein könne? Gegen die Übergriffe, gegen die Brutalität der Beamten, müsse endlich einmal Gerechtigkeit geübt werden.

Hatte der alte Mann Recht? Ich glaube, keiner meiner Leser möchte daran zweifeln wollen.

Ich musste dennoch zu seinem Begehren den Kopf schütteln.

Der Förster war nach dem Gesetz völlig in seinem Recht gewesen. Er hatte gehandelt, wie er nach dem Gesetz handeln durfte, nach seiner Instruktion vielleicht gar handeln musste.

Ich sagte es dem Bauern.

In den alten Augen gesellten sich zu den Tränen des Schmerzes Tränen des Zornes.

„Welche Gesetze! Welches Recht!“, rief er.

Der Vorfall musste dennoch gerichtlich untersucht werden, um, wie das Gesetz sagte, zu ermitteln, ob ein Missbrauch der Waffe von Seiten des Forstbeamten stattgefunden habe. Zu der Untersuchung war ein Oberforstbeamter zuzuziehen.

Es war, wie die Sache lag, eine bloße Formalität. Aber das Gesetz schrieb sie einmal vor, und – konnte sich doch noch ein Umstand ermitteln lassen, der die offenbare Roheit, die jedenfalls vorlag, auch als eine ungesetzliche, strafbare Handlung darstellte! Dem verletzten allgemeinen Rechtsbewusstsein gebührte dann die strengste rechtliche Genugtuung. Dies veranlasste mich, selbst die Untersuchung zu führen.

Ich begab mich unter Zuziehung des Oberforstmeisters der Regierung an Ort und Stelle in den Forst.

Die Untersuchung blieb ohne ein anderes als das von Anfang an vorauszusehende Resultat. Jener Umstand ließ sich nicht ermitteln. Der Förster hatte vollkommen nach seinem gesetzlichen Recht gehandelt. Kein Strafgesetz und kein Strafgericht konnte ihm beikommen. Sein Vorgesetzter, der Oberforstmeister, konnte sich sogar nicht enthalten, ihm eine Belobigung seines zwar strengen, aber durchaus amts- und pflichtmäßigen Verhaltens zu erkennen zu geben.

Aber etwas anderes sollte die Untersuchung mir eintragen; ein Rätsel des Lebens und des Herzens zu lösen.

Es war des Nachmittags, als ich an dem Forsthause Winkelhorst anlangte. Der Sommertag war warm. Im Forst war es frisch und schattig. Ich war des langen Fahrens überdrüssig geworden und machte daher die letzte halbe Stunde bis zum Forsthaus zu Fuß. Der Wagen fuhr in einiger Entfernung hinter mir her.

Das Forsthaus lag völlig einsam, mitten im Walde. Nur ein mäßiger Garten schloss sich ihm von der Rückseite an, und ein kleiner freier Platz lag vor ihm; wohin sonst das Auge blickte, sah es nur Wald, nur dichte, hohe Bäume.

Tiefe Stille herrschte im Hause und rundum her, als ich ankam.

Das Haus war hell, freundlich, wohl erhalten. Große Hirschgeweihe prangten stattlich über der Tür, große Jalousien zierten die Fenster; Geißblatt und Reben rankten hinauf. Im Garten blühten Flieder und Rosen und Schneebaum und hinten auf langen Beeten Erbsen und Frühbohnen.

Zwischen den Blumen und Blüten spielte munter ein Kind, ein bildschöner Knabe von fünf Jahren.

Aber langsam, gesenkten Hauptes, wandelte zwischen ihnen

umher eine schöne, blasse Frau, auf die Blumen nicht achtend. Ich war stehen geblieben, das Bild zu betrachten, das mich auf einmal wehmütig stimmte. Ich musste länger stehen bleiben.

Hinter dem Hause und dem Garten war ein alter Mann aus dem Wald getreten. Er war auf den Garten zugegangen. Die Frau hatte ihn gesehen, ging ihm entgegen und öffnete ein Pförtchen, das sich an der Rückseite des Gartens befand. Er trat zu ihr in den Garten.

„Bist du allein, Marianne?", fragte er.

„Ja, Christian."

„Und wie geht es dir?"

„Wie du siehst."

Der Alte schüttelte traurig den weißen Kopf. „Wie könnte es hier auch gut gehen!", sagte er dann.

Sie hatten mich bis dahin beide noch nicht gesehen; in dem Augenblick aber kam mein Wagen herangefahren, sie sahen auf, und nun gewahrten sie auch mich. Die Frau schien heftig zu erschrecken. Sie sprach schnell ein paar leise Worte zu dem alten Manne. Er warf einen misstrauischen Blick zu mir herüber. Sie ging nach dem Hause hin, während er bei dem spielenden Kinde zurückblieb.

Sie hatte mir entgegengehen, mich empfangen wollen.

Ich ging ebenfalls auf das Haus zu.

In der Tür begegnete sie mir. Sie war in der Nähe noch schöner, die feinen Züge, aber auch das tiefe und doch stille Leiden in dem blassen Gesicht traten klarer hervor.

Erschrocken war sie nicht mehr, aber eine gewisse Scheu und Verwirrung sprach sich noch in ihrem Wesen aus.

„Sie sind der Herr Kriminaldirektor?", fragte sie mich.

„Ja, Madame."

Sie teilte mir nun mit, der Oberforstmeister sei schon vor einer Stunde angekommen. Er habe noch andere, dringende Geschäfte in dem Forst gehabt und dazu ihren Mann, den Förster, mitgenommen. Dieser lasse sich entschuldigen, dass er nicht auf mich gewartet habe. Ihr Mann habe seinem Vorgesetzten folgen müssen. Ich würde die beiden in dem Forst an der Stelle treffen, wo das Unglück geschehen sei. Ein Knecht werde mich hinführen. Sie lud mich indes ein, vorher einen kleinen Imbiss zu nehmen.

Alles hatte sie mit einer außerordentlich weichen Stimme gesprochen, in einer gebildeten Sprache, ihre Scheu hatte sie nur halb überwinden können. Um so weniger glaubte ich, ihre Einladung annehmen zu dürfen.

Es schien ihr in der Tat leichter zu werden. Sie rief nach dem Knecht, der mich führen sollte. Aber der Mensch war nicht da. Sie wurde verlegen.

Darüber kam der alte Mann, der im Garten mit ihr gesprochen hatte.

„Ich werde den Herrn führen, wenn Sie nichts dagegen haben, Frau Försterin", erbot er sich.

Vorhin hatte er sie Marianne und du genannt.

Sie war im Zweifel, ob sie sein Anerbieten annehmen sollte.

„Der Rückweg würde dir beschwerlich werden, Christian. Du müsstest ihn zu Fuß machen."

„Ich kann es ja. Gottlob, noch."

Er ließ keine Einwendungen mehr gelten und setzte sich zu dem Kutscher auf den Bock.

Ich fuhr mit ihm ab.

Beim Abschied sah die Frau mich endlich an. Aber die großen, tiefblauen Augen senkten sich forschend in die meinigen.

„Aber warum? Welches Geheimnis ruhte oder wühlte in dem Innern dieser jungen, schönen, trauernden Frau?"

„Die Frau Försterin ist kränklich?", fragte ich unterwegs den alten Mann.

„Die Gesündeste ist sie nicht", antwortete er kurz.

„Ihr wohnt hier in der Nähe?"

„Ja."

„Schon lange?"

„Ja."

Er hatte offenbar keine Lust, sich mit mir in ein Gespräch

einzulassen. Ich fragte ihn daher nicht weiter. Auch er war ein Rätsel. Einmal musste ich ihn doch noch fragen.

Wir fuhren in dem Forst, fast in einem Halbbogen, an einem langen, weiten Bruche vorbei, dessen grauer, mitunter offen schlammiger Boden nur in einzelnen Gruppen Bäume, Erlen, trug. Der alte Mann hatte oft mit so eigentümlichen Blicken in den Bruch, auf die Erlen geschaut. Nachdem wir beinahe eine Stunde gefahren waren, fiel an einer Krümmung des Weges sein Blick auf einmal wie erschrocken auf einen andern Gegenstand. Es war ein einfaches, schwarzes hölzernes Kreuz, das unmittelbar am Wege stand. Aus dem Winkel seines Auges schien er dann plötzlich und unwillkürlich nach mir zurückzublicken.

„Was bedeutet das Kreuz?", fragte ich ihn.

„Hier ist einer erschlagen worden", antwortete er wieder kurz.

„Schon lange?", fragte ich dennoch weiter.

„Es sind sieben Jahre."

„Und wer hat das Kreuz gesetzt?"

„Ich."

„Der Erschlagene war ein Bekannter von Euch?"

„Ja, Herr."

„So könnt Ihr mir die Geschichte erzählen?"

„Sie haben sie ja in Ihren Akten."

„Wie hieß der Erschlagene?"

„Felsener. Er war Forsteleve hier."

„Und sein Mörder?"

Der alte Mann antwortete mir nicht. Er schien in Erinnerungen und in Schmerz versunken zu sein.

Ich wiederholte meine Frage.

„Ein Wilddieb", sagte er kurz, fast unverständlich.

Ich musste wieder auf weitere Fragen verzichten.

Wir erreichten die Stelle, an der, wie die Försterin gesagt hatte, das Unglück geschehen war.

Ein neues Rätsel oder vielmehr der letzte Teil des Rätsels sollte mir entgegentreten.

Der Oberforstmeister und der Förster waren schon da. Den

Oberforstmeister kannte ich, den Förster Wolf sah ich zum ersten Male.

Es war ein kleiner, magerer Mann, in der Mitte der dreißiger Jahre, mit einem blassen Gesicht, schmalen Lippen, grauen Augen, schwarzem, kurz geschorenem, hartem Haar. Sein Blick war unstet, aber wie von einem in ihm brennenden Feuer, einer unruhigen Schwärmerei hin und her getrieben. Er machte einen unangenehmen Eindruck.

Wie war dieser Mann zu jener schönen, leidenden Frau gekommen? War er ihr Leiden? War er der Schlüssel zu ihrem Rätsel? Oder war er ein neues Rätsel?

Ich hatte ihn über die Niederschießung des jungen Bauern zu vernehmen. Er erzählte offen, ohne irgendeinen Rückhalt, den ganzen Vorfall. Aber in welch sonderbarer, seltsamer Weise!

„Ich habe ihn erschossen. Ich habe ihn mit ruhigem, kaltem Blute niedergeschossen. Er wollte mir nicht gehorchen. Er widersetzte sich mir. Er erhob seine Axt drohend gegen mich. Da war es nach dem Gesetze mein Recht und meine Pflicht, ihn niederzuschießen. Es tat mir leid, dass ich es musste. Es war ein Menschenleben. Es war ein redlicher Mensch, nur etwas roh war er immer gewesen. Ich überlegte bei mir, ob ich es denn müsse. Ich wollte es gewiss ungern. Aber das Gesetz forderte es von mir. Und es waren andere Leute in der Nähe, Zeugen des Vorfalls. Der Verstorbene war von seinen Genossen geachtet, sein Beispiel war für sie maßgebend. Sie hätten ihm nicht beigestanden, denn er war im Unrecht, und sie sahen es ein. Aber es wäre für immer mit der amtlichen Autorität in dem Forst vorbei gewesen, wenn ich nachgegeben, wenn ich nicht den Mut gehabt hätte, zu tun, was mein Amt, was meine Pflicht von mir forderte. Das alles überlegte ich mir. Es blieb mir keine Wahl. Ich bat Gott in meinem Herzen um Verzeihung, wenn ich eine Sünde dadurch beginge, dass ich dem Gesetze gehorchte, das der König gegeben, das ich beschworen hatte. Dann schoss ich ihn nieder."

Das war seine Auslassung. Sie kam aus seinem Innersten.

Es war kein Wort Verstellung darin. Es war die Überzeugung und die Wahrheit des furchtbarsten Fanatismus, des still und kalt und spitzfindig Grübelnden und dann zum Äußersten Fähigen.

Dass jene arme Frau – sie musste mir zuerst wieder einfallen – mit diesem Menschen hatte unglücklich werden müssen, das war keine Frage. Aber was hatte sie mit ihm verbinden können? Und wie war er das geworden, was er war?

Einmal meinte ich, auch er sei mitten in der ruhigen, klaren Auseinandersetzung seines fanatischen Tuns plötzlich heftig in seinem tiefsten Innern vor etwas zusammengeschreckt, und ich glaubte dann auch in seinen Augen denselben scheuen, ängstlichen Blick zu bemerken, den seine Frau und der alte Christian verstohlen auf mich geworfen hatten. Aber im Augenblicke danach war er wieder vollkommen ruhig und klar.

Es konnte keine Untersuchung gegen ihn eingeleitet, sein Verhalten musste als ein gesetzmäßiges anerkannt werden.

Aber jene Fragen über den Mann blieben mir unbeantwortet.

Jenes ganze dreifache Rätsel des einsamen, stillen, freundlichen Forsthauses blieb mir ungelöst.

Freilich nicht lange, nur wenige Tage.

Der Zufall spielt so oft wunderbar im Leben.

In N. befand sich zugleich, getrennt von dem Kriminalgericht, die Strafanstalt der Provinz.

Eines Tages, bald nach dem Vorfall, kam gegen Abend der Geistliche der Strafanstalt, ein alter, würdiger Mann, zu mir.

Er komme in einer wichtigen Angelegenheit, sagte er. Ein alter Sträfling, Friedrich Sander mit Namen, liege im Sterben und habe ihn vor einer Stunde zu sich rufen lassen, um ihm seine letzte Beichte abzulegen. Er komme unmittelbar von ihm.

Der Name Friedrich Sander war mir bekannt. Der Mann war früher ein frecher, oft bestrafter Wilddieb gewesen und zuletzt wegen Ermordung eines Forstbeamten zu dreißigjähriger Zuchthausstrafe verurteilt worden. Er verbüßte diese Strafe in der Strafanstalt seit ungefähr sechs Jahren. Näheres war mir über ihn, sein Verbrechen und seine Untersuchung nicht bekannt. Er war schon seit einigen Jahren rechtskräftig verurteilt und in die Strafanstalt abgeliefert, als ich nach N. versetzt wurde. Nur so viel wusste ich noch, dass er den Mord bestritten hatte, dass ihm dieser auch nicht vollständig hatte bewiesen werden können und dass er daher, da wegen des mangelnden vollen Beweises die ordentliche Strafe des Gesetzes, die Todesstrafe, nicht gegen ihn erkannt werden durfte, nach den damals bestehenden Gesetzen zu jener dreißigjährigen Zuchthausstrafe verurteilt worden war – sie kam, da er zur Zeit der Tat schon einige vierzig Jahre zählte, einer Verurteilung auf Lebenszeit gleich.

„Hat er Ihnen in seiner Sterbestunde den Mord bekannt?", fragte ich den Geistlichen.

„Nein", war die Antwort, „er hat mir im Gegenteil auch in dieser letzten Stunde noch beteuert, dass er unschuldig sei."

Ich musste ein ungläubiges Gesicht machen.

„Die recht verstockten Verbrecher, Herr Pfarrer, können nur mit einer Lüge auf den Lippen sterben. Sie selbst werden es oft genug erfahren haben."

„Leider. Und ich erkannte es. Gerade diese Erfahrung hat mich aber um so mehr gelehrt, die Wahrheit von der Heuchelei auf dem Totenbett zu unterscheiden."

„Und bei Sander glauben Sie Wahrheit gefunden zu haben?"

„Ja."

„Darf ich Sie um das bitten, was er Ihnen gesagt hat?"

„Über das Verbrechen selbst hat er nur wenig gesprochen. Er beteuerte mir nur seine Unschuld, und als ich aus der Art und Weise, wie er dies tat, die Überzeugung zu gewinnen glaubte, dass er wirklich kein Mörder sei, hielt ich es für meine Pflicht, sofort Ihnen, Herr Direktor, die Anzeige zu machen. Ist Sander nicht der Mörder, so ist es ein anderer, und die Ermittlung des rechten Mörders ist um so mehr geboten, als ein Unschuldiger schon so manches Jahr für ihn hat büßen müssen. Diese Ermittlung steht aber Ihnen zu, und der geübte Kriminalrichter wird den Sterbenden zweckmäßiger befragen können, als ich es vermocht hätte. Darum bin ich hierher geeilt."

Der brave Geistliche hatte recht.

„Kann Sander noch bis morgen leben?", fragte ich ihn.

„Der Arzt gibt ihm höchstens noch eine Stunde."

So musste auch ich eilen, und ich konnte leider nicht vorher die in der Registratur des Kriminalgerichts befindlichen Akten zur Hand nehmen, um das Nähere des Verbrechens kennen zu lernen und danach meine Fragen an den Sterbenden zu richten. Ich begab mich mit dem Geistlichen in die Strafanstalt.

Sander lag in einer engen Krankenstube allein. Nur ein Wärter war bei ihm.

Wie traurig ist ein Sterbegemach! Seine Schrecken lernt nur der kennen, der es in Kerkern und Gefängnissen betreten hat. Da liegt der Sterbende in der grauen, nackten, engen Zelle und sieht nichts als die grauen, nackten Wände und den Tod, der vor ihm steht, seine Hand nach ihm ausstreckt und ihm alle seine Verbrechen, sein ganzes Leben der Sünde vorhält. Wohin er blicken mag, da sieht er den Tod, und wenn er auch die Augen schließt, er sieht ihn nur um so schrecklicher, um so drohender. Und niemand ist da, der ihn schützen, den er zu seiner Hilfe in seiner Einsamkeit herbeirufen kann. Kein Vater, keine Mutter, kein Bruder, keine Schwester, kein Gatte, kein Kind, kein Freund. Es ist so einsam um ihn und so kalt und doch so heiß. Ein Wärter ist bei ihm, aber es ist ein Kerkerknecht, der den Tod nicht abwarten kann, und er setzt sich abseits, um nicht zu sehen und nicht gesehen zu werden; so kann er ungestört schlafen. Wenn er erwacht, wird es vorbei und ein Spitzbube oder Mörder wird weniger in der Welt sein.

Der alte, oft bestrafte Wilddieb und verurteilte Mörder kämpfte nicht mit den Schrecken und Qualen jenes Todes. Die Aussage hatte ihn sehr schwach gemacht. Er atmete langsam und schwer. Der Tod stand an seinem Lager. Er wusste es, aber er kämpfte nicht mit ihm. Er konnte ihn ruhig erwarten.

Das ruhige Todesantlitz, der fast glänzend klare Blick des Mannes ergriffen mich ungewöhnlich.

„Sie sind der Herr Direktor?", fragte er mich hastig, als ob er fürchte, der Tod könnte ihn eher abrufen, bevor er sich ausgesprochen hätte.

„Ihr habt mir etwas zu sagen?", erwiderte ich ihm.

„Ja, Herr. Sie müssen es auch noch von mir hören, dass ich an dem Tode des Forsteleven unschuldig bin. Ich kann darum ruhig sterben. Ein Wilddieb bin ich gewesen. Aber ich habe meine Strafe dafür gehabt, und der liebe Gott wird mir da die paar Hasen und Rehe nicht nachrechnen, die ich hier auf Erden geschossen habe. Er lässt ja alle Jahre so viele groß werden und nicht allein für den König und die Forstleute. Da kann auch einmal ein armer Mann mit seinem Weib und seinen Kindern ... Aber von dem Forsteleven wollte ich Ihnen sagen und dass ich an dem unschuldig bin."

Ein heftiger Husten unterbrach ihn. Er hatte sich aufgeregt und zu schnell und zu laut gesprochen.

Aber jedes Wort, jeder Laut seiner Stimme war mir ein wunderbarer Zeuge und Bürge dafür gewesen, dass er die Wahrheit gesprochen hatte.

Der Husten ging vorüber. Er hatte sich wieder erholt. Ich ermahnte ihn, langsamer und ruhiger zu sprechen.

„Habt Ihr den rechten Mörder gekannt?", fragte ich ihn.

„Ich glaubte es", antwortete er. „Aber nur Gott kennt ihn bis jetzt."

„Nanntet Ihr niemanden zu den Akten?"

„Ei ja. Aber er war der Unrechte."

„Wen nanntet Ihr?"

„Den alten Förster. Aber er ist es nicht."

„Und Ihr nanntet ihn doch?"

„Ich hielt ihn dafür. Ich musste es. Noch vor einer halben Stunde."

Er musste wieder einhalten. Sein Atem war schwächer geworden.

„Seit einer halben Stunde?“, fragte ich ihn dann, als er sich wieder erholt hatte,

„Herr Direktor“, sagte er langsamer, beinahe feierlich, „wenn man so nahe vor dem Tode steht, dann ist man doch ein anderer Mensch. Es wurde mir vorhin auf einmal so klar hier im Kopfe, und da sah ich alles so lebendig vor mir und Dinge, an die ich in meinem ganzen Leben nicht gedacht hatte. Sonst hatte ich nur immer an den alten Förster denken können. Recht klar war es mir niemals gewesen. Und nun auf einmal sah ich die ganze Geschichte vor mir, den ...“

Er hatte sich doch wieder angestrengt. Er war sehr matt geworden. Der Glanz seiner Augen wurde wie eine hin und her irrende Flamme. Der Tod musste sehr nahe bei ihm stehen.

Ich sah ihn gespannt an.

„Den Ermordeten sah ich“, fuhr er matt und langsam fort, „und mein Gewehr – und den Mörder – und – aber es war nicht der Alte – und auch sie sah ich – ja, sie, die ...“

Seine Stimme war leiser, schwächer geworden, zuletzt unverständlich. Dann versagte sie ihm ganz. Sein Auge brach. Er röchelte noch einmal tief auf und war tot.

„Ist da ein Mörder gestorben?“, fragte mich der Geistliche.

„Nein“, musste ich antworten.

„So werden meine Gebete für seine arme Seele um so eher Erhörung finden.“

Er drückte dem Toten die Augen zu und verharrte im Gebete bei ihm.

Ich ließ mir am anderen Morgen die Akten geben, nach denen Friedrich Sander als Mörder verurteilt war. Sie enthielten Folgendes: Mitten im Walde lag das Forsthaus Winkelhorst. Vor sieben Jahren wohnten darin der alte Förster Hartmann, seine einzige Tochter Marianne, ein königlicher Jäger, Gottfried Wolf, ein Forsteleve, Alfred Felsener, ein alter Knecht, Christian Baumann, und eine Magd.

Der Förster war Witwer.

Seine Tochter war ein schönes, blühendes Mädchen von achtzehn Jahren.

Der Jäger Wolf war schon seit drei Jahren da; er war dem manchmal von der Gicht geplagten und steif gewordenen Förster zur Aushilfe beigegeben.

Der Forsteleve Felsener war erst seit ungefähr einem halben Jahr in dem Forst und im Forsthause. Er war der Sohn eines verstorbenen höheren Forstbeamten, der gleichfalls die Forstkarriere einschlagen wollte, dazu den praktischen Dienst von unten auf durchmachen musste und zu diesem Zweck in den Winkelhorster Forst zu dem als tüchtigen Forstmann bekannten Förster Hartmann sich hatte versetzen lassen.

Das Forsthaus lag einsam im Walde.

Der nächste bewohnte Ort war das eine gute halbe Meile entfernte große Kirchdorf Holzhausen.

Holzhausen war der gesellige Vereinigungspunkt für die rundum her wohnenden Honoratioren, für Gutsbesitzer, Kaufleute, Pfarrer, Beamte. Auch der Förster Hartmann gehörte dazu.

Seine Tochter Marianne war eine Zierde des ländlichen Gesellschaftskreises. Mit ihrer Jugend und Schönheit verband sie Anmut des Herzens und Bildung des Geistes. Der Pfarrer in Holzhausen hatte sie unterrichtet. Später war sie noch ein Jahr in der Hauptstadt der Provinz in einer Pension gewesen.

Der Forsteleve Felsener wurde von dem Förster in die Gesellschaften zu Holzhausen mitgenommen. Der schöne, gewandte, einer der angesehensten Beamtenfamilien der Provinz angehörige junge Mann, der, zugleich vermögend, schon jetzt unabhängig war und als Beamter eine bedeutende Laufbahn vor sich hatte, war dort gern gesehen. Ebenso gern ging er hin. Freilich nur, wenn auch Marianne, die Tochter des Försters, da war. Ohne sie sah man ihn nicht in Holzhausen; mit ihr war er immer da.

Manche hatten den Kopf darüber schütteln wollen. Was daraus werden solle? Der vornehme, reiche, gebildete junge Mann denke doch nicht daran, der einfachen, wenn auch für ihre Verhältnisse leidlich gebildeten Tochter eines kaum bemittelten, subalternen Unterförsters seine Hand zu reichen. Es werde kein gutes Ende nehmen. Andere meinten dagegen, der junge Mann sei durch und durch brav, und die Liebe mache alles gleich. Mit den beiden jungen Leuten selbst hatte niemand über ihr Verhältnis gesprochen, ebenso nicht mit dem alten Förster; man wusste daher nicht, wie er zu dem Verhältnis stand, ob er überhaupt Kenntnis oder Ahnung davon habe.

Freilich, bestand denn wirklich irgendein Verhältnis zwischen den beiden jungen Leuten? Man schloss dies ja nur aus jenem Beisammensein.

Am 24. Juni wurde in Holzhausen die Kirchweihe gefeiert.

Die Honoratioren der Umgegend hatten sich dazu alljährlich auf einem gemeinschaftlichen Balle in dem ersten Wirtshause des Dorfes zusammengefunden.

So geschah es auch in diesem Jahr.

Auch aus dem Forsthause Winkelhorst waren sie da: der alte Förster, seine Tochter Marianne, der Forsteleve Felsener und heute auch der Jäger Gottfried Wolf.

Der Jäger hatte für gewöhnlich an den geselligen Vereinigungen in Holzhausen keinen Anteil genommen. Er war ein einfacher Jäger, der in dem in mannigfacher Beziehung über ihm stehenden Kreise sich nicht recht heimisch fühlte; dabei war er still und in sich zurückgezogen. Indessen war er ein tüchtiger Forstmann und Beamter, und der Förster schätzte ihn sehr. Auf außerordentliches Verlangen war er heute mitgegangen.

Alle vier hatten sich gemeinschaftlich auf den Weg gemacht. Es war Nachmittag. Der Junitag war wunderschön, und der Weg führte immer durch den schattigen Forst. So gingen sie zu Fuß.

Alfred Felsener, der Forsteleve, hatte am Morgen noch erklärt, dass er nicht von der Partie sein werde. Kurz nach Mittag hatte er aber durch den Postboten einen Brief erhalten, nach dessen Durchlesen er den Förster gebeten hatte, doch mitgehen zu dürfen. Der Brief sei von seiner Mutter, hatte er gesagt, und enthalte eine sehr angenehme Nachricht für ihn.

Diese Mitteilung wurde durch sein Äußeres und durch sein Benehmen bestätigt. Er war den ganzen Abend auf dem Balle in der muntersten Laune. In seinen Augen glaubte man ein ganz besonderes Glück zu lesen. Er tanzte nur mit Marianne, die gleichfalls heute besonders glücklich zu sein schien.

Schon um zehn Uhr des Abends hatte der Förster Hartmann mit den Seinigen den Ball und Holzhausen verlassen. Die Gicht meldete sich, hatte er gesagt, da müsse er früh Ruhe suchen. Er hatte den anderen anheim gestellt, noch zu bleiben, aber sie hatten sämtlich vorgezogen, ihn zu begleiten.

Sie hatten gemeinschaftlich den Rückweg angetreten. Felsener und Marianne waren zusammen gegangen. Felsener führte sie. Der Förster, bei dem der Jäger geblieben war, folgte ihnen in einiger Entfernung gefolgt.

Am Forsthause waren sie alle vier wieder zusammengetroffen.

Den anderen hatte auffallen wollen, dass Felsener jetzt stiller als vorher war. Marianne war ihnen sogar etwas verlegen vorgekommen. Sie hatten indes nicht weiter darauf geachtet.

Um elf Uhr waren sie an dem Forsthause angelangt. Der alte Hausknecht hatte gewacht, um sie in das Haus einzulassen. Sie waren alle vier in die Wohnstube der Familie eingetreten.

Der Forsteleve Felsener hatte dort alsbald erklärt, er habe noch keinen Schlaf und wolle noch ein Stündchen den Forst begehen. Die Nacht sei mondhell, da sei doppelt auf Wilddiebe zu rechnen, die die Forstbeamten noch auf dem Balle in Holzhausen glauben würden. Der alte Förster hatte ihn nur noch gefragt, in welche Gegend des Forstes er gehen wolle. Er hatte geantwortet: „Nach dem Erlenmoor hin." Dann war er auf seine Stube gegangen, sich umzukleiden.

Zehn Minuten später hatte ihn der Hausknecht wieder aus dem Hause hinausgelassen. Er hatte sein Doppelgewehr bei sich getragen. Es musste genau um ein Viertel auf zwölf Uhr sein.

Die anderen hatten schon kurz vorher sich jeder in sein Zimmer zum Schlafen begeben. Der Knecht hatte sich nach der Entfernung Felseners ebenfalls schlafen gelegt. Er schlief in einer Kammer unten im Hause, nach dem Garten hin. Felsener hatte beim Weggehen zu ihm gesagt: „Wenn ich zurückkomme, wecke ich Euch, Christian, damit Ihr mir die Haustür öffnet."

„Gut, Herr", war die Antwort des Knechtes.

Das waren die letzten Worte, die er, die jemand zu ihm gesprochen hatte.

Um halb ein Uhr in der Nacht hatten zwei der Holzhauser Ballgäste, ein Gutsverwalter aus der Gegend mit seinem erwachsenen Sohn, den Rückweg nach Hause angetreten, in einem Kabriolett, das der Verwalter selbst fuhr. Der Weg führte sie durch den Forst, der sich bis dicht an das Dorf Holzhausen hinzog. Sie waren schon eine Viertelstunde lang gefahren, als sie auf einmal einen Schuss fallen hörten.

Wilddiebe! war der Gedanke beider. Um die Wilddiebe hatten sie sich beide nicht zu bekümmern. Sie fuhren daher ruhig ihres Weges weiter. Der Verwalter hatte nun gerade zufällig auf seine Uhr gesehen. Sie hatte ihm – in dem hellen Mondlichte deutlich – genau drei Viertel auf eins gezeigt.

Im Weiterfahren hatten sie nur davon gesprochen, in welcher Gegend des Forstes der Schuss gefallen sein möge.

Beim Erlenmoor waren sie beide der Ansicht, ungefähr eine Viertelmeile von ihnen entfernt. Ihr Weg führte sie so, dass sie der Stelle, wo nach ihrer Meinung der Schuss gefallen war, auf eine halbe Viertelmeile sich nähern mussten; dann, indem sie seitwärts weiterfuhren, entfernten sie sich wieder davon.

Als sie eben den nächsten Punkt erreicht hatten, hörten sie plötzlich einen Menschen rasch durch die Holzung laufen. Er lief auf ihren Weg zu, der sich quer durch den Forst zog, und musste daher diesen Weg passieren. Sie hielten den Wagen an. Der Mensch sprang hinter ihnen, ungefähr dreißig Schritte von ihnen entfernt, aus der Holzung, in den Weg hinein, überflog diesen in Hast und verschwand in der Holzung, die auf der anderen Seite sich an den Weg wieder anschloss.

Es war klarer Vollmond. Das Licht fiel voll auf den Weg.

Sie hatten die Gestalt des Menschen deutlich erkannt: Er war ein großer, breitschulteriger Mann in einem kurzen, gelblichgrauen Oberrock und mit einer dunklen Schirmmütze. Sein Gesicht hatten sie nicht erkennen können.

Der Wilddieb! war ihr erster Gedanke gewesen.

Der Mensch kam aus der Gegend, in welcher sie den Schuss hatten fallen hören.

Aber er trug weder Gewehr noch Jagdtasche. Das war ihnen zwar aufgefallen, doch brachten sie es mit seiner hastigen, wilden Flucht in Verbindung.

Er wird über seinem Verbrechen ertappt worden sein, da hat er alles im Stich gelassen und nur sich zu retten gesucht.

Das regte zugleich etwas anderes in ihnen an.

Wer mag ihn ertappt haben? Aus dem Forsthause waren sie alle auf dem Balle. Sie waren zwar schon früh fort, sollte aber doch noch einer in der späten Nacht in den Forst gegangen sein?

Der Verwalter war mit dem alten Förster bekannt, der Sohn war mit dem Forsteleven bekannt geworden. Sie sahen sich beide an: Wenn wir den, der es ist, überraschten! Wir haben noch eine Flasche Wein im Wagen. In zehn Minuten müssen wir bei ihm sein. Es führt ein fahrbarer Weg hin. Die Nacht ist so schön.

Der Vater drehte mit dem Wagen um. Sie fuhren fünfzig Schritte zurück. Dort bog ein Weg in die Richtung nach dem Erlenmoor hinab. Sie schlugen ihn ein.

Er führte sie in das tiefste Dickicht des Waldes. Auf den Weg fiel auch hier voll das helle Mondlicht; aber zu beiden Seiten war tiefdunkle, schwarze Finsternis. Still war es überall umher. Sie horchten nach allen Seiten, aber sie vernahmen keinen Laut.

Hier muss es ungefähr gewesen sein, meinten sie.

Da scheute auf einmal das Pferd. Es wollte zur Seite springen. Dann stand es wie gebannt. Es zitterte.

Was ist denn das? Da muss etwas im Wege liegen. Sie sahen beide hin. Mitten im Wege lag etwas. Ein Mensch lag da, ausgestreckt, unbeweglich. Sie sprangen aus dem Wagen zu ihm. Er lag mit dem Gesicht auf der Erde.

„Mein Gott!“, rief, von einer furchtbaren Ahnung, von einem heftigen Schreck ergriffen, der Sohn.

Er hob den Menschen auf. Er hatte sich nicht geirrt. „Felsener!“, rief er. „Er ist tot. Er ist erschossen!“

Es war der Forsteleve Alfred Felsener, den sie gefunden hatten. Er lag tot in seinem Blute. Ein Schuss hatte ihn mitten in die Brust getroffen. Das Blut floss noch hervor. Der Körper war noch warm, aber das Leben war unwiederbringlich fort. Sie standen vor einer Leiche. Der Verwalter sah auf seine Uhr. Es war fünf Minuten nach eins. Gerade zwanzig Minuten waren verflossen, seitdem sie jenen Schuss gehört hatten.

Es war der Mordschuss! Darüber konnte kein Zweifel sein.

Wer war der Mörder? Jener Mensch in dem kurzen, gelblichgrauen Rock, der hinter ihnen quer über den Weg gelaufen war? Aber warum, wenn er seinen Verfolger getötet hatte, war er ohne Gewehr und Jagdtasche gewesen? War er vielleicht doch noch verfolgt durch jemanden, der in der Begleitung des Erschossenen gewesen war? Dann musste dieser jeden Augenblick von der vergeblichen Verfolgung zurückkehren.

Sie warteten einige Minuten. Sie hörten nichts. Sie riefen laut in den Wald hinein, aber es blieb alles still. Es kam niemand.

Was nun?

Der Verwalter war ein verständiger, besonnener Mann.

„Einer von uns muss bei der Leiche bleiben. Ich werde es tun. In meinem Alter fürchtet man sich nicht mehr. Du fährst sofort zu der Försterei und zeigst den Vorfall an. Dort müssen sie zuerst die Sache wissen. Den Weg weißt du. Es geht zwar in einem weiten Bogen um das Erlenmoor herum, wenn du aber gut zufährst, kannst du in drei viertel Stunden dort sein.“

Der Vater blieb bei der Leiche.

Der Sohn fuhr zum Forsthause. Er jagte das Pferd. Genau wie der Vater gesagt hatte, zehn Minuten vor zwei Uhr kam er dort an. Der Tag dämmerte schon.

Er hielt ungefähr zwanzig Schritte vom Hause, band die Zügel des Pferdes an einem Baumast und ging zu dem Hause.

Die anschlagenden Hunde des Försters hatten ihn schon angekündigt. Als er an die Haustür trat, wurde sie von innen geöffnet.

Der Knecht Christian Baumann stand darin. Er sah den Fremden, den er nicht kannte, verwundert an, denn er hatte den zurückkehrenden Forsteleven erwartet. Schon seit einer halben Stunde hatte er gewacht. „Was wünschen Sie?", fragte er ihn.

„Wann ist der Herr Felsener ausgegangen?"

„Es konnte ein Viertel auf zwölf sein. Er wollte, wie er sagte, in den Forst gehen."

„Er liegt ermordet in dem Forst. Dahinten am Erlenmoor."

„Herr, um Gottes willen!"

Mit dem Ausruf des Knechtes vermischte sich ein Schreckensruf oben im Hause. Die Hunde hatten auch den Förster und seine Tochter geweckt. Diese hatten draußen eine fremde Stimme gehört und waren aufgesprungen, an ihre Fenster, hatten sie geöffnet, hatten die entsetzliche Todesbotschaft vernommen. Beide schliefen oben.

Der alte Förster kam heruntergestürzt. Er war leichenblass. Der junge Mann musste ihm erzählen. Zu der Erzählung kam der Jäger Wolf. Er schlief unten im Hause. Auch er war durch die Hunde geweckt worden, und die ungewöhnliche Unruhe hatte ihn vor die Tür geführt. Die Schreckenskunde erfüllte auch ihn mit Entsetzen. Wer kann der Täter sein?

Der Sohn des Verwalters erzählte von dem flüchtenden Menschen in dem kurzen, gelblichgrauen Rock.

„Der Wilddieb Sander!", riefen der Förster und der Jäger wie aus einem Munde.

Marianne war nicht heruntergekommen. „Mein Kind!", rief der Förster, als sie nicht kam. Er eilte zu ihr hinauf und fand sie in Ohnmacht. Er brachte sie ins Leben zurück. Die Magd, die ihm gefolgt war, half ihm.

Dann musste er einer andern Pflicht folgen. Sie rief ihn zu dem Toten. Der Jäger musste ihn begleiten. Sie fuhren mit dem Sohn des Verwalters zu der Mordstelle.

Der Verwalter hielt dort noch Wache bei der Leiche. Es hatte sich unterdes nichts zugetragen.

Man hielt zunächst Rat, was weiter zu tun sei, und wurde bald einig. Der Verwalter sollte zu der etwa zwei Meilen entfernten Gerichtsstadt fahren, um dem Gericht Nachricht zu geben. Die drei anderen wollten bleiben, teils zur Wache bei der Leiche, teils um Spuren des Verbrechens in der Gegend zu suchen.

Der Verwalter fuhr ab.

Der Jäger musste bei der Leiche bleiben. Der Förster und der Sohn des Verwalters gingen, die Umgegend zu durchsuchen.

Der Förster selbst ordnete es so an. Er könne nicht bei der Leiche bleiben; es sei ihm schrecklich. Der Kamerad müsse den toten Kameraden bewachen.

Der helle Tag war schon längst angebrochen.

Der Förster und sein Begleiter brauchten nicht lange zu suchen. Zweihundert Schritte von der Unglücksstätte war im Walde eine Lichtung. An deren Rand fanden sie ein frisch geschossenes, halb ausgeweidetes Reh. Es musste am Abend vorher oder noch in der Nacht geschossen worden sein. Der Wilddieb, der es erlegt – nur auf einen Wilddieb war zu schließen –, musste über der Arbeit des Ausweidens ertappt worden sein. Er hatte die Flucht ergriffen und das Tier im Stich gelassen, mit diesem zugleich seine Jagdtasche. Eine alte, zerrissene Jagdtasche lag zehn Schritte weiter an einem Baum.

„Die Jagdtasche Sanders!" rief der Förster, als er sie sah.

Wer konnte noch zweifeln, dass der berüchtigte, verwegene Wilddieb der Mörder sei?

Das Gericht kam. Es gewann bald dieselbe Überzeugung, und erhebliche neue Umstände bestätigten diese.

Der Verstorbene hatte fünf Rehposten in der Brust; zwei davon hatten das Herz selbst getroffen. Der Tod musste unmittelbar nach dem Schuss eingetreten sein.

Eine gleiche Ladung Rehposten aber fand man in dem halb ausgeweideten Tier. Ein noch halb gefüllter Beutel mit Blei lag in der bei dem Reh zurückgelassenen Jagdtasche.

Sämtliche Kugeln wurden miteinander verglichen. Sie glichen einander vollkommen, dem Metall, der Größe, der Form nach. Das Gericht hatte gleichzeitig eine Deputation zu der etwa eine Meile von dem Ort der Tat entfernten Wohnung Sanders abgeschickt, um ihn zu verhaften und eine Haussuchung zu machen.

Man hatte bei ihm rohes Blei und eine Kugelform gefunden. Beides passte wieder vollständig zu den aufgefundenen Kugeln. Ein Gewehr und eine Jagdtasche waren dagegen nicht bei ihm zu finden gewesen. Das Gewehr hatte er wohl absichtlich beseitigt, damit die frischen Spuren des Schießens ihn nicht verraten konnten.

Es war kein Zweifel, der Wilddieb war der Mörder. Einiges blieb allerdings dunkel.

Der Ermordete lag mitten im Wege. Sein Gewehr, ein Doppelgewehr, lag bei ihm, der Riemen hing noch über seiner Schulter. Beide Hähne waren in Ruhe, beide Läufe geladen. Alles nötige zu dem Schlusse, dass er, ohne Arg vorangehend, aus einem Hinterhalt niedergeschossen worden war. Er war ruhig seines Weges gegangen, und zwar wahrscheinlich von der Försterei her. Der Schuss musste ferner ganz aus der Nähe gekommen sein, und in der Tat fanden sich, nur dreißig Schritte von der Leiche entfernt, an einem Erlenbusche der Boden zertreten, Zweige verbogen und Blätter zerknickt. Der Mörder hatte dort auf der Lauer gestanden, sein Opfer gerade auf sich zukommen lassen und ihm die tödliche Ladung in die Brust gesandt.

Wie nun aber passten diese Umstände, wenn der Wilddieb der Mörder war? Warum verließ er das halb ausgeweidete Tier, ohne dabei gesehen worden zu sein? Der Erschossene konnte noch nicht einmal eine Ahnung davon gehabt haben, dass ein Wilddieb und überhaupt jemand in der Nähe sei, sonst hätte er sein Gewehr nicht so ruhig über seiner Schulter hängen lassen. Warum hatte ferner der Wilddieb nach dem Schuss das Tier und selbst seine Jagdtasche, die ihn sogar als Mörder verraten musste, zurückgelassen?

Man hatte indes Erklärungsgründe. Die Nacht war still gewesen. Der Dieb hatte mit seinem stets lauernden Ohr den Schritt des Beamten schon in der Feme vernehmen können. Dieser nahte sich ihm. Sander ging ihm leise entgegen und stellte sich hinter dem Erlenbusch auf. Er erkannte den Forstbeamten und musste sich sagen, dass dieser auch die Lichtung betreten werde, auf die er in fast gerader Richtung zuschritt. Seine neue Wilderei war dann entdeckt. Er hatte, schon oft bestraft, diesmal eine sehr lange Strafe zu erwarten. Zudem ist jeder Forstbeamte der natürliche Todfeind jedes Wilddiebes. Er schoss ihn nieder. Warum er dann später dennoch das Wild und gar die Jagdtasche im Stich ließ! Wer konnte wissen, welcher Zufall, welcher plötzliche Schreck, Gewissensangst oder was sonst ihm auf einmal die Besinnung raubte, ihn in die wilde Flucht von dem Orte seines Verbrechens jagte?

So blieb der Verdacht gegen ihn bestehen, und sein Benehmen in der Untersuchung konnte ihn nur festigen.

Er leugnete anfangs ganz und gar, in dem Forst gewesen zu sein. Die Jagdtasche habe ihm einmal gehört, sei ihm aber schon vor langer Zeit gestohlen worden. Er habe auch schon seit langer Zeit gar kein Gewehr mehr besessen. Seit seiner letzten Bestrafung habe er nie wieder gewildert. Erst als der Verwalter und dessen Sohn seine Gestalt und Kleidung wiedererkannt hatten und zugleich durch seine Nachbarn festgestellt war, dass er noch bis in die jüngste Zeit im Besitze der Jagdtasche und eines Gewehres gewesen sei, gestand er zu, dass er sich in der Nacht des Mordes in dem Forst befunden und dass er auch das Reh erlegt und dessen Ausweidung begonnen habe.

Und jetzt machte er auf einmal folgende Angaben: Während er mit dem Ausweiden des Tieres beschäftigt gewesen, habe er sein Gewehr und seine Jagdtasche zehn Schritte davon an einen Baum gestellt. Auf einmal, mitten in seiner Arbeit, habe er ein Geräusch vernommen, nahe bei sich, an dem Baume. Er habe aufgeschaut, da habe ein Mensch an dem Baum gestanden, vor seinem Gewehr, selbst ein Doppelgewehr in der Hand, dieses auf ihn anschlagend. Er sei erschreckt aufgesprungen. Er habe den Förster Hartmann erkannt. Der Förster habe kein Wort gesprochen, ihn nur drohend angeblickt. Sein Leben sei in der Hand des Försters gewesen. An einen Widerstand habe er nicht denken können. Nur ein rascher Sprung, eine schnelle Flucht konnte ihn retten. Während der Förster den zweiten Hahn aufzog, bückte er sich, und mit einem schnellen Satze war er hinter einer Buche. Alles hinter sich im Stich lassend, flüchtete er weiter. Nachdem er ungefähr fünf Minuten gelaufen war, hörte er in derselben Gegend, aus der er sich entfernt hatte, einen Schuss fallen. Es sei ihm vorgekommen, als wenn sein eigenes Gewehr abgeschossen werde. Warum? Das habe er sich nicht erklären können. Nachher, als er den Mord erfahren, sei es ihm freilich klar geworden.

Warum der Förster aber den Eleven sollte erschossen haben, wie der alte, brave Mann, der stets treue, redliche Beamte, in seinen alten Tagen sollte zum Mörder geworden sein an einem Mann, der ihm nichts getan, den er geachtet, sogar immer mit einer gewissen Ehrerbietung behandelt habe, das könne er sich allerdings auch jetzt nicht erklären; aber wer könnte wissen, was die beiden untereinander gehabt hätten?

Bei seinen Angaben verblieb er gleichwohl um so hartnäckiger, je mehr ihm das Widersinnige und Freche derselben vorgehalten wurde. Er habe den alten Förster genau erkannt, wenn er auch von dem Gesicht nur wenig habe sehen können. Die blaue Dienstmütze mit dem großen Lederschirm sei tief in das Gesicht gedrückt gewesen. Aber es sei die Mütze des Försters gewesen, sein dunkelgrüner Rock, seine breitschultrige Gestalt, sein grauer Schnurrbart.

Der Förster leugnete. Er leugnete mit der Ruhe eines guten Gewissens. Er konnte ja auch der Täter nicht sein, schon aus mehreren physischen Gründen.

Die Stelle, an welcher der Forsteleve erschossen worden war, lag zwar in gerader Linie nur etwa eine dreiviertel Stunde von dem Forsthause entfernt. Diese gerade Linie führte aber mitten durch das sogenannte Erlenmoor, durch welches kein Pfad ging, das völlig unzugänglich war. Nur auf einem großen Umweg, um das Moor herum, konnte man zu dem Forsthause gelangen, und um diesen Weg zurückzulegen, bedurfte ein guter Fußgänger mindestens anderthalb Stunden. Im angestrengtesten Laufen war der Weg in einer Stunde kaum zurückzulegen. Das alles wurde durch Versuche und Anschauung von dem Gericht festgestellt. Das Moor namentlich zeigte zwar auf kurze Strecken von zehn oder zwölf Schritten einen Boden, auf dem man, wenn er auch schwankte, vorsichtig vorangehen konnte, dann aber stand man sofort wieder entweder vor einem offenen, schlammigen Morast von unergründlicher Tiefe oder vor einer so dünnen Erddecke, dass sie mit einem Stock, der wiederum keinen Grund fand, ohne alle Mühe zu durchstoßen war; ein Mensch, der dahin trat, hätte auf der Stelle in die Tiefe sinken müssen.

Nun standen aber folgende Tatsachen fest: Felsener hatte um ein Viertel vor zwölf in der Nacht das Forsthaus verlassen. Der Verwalter und sein Sohn hatten den unzweifelhaft von dem Mörder herrührenden Schuss um drei Viertel eins gehört. Die Uhr im Forsthaus und die des Verwalters stimmten fast auf die Minute.

Zwischen dem Fortgehen Felseners und dem Schuss lagen also genau anderthalb Stunden. Gerade so lange brauchte ein Fußgänger, um von dem Forsthaus zu der Mordstelle zu gelangen. Als Felsener ausging, war aber der Förster noch zu Hause. Der Knecht war auch noch eine Viertelstunde wach geblieben, und er hatte niemanden das Haus verlassen hören, auch sonst kein Geräusch vernommen. Der rüstigste Fußgänger hätte aber sicher den Forsteleven nicht erreichen, geschweige ihm so zuvorkommen können, dass er zuerst den Wilddieb überraschte, diesem sein Gewehr abnahm und darauf erst seinem Opfer auflauerte. Bei dem alten, steifen, von der Gicht geplagten Förster war vollends nicht daran zu denken.

In gleicher Weise sprach ein anderes. Zehn Minuten vor zwei Uhr in der Nacht kam der Sohn des Verwalters an der Försterei an, also gerade eine Stunde und fünf Minuten nach dem Schuss. Der Förster war da, er hatte in seiner Nachtkleidung am Fenster gestanden. Der Knecht hatte schon seit einer halben Stunde gewacht, auf die Rückkehr Felseners wartend, aber ohne das geringste Geräusch zu vernehmen. Das alles machte eine Täterschaft des Försters geradezu physisch unmöglich.

Was so für den Förster sprach, musste übrigens mit gleicher Überzeugung für jeden anderen Bewohner des Forsthauses sprechen, namentlich auch für den Jäger Wolf, wenn überhaupt auf diesen irgendein Verdacht hätte fallen können.

Der Wilddieb Sander blieb in der allgemeinen Überzeugung der Täter, auch in der des erkennenden Gerichts. Seine Bezichtigung gegen den Förster wurde für ein neues Anzeichen seiner Schuld angesehen. Er wurde als der Mörder des Forsteleven Felsener, beim Mangel eines die ordentliche Strafe bedingenden vollen Beweises, außerordentlich zu einer dreißigjährigen Zuchthausstrafe verurteilt. Er musste die Strafe antreten. Der Tod erst erlöste ihn von ihr.

Wer war der Mörder? Hatte er eine gerechte Strafe verbüßt? Für die Welt war er mit seiner Schuld hinter den Mauern des Zuchthauses begraben gewesen.

Es zu prüfen, zu erforschen, zu untersuchen lag in meiner Hand, in meiner unabweisbaren Pflicht. Die ruhigen, klaren Versicherungen des Sterbenden, die laute Stimme, die in meinem Innern für ihn sprach, legten mir schon diese Pflicht auf. Dazu kamen manche Oberflächlichkeiten der im Ganzen umsichtig und sorgfältig geführten gerichtlichen Untersuchung.

Dazu kam endlich jenes dreifache Rätsel des stillen Forsthauses Winkelhorst, die schöne, blasse Frau, der fanatische hagere Mann, der verschlossene Greis, der in dem Forste meinen Führer gemacht hatte. Seit acht Tagen drückte es mich. Sollte ich die Auflösung jetzt finden?

Die Frau war Marianne, die Tochter des Försters Hartmann. Ihr Mann, der Förster Wolf, war jener Jäger Gottfried Wolf, der zur Zeit des Mordes Mitbewohner des Forsthauses, an demselben Tage mit auf dem Balle in Holzhausen gewesen war, über den die Untersuchungsakten aber außerdem fast nichts enthielten. Auch der alte Mann, der mich geführt hatte, er konnte nur der Knecht Christian Baumann sein, war in jener Untersuchung eine wichtige Person gewesen.

Der alte Förster war tot.

Er war nicht der Mörder gewesen, hatte der sterbende Wilddieb versichert. Einen anderen hatte er anklagen wollen. Auch von ihr hatte er gesprochen. Wen hatte er darunter verstehen können? Wer war der Mörder? Der, den der Wilddieb für den alten Förster hatte halten können?

Ich musste die frühere Untersuchung wiederaufnehmen, eine neue einleiten.

Ich machte dazu meinen Plan. Vor allem war mir daran gelegen, den kalten, berechnenden, sich beherrschenden Förster, den misstrauischen, verschlossenen alten Christian Baumann zu überraschen. Auch die leidende Frau.

Nur in dem Forsthause war der Mörder oder wenigstens seine Spur zu entdecken. Wahrscheinlich der Mörder selbst. Jeder konnte dort der Schuldige sein, nicht bloß der Förster.

Ich fuhr mit einem Protokollführer und Exekutor nach dem Forst hinaus.

Ich nahm meinen Weg über das Dorf Holzhausen. Es war ein Pfarrdorf. Zunächst wollte ich bei dem Geistlichen dort über die Bewohner des Forsthauses Erkundigungen einziehen, die ich anderswo so genau und zuverlässig nicht erlangen konnte.

Es war nachmittags, als ich in dem Dorfe ankam. Ich ließ

den Wagen mit dem Protokollführer und Exekutor zu dem Wirtshause fahren und begab mich zum Pfarrer.

Er war ein etwas vorsichtiger und zurückhaltender Mann.

Über die Ermordung des Forsteleven wollte er nichts wissen, als was zu seiner Zeit aus der gerichtlichen Untersuchung bekannt geworden ist. Der Wilddieb Sander sei demnach und werde noch jetzt von der allgemeinen Meinung für den Täter gehalten.

Der alte Förster Hartmann sei durch den Vorfall so angegriffen worden, dass er seinen Posten nie wieder recht habe versehen können. Nach Jahr und Tag habe er pensioniert werden müssen. Zu seinem Nachfolger sei der Jäger Wolf, ein äußerst tüchtiger und gewissenhafter Forstbeamter, schon früher bestimmt gewesen und dann ernannt worden.

Der alte Förster habe mit Leib und Seele an dem Forsthause und an dem Forst gehangen, wo er über vierzig Jahre lang gelebt und gewirkt. Dem neuen Förster hätte er weichen müssen. Aber Wolf hatte schon seit Jahren ein Auge auf die Tochter des alten Försters geworfen; nachdem er dessen Posten erlangt hatte, war er mit seiner Bewerbung hervorgetreten. Sie hatte seiner Bewerbung Gehör gegeben. Ob sofort, ob gern oder was vorhergegangen ist, davon wusste niemand etwas. Allerdings hatten die Leute den Kopf geschüttelt und gemeint, das schöne, gebildete Mädchen passe nicht zu dem unansehnlichen Manne, der nichts als ein gewissenhafter Forstbeamter sei. Andere hatten auch davon gesprochen, dass sie den erschossenen Forsteleven nicht vergessen könne, mit dem sie etwas gehabt haben müsse. Gewiss war dabei, dass sie seit dem Morde eine ganz andere geworden war. Früher blühend, stets heiter und munter, hatte man sie seitdem nur bleich und trauernd und nie wieder lächelnd gesehen. Indes, sie hatte die Ruhe und Zufriedenheit, das Glück ihres Vaters in seinen alten Tagen in ihrer Hand. Wenn sie den Förster heiratete, so konnte der alte Mann in dem Forste, in dem Forsthause bleiben. Sie heiratete den Förster.

Und ihre Ehe sei keine unglückliche geworden, meinte der Geistliche. Die Frau sei still, man sehe sie nie fröhlich, aber das sei so ihre Art und wohl noch die Nachwirkung jenes Unglücks, der Mann übe immer strenge seine Pflicht und sei zudem von Jahr zu Jahr gottesfürchtiger geworden. Und von einem Streit, von einem Unfrieden, ja nur von einem Mangel an Liebe unter den Gatten habe man nie etwas vernommen.

Das waren die dürftigen Nachrichten des Geistlichen. Sie gaben mir für meine Nachforschungen keinen Anhalt.

Ich durfte dennoch, wie begreiflich, weder zurücktreten noch meine Hoffnungen, nach irgendeiner Seite in der Sache klareres Licht zu gewinnen, aufgeben. Namentlich durch genauere und eingehendere Vernehmungen der damaligen Bewohner des Forsthauses musste ich es erlangen können.

Der größte Fehler der früheren Untersuchung hatte darin bestanden, dass kein genaues Befragen darüber stattgefunden hatte, ob in der Nacht des Mordes jemand die Försterei verlassen habe und wo die Bewohner im Hause sich damals befunden hatten. Der Jäger, der jetzige Förster Wolf, war nur nebenbei, die Tochter des Försters, Marianne, war gar nicht vernommen worden; die Vernehmung des Knechtes Baumann war eine höchst oberflächliche gewesen. Man hatte auf den Umstand darum kein Gewicht gelegt, weil man bei der Entfernung der Mordstelle von dem Forsthause den Täter unmöglich in dem Letzteren glaubte finden zu können. Aber die Berechnung dieser Entfernung beruhte auf der Annahme, dass es gar keinen Weg durch das Erlenmoor gebe. Und hatte man dies mit der notwendigen Sorgfalt zu ermitteln gesucht? Gerade jene sonderbaren Blicke des alten Baumann in dem Moor, als er mich auf Geheiß des Försters in den Forst führte, wollten Zweifel in mir erregen. Einen klaren Grund konnte ich mir selbst nicht angeben. Der Geistliche wollte von einem Weg, den es durch das Moor gebe, nie gehört haben. Auch hier war ich zuerst auf den alten Knecht angewiesen.

Ihn musste ich zuallererst vernehmen, und gerade ihn musste

ich überraschen, wenn ich etwas von ihm erfahren wollte. Er selbst war wohl nicht der Täter, er hätte dann dem Ermordeten nicht das Kreuz gesetzt. Aber mit welcher Liebe hing er, wie ich noch vor wenigen Tagen selbst gesehen hatte, an der jungen Frau, und zwischen dieser leidenden Frau und dem Ermordeten „war etwas gewesen", und der Jäger Gottfried Wolf war ein Jahr nach dem Morde ihr Gatte geworden.

Dann war noch ein Umstand unaufgeklärt geblieben: Der Brief, den der Ermordete kurz vor seinem Tode von seiner Mutter erhalten hatte. Er war in den Akten nicht wieder erwähnt. Was hatte er enthalten? Wo war er geblieben?

Der alte Baumann wohnte, wie der Geistliche mir gesagt hatte, in einem einsamen Hause im Wald nahe dem Dorfe Holzhausen. Ich beschloss, zunächst dahin zu fahren. Beinahe hätte ich meinen Entschluss geändert. Als ich von dem Pfarrer zu dem Wirtshause zurückkehrte, teilte mein Kutscher mir mit, dass vor einer Weile der Förster Wolf, den er vor acht Tagen gesehen hatte, vorbeigekommen sei. Der Förster habe auch ihn, den Wagen und die Pferde erkannt, sei stutzig geworden und auffallend schnell weitergegangen.

Sollte ich ihm folgen, ihm in dem Forsthause zuvorkommen? Aber das, was ich von Baumann zu erfahren hoffte, musste die Grundlage all meines Tuns im Forsthause bilden, und hatte ich nicht auch Veranlassung, dem Förster bei dem alten Manne zuvorzukommen?

Ich fuhr schnell zu diesem. Er war zu Hause und eben mit der Korbflechterei beschäftigt. Von meiner Ankunft hatte er keine Ahnung gehabt. Er erschrak heftig, als er mich sah. Ich durfte ihm keine Zeit lassen, sich zu besinnen. Den Umstand, der mir am meisten am Herzen lag, musste ich zuerst vorbringen, das andere gab sich dann von selbst.

Aber ich hatte es mit einem verschlossenen und zugleich zähen alten Mann zu tun.

„Christian Baumann, Ihr kennt das Erlenmoor?"

„Ich, Herr?"

„Wie werdet Ihr es nicht kennen? Wie lange lebt Ihr hier in dem Forste?"

„Seit fünfzig Jahren."

„Und Ihr solltet nicht jeden Steg darin kennen? Jeden Baum? Nicht gar jede Erle in dem Moor dahinten?"

Er wurde verwirrt.

„Wenn der Herr mich so fragt ..."

„Also, Ihr kennt das Moor?"

„Nun ja."

„So könntet Ihr mich auch hindurchfuhren?"

„Hindurch?"

„Durch das Moor."

„Der Weg geht nur herum."

„Alter Baumann, seht mir einmal ehrlich ins Gesicht. Ihr könnt es doch? Ihr seid immer ein ehrlicher Mann gewesen."

Er konnte mir nicht ins Gesicht sehen.

„Wie, Christian Baumann?"

„Was wollen Sie von mir, Herr?"

„In Euren alten Tagen, wo einer anfängt, mehr als sonst an das andere Leben zu denken, an den ewigen Richter, da könnt Ihr nicht einmal vor mir, dem weltlichen Richter, Euer Auge erheben?" Er machte den Versuch, mir in die Augen zu sehen.

„Christian Baumann, es gibt einen Weg, der geradezu mitten durch das Moor führt."

„Ja, Herr", sagte der alte Mann leise.

„Nach der Försterei hin."

„Herr, Herr ...!"

Der Angstschweiß rann ihm von der tief gefurchten Stirn.

„Ihr könntet mich den Weg führen."

„Muss es sein? Muss es?"

„Es hängt von Euch ab."

„Muss es sein?"

„Die Försterin war Eure Herrin?"

„Ich diente schon bei ihrem Großvater."

„Ihr seid ihr zugetan?"

„Sie ist eine brave Frau, und sie ist auf meinen Armen, unter meinen Augen groß geworden."

„Sie ist eine unglückliche Frau!"

Er sah mich forschend an.

„Und ihr Unglück kommt von dem Tage her, da jener junge Mann erschossen wurde."

„Herr!", unterbrach er mich erschrocken.

„Dem Ihr dahinten in dem Forst das Kreuz gesetzt habt."

„Herr, wer hat Ihnen das gesagt?"

„Ist sie nicht seit jenem Tage die unglückliche Frau?"

„Ja, aber ..." Er stockte.

„Ihr wollt sagen: aber sie ist nicht die Mörderin?"

„Herr Gott, wie kommen Sie auf den Gedanken?"

„Wenn sie es nun doch wäre? Wenn der wahre Mörder nicht der Wilddieb Sander wäre? Wenn er in dem Forsthause zu suchen wäre? Durch das Moor führt ein gerader Weg dahin. Man muss in einer halben Stunde hinkommen können. Wer könnte er sein? Ihr seid es nicht."

„Nein", sagte er wieder leise.

„War es der alte Förster?"

„Nein, nein!", rief er eifrig.

„Wer bleibt da noch übrig?"

Er sah in unbeschreiblicher Unruhe und Verwirrung vor sich nieder.

„Der Förster Wolf und seine Frau", fuhr ich fort.

„Nein, nein, Herr, um Gottes willen, nein."

„Christian Baumann. Ihr musstet vorhin zuletzt der Wahrheit die Ehre geben, und darauf konntet Ihr mir ehrlich in die Augen sehen. Wie ist es jetzt?"

„Darf ich mich setzen, Herr?", bat der alte Mann. „Aber fragen Sie mich nicht mehr."

„Setzt Euch. Ruht Euch aus. Und denkt unterdes darüber nach, warum ich Euch frage und Euch fragen muss. Ein anderer ist wegen jenes Mordes verurteilt. Und wenn er unschuldig verurteilt worden ist?"

Er hatte sich gesetzt. Aber er musste wieder aufspringen. Er kämpfte mit sich und konnte keinen Entschluss fassen. Zuletzt hatte er sich doch entschieden. Er trat vor mich mit bleichem, aber heiterem Gesicht.

„Herr, fragen Sie mich nicht mehr. Sie erfahren kein Wort mehr von mir. Ich will es mit Gott abmachen. Mag kommen, was will."

Er hatte seinen felsenfesten Entschluss ausgesprochen, man sah es ihm an. Und es war etwas Großes in diesem Entschluss des alten, an seinen Gott, an ein ewiges Leben, an Belohnung und an Strafe in jenem Leben glaubenden Mannes, Er wollte die Strafe auf sich nehmen, aber nicht zum Verräter werden.

An wem nicht? Den Verbrecher kannte er, darüber war kein Zweifel. Wen wollte er nicht verraten?

Es war aber nicht daran zu zweifeln, dass ich nichts mehr von ihm erfahren würde.

Ich brach seine Vernehmung ab.

Ich musste weiter, nach dem Forsthause selbst. Es war ein saurer Weg für mich.

Der alte Mann erschrak, als er sah, wie mein Wagen die Richtung dahin einschlagen wollte.

„Herr, Herr, Sie wollen nach dem Forsthause? – Sie wollen, ich sehe es. Oh, die arme Frau! Wenn Sie wüssten, was sie gelitten hat, was sie leidet! Müssen Sie denn hin? Wegen des armen Erschossenen?"

„Ich muss", sagte ich ihm. „Oder könntet Ihr mir etwas angeben, das mich auf einen anderen Weg führte?"

Er sah traurig vor sich hin. „Verfahren Sie gnädig mit der unglücklichen Frau!"

Der Mörder war in dem Forsthause zu finden. Sollte ich ihn finden? Wer war es?

Der Wagen fuhr ab.

Der alte Mann sah uns mit einem fast trostlosen Gesicht nach, als wenn nun alles vorbei wäre.

Wir mussten scharf um eine Ecke biegen. Ein Mensch floh in dem Augenblick schnell in das Buschwerk neben dem Weg.

„War das nicht der Förster Wolf?“, fragte ich den Kutscher.

„Ich meine auch, ihn erkannt zu haben“, sagte der Kutscher. „Ja, ja, er war es gewiss.“

Was sollte ich jetzt tun? Der Förster war uns gefolgt. Er hatte in der Nähe gewartet, bis ich mit der Vernehmung des alten Mannes zu Ende sei. Er wollte ihn über diese aushorchen. Müsste ich ihn nicht daran hindern?

Nein! Ich musste nun eilen, vor ihm im Forsthause anzukommen, seine Frau allein zu treffen. Ich war dann meiner Sache um so gewisser. Es war eine schreckliche Hoffnung, die in meinem Herzen zitterte, eine entsetzliche Gewissheit, der ich entgegenging.

Die Sonne warf ihre letzten Strahlen in die Zweige der hohen Eichen und dunklen Tannen, als ich an dem Forsthause ankam. Es war wieder einsam bei dem mitten im Walde gelegenen Hause, still und einsam, wie vor acht Tagen. Auf dem weichen Waldweg war der Wagen ohne Geräusch herangefahren. In dem Hause bewegte sich bei unserer Ankunft nichts. Man musste uns nicht gehört haben.

Die Tür des Hauses war verschlossen. Bevor ich klopfte, ging ich um das Haus herum; vielleicht war jemand im Garten, vielleicht die blasse Frau selbst.

Im Garten war sie nicht. Aber als ich an einem offenen Fenster vorbeigehen wollte, hörte ich eine Stimme, einen leisen, flüsternden Ton, und eine Kinderstimme antwortete ihr.

Das Fenster war zu ebener Erde.

Ich hatte meinen Schritt angehalten. Ich musste durch das Fenster sehen, und wenn es ein Verbrechen gewesen wäre.

Ich blickte in ihr Schlafgemach. Es standen zwei Betten darin; ein größeres, es war noch mit einer weißen Decke belegt; in einem kleineren lag ihr Kind, der schöne Knabe mit den langen, hellblonden Locken. Sie hatte ihn zu Bett gebracht und saß auf einem Schemel vor ihm. Die Mutter sagte ihm sein

Abendgebet vor, das Kind sprach es nach. Dann ließ sie seine Händchen los und legte sie auf die Decke des Bettchens. Sie selbst blieb noch vor dem Bettchen sitzen, und sie legte die Hände vor ihr Gesicht.

Ihr Haupt aber bewegte sich bald so sonderbar, und ich sah auch, warum. Sie schluchzte und suchte das Schluchzen zu unterdrücken, damit der Knabe nicht davon erwachen sollte, und doch konnte sie sich von dem Kinde nicht trennen. Ich meinte zu sehen, wie die Tränen durch die Finger rannen.

Ja, sie war eine arme, unglückliche Frau, die schwer und entsetzlich noch immer litt, und wenn sie jeden Abend so an dem Bettchen sitzen und weinen musste – das Herz wollte mir brechen.

Wie war mir mein Amt in diesem Augenblick so schwer!

Ich kehrte leise von dem Fenster zurück und klopfte an die Haustür.

„Mein Mann ist nicht zu Hause“, sagte sie.

„Madame, ich wünsche zuerst nur mit Ihnen zu sprechen.“

Ich musste mein Verhör mit ihr beginnen. Ich glaube, ich war bleich wie die Frau. Das Herz war mir schwer.

Mein Protokollführer war mir gefolgt.

„Madame“, hob ich an, „der Wilddieb Sander ist vorgestern gestorben.“

Sie hatte sich mir gegenüber gesetzt. Sie fuhr auf. Dann auf einmal holte sie tief Atem. War ihr durch die Nachricht eine Last vom Herzen genommen. Es konnte in mehr als einer Hinsicht so natürlich sein, antworten konnte sie mir gleichwohl nicht.

„Sie wissen, Madame“, fuhr ich fort, „er war als Mörder des Forsteleven Felsener verurteilt.“

„Ich weiß es“, sagte sie sehr leise.

„Er war verurteilt, obwohl er geleugnet hatte.“

„Ja.“

„Er hatte Ihren Vater verdächtigen wollen.“

„Oh, mein Herr, mein Vater war so unschuldig – er war der bravste Mensch.“

„Ich weiß es, Madame. Sander hat auch in seinem letzten Augenblick zwar noch immer den Mord von sich abgelehnt, aber nicht mehr Ihren Vater beschuldigt, sondern ...“

Sie hing mit den Augen, die zu erlöschen drohten, an meinen Lippen.

„Madame, ehe ich weiter von ihm spreche, muss ich einige Fragen an Sie richten. Sie wurden in der früheren Untersuchung gegen Sander gar nicht vernommen?“

„Nein. Es muss nicht für notwendig gehalten worden sein.“

„Es wäre besser geschehen. Erhebliche Umstände wären dann aufgeklärt worden. Sie waren an dem Abend vor dem Morde mit Felsener im Gasthaus gewesen?“

„Mit ihm und auch mit meinem Vater und meinem jetzigen Mann.“

„Haben Sie damals mit ihm gesprochen?“

„Gewiss.“

„Auch mit ihm allein? Ohne Zeugen?“

Eine leise Röte zog über das blasse Gesicht. „Es ist möglich.“

„Können Sie mir mitteilen, was er Ihnen sagte?“

„Nach so langer Zeit!“

„Er hatte an dem Tage einen Brief von seiner Mutter erhalten?“

Sie wurde auf einmal glühend rot. „Ja“, konnte sie kaum antworten.

„Hat er über den Inhalt des Briefes mit Ihnen gesprochen?“

„Ja.“

„Können Sie mir den Inhalt wiederholen?“

Sie hatte sich gefasst. Die Glut war aus ihrem Gesicht gewichen. Sie schien mir einen Mut, einen Entschluss anzuzeigen, der plötzlich in ihr gereift war.

„Herr Kriminaldirektor“, sagte sie, und auch der Ausdruck ihrer Stimme war entschieden geworden. „Der Brief betraf ein Geheimnis, zu dessen Veröffentlichung ich mich um so weniger berechtigt halte, als auch die Schreiberin, die arme Mutter des unglücklichen Felsener, unterdes gestorben ist.“

Eine leise Freude, ein kleiner Triumph über ihre Fassung und Entschiedenheit wollte in meinem Herzen auftauchen. Das Herz des Menschen muss manchmal den Beruf verleugnen.

Aber ich musste fortfahren, ich musste noch über den Brief Auskunft zu erhalten suchen.

„Wissen Sie, wo jener Brief geblieben ist?"

Es schien mit ihrer Fassung schon wieder vorbei zu sein. Die eine unschuldige Frage hatte sie ihr geraubt.

Was war das?

Aus ihrem Gesicht entwich der Rest der Röte. Sie hatte keine Antwort.

„Der Brief", fuhr ich fort, „wurde weder bei der Leiche noch unter den Habseligkeiten Felseners gefunden."

„Nein", hauchte sie.

„Hatte Felsener ihn Ihnen gegeben?"

„Nein, nein!"

Sie rief es heftig, wie abwehrend.

Was war mit dem Briefe? Da lag ein Geheimnis vor, das ich bisher nicht geahnt hatte.

„Hatte Felsener Ihnen den Brief auch nicht gezeigt?"

„Nein", sagte sie wieder bestimmt.

„Sie haben ihn auch später nicht gesehen?"

Sie antwortete wieder nicht, sie war wieder in einer peinlichen Unruhe.

Sie konnte nicht lügen, die unglückliche Frau. Sie konnte aber auch die Wahrheit nicht sagen.

Aber musste sie denn die Wahrheit sagen? Sie war die Mörderin, oder ihr Mann war es. Das war ja mein eigener Verdacht, gerade das, was ich durch die neue Untersuchung ermitteln wollte. Konnte ich sie denn zwingen, Zeugnis gegen sich selbst, die Gattin, Zeugnis gegen den Gatten abzulegen? Ich hatte meiner Pflicht Genüge getan. Ich hatte sie nach Umständen gefragt, die nach allen Seiten ein Licht über das Verbrechen verbreiten konnten, auch für sie, auch für ihren Mann, die schon zum Gegenstande der früheren Untersuchung hätten gemacht werden sollen. Sie hatten in ihrem Resultat freilich nur den Verdacht gegen sie oder ihren Gatten fester begründet. Aber eben darum durfte ich nicht weiter in sie dringen. Jede fernere Frage konnte nun direkt auf ihre oder ihres Mannes Schuld gerichtet sein. Zu einem Zeugnis darüber durfte ich sie nicht zwingen. Den Beweis dafür musste ich auf anderem Wege suchen: durch nochmalige Vernehmung des alten Baumann, wie Leid auch der Mann mir tat, durch Befragung der Magd, die früher im Hause gedient hatte.

„Madame“, sagte ich, „ich verzichte auf fernere Fragen an Sie. Ich bedaure nur, dass ich Ihnen Ihr Leiden nicht abnehmen kann. Doch eine Bitte habe ich noch. Sollte einmal dieser Druck, der auf Ihnen lastet, zu schwer für Sie werden – die Stunde kann kommen mit der ganzen zwingenden Gewalt der Wahrheit und des Rechts, dann werden Sie in mir zwar den Richter, aber auch den Freund finden, der, soviel es in seinen Kräften steht, Sie trösten und aufrichten wird.“

Sie war zusammengebrochen und weinte laut. Ihr Gesicht hatte sie mit beiden Händen bedeckt. Sie riss die Hände von dem Gesicht fort und starrte mich an. Sie sprang auf, zu mir hin.

Sie wollte gestehen. Sie wollte mir alles sagen. Eine Angst ergriff mich.

Da wurde an die Tür der Stube geklopft.

„Herein!“, rief mein Protokollführer, als kein anderer es tat.

Der alte Christian Baumann öffnete die Tür. Er sah bleich aus, aber ernst, fast feierlich. „Marianne, kann ich dich allein sprechen? – Darf ich, Herr?“, fragte er mich.

„Ihr dürft.“

Die Frau verließ mit ihm das Zimmer.

Ich blieb. Es musste etwas vorgefallen sein. Ich wollte wissen, was es war.

Schon nach wenigen Minuten kehrte die Frau allein zurück. Sie war bleich wie vorher, doch sie war gefasst.

Sie schritt auf mich zu.

„Mein Herr, jene Stunde, von der Sie eben sprachen, ist schon gekommen. Auch ich hatte ihr seit Jahren mit so banger Sorge entgegengesehen. Dass sie einmal kommen müsse, konnte ich es mir verhehlen? Sie ist jetzt in ihrer ganzen Schwere da. Erfahren Sie von mir die Wahrheit. Der Wilddieb war nicht der Mörder. Mein Mann war es. Eine wilde Eifersucht auf den unglücklichen Felsener hatte schon lange an ihm gezehrt, um so heftiger, je leidenschaftlicher und dennoch je verschlossener er war. Am Abend des Mordes hatte er mich und Felsener belauscht. Wir hatten auf kurze Zeit den Ballsaal in Holzhausen verlassen und einen Gang durch den Garten gemacht. Felsener hatte mich darum gebeten. Er hatte nachmittags den Brief von seiner Mutter erhalten. Er wollte mir seinen Inhalt mitteilen. Sie hatte ihm ihre Einwilligung zu seiner Verbindung mit mir gegeben. Welch glückliche Minute war das! Ja, wir liebten uns. Und hinter uns stand der Verrat! Am andern Morgen wollten wir meinen Vater um seine Einwilligung bitten. Wir waren ihrer gewiss.

In der Nacht war Felsener eine Leiche.

Wie das Verbrechen verübt wurde? Mein Mann kannte einen geheimen, um mehr als die Hälfte kürzeren Weg, der durch das Erlenbruch nach der Försterei führte. Er hatte durch einen Zufall erfahren, dass der Wilddieb Sander an jenem Abend am Ende des Moors auf dem Anstand sein werde, und hatte Felsener einen Wink davon gegeben. Felsener ging hin. Mein Mann ging ihm nach, in Rock und Mütze und mit dem Gewehr meines Vaters, die unten in der Stube hingen. Er schlief unten im Hause und konnte sich durch sein Fenster entfernen. Durch das Moor kam er Felsener zuvor. Er überraschte den Wilddieb, nahm sein Gewehr und erschoss damit Felsener. Hätte er das Gewehr des Wilddiebes nicht bekommen, so war das meines Vaters zu der Tat bestimmt. Das Gewehr des Wilddiebes versenkte er im Moor. Auf dem kurzen Weg durchs Moor war er bald wieder zu Hause, durch sein Fenster, von dem Knecht unbemerkt, in seiner Stube.

Wie ich das Verbrechen erfahren habe? Mein argloses Herz hatte keine Ahnung gehabt, obwohl mein Mann schon bald nach unserer Verheiratung oft Augenblicke einer quälenden, unerklärlichen Angst hatte. Da gebar ich einen Knaben. Es war sein Kind, aber es trug die Züge des Ermordeten. Anfälle von Verzweiflung ergriffen ihn jetzt oft. Eines Tages sah ich in seinen Händen einen Brief, in den er hineinstarrte. Er wollte ihn vor mir verbergen. Dann sprang er auf. „Nein!" rief er, „ich kann es nicht mehr ertragen. Hier, lies; kennst du diesen Brief?" – Es war der Brief, den Felsener am Nachmittag vor seinem Tode von seiner Mutter erhalten hatte. Er hatte ihn auf seiner Brust getragen. Mein Mann hatte ihn gesucht und zu sich genommen, während er bei der Leiche wachte. In seiner wilden, über den Tod des Gegners hinausdauernden Eifersucht hatte er sich nicht von ihm trennen können. Eifersucht und Gewissensangst zwangen ihn unwiderstehlich, mir das Geständnis seiner entsetzlichen Tat abzulegen.

Wie ich seitdem gelitten habe! Er war mein Gatte; er war der Vater meines Kindes; er war ein Mörder, der Mörder meines Geliebten, meines Verlobten!

Und jetzt? Der alte Christian bringt mir soeben die Nachricht, dass der Unglückliche sich selbst den Tod gegeben habe, vor einer halben Stunde, nachdem er mit ihm gesprochen hatte."

Sie war tief erschöpft.

Es war später Abend geworden.

Ich nahm still ihre Hand und führte sie in die Stube nebenan, in der ihr Knabe schlief und ihr Bett stand.

Sie sank vor dem Bettchen des Kindes in die Knie.

Ich verließ sie.

Das Verbrechen kann nur Unglück gebären. Warum am meisten für den Unschuldigen?

Die Autoren

Dietmar Bittrich veröffentlichte im Pendragon Verlag sein erfolgreichstes Buch: „Das Gummibärchen Orakel". Seither ist der Hamburger Autor häufig in Ostwestfalen gewesen, ist dabei dem schwarzen Humor der Einwohner begegnet und hat sich ihre durchtriebenen Geschichten erzählen lassen. Zuletzt: „Altersglück – Vom Segen der Vergesslichkeit".
Originalbeitrag, © beim Autor.

Emanuel Bergmann geb. 1972 in Saarbrücken. Nach dem Abitur, das er in Frankfurt machte, ging er 1992 nach Los Angeles, um an der „UCLA Extension" Film zu studieren. Seitdem arbeitet er als freier Übersetzer, Entertainment-Journalist und Autor. Seine Familie wohnt in Hannover, wo er immer viel Zeit verbringt. Für den Pendragon Verlag hat er u. a. die Shaft-Reihe von Ernest Tidyman übersetzt.
Originalbeitrag, © beim Autor.

Horst Bosetzky (-ky), geb. 1938 in Berlin. Mitbegründer des „Neuen deutschen Kriminalromans". Seit 1971 zahlreiche (z. T. verfilmte) Kriminalromane. 1992 erhielt er den Ehren-Glauser des Syndikats für sein Gesamtwerk und die Verdienste um den deutschsprachigen Kriminalroman. Letzte Veröffentlichung: „Bratkartoffeln oder Die Wege des Herrn" (2008).
Originalbeitrag, © beim Autor.

Stefan Brams, geb. 1962 in Wilhelmshaven, lebt in Bielefeld und arbeitet als Redakteur und Leiter der Lokalredaktion der „Neuen Westfälischen" in Gütersloh. Für seinen Text „Franziska Spiegel – Ein Monolog" erhielt er den Kulturförderpreis des Kreises Herford.
Als Einzelveröffentlichung erschien der Text 1996 in Bielefeld.
© beim Autor.

Monika Detering lebt und arbeitet in Bielefeld. Viele Jahre war sie als Puppenkünstlerin tätig, mit zahlreichen Ausstellungen im In- und Ausland. 14 Jahre langfristige Ausstellungen auf Langeoog machten die Nordsee zur zweiten Heimat. Sie veröffentlicht seit 1998 Romane, Kurzgeschichten und Krimis, zuletzt „Herzfrauen" und „Puppenmann" (2007). Im Frühjahr 2009 erscheint der neue Krimi „Es ist niemand im Haus".
Originalbeitrag, © beim Autor.

Sabine Ernst, geb. 1957, lebt in Bielefeld. Sie studierte Geschichte, Slavistik und Literaturwissenschaft. Als Autorin und Texterin arbeitet sie im Kulturbereich. 2008 erschien ihr erster Krimi „Kaltes Nest".
Originalbeitrag, © beim Autor.

Nina George lebt als Schriftstellerin in Hamburg. Sie schreibt Romane („Wie der Teufel es will") und Erzählungen sowie Kolumnen im Hamburger Abendblatt. Unter Anne West erschienen von ihr bisher neun Bestseller über Sex. Zuletzt erschien von ihr als Nina Kramer der Wissenschaftsthriller „Ein Leben ohne mich" (2008).
Originalbeitrag, © beim Autor.

Frank Göhre, geb. 1943, hat als Buchhändler, Bibliothekar und als Lektor gearbeitet. Seit 1981 lebt er als Roman- und Drehbuchautor (Film und Fernsehen) in Hamburg. Sein Roman „St. Pauli Nacht" wurde von Sönke Wortmann verfilmt. Für das Drehbuch wurde er mit dem „Deutschen Drehbuchpreis" ausgezeichnet. 2008 erschien „Mo – Der Lebensroman des Friedrich Glauser".
Originalbeitrag, © beim Autor.

Erwin Grosche, geb. 1955, lebt als Kabarettist, Schauspieler und Autor in Paderborn. Seit 2003 ist er Schirmherr von UNICEF Paderborn. In Paderborn spielt auch sein Kriminalroman „Der

falsche Priester“ (2007) um den Privatdetektiv Friedrich Maikötter, der sich gerne als Priester tarnt. Auszeichnungen: „Deutscher Kleinkunstpreis“, 1999.
Originalbeitrag, © beim Autor.

Stefan T. Gruner, geb. 1943 in Leipzig, aufgewachsen in München und Bonn, mehrjähriger Spanienaufenthalt, seit über 20 Jahren mit Familie in Bielefeld, Doppelleben als Schriftsteller und Verhaltenstrainer. Er hat einige Romane, Erzählungen, Gedichte und Essays veröffentlicht, zuletzt die beiden Romane „Königskinder“ und „Ewige Beginner“, 2008.
Originalbeitrag, © beim Autor.

Christoph Höhtker, geb. 1967 in Bielefeld. Heute arbeitet er als freier Autor und Journalist in Genf. Der vorliegende Text ist ein Kapitel aus dem noch unveröffentlichten Roman „Nach dem Glück“.
Originalbeitrag, © beim Autor.

Norbert Horst, geb. 1956 in Bad Oeynhausen geboren, dort aufgewachsen und zur Schule gegangen, danach zur Polizei des Landes NRW. Ausgezeichnet 2004 mit dem Glauser für „Leichensache“ als bestes Debüt und 2006 mit dem Deutschen Krimi Preis für „Todesmuster“. 2008 erschien sein vierter Roman „Sterbezeit“.
Kapitel aus: „Leichensache“, © 2003 Goldmann Verlag.

Michael Koglin, geb. 1955, lebt als Schriftsteller in Hamburg. Neben Kriminalromanen veröffentlicht er Kurzgeschichten, Theaterstücke und Drehbücher. Zuletzt erschienen von ihm u.a. „Dinner for one – Killer for Five“. 2008 erschien sein Krimi „Der du bist dem Vater gleich“ mit Omen – der erste obdachlose Ermittler betritt die Krimiszene.
Originalbeitrag, © beim Autor.

Hans-Jörg Kühne, geb. 1959, studierte Geschichtswissenschaft, Wirtschaftswissenschaften und Soziologie. Er lebt als freier Autor in Bielefeld. Zu den jüngsten Veröffentlichungen gehören Bücher und Aufsätze über die „68er" in Ostwestfalen und ein Nachschlagewerk zur Geschichte Bielefelds. Neben diesen Aktivitäten ist er ein viel gebuchter Rock- und Jazzsaxofonist.
Originalbeitrag, © beim Autor.

Sandra Lüpkes, geb. 1971, wohnt in Münster, wo sie als freie Autorin und Sängerin arbeitet. Caren Miosga, Kulturjournal N3, sagt: „Sandra Lüpkes kann es – und sie kann es gut!" Zuletzt: „Die Wacholderteufel" (spielt in Bad Meinberg) und „Die Blütenfrau". Im Frühjahr 2009 erscheint unter dem Titel „In Hermanns Schatten", ein Band mit Kurzkrimis.
Originalbeitrag, © beim Autor.

Ulf Miehe, geb. 1940 in Wusterhausen, Buchhändlerlehre in Bielefeld (Phönix, heute Thalia), Lektor bei S. Mohn in Gütersloh, später Roman- und Drehbuchautor, Übersetzer und Regisseur. Er veröffentlichte drei Krimis, u. a. „Ich hab noch einen Toten in Berlin", zahlreiche TV- und Kinofilme, darunter „Der Unsichtbare", ausgezeichnet mit dem Bayerischen Filmpreis. Ulf Miehe starb 1989.
Erstdruck in „Die Zeit in W. und anderswo", Wuppertal 1968.
© bei Angelika Miehe.

Renate Niemann wurde 1966 in Bremen geboren. Nach Abschluss des Studiums der Kulturwissenschaft und Romanistik freiberufliche Tätigkeit, vor allem in Museen. Veröffentlichungen zu kulturwissenschaftlichen Themen. 2008 erschien mit „Der Graumacher" ihr erster Kriminalroman.
Originalbeitrag, © beim Autor.

Sandra Niermeyer, geb. 1972 in Melle/Niedersachen. Sie lebt und schreibt in Bielefeld. 2006 wurde sie für den Glauser-Kurz-

krimi-Preis nominiert und 2007 bekam sie für eine Erzählung den Marlen-Haushofer-Literaturpreis der Stadt Steyr. Ihre Kurzgeschichten wurden in zahlreichen Anthologien und Zeitschriften veröffentlicht.
Originalbeitrag, © beim Autor.

Heinrich-Stefan Noelke, geb. 1955 in Versmold. Er ist studierter Betriebswirt, hat in Frankreich, England und Spanien gearbeitet, um dann mit seiner Familie wieder nach Versmold zu ziehen. Noelke ist Unternehmer und in seiner Freizeit Musiker und Fotograf. 2008 erschien mit „Das Kind im Glas" sein erster Kriminalroman.
Originalbeitrag, © beim Autor.

Hellmuth Opitz, geb. im schneereichen Januar 1959 in Bielefeld. In der „Stadt, die es nicht gibt" auch Kindheit und Jugend verbracht. Mehrere Aufenthalte in London, Amsterdam und New York. Ab 1991 Texter in einer Werbeagentur, seit 1998 dort als Creative Director und Geschäftsführer tätig. Zuletzt: „Die Sekunden vor Augenaufschlag" (Gedichte, 2006)
Originalbeitrag, © beim Autor.

Renée Pleyter wurde 1965 geboren. Nach einem Studium der Kunstgeschichte und Ausbildung zur Restauratorin selbständige Tätigkeit als Restauratorin von Gemälden und Vergoldungen. Im Frühjahr 2009 erscheint unter dem Titel „Tödlicher Hermannslauf" ihr erster Krimi.
Originalbeitrag, © beim Autor.

Jodokus Donatus Hubertus Temme, geb. 1798 in Lette bei Oelde. Nach dem Jurastudium Referendarexamen am Oberlandesgericht Paderborn. 1848 Berufung zum Staatsanwalt in Berlin und Vizepräsident des Oberlandesgerichts in Münster. Wegen seiner demokratischen Anschauungen wurde er angeklagt und 1850, nach 33 Dienstjahren, ohne Pensionsberechti-

gung aus dem peußischen Staatsdienst entlassen. Als er 1881 im Exil in Zürich stirbt, hinterlässt er ein Gesamtwerk, das 150 Bücher umfasst. Temme ist ein Hauptvertreter der Kriminalnovelle in der zweiten Hälfte des 19. Jahrhunderts und ein Pionier der Detektiverzählung in Deutschland, in deren Mittelpunkt weniger das Verbrechen selbst als vielmehr die ausführliche Schilderung seiner Aufklärung mit Hilfe von Indizien steht. Zuletzt erschien das „Jodocus Temme-Lesebuch", herausgegeben von Walter Gödden und Siegfried Kessemeier, Köln 2004.
Die Novelle wurde dem Band: J.D.H. Temme „Ein tragisches Ende", Kriminalnovellen, Berlin 1985 entnommen.

Willi Voss, geb. 1944, war Arbeiter, Bibliothekar und Journalist, ehe er nach einem längeren Aufenthalt im Nahen Osten freier Schriftsteller wurde. 1989 wurde er für „Das Gesetz des Dschungels" mit dem Deutschen Krimi-Preis ausgezeichnet. Für das Fernsehen schrieb er eine Reihe von Tatort- und Großstadtrevier-Drehbüchern.
Originalbeitrag, © beim Autor.

Friedhelm Werremeier, geb. 1930 in Witten, arbeitete zunächst als Journalist, vor allem als Gerichtsreporter. Mit dem Hauptkommissar Paul Trimmel erfand er den ersten „Tatort"-Kommissar. 1993 erhielt Werremeier den Ehrenpreis des Friedrich-Glauser-Preises. Der vorliegende Text ist ein Kapitel aus dem Roman „Trimmels letzter Fall" (Frühjahr 2009)
Originalbeitrag, © beim Autor.

Marcus Winter arbeitet seit über dreißig Jahren als Kriminalbeamter in Nordrhein-Westfalen. Er hat u.a. als Drogenfahnder und als Ermittler zur Bekämpfung der organisierten Kriminalität gearbeitet. Mit der Story „Die große Chance" war er 2008 für den „Agatha-Christie-Krimipreis" nominiert. Kurzkrimis u.a. in: Im Kreis der Familie, Fischer, 2008.
Originalbeiträge, © beim Autor.

Kaltes Nest

von Sabine Ernst

Ein Bielefeld Krimi

Originalausgabe

256 Seiten, Paperback, Euro 9,90

ISBN 978-3-86532-086-5

In Bielefeld kommt es zu einer Überfallserie. Vier Frauen werden vor ihren Haustüren überfallen. Die Auswahl der Opfer scheint zufällig, die Brutalität steigt von Überfall zu Überfall. Das fünfte Opfer des maskierten Angreifers stirbt. Zwei Tage später wird in einem Schrebergarten eine obdachlose Alkoholikerin erdrosselt aufgefunden. Das Ermittlerteam um die Kommissare Hanna Brandt und Alexander Abendroth steht vor einem scheinbar unlösbaren Rätsel, bis es auf eine ungeklärte Serie von sechs Handtaschendiebstählen stößt, die sich im Jahr zuvor ereignet haben.

Sabine Ernst wurde 1957 geboren und lebt in Bielefeld. Sie studierte Geschichte, Slavistik und Literaturwissenschaft. Als Autorin und Texterin arbeitet sie im Kulturbereich. „Kaltes Nest“ ist ihre erste Buchveröffentlichung.

P E N D R A G O N - Verlag

Am Abgrund

von Jürgen Siegmann

Kommissar Lippes erster Fall

Ein Bielefeld Krimi

296 Seiten, Paperback, Euro 9,90

ISBN 978-3-86532-087-2

Die Menschen genießen den Sommer in der Stadt. Alles scheint gut, doch die Polizei sucht zwei 16-jährige Schülerinnen, die kurz nacheinander verschwunden sind. Eine davon ist die Tochter des Bielefelder Kommissars Florian Lippe. Sind die beiden durchgebrannt oder wurden sie entführt?

Die Polizei ermittelt unter Hochdruck, aber ohne vorzeigbare Ergebnisse. Daraufhin formiert sich eine Bürgerwehr. Ihr erstes Opfer: Ein Mann, der gerade eine Haftstrafe wegen Vergewaltigung verbüßt hat. Eines Morgens findet man ihn, auf einem der belebtesten Plätze der Stadt, nackt an einen Pfeiler gebunden.

Als eines der verschwundenen Mädchen ermordet aufgefunden wird, spitzt sich die Lage dramatisch zu. Kommissar Lippe will den Entführer auf eigene Faust zur Strecke bringen. Um jeden Preis.

PENDRAGON - Verlag

Der falsche Priester

von Erwin Grosche

Ein Paderborn Krimi

Originalausgabe

208 Seiten, Paperback, Euro 9,90

ISBN 978-3-86532-076-6

Eine unheimliche Mordserie erschüttert Paderborn. Maikötter, Privatdetektiv, der sich bei seinen Ermittlungen gerne als Priester tarnt, hat andere Sorgen. Er muss einen untreuen Ehemann beschatten. Dass er nebenbei auch noch die Morde aufklärt und so in Paderborn wieder die übliche Ruhe einkehrt, versteht sich für den falschen Priester natürlich ganz von selbst.

Maikötters Spitzname war „Priester“, und die Paderborner Unter- und Oberwelt kannte ihn unter diesem Namen. „Der Priester kommt, die Hölle naht“, eilte ihm der Ruf voraus.

Erwin Grosche wurde 1955 geboren. Er lebt heute als Kabarettist, Schauspieler und Autor in Paderborn. „Der falsche Priester“ ist der erste Fall von Maikötter.

P E N D R A G O N - Verlag

Das Kind im Glas

von Heinrich-Stefan Noelke

Krimi

Originalausgabe

240 Seiten, Paperback, Euro 9,90

ISBN 978-3-86532-088-9

Ortwin Bentsen, ein pensionierter Kriminalrat und Auswanderer, hat nach dem frühen Tod seiner spanischen Frau Clara ein beachtliches Erbe angetreten. Mit einer ungesühnten Schuld belastet, versteckt er sich bei seiner Schwägerin in Salamanca, der kastilischen Hauptstadt. Ganz anders Nesto, ein Freund Claras aus Jugendtagen, um den sie sich zeitlebens gekümmert hat. Eine Pflicht, die Bentsen ebenfalls geerbt hat, ob er will oder nicht. Nesto hat nie Glück gehabt. Er ist völlig verarmt und entführt in seiner Not einen reichen Unternehmer. Bentsen ahnt, um was es wirklich geht und setzt ein ungeheures Pfand: Ein Leben gegen ein anderes.

Heinrich-Stefan Noelke wurde 1955 in Versmold geboren. Noelke ist Unternehmer und in seiner Freizeit Musiker und Fotograf. „Das Kind im Glas" ist sein erster Kriminalroman.

P E N D R A G O N - Verlag